国家出版基金项目
NATIONAL PUBLICATION FOUNDATION

欧亚历史文化文库

总策划 张余胜
兰州大学出版社

西风万里交河道

——明代西域丝绸之路上的使者和商旅研究

丛书主编 余太山

杨林坤 著

图书在版编目（ＣＩＰ）数据

西风万里交河道：明代西域丝绸之路上的使者和商
旅研究 / 杨林坤著. -- 兰州：兰州大学出版社，
2014.12
（欧亚历史文化文库 / 余太山主编）
ISBN 978-7-311-04650-7

Ⅰ. ①西… Ⅱ. ①杨… Ⅲ. ①西域－商人－人物研究
－明代 Ⅳ. ①K825.38

中国版本图书馆CIP数据核字(2014)第298092号

策划编辑　施援平
责任编辑　李　丽　施援平
装帧设计　张友乾

书　　名　**西风万里交河道**
　　　　　——明代西域丝绸之路上的使者和商旅研究
作　　者　杨林坤　著
出版发行　兰州大学出版社　（地址：兰州市天水南路222号　730000）
电　　话　0931-8912613(总编办公室)　0931-8617156(营销中心)
　　　　　0931-8914298(读者服务部)
网　　址　http://www.onbook.com.cn
电子信箱　press@lzu.edu.cn
网上销售　http://lzup.taobao.com
印　　刷　天水新华印刷厂
开　　本　700 mm×1000 mm　1/16
印　　张　21(插页2)
字　　数　279千
版　　次　2014年12月第1版
印　　次　2014年12月第1次印刷
书　　号　ISBN 978-7-311-04650-7
定　　价　65.00元

出版说明

　　随着20世纪以来联系地、整体地看待世界和事物的系统科学理念的深入人心，人文社会学科也出现了整合的趋势，熔东北亚、北亚、中亚和中、东欧历史文化研究于一炉的内陆欧亚学于是应运而生。时至今日，内陆欧亚学研究取得的成果已成为人类不可多得的宝贵财富。

　　当下，日益高涨的全球化和区域化呼声，既要求世界范围内的广泛合作，也强调区域内的协调发展。我国作为内陆欧亚的大国之一，加之20世纪末欧亚大陆桥再度开通，深入开展内陆欧亚历史文化的研究已是责无旁贷；而为改革开放的深入和中国特色社会主义建设创造有利周边环境的需要，亦使得内陆欧亚历史文化研究的现实意义更为突出和迫切。因此，将针对古代活动于内陆欧亚这一广泛区域的诸民族的历史文化研究成果呈现给广大的读者，不仅是实现当今该地区各国共赢的历史基础，也是这一地区各族人民共同进步与发展的需求。

　　甘肃作为古代西北丝绸之路的必经之地与重要组

成部分,历史上曾经是草原文明与农耕文明交汇的锋面,是多民族历史文化交融的历史舞台,世界几大文明(希腊—罗马文明、阿拉伯—波斯文明、印度文明和中华文明)在此交汇、碰撞,域内多民族文化在此融合。同时,甘肃也是现代欧亚大陆桥的必经之地与重要组成部分,是现代内陆欧亚商贸流通、文化交流的主要通道。

基于上述考虑,甘肃省新闻出版局将这套《欧亚历史文化文库》确定为2009—2012年重点出版项目,依此展开甘版图书的品牌建设,确实是既有眼光,亦有气魄的。

丛书主编余太山先生出于对自己耕耘了大半辈子的学科的热爱与执著,联络、组织这个领域国内外的知名专家和学者,把他们的研究成果呈现给了各位读者,其兢兢业业、如临如履的工作态度,令人感动。谨在此表示我们的谢意。

出版《欧亚历史文化文库》这样一套书,对于我们这样一个立足学术与教育出版的出版社来说,既是机遇,也是挑战。我们本着重点图书重点做的原则,严格于每一个环节和过程,力争不负作者、对得起读者。

我们更希望通过这套丛书的出版,使我们的学术出版在这个领域里与学界的发展相偕相伴,这是我们的理想,是我们的不懈追求。当然,我们最根本的目的,是向读者提交一份出色的答卷。

我们期待着读者的回声。

总序

　　本文库所称"欧亚"(Eurasia)是指内陆欧亚,这是一个地理概念。其范围大致东起黑龙江、松花江流域,西抵多瑙河、伏尔加河流域,具体而言除中欧和东欧外,主要包括我国东三省、内蒙古自治区、新疆维吾尔自治区,以及蒙古高原、西伯利亚、哈萨克斯坦、乌兹别克斯坦、吉尔吉斯斯坦、土库曼斯坦、塔吉克斯坦、阿富汗斯坦、巴基斯坦和西北印度。其核心地带即所谓欧亚草原(Eurasian Steppes)。

　　内陆欧亚历史文化研究的对象主要是历史上活动于欧亚草原及其周邻地区(我国甘肃、宁夏、青海、西藏,以及小亚、伊朗、阿拉伯、印度、日本、朝鲜乃至西欧、北非等地)的诸民族本身,及其与世界其他地区在经济、政治、文化各方面的交流和交涉。由于内陆欧亚自然地理环境的特殊性,其历史文化呈现出鲜明的特色。

　　内陆欧亚历史文化研究是世界历史文化研究中不可或缺的组成部分,东亚、西亚、南亚以及欧洲、美洲历史文化上的许多疑难问题,都必须通过加强内陆欧亚历史文化的研究,特别是将内陆欧亚历史文化视做一个整

1

体加以研究,才能获得确解。

中国作为内陆欧亚的大国,其历史进程从一开始就和内陆欧亚有千丝万缕的联系。我们只要注意到历代王朝的创建者中有一半以上有内陆欧亚渊源就不难理解这一点了。可以说,今后中国史研究要有大的突破,在很大程度上有待于内陆欧亚史研究的进展。

古代内陆欧亚对于古代中外关系史的发展具有不同寻常的意义。古代中国与位于它东北、西北和北方,乃至西北次大陆的国家和地区的关系,无疑是古代中外关系史最主要的篇章,而只有通过研究内陆欧亚史,才能真正把握之。

内陆欧亚历史文化研究既饶有学术趣味,也是加深睦邻关系,为改革开放和建设有中国特色的社会主义创造有利周边环境的需要,因而亦具有重要的现实政治意义。由此可见,我国深入开展内陆欧亚历史文化的研究责无旁贷。

为了联合全国内陆欧亚学的研究力量,更好地建设和发展内陆欧亚学这一新学科,繁荣社会主义文化,适应打造学术精品的战略要求,在深思熟虑和广泛征求意见后,我们决定编辑出版这套《欧亚历史文化文库》。

本文库所收大别为三类:一,研究专著;二,译著;三,知识性丛书。其中,研究专著旨在收辑有关诸课题的各种研究成果;译著旨在介绍国外学术界高质量的研究专著;知识性丛书收辑有关的通俗读物。不言而喻,这三类著作对于一个学科的发展都是不可或缺的。

构建和发展中国的内陆欧亚学,任重道远。衷心希望全国各族学者共同努力,一起推进内陆欧亚研究的发展。愿本文库有蓬勃的生命力,拥有越来越多的作者和读者。

最后,甘肃省新闻出版局支持这一文库编辑出版,确实需要眼光和魄力,特此致敬、致谢。

余太山

2010 年 6 月 30 日

前　言

　　本书题名"西风万里交河道"，与明代著名外交家陈诚有关，出自永乐年间翰林编修文林郎周孟简所撰《送陈员外使西域序并诗》。其诗云："金台八月惊寒早，一夜清霜飞白草。故人别我出都门，西风万里交河道。怜君本自一书生，曾是高皇知姓名。挥毫每视金銮草，乘传屡入南交城。只今又作南宫客，天语传宣到番国。郎官不减旧声华，圣主非常赐颜色。腰间宝剑霜雪光，鸣珂拥盖何辉煌。华夷共喜舆图广，边塞宁辞道路长。男女誓欲全忠烈，白首丹心在旄节。博望心勤向月氏，大夫慷慨轻回鹘。新赐貂裘不惮寒，宦游谁道别离难。流沙只合吟边度，葱岭惟应马上看。看山对水多行乐，高风伟绩今犹昨。盛世当图卫霍功，丹青好画麒麟阁。"《竹山文集》所录此诗与《明诗纪事》收录的周诗虽然在词句上略有差异，但两个版本的诗句皆将陈诚与汉代的卓越外交家张骞相比肩。全诗饱含友朋别离，互道珍重之情，勉励陈诚白首丹心，不畏艰险，传宣番国，华夷共喜，期待他立功绝漠，图画麒麟阁。正是这首格调雄壮的送别诗，触动了笔者的"思古之幽情"，对于"明朝的苏武"傅安和"明朝的张骞"陈诚等人，"虽不能至，然心向往之"，遂将一腔情愫诉诸文字，乃有本书对明代往来西域陆路丝绸之路上的使者和商旅群体的研究。

　　"玉关迢递塞云黄，西涉流沙道路长。"（曾棨《送行诗》）在研究往来西域的使者和商旅之前，本书必须对明代西域的范围和舆地交通做一番交代。笔者参照《明会典》的记载，以嘉峪关为界，遵循明代人的习惯，将嘉峪关以西定为西域。然而，实际上洪武时期的西域与永乐时期的西域是有较大差别的。元末明初，帖木儿王朝称霸中亚，不仅察合台汗国分裂为东西二部，而且东察合台汗国内部亦有吐鲁番势力称雄东部地区，况且天山以北还有瓦剌驰骋草原，这就是本书展开内容的基本历史背景。《蒙古山水地图》的出版问世，嘉惠学林，参考林梅村等著名学者的考订，本书对明代汉籍文献中出现的西域主要地名进行了整理，虽称不上有多大建树，但还是提出一些存疑之处。笔者将明代陆路丝绸之路大体划分为东、中、西三段，参照《沙哈鲁遣使中国记》《克拉维约东使记》等文献，大致勾勒了丝路自东及西的主要线路。本书还花费大量篇幅探讨了明代西域交通的里程和时间，因为这是关乎使者和商旅往来的重要因素。当然，考查明代西域交通，还不能忽视西域的路况和出行安全问题。

本书主张"华夷秩序"和"朝贡贸易"深深植根于源自小农经济的礼治文明之上，是"天朝礼治体系"的一个子系统和亚形态。因此，对明朝西域朝贡贸易政策的实施背景、主导思想、管理体系和其所取得的效果与影响的分析，便构成了本书第2章的主要内容。西域朝贡贸易是明朝中央政府与西域关系史当中的一项主要内容，也是明朝治理西北边疆的重要策略之一。在这种政治经贸关系中，从明朝中央政府角度来说，把外藩进贡方物视为政治归附和臣属关系，故而一贯奉行"有物则偿，有贡则赏"的原则；而从外藩角度来看，则更看重中央政府回赐的经济价值，政治意蕴居其次。因此，当双方都追求彼此最关注的核心利益时，这种"薄来厚往"的不等价经贸关系就会成为双方交往的常态，并且主动权往往掌握在实力雄厚的一方。

"重译来王随去斾，群酋入贡觐明廷。"（吴均《送行诗》）在整个明代，西域各地派出了大量使臣和商旅赴明朝实行朝贡活动。这些使者和商旅不仅出身于西域各个社会阶层，而且民族成分各异、宗教信仰多元、经济和政治地位各不相同，构成了一个十分复杂的社会群体。在这个"鱼龙混杂"的群体中，既有贵族、官员、武士、宗教人士，也有商人、杂役等。本书依据《明会典》的惯例，将西域贡使划分为进贡到京使臣、奏事到京使臣和寄住使臣等三类，详细分析了米儿咱、苦列干、赛夷族、火者、异密、伯克、巴赫什、塔瓦赤、打剌罕等政治地位较高的使者的有关情况，还罗列了满剌、舍黑、迭力迷失、国师、都纲等宗教界人士出任使者的特征,并对西域贡使中的回回商人群体进行了归纳。在第3章的最后一部分,笔者主要参考《明实录》等资料,对哈密、吐鲁番、亦力把里、于阗、撒马儿罕、天方等地区的著名来华使者和重要朝贡贸易家族的事迹进行了扼要梳理。

"前旌遥度玉门西,万里山河入马蹄。"(陈彝训《送行诗》)从明朝派遣出使西域使者的职责来看,主要有招谕使、册封使、吊祭使、吊祭册立使、宣谕使、宣劳使、责让使、公干使、报聘使、赐物使、送迎使等,他们在明朝处理与西域各地面的关系当中发挥了至关重要的作用。本书将明朝派遣出使西域的使者划分为归附人、中官、武职官、文职政事官、司法监察官等五大群体,剖析了其群体特征,总结了其鲜明的时代色彩。笔者还通过搜检大量史料,辑录了60余位著名使者的事迹。"不辱使命,往复合旨"这是中国古代使者的最高追求。明朝的大多数使者继承了前辈的优良传统,身历绝域,披荆斩棘,宣谕威德,传布教化,有的甚至被羁留十数载,无怨无悔,不仅较好地完成了皇帝交付的使命,还促进了明朝同周边国家和民族地区的经济与文化交往,以"称旨"留名史册。

在明代的西域陆路丝绸之路上,除了奔走西域与中原的使臣、贡使和商旅以外,还有一类特殊的使者,即佛教僧侣、伊斯兰教学者和天主教传教士。他们笃信自己的信仰,心灵纯洁高尚,意志坚定刚强,认真履行着各自宗教的特殊使命,在明代西域史上闪烁着夺目的光芒。本书对在丝路上留下足迹的明代著名宗教人士和学者亦进行了关注,并尝试着通过这一特殊管道,窥测明代西域与中原之间的宗教文化往来关系。

"想见番夷归圣德,自西河水亦东流。"(王直《送行诗》)翻检明人所作西域诗,此类诗句比比皆是,或多或少流露出"一厢情愿"的色彩。其实,这涉及多元文明交流与对话的问题,因为文化往来绝不是单向的,而是交互的,故本书专辟一章探讨多元历史书写视角下的大明与西域。通过明代陆路丝绸之路串连起来的东亚、中亚、西亚和欧洲各地之间,在政治、经济、社会、文化等各个领域都有了密切的交往,不仅增进了彼此的了解和认识,同时又汲取对方之所长,部分实现了多元文化之

·欧·亚·历·史·文·化·文·库·

间的交流和融合。当然,基于不同的文化背景和文化心理,明代东亚、中亚、西亚和欧洲各地之间也有文化上的误解和猜忌,甚至酿成文化对立和冲突,这亦是古代不同文化之间交流的必经阶段。只有通过进一步的文化对话,扩大文化交流范围,加深文化认识,实现文化互信基础上的文化理解,才能真正品尝到多元文化和谐共生、繁荣发展的甘美果实。

本书所研究和探讨的许多问题,学术界已经有深入的分析和论述,产生了一大批重要的研究成果。正是甘尝这些成果所带来的丰富学养,本书才能羞涩地与读者见面。现撷取一二,以便读者掌握学术脉络。

从汉籍文献角度来看,《明实录》《明史稿》《明史》《吾学编》《名山藏》《明会典》《诸司职掌》《礼部志稿》《国朝典汇》《高昌馆课》《四夷馆考》《四夷馆则例》《华夷译语》《国朝献征录》《国朝列卿纪》《弇州史料》《兴复哈密国王记》《平番始末》《哈密事迹》《皇明经世文编》《胡端敏奏议》《晋溪本兵敷奏》《瀛涯胜览》《星槎胜览》《西洋番国志》《西洋朝贡典录》《西域行程记》《西域番国志》《四夷广记》《海国广记》《四夷考》《皇明四夷考》《皇明象胥录》《咸宾录》《殊域周咨录》《皇明世法录》《皇明外夷朝贡考》《皇明诸夷考》《四夷考经国雄略》《皇明九边考》《边政考》《大明一统志》《[嘉靖]陕西通志》《肃镇华夷志》《寰宇通衢》《一统路程图记》《广舆图叙》《皇舆考》《天下郡国利病书》《读史方舆纪要》《草木子》《水东日记》《菽园杂记》《双槐岁钞》《治世余闻》《继世纪闻》《今言》《四友斋丛说》《松窗梦语》《典故纪闻》《毂山笔麈》《五杂俎》《七修类稿》《客座赘语》《玉堂从语》《万历野获编》《涌幢小品》《玉镜新谭》《原李耳载》《长安客话》《帝京景物略》《酌中志》《蓬窗日录》《竹山文集》《明诗纪事》等等,仅能略举,难免挂一漏万。

有些学者对明代汉籍西域相关资料进行了整理,如陈高华《明代哈密、吐鲁番资料汇编》、吴丰培《明代西域史料辑要》、李国祥主编《明实录类纂·涉外史料卷》、田卫疆《〈明实录〉新疆资料辑录》、李之勤《西域史地三种资料校注》、王继光《陈诚西域资料校注》等。另外,张鸿翔《明代各民族人士入仕中原考》,余振贵、雷晓静主编《中国回族金石录》等亦收录有关明代西域入附回回资料。

从外文资料来看,主要分布于中亚、西亚、阿拉伯和欧洲大陆地区。比如米尔帕·马黑麻·海达尔《拉失德史》、火者·盖耶速丁《沙哈鲁遣使中国记》、阿里·阿克巴尔《中国纪行》、克拉维约《克拉维约东使记》、胡安·冈萨雷斯·德·门多萨《中华大帝国史》、曾德昭《大中国志》《利玛窦中国札记》等,更有大量关于西域的外文著述被张星烺先生翻译整理,收入《中西交通史料汇编》之中。另外,日本学者在整理明代蒙古及西域史料方面也做出了突出贡献,先后辑录《明代满蒙史料明实录抄》《明代满蒙史料李朝实录抄》两种,后又发行《明代西域史料》。

就中国大陆范围来说,近代研究明代西域史地的开拓者是清末民初的历史地理学家丁谦。丁谦一生长于历代边疆地理及域外地理的考证,晚年辑研究成果于《蓬莱轩舆地学丛书》69卷。丁谦的《明史西域传地理考证》于1915年面世,他详细考订了明哈密、柳城、火州、土鲁番、安定卫、阿端卫、曲先卫、赤斤蒙古卫、罕东卫、哈梅里的沿革,钩沉当地所发生的重大历史事件。今日看来,丁谦所掌握的资料有限,其研究方法亦受时代局限,故其研究成果尚值得商榷,然而他在明西域史研究上的开拓之功是不可隐没的。

进入20世纪30年代,随着国家内忧外患的加深和西北科学考察的展开,中国西北边疆史地之学的第三波高潮涌现当时中国学界。这一时期在明代西域史研究方面较有代表性的著作是曾问吾先生的《中国历代经营西域史》。是书第6章专论"明朝之经营西域"。曾问吾先生以《明史·西域传》为参照,主要对明与瓦剌及明与西域诸国关系进行了详细考订,其论据和论证方法直至今日仍有借鉴意义。曾先生的突出贡献是考证出《明史·西域传》中的"哈梅里"与"哈密"实际上是同一地方,清人列其为二,实乃大误。在此时期,明代西北边政与国防是学者们研究的一个重要方向。张耀庚《明代的边患》、江应梁《杨一清与明代中国之西北边疆》和《明代西北边防与国防》、张鸿翔《明西北归化人世系表》、邵循正《有明初叶与帖木儿帝国之关系》、冯承钧译杜洽的《帖木儿帝国》等文章,对明西北边政、国防、民族关系、中外交通诸问题进行了初步探讨。岑仲勉先生的《明初曲先、阿端、安定、罕东四卫考》是较早对明代关西诸卫进行系统研究的重要文章。另外,《禹贡》杂志第2卷3-4期还刊印了明陈诚、李暹撰《西域行程记》,为深入研究明代西域史提供了资料。冯承钧《西域地名》出版,收地名710余条,引起了学术界的重视。

1940年代,中国学者对边疆学研究的热潮丝毫不减,研究的领域不断扩大,研究力度逐渐深入,研究成果丰硕。其中总论边政性质的文章有贺岳僧《国防史上的西北》、黄奋生《中国治边政策古今观》、姚荩民《历代筹边政策之检讨》、杜光简《历代经营西北的影响》。这一时期对明代哈密及周边地区的研究得到深化。慕少堂《明代设置哈密国王记》专门叙述了明朝经略哈密的始末。岑仲勉《抄李英征曲先故事略释》则对曲先卫进行了全面考述,指出曲先就是库车。他还有《从嘉峪关到现在苏联边境之明人纪程》探讨明人在西域出使所记行程问题。陈守实《明初与帖木儿关系试探》对帖木儿帝国曾经准备远征明朝问题以及两国随后频繁的贡使往来进行了探讨。明代的朝贡贸易与茶马贸易是这一时期研究的热点之一。秦佩珩《明代的朝贡贸易》、管照微《明代朝贡贸易制度》、李光璧《明代茶马考》、徐方干《历代茶叶边易史略》是这方面的典型代表。李次明《明清以来西人东来之路径及其迤逦的次第》、岑仲勉《历代西疆路程简疏》是对中西交通问题进行研究的早期著作。

中华人民共和国成立后的1950年代,中国与巴基斯坦、阿富汗、伊朗、土耳其、伊拉克等国逐步建立了正常外交关系。为了适应与上述国家进行政治、经济、文化交流的需要,研究古代中国与上述国家和地区的传统友好关系成为当时的一个热点,而明朝与上述国家和地区的交往占有较大比重。陈瀚笙《中国和巴基斯坦的友好关系》、周一良《中国和阿富汗的传统友好关系》和《中国人民和阿拉伯人民的深情厚谊》、海维谅和蔡以典《中国与伊朗之关系简述》、张希哲《从土耳其博物馆藏中国瓷器看中土两国的古代关系》、施一揆《中国和伊拉克两国人民友好的回顾》、阎宗临《古代波斯及其与中国的关系》等文章是这一方面的代表著作。陈生玺《明初帖木儿帝国和中国的关系》是研究明与西域中亚关系的重要文章,文章重新对明与帖木儿帝国的关系进行了厘清。虞怡《从嘉峪关到现在苏联边境之明人纪程(上、下)》在《中国边政》相继发表,参照岑仲勉先生同名著作,对明人西域纪程问题再行深入考证。此外还有夏德仪《明代与西域关系》、冯作民《帖木儿的上明太祖表》、刘义棠《读明史撒马儿罕传》等也值得参考。

1980年代至今,中国史学研究取得了长足发展和新的突破,对明代西域诸问题的研究无论是从广度还是从深度上都大大超过了前代。

首先,在西域历史地理研究方面,对许多西域地名进行了考订。冯承钧先生原编、陆峻岭增订的《西域地名》由中华书局出版,收地名达920条。2008年,钟兴麒《西域地名考录》由国家图书馆出版社出版,全书收西域地名6500余条,计90余万字,增加了大量清代资料,同时吸收了许多学术界新的考订成果。张文德《〈明史·西域传·撒马儿罕〉辨误》《〈明史·西域传〉黑娄考》《〈明史·西域传〉失剌思考》《周连宽先生校注本〈西域行程记、西域番国志〉拾遗》,张连杰《明朝与中亚、西亚交通路线考》,李之勤《〈西域土地人物略〉的最早、最好版本》,廖大珂《"日落国"考证》,王继光《〈西域行程记〉与别失八里西迁考》《〈西域番国志〉与〈明史·西域传〉》,妥超群、刘铁程《毕力术江考——明代曲先卫地望及相关地名新证》,马一《明代鲁迷、鲁密辩证》等,都对明代西域地理相关问题进行了深入研究。

需要特别提到的是,2002年文博界新发现一幅明代中期手绘设色绢本地图长卷,经北京大学林梅村教授考证,该图为明嘉靖时期宫廷画师所绘《蒙古山水地图》。图上绘制了从明朝的嘉峪关到天方数千公里线路上的主要城池和山川地貌,并用汉语标注了211个由突厥、蒙古、波斯、粟特、阿拉伯、希腊、亚美尼亚语等音译而来的明代西域地名,涉及了亚、欧、非三大洲十多个国家和地区,包括中国、乌兹别克斯坦、塔吉克斯坦、阿富汗、黎巴嫩、突尼斯、土耳其,堪称"明代丝绸之路地图"。林梅村先生结合该图与《西域土地人物略》,对西域地名进行了详细考订,由文物出版社于2011年出版,纠正了以往研究的许多失误。

该图的重新发现和释读,对研究明代西域丝绸之路舆地和交通具有十分重要的意义。

另外,丝绸之路研究一直是国际显学,成果众多。因本书研究对象和时段的关系,兹举刘迎胜先生于2014年在江苏人民出版社出版的《丝绸之路》为例。该书上篇为"草原丝绸之路",下篇为"海上丝绸之路"。全书以时间为经,以文明交流为纬,系统阐述了两条丝绸之路的发端、发展过程,详细介绍了丝绸之路沿线不同民族、文明类型及其相互交流的历史状况,展示了以丝绸之路为纽带,文明碰撞与融合的宏阔历史场景,分析了丝绸之路的历史影响及现实意义。

其次,在明朝与西域、中亚的关系方面,涌现出了一大批重要成果。

赵俪生先生的《明朝的西域关系》一文在明代西域史研究中占有重要地位。赵先生认为明代哈密"担任中原与西域之间的中点站和接待站的角色,还为中西交通人民提供翻译人员",故而洪永之世明朝对哈密王公赐赍特厚。这篇文章将有明经营西域划分为明初草率经营而初具规模、永乐积极政策、仁宗代之以消极、正德弘治边境纷扰、嘉靖修墩台划关而治等5个阶段。文中一再强调,明仁宗《即位诏》的宣布,是明朝对外政策由积极转向消极的转折点。这些观点对今日的研究者仍有启发意义。

在明朝与帖木儿王朝关系方面,主要论文有:马骏骐《帖木儿帝国与明朝的关系》,和龚《明王朝与帖木儿帝国关系浅说》,王兴亚《明王朝与帖木儿帝国的外交述略》,沈定平《明代与中亚诸国的交往》,朱新光《试论帖木儿帝国与明朝之关系》《东察合台汗国与帖木儿帝国之战及影响》《明初中亚河中帖木儿汗东征及其影响刍议》,高永久《帖木儿与中国》,姜伊凡《明朝与帖木儿帝国关系史考略》,张文德《论明太祖时期对帖木儿王朝的外交政策》《明成祖至孝宗时对帖木儿王朝的外交政策》《15世纪后期撒马儿罕使臣海路来华与明廷的反应》《从〈明实录〉看中亚帖木儿王朝的政治制度》,王颋、屈广燕《芦林兽吼:以狮子为"贡献"之中西亚与明的交往》,关连吉《明代对西域的经营及中西经济文化一体化交流》,武沐、董知珍《洪武永乐时期明朝与西域诸"地面"的关系》。另外,英国学者布劳恩《帖木儿的一生》,亦有参考价值。

朝贡贸易是明朝经营西域的重要政策之一。1998年,何芳川《"华夷秩序"论》一文引发了对"朝贡贸易""贡赐贸易""封贡体系"等问题的持续探讨,产生了大量论文,兹不赘述。相关主要论文还有:万明《从"西域"到"西洋"——郑和远航与人类文明史的重大转折》,赵敏鉴《明初朝贡贸易与儒家思想》,马彦丽《明清朝贡制度之比较》,李银、张增强《论明朝勘合(朝贡)贸易的性质》,韩国学者郑容和《从周边视角来看朝贡关系——朝鲜王朝对朝贡体系的认识和利用》等。关于明王朝与西域的贡赐交往也取得了较大成果。如潘志平《从大黄、茶叶贸易看十五世纪后的中亚交通》,马建春《明代回回人对"贡赐"贸易的垄断》,田澍《明代甘肃镇与西域朝贡贸易》,张文德《中亚帖木儿王朝与明朝之间的贡赐贸易》《明与中亚帖木儿帝国的礼仪往来》《明与西域通贡往来的特点及其成因》《明与西域的玉石贸易》《明与中亚帖木儿王朝往来的语言问题》,陶勇《从〈高昌馆课〉看西域与中原的经济交往》等。

第三,关于明代西域丝绸之路上的使者,一直是学术界关注的焦点。

何芳川《古代来华使节考论》对中国古代来华使节进行了综合梳理。万明《明初中西交通使者傅安出使略考》《傅安西使与明初中西陆路交通的畅通》,刘迎胜《旭烈兀时代汉地与波斯使臣住来考略》《白阿儿忻台及其出使》《永乐初明与帖木儿帝国的使节往来》,王颋《流沙使三——傅安与明洪武末的西行使节》等,都是较重要的关于明代往来西域丝绸之路使者研究的论述。

陈诚出使西域是明初对外交往中的重大事件之一。马曼丽、樊保良《古代开拓家西行足迹》一书亦对陈诚及其西使进行了全面研究,介绍西行沿途史地颇为详备。王继光先生对陈诚生平及著作、五次出使西域始末进行了较全面和深入的研究,成果最著。在《关于陈诚西使及其〈西域行程记〉、〈西域番国志〉》一文中,他以《竹山文集》等重要史料为依据,钩沉陈诚生平,恢复了五次西使盛况,考订版本源流,总结了二书史料价值。王继光先生的论述还有《陈诚西使及洪永之际明与帖木儿帝国的关系》《陈诚家世生平考述》《陈诚家世生平续考》《陈诚及其西使记研究述评》等。2012年,王继光先生整理的《陈诚西域资料校注》出版,大大便利了学界对陈诚的深入研究。另外,杨富学《关于陈诚及其西行的几个问题》《陈诚史料的新发现》《陈诚西使与中西关系》,段海蓉《再论陈诚的西域纪行诗》,李江《陈诚出使西域事迹考》《陈诚与〈陈竹山先生文集〉》,徐玉虎《明陈诚七使西域事迹考》,曾采堂《明代外交家陈诚事迹考》,洲塔、董知珍《从〈竹山先生文集〉看陈诚第二次出使西域》,汪小军《论陈诚〈西域往回记行诗〉》,张嵚《陈诚:大明王朝的伟大外交家》,张文德《明朝西域使臣陈诚"累官右通政"?》等,也都是研究陈诚及其西使的主要论述。

关于明代西域使者,自1980年代以来,学界一直给予高度关注。林松、和龚《明代丝路贸易中的回回》认为回回继粟特人、畏兀儿人之后在丝路贸易中崛起,永乐一朝把回回贡赐贸易推向高峰,这种贸易对西域与中原文化的融合起催化作用。孙振玉《明代丝路史分期研究》主张将明代丝路史分为明初至天顺末、成化初至嘉靖二十四年、嘉靖二十五年至明末等3个时期。李德宽《明代回回译使考述》对活跃于明代中外交通中的回回翻译人员进行了罗列与考察,其中大部分人的事迹发生在明与西域的交往中。马建春《明代回回人对"贡赐"贸易的垄断》认为回回人垄断了明代亚非各国与中国的贡赐贸易,改善并加强了这些国家同明朝的友好关系。田澍《明代河西走廊境内的西域贡使》从西域贡使如何出嘉峪关、入贡贡使的起送与存留、存留使者在河西走廊的活动等3个方面阐述了河西走廊是明代边境贸易和民族融合的重要场所。另外,李为香、肖敏《明初宦官出使西域及其积极影响》提出了明代宦官在西域交通史上的重要影响。马建春《明代西域回回人马克顺事迹考》、陈亮《明代回回通事詹升史迹考》、美国学者莫里斯·罗萨比《明代到亚洲腹地的两位使者》均有较高研究价值。

在明代往来西域使者研究领域,张文德先生有许多论述,推进了关于这一问题的研究。比如,《明朝出使中亚帖木儿王朝的使臣》《中亚帖木儿王朝的来华使臣》《明代西域朝贡贸易家族的兴衰——以写亦虎仙家族为例》《明朝使臣傅安的西域之行》《入附明朝的撒马儿罕回回》《明代西北丝绸之路上的"打剌罕"》《论明代通事与西域贡使的关系》等。2013年,张文德先生将相关研究成果结集出版《朝贡与入附——明代西域人来华研究》。

第四,关于明代西域哈密和吐鲁番的研究亦是学界研究重点。

关于明代哈密地区历史的研究取得了丰硕的成果,涉及了哈密卫的设置及意义、哈密统治者身世及世系、哈密朝贡、哈密种族、哈密卫经济生活、哈密政局与明中枢政治的关系等许多方面。

田卫疆《明哈密、土鲁番速檀(王)世系补正》依据《明实录》对明哈密忠顺王世系进行了重新订正,补出了脱欢帖木儿与脱脱塔木儿二王的名字。刘国防《明初的哈密及其王族》一文批驳了《剑桥中国明代史》中关于"明朝与哈密之间的关系仅是一种名义上的控制"的观点,认为哈密是明朝的属国,考证哈密忠顺王乃蒙古察合台出伯家族后裔,并认为明初哈密王族并未完全信仰伊斯兰教。刘志扬《明代哈密、土鲁番地区回回的成分及伊斯兰教的渗透》一文分析了哈密回回、畏兀儿、哈剌灰3种族的构成,认为"回回"是"元末明初从中原去的色目人",他们多通汉文、回鹘文、波斯文等几种文字。到明后期改信伊斯兰教的蒙古人、畏兀儿人、汉人也被称为"回回"。该文还认为,从明初到明中叶,哈密的佛教、伊斯兰教两大势力进行了激烈的斗争。15世纪中期,佛教在哈密仍占优势,及土鲁番占领哈密后,佛教便很快衰落了。关于哈密三大种族之一的哈剌灰人,马寿千先生曾撰《明代哈密地方的哈剌灰人》,这是此研究领域较早的论文。曾文芳《明代哈剌灰人的来源、组成和名称诸问题》分析认为哈剌灰系鞑靼部的一支迁居于哈密而形成的一个新的部落集团,后来又吸收了众多的瓦剌部落,逐渐发展壮大。吐娜《明朝哈密卫的哈剌灰人及其内迁》则认为哈剌灰人源于撒里畏兀儿地区的蒙古部众。探讨明朝经略哈密政策、效果及得失的文章也较多。田卫疆《论明代哈密卫的设置及其意义》叙述了明朝设置哈密卫的背景及其经过,分析了哈密卫组织结构,归纳了明朝设置哈密卫的意义。刘国防《明朝的备边政策与哈密卫的设置》认为明失哈密卫的原因主要有保守被动的备边政策、国势衰弱及土鲁番割据势力的渐强,以及明朝朝政腐败、河西饥荒、士兵逃亡等因素。蒿峰《明失哈密述论》对写明代由哈密危机而起的"封疆之狱"进行了初步探讨,认为明朝的保守政策、没有加强军事管理和政治管理、军政腐败、哈密各种族不能团结一致是明失哈密卫的重要原因。田澍《明代哈密危机述论》认为闭关绝贡是哈密危机愈演愈烈的原因,直至嘉靖初年通贡和好取代闭关绝贡才解决了哈密危机,而世宗即位后政局的演变才是导致政策转变的诱因。关于明代哈密王嗣位的问题还有于默颖《明代哈密蒙古的封贡问题》述及。赵予征《明对西域的统辖及哈密卫屯垦研究》依据《明太宗实录》和《国榷》的两条记载,判定哈密卫曾经进行过屯田,至于屯田时间、规模则有待于进一步考证。另外,拙著《明代哈密察合台后王统治世系考》以《明实录》等史料为主要依据,确认把塔木儿和奄克孛剌在哈密的实际统治地位,并对哈密统治者的在位时间重新进行了订正,对后王时期哈密的统治阶层进行了初步探讨。又有尹俊耸《明代哈密忠义王小考》罗列了明朝政府先后共正式封立的 11 位哈密王,探讨了"忠顺王"和"忠义王"两王更替、并立之情况及原因。施新荣《明代哈密与中原地区的经济交往——以贡赐贸易为中心》分哈密建卫前、哈密建卫至成化八年以及成化九年哈密卫内迁后三个时期,以贡赐贸易为中心,对明代哈密与中原地区的经济交往关系之盛衰及其缘由进行了探讨。

关于明代土鲁番地区历史及东察合台汗国历史的研究,亦是学者们关注的焦点。魏良弢先生《明代及清初土鲁番统治者世系》一文详细考订了 14 世纪末至 17 世纪晚期土鲁番统治者的世系,认为统治土鲁番的王均为察合台汗的后裔,土鲁番从歪思汗开始逐渐成为汗国的政治经济中心之一,还论证了察合台后王们统治下的西域与明朝关系问题。刘国防《关于明代前期土鲁番统治者世系的几个问题》则专门对尹吉儿察、阿力等进行了考证,他认为阿力王不是羽奴思汗,与魏良弢先生的观点一致。相关文章亦见魏良弢《东察合台汗国与叶尔羌汗国统治世系和年表》。田卫疆《明代蒙兀儿斯坦王系初论》则持另一观点,他认为速檀阿力王就是羽奴思汗。另外,关于察合台汗国史研究的专著主要有刘迎胜《西北民族史与察合台汗国史研究》《察合台汗国史研究》，魏良弢《叶尔羌汗国史纲》，田卫疆《丝绸之路与东察合台汗国史研究》。马守平《试析土鲁番与明朝的关系》认为二者关系的建立加强了土鲁番与中原经济的联系，促进了西域地区的发展。

综上所述，明代对西域相关问题的研究，研究领域不断拓展，新资料偶有发现，老问题研究不断得到深化，新诠释多有创建，成果众多，意义深远。这一学术背景和氛围，为本书的顺利完成奠定了坚实基础。

然而，本书亦存在一明显不足，即引用外文资料和文献相对较少，虽然征引了一些中文翻译资料，但是毕竟没有直接阅读波斯语、突厥语、阿拉伯语、蒙古语、拉丁语等非汉文原始文献，这是笔者学术素养不全面所致，实乃一大缺憾，特向读者致歉！当然，这也促使笔者在今后增强语言素养，将来进一步完善这本著作。

目 录

表 格 目 录

1 明代西域與地交通

大明王朝在经营西域问题上较之雄汉盛唐是一个相对内敛的朝代。即使是在"龙飞淮甸,汛扫胡元""定鼎中原,君临天下"的开国强势之下,明朝师旅也是在朱元璋践祚24年之后才兵临哈密城下。继之以明成祖"锐意通四夷",设哈密卫,领西域职贡,自此哈密成为明朝西北边陲之前哨,发挥了丝绸之路上的情报、接待和翻译的作用。可是好景不长,仁、宣以降,郑和远洋的舰队逐渐扭转了"西域"和"西洋"在明人心目中的地位,明朝在西域的积极政策一变而为消极,其政治触角伸至哈密也就到了其迤西之极限。

然而,明朝虽然在西域没有封疆裂土、马踏绝域、犁庭扫穴的政治大手笔,但却并不影响它以朝贡贸易手段继续保持在西域的巨大影响力。换言之,明人将西域纳入到"天朝礼治体系"之中,看作是"华夷秩序"的一个重要环节。在"王者不治夷狄"和"慕化主义"的价值取向下,明王朝在与西域东察合台汗国、瓦剌、帖木儿王朝等政治势力的博弈中,始终秉持朝贡贸易政策,"厚往薄来,怀柔远人",维护了明朝与西域诸地面的交往关系,促进了中西经济和文化交流,开创了15世纪古丝绸之路上最后一段辉煌岁月。频繁奔走于陆路丝绸之路上的明代各国使者和商旅,在西风万里的瀚海古道上留下了一串串闪光的足迹。

1.1 明代西域的范围与主要地名

"西域"概念最早出现在《史记》的《司马相如列传》和《大宛列传》中。一般认为,历史上所谓的西域,有狭义和广义之分。狭义上的西域是指玉门关、阳关以西,葱岭(今帕米尔高原)以东,巴尔喀什湖以东、以南及包括新疆在内的广大地区。而广义上的西域则泛指通过玉门关、阳关以西所能到达的广袤地区，主要包括亚洲中部、西部地区，还包括印度半岛北部、北非及东欧部分地区。

1.1.1 明代西域的范围

在不同的历史时期，因中国中原王朝政治军事力量西及程度的不同，西域的范围亦有伸缩。汉代西域的范围包括天山南北和中亚。《汉书·西域传序》载："西域以孝武时始通，本三十六国，其后稍分至五十余，皆在匈奴之西，乌孙之南。南北有大山，中央有河，东西六千余里，南北千余里。东则接汉，厄以玉门、阳关，西则限以葱岭。"魏晋南北朝时期，西域继续与中原地区保持密切联系。《魏书·西域传》云："西域自汉武时五十余国，后稍相并。至太延中，为十六国，分其地为四域。自葱岭以东、流沙以西为一域；葱岭以西、海曲以东为一域；者舌以南、月氏以北为一域；两海之间、水泽以南为一域。"隋唐时期的西域沿袭了上述范围，唐朝在西域设置安西、北庭二都护府，政治和军事影响力大大超过前代。裴矩《西域图记》言："从西顷以去，北海之南，纵横所亘，将二万里。"当时中原与西域的交通，"发自敦煌至于西海，凡为三道，各有襟带"。蒙元时期，通过三次大规模西征，打通欧亚，建立了钦察汗国、察合台汗国、窝阔台汗国和伊利汗国等四大汗国，西域范围最为辽远。

明代西域的范围，并非以传统的玉门关、阳关为标识，而是以嘉峪关为界，嘉峪关以西统称为西域。明朝对中原以西地区的认识有两个重要的范畴，一为西域，一为西番。《明会典》记载："自陕西兰州渡河千五百里，至肃州。肃州西七十里，为嘉峪关。嘉峪关外，并称西域。而陕西以南并四川抵云南外徼，并称西番。"[1]明朝在嘉峪关以西的近边地区，因俗为治，先后设立了七八个羁縻卫所来拱卫西北疆土，一般通称为"关西七卫"，即哈密卫、安定卫、阿端卫、曲先卫、赤斤蒙古卫、沙州卫（后沙州卫内迁，在其故地又设罕东左卫）、罕东卫，这些卫所如众星拱月，环列西境，在中原与西域的交往中发挥了重要作用。

---

〔1〕申时行等：《明会典》卷107《朝贡三》，中华书局，1989年版，第579页。

1.1.2　明初西域政局的变迁

在传统的玉门关、阳关以西地区,元末明初西域各地政局也发生了较大变迁。自蒙古西征以后,"黄金家族"按照草原习俗分据了天山南北及中亚地区,建立了察合台汗国、窝阔台汗国和伊利汗国。后来察合台汗国吞并了窝阔台汗国,成为西域地区最为强大的一支政治势力。14世纪以后,随着非"黄金家族"蒙古诸部落的日益伊斯兰化和皇族内部尖锐的斗争,察合台汗国逐渐衰落,西域政局变得汗权旁落,地面林立,纷繁复杂,趋向混乱。1347年,察合台汗国的合赞汗被其臣子所弒,汗国一分为二,成为东西两部分。

西部察合台以阿母河(今阿姆河)和忽禅河(今锡尔河)之间的绿洲为中心,确立了蒙古巴鲁剌思氏诸异密的统治,经过诸侯混战,最终建立帖木儿王朝。帖木儿于1364年入主撒马尔罕,随之略定花剌子模,征服波斯、阿尔明尼亚与乔治亚,陷凡城,灭伊斯法罕,雄踞中亚,气势逼人。而此时,以伏尔加河和顿河为中心的钦察汗国,在帖木儿王朝的打击之下,也趋向衰落。

天山以南的东部察合台主要处于蒙古朵豁剌惕氏贵族的统治之下,他们以阿克苏为中心,控制着东至库车、轮台,西抵费尔干纳,北达伊塞克湖,南连塔里木盆地南缘且末的广大地区。朵豁剌惕部诸异密能够遵从蒙古的传统,扶立了察合台汗的后裔秃黑鲁帖木儿为汗,填补了察合台汗国灭亡后在这一地区的权力真空,汉籍史料中称之为"别失八里"或"亦力把里"地面,也有史籍称之为"蒙兀儿斯坦"。东察合台汗国建立后,在秃黑鲁帖木儿的统治时期曾经一度强大,于1360年至1361年两次西征,攻占了撒马尔罕,势力进入兴都库什山脉地区。秃黑鲁帖木儿汗还在沙黑·扎马鲁丁和额什丁毛拉父子的劝解感召之下,亲率16万部众皈依了伊斯兰教。

另外,在早期东察合台汗国的东部地区,也就是今天吐鲁番以东、嘉峪关以西的地区,还有许多地区割据势力,比如故元高昌王、故元肃王、撒里畏兀儿、哈剌灰等。当时哈密的统治者是故元宗王察合台后裔兀纳失里(kunā shirin，又译作"纳忽里")。兀纳失里的祖上出伯于元大德八年(1304)受封威武西宁王，十一年进封豳王，以宗王身份领甘肃等地军站事，节制河西诸地。兀纳失里袭祖上荫封统治哈密，所以才有《明史·哈密传》"元末以威武王纳忽里镇之，寻改为肃王"的记载。[1]

而在天山以北、蒙古高原西北部的草原地区，还有一股强大的政治势力，那就是故元外剌部，即斡亦剌惕部，也就是瓦剌。

1.1.3 明代西域主要地面考释

众所周知，明代西域地区绿洲星星点点，沿水源和交通要路分布，政治势力林立，"土鲁番、天方国等称王号者百余人"[2]。如嘉靖十二年(1533)，"土鲁番称王者七十五人，天方国称王者二十七人，撒马儿罕称王者五十三人"。[3]尽管《明会典》中有所谓"西域三十八国"的提法，但实际上与明朝保持朝贡贸易关系的远不止38国，并且许多政治势力称不上是国家，故而明人更愿意用"地面"一词来指代各地。

明代汉文史料中，关于西域诸地记载比较详细且研究价值较高的，主要有陈诚《西域行程记》《西域番国志》和《陕西通志》(嘉靖)卷10《西域土地人物略》，另有张雨《边政考》、《肃镇华夷志》(嘉靖)、严从简《殊域周咨录》、罗曰褧《咸宾录》等可资参考。

需要特别提到的是，2002年文博界新发现一幅明代中期手绘设色绢本地图长卷，经北京大学林梅村教授考证，该图为明嘉靖时期宫廷画师所绘《蒙古山水地图》。[4]图上绘制了从明朝的嘉峪关到天方数千公

---

[1]关于兀纳失里源自察合台后裔出伯家族的问题，许多学者进行了研究和考证，今已成定论。出伯为察合台第六子拜答儿之孙、阿鲁忽的次子。日本学者杉山正明利用帖木儿帝国时的《穆伊兹·安萨布》对出伯家族的谱系进行了深入研究。他认为出伯至少有16子，亦里黑赤这一支袭其封爵，而元末明初哈密统治者兀纳失里和安克帖木儿兄弟皆为亦里黑赤后人。参见杉山正明：《豳王出伯及其世系——元明史料与〈穆伊兹·安萨布〉之比较》，载《史林》，1982年第1期。又见刘迎胜：《床兀儿及其家族的活动》，载《西域研究》，1993年第3期；又见胡小鹏：《元代西北历史与民族研究》，甘肃文化出版社，1999年版，第22～50页。

[2]《明世宗实录》卷150，嘉靖十二年五月癸卯，台湾中央研究院历史语言研究所影印校勘本，1962年版。

[3]严嵩：《南宫奏议》卷29《议处甘肃夷贡》，全国图书馆文献缩微复制中心，2010年版。

[4]林梅村：《蒙古山水地图》，文物出版社，2011年版。

里线路上的主要城池和山川地貌,并用汉语标注了211个由突厥、蒙古、波斯、粟特、阿拉伯、希腊、亚美尼亚语等音译而来的明代西域地名,涉及了亚、欧、非三大洲十多个国家和地区,包括中国、乌兹别克斯坦、塔吉克斯坦、阿富汗、黎巴嫩、突尼斯、土耳其,堪称"明代丝绸之路地图"。该图的重新发现和释读,对研究明代西域丝绸之路舆地和交通具有十分重要的意义。

为了叙述方便,兹将《明实录》、《明会典》、《明史·西域传》、《陕西通志》(嘉靖)、《蒙古山水地图》和其他文献中出现的明代西域主要地面罗列如下:

哈密(又作"哈梅里")

安定卫(今青海尕斯茫崖一带)

阿端卫(初设于青海西部,《蒙古山水地图》有"阿丹",在今甘肃瓜州破城子村)

罕东卫(初在今青海西宁西北,后迁酒泉西南)

赤斤蒙古卫(今甘肃玉门西北赤金堡)

曲先卫(初在今青海天峻县苏里乡岗格尔肖合力山西北,后迁大通河谷)[1]

沙州卫(今甘肃敦煌)

罕东左卫(今甘肃敦煌)

柳陈城(又作"鲁陈",今新疆鄯善县鲁克沁)

火州(又作"哈喇火州",今高昌故城)

土鲁番(明人称今新疆吐鲁番为"土鲁番"或"土尔番")

哈烈(又作"黑鲁""哈里",今阿富汗赫拉特)

哈三(又作"哈山",《蒙古山水地图》标其在"失剌思西马城"[今伊朗设拉子]之南)[2]

---

〔1〕妥超群、刘铁程:《毕力术江考——明代曲先卫地望及相关地名新证》,载《民族研究》,2011年第6期。

〔2〕林梅村:《〈西域土地人物略〉校勘记》,载《蒙古山水地图》,文物出版社,2011年版,第171页上。

哈烈儿沙的蛮（《明会典》作"哈烈儿沙的蛮"，《明史·西域传》则视为"哈烈儿""沙的蛮"二地）

哈失哈儿（又作"哈实哈儿"，今新疆喀什）

哈的兰（今塔吉克斯坦南部库里亚布，见《明太宗实录》卷126、卷127；又作"葛忒郎"，见《明太宗实录》卷81，永乐六年七月丁未）

赛兰（又作"赛蓝""赛夷"，今哈萨克斯坦希姆肯特东赛拉姆）

扫兰（又作"扫郎"，今哈萨克斯坦奇姆肯特西北之萨乌兰）

亦力把力（又作"亦力把里""别失八里"，即蒙兀儿斯坦，明初在今新疆吉木萨尔，永乐十二年迁至今新疆新源县一带）[1]

乜克力（又作"野乜克力"，在今新疆哈密以北巴里坤）

把丹沙（又作"把丹"，见《明会典》卷107《朝贡三·西戎上》，或即八答黑商）

把力黑（即"八剌黑"，今阿富汗巴尔赫）

俺力麻（见《明会典·西戎上》）

脱忽麻（今哈萨克斯坦巴尔喀什湖一带）

察力失（又作"察里什"，即哈喇沙尔，今新疆焉耆）

干失（见《明会典·西戎上》）

卜哈剌（又作"不花剌""卜花儿"，今乌兹别克斯坦布哈拉）

怕剌（见《明会典·西戎上》。疑即"帕拉布"，今哈萨克斯坦法腊布？）

失剌思（又作"石罗子"，今伊朗设拉子。[2]但《蒙古山水地图》标"失剌思"在撒马儿罕城东南，与陈诚所记"石剌思"同为一个城址[3]）

你沙兀儿（又作"你舍卜的""你沙不儿"，今伊朗东北内沙布尔）

---

〔1〕王继光：《〈西域行程记〉与别失八里西迁考》，载《西域研究》，2007年第2期。

〔2〕张文德：《〈明史·西域传〉失剌思考》，载《伊朗学在中国论文集》第3集，北京大学出版社，2003年。

〔3〕林梅村：《〈西域土地人物略〉校勘记》，载《蒙古山水地图》，第84页。

克失迷儿(今克什米尔)

帖必力思(即"讨来思",今伊朗大不里士)

果撒思(见《明会典·西戎上》)

火坛(见《明会典·西戎上》)

火占(又作"霍占""虎帖",今塔吉克斯坦北部苦盏)

苦先(《蒙古山水地图》标有"苦先新城"和"苦先旧城",苦先新城当在今新疆库车老城区,苦先旧城在今新疆库车城区之西皮朗古城)[1]

沙鹿海牙(又作"沙鲁海牙""白讷克特",今塔什干以南班那喀特故城)

牙昔(今哈萨克斯坦突厥斯坦市)

牙儿干(又作"鸭儿看""叶尔羌",今新疆莎车。但《蒙古山水地图》标其地在"阿昔丁阿秃赤"[今新疆阿图什]的东北,或为今新疆巴楚县托古孜沙莱古城)[2]

戎(见《明会典·西戎上》。《蒙古山水地图》"戎地面"在红海彼岸,与天方隔海相望)[3]

白(见《明会典·西戎上》)

兀伦(见《明会典·西戎上》)

阿速(《西域土地人物图》作"阿速",《蒙古山水地图》作"阿赤",标在"拜城"东北方向,今新疆拜城县西北喀刺苏河。[4]又有"阿速即",《蒙古山水地图》标其在台白列思与哈山之间,即今伊朗大不里士与喀山之间。[5])

阿端(又作"阿丹",《明史·西域传》云"西域阿端"与"阿端卫"

---

〔1〕林梅村:《〈西域土地人物略〉校勘记》,载《蒙古山水地图》,第143页上至145页上。苦先地望学界多有分歧。一般认为,苦先是安定卫初辖四部(阿端、阿真、苦先、帖里)之一。亦有认为苦先即"曲先"。参见钟兴麒:《西域地名考录》,国家图书馆出版社,2008年版,第547页。

〔2〕林梅村:《〈西域土地人物略〉校勘记》,载《蒙古山水地图》,第149页下。

〔3〕林梅村:《〈西域土地人物略〉校勘记》,载《蒙古山水地图》,第178页上、178页下。

〔4〕林梅村:《〈西域土地人物略〉校勘记》,载《蒙古山水地图》,第146页上。

〔5〕林梅村:《〈西域土地人物略〉校勘记》,载《蒙古山水地图》,第171页下至172页上。

为两地。《蒙古山水地图》标"阿丹"在瓜州和苦峪之间,即今甘肃瓜州县城和锁阳城之间,当为阿端卫驻地。该图又标有"西阿丹",在瓜州和沙州之间,应即西域阿端部落内迁驻地)[1]

耶思成(见《明会典》卷107《朝贡三·西戎上》,疑"邪思城""牙思城"讹写,《明史·西域传》作"亦思把罕",今伊朗伊斯法罕?)[2]

坤城(见《明宣宗实录》卷7、卷35、卷63、卷65,疑即"昆都思",今阿富汗昆都士?[3]杨按:洪熙元年八月,坤城与肉迷、乞儿蛮并入贡;宣德五年四月,坤城与瓦剌等入贡)

舍黑(见《明会典·西戎上》,疑为称号或人名)

摆音(见《明会典·西戎上》)

克乩(见《明太宗实录》卷217,永乐十七年十月己丑。疑又作"可脱乩")

撒马儿罕(今乌兹别克斯坦撒马尔罕)

鲁迷(今土耳其小亚细亚伊斯坦布尔)[4]

天方国(今沙特阿拉伯麦加)

默德那国(又作"蓦底纳",今沙特阿拉伯麦地那)

于阗国(今新疆和田)

日落国(又作"茶弼沙",今意大利罗马梵蒂冈)

八答黑商(又作"巴达哈伤",今阿富汗东北境之巴达克山)

俺都淮(今阿富汗北境之安德胡伊)

亦思弗罕(《明史·西域传》载:"亦思弗罕,地近俺的干。")

黑娄(又作"黑楼""哈喇",即"哈烈")[5]

额即乩(鞑靼回夷,见《明世宗实录》卷135,嘉靖十一年二月己丑)

〔1〕林梅村:《〈西域土地人物略〉校勘记》,载《蒙古山水地图》,第125页上至126页上。

〔2〕林梅村:《〈西域土地人物略〉校勘记》,载《蒙古山水地图》,第170页下。

〔3〕林梅村:《〈西域土地人物略〉校勘记》,载《蒙古山水地图》,第165页下至166页上。

〔4〕林梅村:《〈西域土地人物略〉校勘记》,载《蒙古山水地图》,第165页下至166页上。

〔5〕张文德:《〈明史·西域传〉黑娄考》,载《西域研究》,2001年第1期,第25页。

怯迷（见严嵩《南宫奏议》卷1《议处甘肃夷贡》，疑即"怯失迷儿"）

怯失迷儿（即克什米尔，见《明英宗实录》卷84，正统六年十月辛卯）

阿即民（见严嵩《南宫奏议》卷1《议处甘肃夷贡》，疑为"阿都民"讹写，今叙利亚帕尔米拉？）[1]

沙密（又作"苫国"，今叙利亚大马士革）

把黑旦（疑今马格达）[2]

米昔儿（又作"密思儿"，今埃及开罗）

达失干（今乌兹别克斯坦塔什干）

养夷（今哈萨克斯坦江布尔）

渴石（今乌兹别克斯坦沙赫里萨布兹卡尔希，又一在阿富汗北部）

迭里迷（又作"迭儿迷"，今塔吉克斯坦捷尔梅兹城）

卜花儿（又作"卜哈儿""卡霞儿"，即蒲华城，今乌兹别克斯坦布哈拉）

俺的干（今乌孜别克斯坦安集延）

火剌札（见《咸宾录》《明史·孝宗本纪》）

乞力麻儿（又作"乞力麻"，今伊朗濒临波斯湾之克尔曼）

白松虎儿（《咸宾录》谓旧称"速麻里儿"）

答儿密（《咸宾录》谓其"古丹眉流国"）

纳失者罕（又作"纳苏察罕""纳实罕"，《蒙古山水地图》标其在"马儿黑纳"之西，即今乌兹别克斯坦费尔干纳州马尔吉兰，则纳失者罕应在该国锡尔河畔）[3]

敏真（见《咸宾录》《明史·西域传》，疑作"敏珠儿"）

讨来思（旧称"陁婆离"，今伊朗大不里士）

---

〔1〕林梅村：《〈西域土地人物略〉校勘记》，载《蒙古山水地图》，第179页下至180页上。

〔2〕张文德：《〈明史·西域传〉黑娄考》，载《西域研究》，2001年第1期，第31页。

〔3〕林梅村：《〈西域土地人物略〉校勘记》，载《蒙古山水地图》，第154页下。

沙哈鲁(又作"撒黑",今叙利亚阿勒颇西边。[1]又有"哈利迷",叙利亚阿勒颇西边的哈里木。[2])

拂 (又作"菲朗",今土耳其小亚细亚)

盐泽(今新疆吐鲁番市艾丁湖乡也木什)

亦昔阔(又作"亦思宽""亦息渴儿",即热海,今吉尔吉斯斯坦伊塞克湖)

马儿哈兰(见《明太宗实录》卷192,永乐十五年九月戊寅)

亦里吉思(见《明宣宗实录》卷16,宣德元年四月壬申,疑为乞儿吉思)

马绰儿(见《明宣宗实录》卷35,宣德三年正月癸巳)

把答失罕(见《明宣宗实录》卷35,宣德三年正月癸巳)

马儿绰(见《明英宗实录》卷84,正统六年十月辛卯,疑与马绰儿同)

怜真(见《明英宗实录》卷84,正统六年十月辛卯。又作"懒真",今新疆鄯善县西连木沁乡)[3]

亦思罕(见《明宪宗实录》卷239,成化十九年四月癸酉,疑即亦思弗罕)

忽鲁谟斯(又译作霍乐木兹,在今伊朗东南米纳布附近。多从海路朝贡)

虎剌撒(今译为"呼罗珊")

在《明实录》中还出现了几处西域地面的名称,因相关记载较少,姑且存而不论,兹罗列如下:

火展的(《明太宗实录》卷91,永乐七年闰四月甲寅。"火展的回回哈麻剌来朝贡马。")

养斯儿(《明太宗实录》卷96,永乐七年九月丁亥。"养斯儿回回

---

〔1〕林梅村:《〈西域土地人物略〉校勘记》,载《丝绸之路大地图》,中国保利国际拍卖有限公司,2013年版,第104页。

〔2〕林梅村:《〈西域土地人物略〉校勘记》,载《蒙古山水地图》,第186页上、186页下。

〔3〕冯承钧:《西域地名》,中华书局,1980年版,第58页。

亦剌马丹等来朝贡马及方物。")

亦里吉思(《明宣宗实录》卷16,宣德元年四月壬申。追记永乐年间亦剌思往亦里吉思导其王子暖答石等来朝)

肉迷(《明宣宗实录》卷7,洪熙元年八月上己巳;《明宣宗实录》卷24,宣德二年正月戊戌;《明宣宗实录》卷99,宣德八年二月癸丑;《明英宗实录》卷128,正统十年四月戊午,皆提到肉迷朝贡事。疑为迤西蒙古之部)

体儿迷(《明宣宗实录》卷104,宣德八年八月甲午。"体儿迷使臣晃咱答儿阿力阿可捌儿")

脱火麻(《明英宗实录》卷24,正统元年十一月辛酉。疑为迤西蒙古之部)

失儿湾(《明英宗实录》卷172,正统十三年十一月壬寅。"失儿湾地面百户拜牙即")

兀鲁木思(《明英宗实录》卷300,天顺三年二月丙子)

陕西阿迷(《明宪宗实录》卷224,成化十八年二月辛亥)

撒剌把失(《明孝宗实录》卷69,弘治五年十一月癸酉)

在正统十三年(1448)四月,西域许多地面派遣使臣前来朝贡,除了已经明确其方位的以外,还有一些不能明辨方位:阿剌木、舍兀失、石哈牙、贴力、领真、鸦儿、弟儿、散竹、沙脱辛、昔儿勤、秃由、他替儿。[1]其中,"阿剌木"在《陕西通志》(嘉靖)卷10《西域土地人物略》之中出现,未知是否为同一地。

另外,除了上述文献中记载的西域诸地面,《明史·西域传》还特别提到了11个不经过哈密贡路朝贡的西域地面,即:

乞儿麻(疑为起儿漫,地在中亚撒马尔罕与布哈拉之间的起儿漫内。与伊朗境内克尔曼相区别)

米儿哈兰(疑为马儿哈兰)

可脱乩(疑为克乩)

---

[1]《明英宗实录》卷165,正统十三年四月甲申。

蜡烛(即腊竺,今新疆哈密西南五堡乡四堡村)〔1〕

也的干(疑为俺的干)

刺竹(腊竺又一译写,《蒙古山水地图》作"刺术")

亦不刺因(疑为人名)

格失迷(即克什米尔)

乞儿吉思(即吉儿吉思)

羽奴思(疑为人名。若以指代西域地面论,则有"陕西阿迷等处羽奴思王",见《明宪宗实录》卷224;"火失阿儿等处羽奴思王",见《明宪宗实录》卷251;"羽奴思王子锁檀阿麻王复侵夺察力失等四城",见《明宪宗实录》卷290)

哈辛(疑为人名。若以指代西域地面论,则只有"额即乩哈辛王",鞑靼回夷,见《明世宗实录》卷135,嘉靖十一年二月己丑,又见《明世宗实录》卷157和卷196)〔2〕

不难看出,在明代汉文史料中,关于西域诸地面的记载,有时将人名和地名掺杂在一起,为史料释读带来了一定困难。比如,这11个地面,《明史》言之凿凿称其"不由哈密"入贡,有的可能通过于阗道经沙州入贡,有的可能经瓦剌入贡,亦可能与"不由哈密"的情况并不相符,但因资料有限,个中缘由无法探知,只好暂付阙如了。

明朝与西域的交往关系,就是在同上述各势力诸地面的博弈过程中建立起来的。很显然,明初与西域的往来,较多地继承了蒙元欧亚大交通的余绪,西域在明初的对外关系中占有非常突出的地位。然而,非常有意思的是,自15世纪初叶郑和七下西洋以后,"西洋"的概念和地位在明人认识观念中愈发凸显,甚至达到了囊括西域的程度。〔3〕当时明人还提出了"旱西洋"的概念以取代西域。陆容在《菽园杂记》中记载:"天顺七年二月十二日,兵部奏特旨,遣使臣下旱西洋,曰哈列地面,

〔1〕林梅村:《〈西域土地人物略〉校勘记》,载《蒙古山水地图》,第131页下至132页上。

〔2〕张文德:《〈明史·西域传〉失刺思考》,载《伊朗学在中国论文集》第3集,北京大学出版社,2003年版。

〔3〕万明:《从"西域"到"西洋"——郑和远航与人类文明史的重大转折》,载《河北学刊》,2005年第1期,第170页。

曰撒马儿罕地面,曰哈失哈儿地面,曰阿速地面,曰土鲁番地面,曰哈密地面,曰乩思兰处。"[1]"旱西洋"的出现恰恰从侧面印证了陆路丝绸之路在经历了15世纪的辉煌以后,开始逐渐转向衰落的历史过程。同时,人类交往方式由陆路向海路的转变,也是人类文明进程的一次重大转折。这就是明朝与西域交往的宏大历史背景和面临的崭新历史契机。

无论是丝路最后的辉煌[2],还是由陆到海的转折,都改变不了明朝与西域频繁政治、经济和文化往来的历史事实。正如《明史·西域传》所云:"站驿相通,道路无壅,远国之人,咸得其济。"奔波在西域丝路上的使者和商旅,无疑加强了中外联系,推进了中西文化交流。

1.2　明代西域丝绸之路的走向

明代丝绸之路的整体走向虽然与汉唐时期没有较大的差别,但是在东、中、西三段的具体线路上又有本时代的特点。

1.2.1　明代西域丝绸之路的东段

从传统上来看,丝绸之路的东方起点是长安。那么,丝绸之路的东段就是指从西安至敦煌这一区间的路程。在由汉至唐的历史发展过程中,东段逐渐形成三条线路,即:

东段北线——从西安至宝鸡,过陇县,翻六盘山,沿祖厉河,经靖远渡黄河至武威,然后经河西走廊抵达敦煌,这一线路的特点是行程较短;

东段南线——从西安沿渭河过陇关至天水,经临洮、临夏,由永靖渡黄河达西宁,然后越扁都口至张掖,最后到敦煌,这一线路的特点是沿途人口稠密,补给较好;

东段中线——从西安沿渭河越陇山至天水,经陇西到兰州,渡黄

---

[1] 陆容:《菽园杂记》,中华书局,1985年版,第56页。
[2] 王继光:《陈诚西使及洪永之际明与帖木儿帝国的关系》,载《西域研究》,2004年第1期,第27页。

·欧·亚·历·史·文·化·文·库·

河,溯庄浪河,翻乌鞘岭至武威,然后奔敦煌。

明朝时期,由于北有蒙古、南有西番,加之河西走廊有完备的驿递系统,因此西域的使者和商旅多选择东段中线,很少有走东段北线和南线的。也就是说,兰州的地位逐渐突起,成为丝绸之路中西方交通的必经之地。另外,这一时期,西安到兰州的陕甘大道也日趋成形,主干驿道从西安出发,经今咸阳、礼泉(醴泉)、永寿、彬县(邠州)、长武、泾县(泾州)、平凉、六盘山、隆德、静宁、会宁、定西(安定)、榆中(金县),抵达兰州。然后从兰州过河桥出发,经过今永登(庄浪卫)、天祝、古浪、武威(凉州)、永昌、山丹、张掖(甘州)、临泽、高台、酒泉(肃州)、嘉峪关、玉门、瓜州(安西),最终到达敦煌(沙州)。

还有需要明确的是,由于明朝沙州卫的残破,敦煌也并非西域商使的必经之地,他们往往出嘉峪关,西北行直接至哈密。明成祖派陈诚出使西域时,陈诚就由嘉峪关,经卜隆吉儿河,直奔哈密,没有经过沙州驻留。这是明代丝绸之路上的一个重大变化。

1.2.2 明代西域丝绸之路的中段

丝绸之路的中段,也就是从敦煌或嘉峪关至西域葱岭的区间路程,传统上也分为三条线路,即:

中段南道(又称于阗道)——东起阳关,沿塔克拉玛干沙漠南缘,经今若羌(鄯善)、且末、尼雅(精绝)、于田、策勒、和田(于阗)、皮山、叶城、莎车(叶尔羌)等至中亚地区;

中段中道(天山南道)——起自玉门关,沿塔克拉玛干沙漠北缘,经今罗布泊(楼兰)、吐鲁番(高昌)、焉耆(尉犁)、库车(龟兹)、阿克苏(姑墨)、喀什(疏勒)到中亚费尔干纳盆地;

中段北道(天山北道)——起自瓜州(安西),经哈密(伊吾)、奇台、吉木萨尔(庭州)、乌鲁木齐、乌苏、精河、伊宁(伊犁),直到吉尔吉斯斯坦托克马克(碎叶)。

丝路中段的道路在历史上几经变迁,明代三位著名的中外旅行家明朝的陈诚、中亚沙哈鲁的盖耶速丁和耶稣会传教士鄂本笃,都留下了在这一区间活动的记载，有助于我们对明代丝绸之路中段情况的了解。[1]

永乐十二年(1414)，陈诚奉明成祖之命出使西域。使团由嘉峪关出发，其后的路线是骟马城→卜隆吉河→哈密→火焰山→流沙河→鲁陈城→火州城→土尔番城→崖儿城→托逊(今托克逊)→窟丹纳兀儿→博脱秃山→纳剌秃→孔葛思→忒勒哈喇→马哈木王帐房→衣裂河(今伊犁河)→阿力马力口子→爽塔石→亦息渴儿→塔儿塔石打班→养夷城(今哈萨克斯坦江布尔)→赛蓝城(今哈萨克斯坦奇姆肯特)→达失干城(今乌兹别克斯坦塔什干)→大站(今锡儿河)，分人去沙鹿黑叶→铁门关→阿木(今阿姆河)→迭里迷(今乌兹别克斯坦捷尔博兹)→八剌黑城→渴石(今乌兹别克斯坦萨赫里萨布兹)→俺都淮城(今阿富汗安德胡伊)→哈烈(今阿富汗赫拉特)。在这段行程中，陈诚每日皆有详细记录，山川道里、风土人情无所不包，撰成了《西域行程记》和《西域番国志》。

根据陈诚《西域行程记》所载，他于永乐十二年正月十三日从肃州出发，于当年闰九月十四日抵达哈烈，共历时10个月，如果除去人马休整、天气耽延、人为延误的80余天，则耗时7个多月，约计为220天。在明代，北京至哈密大概需要近3个月时间，因此，陈诚从北京到哈烈总共要花费近一年的时间。从肃州到哈烈之间共行程11985里，约合计为12000里。[2]这与《明史·哈烈传》所云"哈烈，一名黑鲁，在撒马儿罕西南三千里，去嘉峪关万二千余里，西域大国也"[3]正相符合。

陈诚出使西域以后，哈烈国的沙哈鲁王亦想借助大明的势力与撒马尔罕争雄中亚，于是便派遣由沙的·火者(Shadi Khwaja)为首的使团东使明朝。使团中还有沙哈鲁5个儿子的代表，即长子兀鲁伯王子、次子阿不勒法特·亦不剌金王子、三子贝孙忽儿王子、四子苏玉尔格特迷

---

〔1〕参见杨富学：《明代陆路丝绸之路及其贸易》，载《中国边疆史地研究》1997年第2期，第10-18页。又见张连杰：《明朝与中亚、西亚交通路线考》，载《唐山师范学院学报》2004年第3期，第78-80页。

〔2〕参见陈诚：《西域行程记》，中华书局，2004年版，第33-49页。

〔3〕《明史》卷332《西域四·哈烈传》，中华书局点校本，1974年版，第8609页。

·欧·亚·历·史·文·化·文·库·

失王子、五子穆罕默德·术克王子。其中,画师盖耶速丁·纳哈昔(Ghiyathal-Din Naqqāsh)是贝孙忽儿的使者,他按照主人的吩咐,以日记形式把每件值得记录的事详细记下来,这就是著名的《沙哈鲁遣使中国记》。

盖耶速丁记载的东行路线是,哈烈→巴里黑(巴剌黑)→乞里夫路→撒马儿罕→达失干→赛兰→阿失帕拉→蒙古(别失八里)→比鲁格图→崆吉尔河→由勒都斯平原→(天山)→吐鲁番→哈剌和卓(火州)→苏菲阿塔→柯模里(哈密)→(卡顺)沙漠→(合剌瓦剌,玉门)→肃州→甘州→哈喇沐涟(哈喇穆棱,黄河)→美城(胡思纳拔德,兰州)→黄河→真定府(正定)→北京。[1]根据盖耶速丁的记载,他们大概走了丝绸之路中段的北道,与陈诚所行方向大体一致,但并未完全重合。

沙哈鲁派遣的沙的·火者使团于回历822年祖勒合答月6日开拔,也就是公元1419年11月24日。他们于1420年2月7日抵达撒马儿罕,7月11日到达吐鲁番,在拉扎卜月21日(公元1420年8月2日)到达哈密,在玉门受到了明朝政府的热情款待。使团于8月27日进入嘉峪关,随即抵达肃州,此后经明朝的驿站接转,向京师进发。当年10月22日,沙哈鲁使团到达兰州,12月3日经河北正定,于祖勒希扎月8日(12月14日)终于进入北京城门。估算下来,使团由哈烈到北京,耗费了近一年的时间。

可见,无论是陈诚的自东而西,还是沙哈鲁使团的从西而东,北京与哈烈之间的陆路行程都需要用近一年的时间完成。这是明代西域丝绸之路交通的一个重要衡量尺度。

盖耶速丁所在的沙哈鲁使团朝贡完毕以后,由北京返回西域的路线,并没有沿着来时的丝路中段北道,而是选择了另外一条道路,即:北京→平阳城(山西临汾)→哈喇沐涟→甘州→肃州→合剌瓦勒→和阗→喀什噶尔→俺的干→希萨尔撒德曼→巴里黑→哈烈。[2]使团于1421年5月18日从北京出发,7月2日到山西平阳,8月5日经蒲津渡口渡过

---

〔1〕参见火者·盖耶速丁:《沙哈鲁遣使中国记》,中华书局,2002年版,何高济译,第110-123页。

〔2〕参见火者·盖耶速丁:《沙哈鲁遣使中国记》,第143-144页。

黄河,在甘州逗留了两个半月,于11月13日抵达肃州。在肃州他们遇到了失剌思和亦思弗罕的使团,得到消息说东察合台汗国东部势力发生叛乱,必须躲开大路,绕道小路,翻山越岭才能通行。1422年1月9日,使团经过艰难等待之后离开肃州,1月13日经过合剌瓦勒(玉门),然后进入沙漠地区。艰辛跋涉了四个半月,于5月30日抵达和阗,7月5日到喀什噶尔,7月20日到俺的干,于9月1日平安回到哈烈。

盖耶速丁随使团在返程中总计花费一年半的时间,除去在甘州和肃州耽延的近五个月时间,正常情况下,回程需要一年有余的时间。很显然,沙哈鲁使团回程选择的是丝绸之路中段南道。后来,耶稣会会士鄂本笃由西域进入中原的路线与此有相近之处。

耶稣会传教士、葡萄牙人鄂本笃,于1602年(明万历三十年)自印度果阿出发,越帕米尔高原,抵达肃州,受到政治阻力,未能继续东进,病死于塞上。鄂本笃亦留有行程日记,后经意大利传教士利玛窦整理,以《鄂本笃访契丹记》问世。从鄂本笃的记载来看,他的行程是:印度果阿→阿格拉→腊和尔(今拉合尔)→阿塔克(阿托克)→配夏哇(今白沙瓦)→喀布尔河谷→可不里城(喀布尔)→八鲁湾→塔里寒→帕米尔高原→色勒库尔(塔什库尔干)→鸦儿看(莎车)→和田→(受阻折回和田)→鸦儿看→阿克苏→库车→察力失(今焉耆)→吐鲁番→哈密→肃州。鄂本笃之所以在和田徘徊,就是因为从和田以东,再无路可通敦煌,原来汉唐时期丝绸之路中段南道已经逐渐被废弃了。

汉唐时期丝绸之路中段的南道,到明代初期已经处于衰落状态,但尚能通行。永乐年间,《明实录》中还有塔里木盆地南缘的于阗和阿端卫朝贡献方物的记载。如永乐四年(1406)七月,"于阗遣使臣满剌哈撒木丁及阿端卫指挥金事伦只巴来朝,贡方物,赐白金、纱币有差"[1]。到明中后期,于阗道基本上被荒废了,从而使明代史料中对这条道路的记载极其稀少,许多著名旅行家的行程日记中均未提到塔里木盆地南缘通往敦煌的道路。鄂本笃无法从和田至于田、民丰、且末、若羌抵达阳关,不得不折回叶尔羌,只是其中一个例证。

---

〔1〕《明太宗实录》卷56,永乐四年七月丙申。

那么,曾经非常繁荣的丝绸之路中段南道为什么会在明代衰落呢? 早在元朝初期,塔里木盆地南缘的和田发生过一场动乱。日本学者佐口透在《元代的塔里木之南边地带》一文中指出,和田在元初加伊孜叛乱中遭受严重破坏。[1]不过,叛乱平息以后,和田又迅速恢复起来,继续保持塔里木南缘的经济活动中心的地位,丝路中段南道仍然是畅通无阻的。元世祖时期,疏通了疏勒河水道经罗布泊、塔里木河、于阗河抵达和田的水路,这对原有陆路中段南道也是较大的冲击。

元末明初,中原战乱频仍,内地中央政府的势力无法顾及和田,塔里木盆地南缘逐渐陷于政治上的混乱和无秩序状态。据《拉失德史》记载,明初的塔里木盆地南缘地带发生了一系列的战争,米儿咱·阿巴·乩乞儿先后两次对于阗用兵,并对旧有贵族势力进行了根除,于阗遭到严重破坏,[2]遂丧失了它作为丝绸之路中段南道经贸中心的特殊地位。另外,加之这一线路周围的自然环境持续恶化,许多商旅不再经行塔里木盆地南缘进入中原,致使这一重要商路在明代基本被废弃或很少使用。

应当说,明代和阗的衰落并不是孤立的个案,它还引起了丝路中段南道一连串城邦和绿洲的衰落,并且直接影响到敦煌的发展。明代敦煌的发展日渐凋零,先后设于此地的沙州卫和罕东左卫最终都没能长期立足,被迫迁徙到关内肃州一带。这不仅是明代西域丝绸之路中段南道衰落的又一侧影,而且牵动了整个明代西北边防布局的调整,成为明代西域丝绸之路的又一显著特征。

正因为丝路中段南道的衰落,明朝就把经略西域的重心由敦煌放到了哈密一带,设置哈密卫,"领西域职贡","凡有入贡夷使方物,悉令此国译文具闻",成为"西域之襟喉,以通诸蕃之消息"[3]的孔道。有明一代,西域和中亚地区与中原进行交往,绝大部分经过哈密,所谓"诸番

〔1〕佐口透:《元代的塔里木之南边地带》,载《北亚细亚学报》第2辑,昭和十八年十二月。

〔2〕参见米尔帕·马黑麻·海达尔:《拉失德史》第1编第52章,新疆人民出版社,1983年版,第306-307页。

〔3〕马文升:《兴复哈密记》,载《纪录汇编》卷37,商务印书馆,1938年版。

入贡者众,皆取道哈密"[1]即是明证。明朝政府与东察合台汗国东部吐鲁番势力长期争夺对哈密的控制权,其意义也正是通过对丝绸之路咽喉要地的占有,进而控扼丝绸之路,扩大己方在西域的影响力。从这个角度来看,明朝中前期经略哈密是很有远见的,而中后期放弃哈密则是可惜的。

1.2.3　明代西域丝绸之路的西段

丝绸之路的西段,是指由葱岭(或怛罗斯)至中亚其他地区、南亚、西亚和欧洲的路程。丝路西段涉及范围较广,历史上的国家众多,民族和宗教关系复杂,一般相对于丝路中段说来,也大体可分为南、中、北三道:

西段南道——由帕米尔西行,越兴都库什山脉至阿富汗喀布尔后分两路,一路西行至赫拉特(哈烈),与经马扎里沙里夫巴尔赫(兰氏城、八剌黑)而来的中道相会,再西行穿伊拉克巴格达、叙利亚大马士革(沙密),抵地中海东岸的黎巴嫩赛达(西顿)或贝鲁特,由海路转至意大利罗马;另一路从白沙瓦南下,经拉合尔,抵南亚次大陆。

西段中道——由喀什出发,越葱岭经安集延(俺的干),穿费尔干纳盆地,经乌兹别克斯坦撒马尔罕、布哈拉(卜花儿)等到伊朗马什哈德,既可以由兰氏城、赫拉特与南道相会,又可在伊朗德黑兰与南道交会。

西段北道——传统上由哈萨克斯坦江布尔(怛罗斯)出发,经塔什干、撒马尔罕、布哈拉至土库曼斯坦马里(木鹿),然后南下或西行与中道交会;唐代中期又开辟了丝路西段新北道,即由怛罗斯出发,沿锡尔河西北行,绕过咸海、里海北岸,至俄罗斯亚速海东岸,由水路转刻赤,抵土耳其伊斯坦布尔(君士坦丁堡)。

关于14—15世纪丝绸之路西段的情况,许多使者和旅行家都留下了相应资料,其中以西班牙使臣克拉维约(Klaviyo)的记载较为著名,内容也相对丰富。

公元1403年,西班牙卡斯蒂利亚王国国王亨利三世派遣宫廷大臣

---

[1] 许进:《平番始末》,载《纪录汇编》卷37,商务印书馆,1938年版。

罗·哥泽来滋·克拉维约出使东方,觐见称雄中亚和西亚的帖木儿大帝。当年 5 月 21 日,克拉维约衔命从卡提斯出发,历时 15 个月抵达撒马尔罕,期间他在伊斯坦布尔逗留了 5 个月之久。

克拉维约使团自卡提斯(今加的斯湾)至特拉布松(今土耳其东北部黑海南岸港口)这一段,按传统习惯走的是海路,途中经过:伊斯帕太角→直布罗陀海峡→马拉加→巴罗斯角(帕洛斯角)→马耳丁角→伊维萨岛→马佐卡岛(马略卡)→米诺卡岛(梅诺卡)→科西嘉岛→撒丁岛→加厄大→伊思特姆保利火山(斯特龙博利)→墨西拿→卡拉马他→克里特岛→罗德斯岛→卡索岛(科斯)→莱罗斯岛(莱斯沃斯)→撒克斯岛→米底邻岛→棱诺斯岛→伽利坡利→白玉路→伊思坦堡(伊斯坦布尔)→特拉比亚→菲诺冈亚→彭托拉托亚(埃雷利)→巴尔坦→阿玛斯拉→伊尼波鲁(伊内博卢)→西诺坡(锡诺普)→撒姆松(萨姆松)→吉里松(吉雷松)→布拉坦→特拉布松。从 1403 年 5 月 21 日至 1404 年 4 月 10 日,历时近 11 个月。[1]

克拉维约使团自特拉布松登岸后,开始陆行至撒马尔罕。4 月 27 日出发,主要经过:毕克塞特→泽岗堡→加巴斯加→爱洛遵占(埃尔津詹)→爱尔祖伦(埃尔祖鲁姆)→苏兹玛利→额德洛堡→白牙子堡→可马堡→阿兰扎克堡→胡叶(伊朗霍伊)→纳布赫→塔布里士(大不里士)→撒答巴德→哈亚那→苏丹尼叶→撒阿兹巴巴德→沙拉坎→德黑兰→剌夷→菲卢兹鲁哈堡→达姆冈→百斯坦姆→热拉姆→尼沙卜儿(内沙布尔)→奥哈汉→麦什特→突斯→安胡叶(安德胡伊)→巴里黑(阿富汗巴尔赫)→阿姆河→替而米兹→开石城(渴石)→撒马尔罕。[2]
9 月 8 日,克拉维约使团终于进入撒马尔罕城,陆路行程共历时 4 个月。

实际上,在明代时期,往来于丝绸之路中段和西段上的商旅,并不仅仅有上述行程记载的例证,还留下了其他行程方式的记载。比如,明世宗时期,波斯陀拔思城商人哈智摩哈美德,告诉威尼斯地理学家赖麦锡(Ramusio)说,从肃州归还君士坦丁堡有两个方向的道路,一是由里

---

〔1〕参见罗·哥泽来滋·克拉维约:《克拉维约东使记》,商务印书馆,1957 年版,第 16-58 页。
〔2〕参见克拉维约:《克拉维约东使记》,第 60-125 页。

海北面鞑靼大沙漠(Desert of Tartary)往君士坦丁堡土耳其朝廷。哈智返程时走的就是这条道,他在喀发港(Caffa)分道奔波斯。另外一条道,亦是哈智由波斯赴中国时所经道路,情形如下:由甘州至高台6日程,高台至肃州5日程,肃州至哈密15日程,哈密至吐鲁番13日程,吐鲁番至嘉理斯城10日程,嘉理斯城至呼治城(库车)10日程,呼治城至阿克苏城20日程,阿克苏至喀什噶尔城20日程,喀什噶尔至撒马儿罕25日程,撒马儿罕至布哈拉5日程,布哈拉至哈烈20日程,哈烈至维莱米(Veremi,今德黑兰以东2日程)城15日程,维莱米至可疾云(Casbin)城6日程,可疾云至孙丹尼牙(Soltania)城4日程,孙丹尼牙至讨来思(Tauris,今大里士)大城6日程。[1]

以上充分表明,陆路丝绸之路的中段和西段,在整个明代,除了中段南道有衰败迹象外,其他道路基本保持畅通无阻。这为东西方之间大规模、长时段、多路途的政治、经济和文化交往奠定了坚实的基础。

1.3 明代西域交通的里程和时间

1.3.1 明代哈密至内地两京的道路里程

以上探讨的是明代丝绸之路东、中、西三段的大体走向和主要经过城镇,这是以传统的把长安作为丝路东方起点为前提的。众所周知,明代西域丝路上的使者和商旅并不以西安为目的地,他们经过西安,还要奔向明王朝的首都京师。因此,有必要把哈密至京师的这段路程也梳理清楚,这对于了解明人所谓的"贡路"很有帮助。

明太祖朱元璋建都南京应天府,明成祖朱棣改北平为顺天府,直至明英宗年间,北京被正式确立为明朝的京师。这种两京制度对各国朝贡也造成了不小的影响。所以论述明代哈密到内地的道路里程问题,在时间上要以永乐十八年(1420)为分界点,因为在这一年明成祖朱棣下令迁都北京,从此以后,外国朝贡使团的目的地不再是南京,而是北

---

[1] 参见张星烺:《中西交通史料汇编》第1册,中华书局,2003年版,第462页。

·欧·亚·历·史·文·化·文·库·

京了。

从洪武元年到永乐十八年,道经哈密的外国使团可以走两条路到达南京。这两条路一条为陆路,一条为水陆路,二者的区别在于从大梁(开封)至南京这一段是走陆路,还是走水路。

根据成书于洪武二十七年(1394)的《寰宇通衢》记载,若从南京走水路至大梁,其沿途驿站及里程是:(—上的数字为里程,单位:里。以下同。明代1里约合今466.5米)

[南京]龙江驿$\frac{90}{}$龙潭驿$\frac{55}{}$仪真驿$\frac{75}{}$广陵驿$\frac{45}{}$邵伯驿$\frac{65}{}$孟城驿$\frac{60}{}$界首驿$\frac{60}{}$安平驿$\frac{90}{}$淮阴驿$\frac{60}{}$□□驿$\frac{60}{}$洪泽驿$\frac{90}{}$泗水驿$\frac{75}{}$龙窝驿$\frac{120}{}$安淮驿$\frac{90}{}$濠梁驿$\frac{120}{}$山驿$\frac{90}{}$柳滩驿$\frac{130}{}$寿春驿$\frac{90}{}$新站驿$\frac{90}{}$甘城驿$\frac{90}{}$江口驿$\frac{90}{}$刘□驿$\frac{100}{}$颍川驿$\frac{90}{}$切坷驿$\frac{100}{}$和阳驿$\frac{100}{}$界沟驿$\frac{70}{}$武丘驿$\frac{150}{}$宛丘驿$\frac{120}{}$义安驿$\frac{120}{}$崔桥驿$\frac{120}{}$□沟驿$\frac{120}{}$大梁驿

以上经过水驿31驿,计2825里。若从南京出发走陆路至大梁,其沿途所经驿站及里程是:

[南京]会同馆$\frac{35}{}$江东驿$\frac{15}{}$江淮驿$\frac{35}{}$东葛驿$\frac{60}{}$滁阳驿$\frac{60}{}$大柳树驿$\frac{45}{}$池河驿$\frac{60}{}$红心驿$\frac{60}{}$濠梁驿$\frac{60}{}$王庄驿$\frac{55}{}$固镇驿$\frac{45}{}$大店驿$\frac{45}{}$睢阳驿$\frac{70}{}$百善道驿$\frac{60}{}$太丘驿$\frac{60}{}$会亭驿$\frac{50}{}$石榴固驿$\frac{60}{}$商丘驿$\frac{60}{}$宁城驿$\frac{60}{}$葵丘驿$\frac{70}{}$雍丘驿$\frac{60}{}$莘城驿$\frac{50}{}$大梁驿

以上经过马驿22驿,计1180里。从大梁到西安则只能走陆路,这一段所经驿站及里程是:

[大梁]大梁驿$\frac{70}{}$圃田驿$\frac{70}{}$管城驿$\frac{70}{}$索亭驿$\frac{40}{}$成皋驿$\frac{60}{}$洛口驿$\frac{60}{}$首阳驿$\frac{70}{}$周南驿$\frac{70}{}$函关驿$\frac{50}{}$义昌驿$\frac{40}{}$蠡城驿$\frac{70}{}$硖石驿$\frac{70}{}$甘棠驿$\frac{60}{}$桃林驿$\frac{70}{}$鼎湖驿$\frac{70}{}$潼关驿$\frac{40}{}$潼津驿$\frac{70}{}$华山驿$\frac{50}{}$丰原驿$\frac{80}{}$新丰驿$\frac{70}{}$西安府京兆驿

以上行程经过马驿20驿,计1250里。从西安经兰州至甘州,也为陆路,其所经过的驿站及里程是:

[西安]京兆驿$\frac{50}{}$渭水驿$\frac{50}{}$白渠驿$\frac{90}{}$威胜驿$\frac{90}{}$永安驿$\frac{70}{}$新平驿$\frac{90}{}$宜禄驿$\frac{60}{}$瓦云驿$\frac{60}{}$安定驿$\frac{80}{}$白水驿$\frac{70}{}$高平驿$\frac{90}{}$瓦亭驿

22

$\underline{50}$降城驿$\underline{90}$泾阳驿$\underline{90}$青象驿$\underline{70}$保宁驿$\underline{60}$西巩驿$\underline{60}$(巩昌府)延寿驿$\underline{60}$秤沟驿$\underline{60}$渚水驿$\underline{70}$定远驿$\underline{50}$(兰州卫)兰泉驿$\underline{50}$沙井驿$\underline{60}$苦水湾驿$\underline{60}$红城子驿$\underline{40}$大通山口驿$\underline{40}$(庄浪卫)在城驿$\underline{40}$扁都口驿$\underline{50}$岔口驿$\underline{50}$兴鲁光驿$\underline{45}$黑松驿$\underline{45}$古浪城驿$\underline{65}$木速口驿$\underline{40}$大河驿$\underline{40}$(凉州卫)凉州驿$\underline{40}$土鲁干驿$\underline{40}$□□驿$\underline{50}$真景驿$\underline{50}$水磨川驿$\underline{50}$(永昌卫)水泉儿驿$\underline{70}$石硖口驿$\underline{50}$新河驿$\underline{50}$(山丹卫)山丹驿$\underline{50}$东乐驿$\underline{35}$古城驿$\underline{45}$甘州在城驿

以上共经过马驿45驿,计2615里。《寰宇通衢》记载南京四至路程,西北到甘州(时称甘肃卫)就戛然而止了,因为编纂《寰宇通衢》时,肃州卫还没有建立。这也从侧面反映了明初对西北边疆的经营和管理经历了一个较长的过程。

从甘州到肃州这段路程,《大明一统志》载:自陕西行都司治地甘州,"至肃州嘉峪山五百七十里"。[1]陈诚记肃州至嘉峪关有75里,则甘州至肃州约为500里。但是明人却没有留下甘州至肃州确切的驿传资料。记载较详细的《皇明九边考》也只保留有兰州至甘州一段的驿传资料,万历《明会典》竟然也没有关于肃州卫驿传的记载,这不能不说是一个奇特的现象。《明会典》卷145《驿传》部分受《寰宇通衢》影响较深,估计是编纂者因袭《寰宇通衢》,而疏漏了肃州卫当时已经建立的事实。目前从《明会典》上只能查到甘州前卫下辖仁寿驿、镇夷守御千户所下辖镇远驿,这可能就是从甘州到肃州所要经过的驿站中的两个。而哈烈使臣盖耶速丁记载:"从肃州到下一座大城甘州,中经九个驿馆。"[2]

根据上述计算,甘州到肃州有500里,则从西安到肃州的距离为3115里。

从肃州经嘉峪关至哈密,已经有陈诚的《西域行程记》留下了宝贵的资料,兹胪列如下:

肃州北门$\underline{75}$嘉峪关$\underline{10}$大草滩$\underline{70}$回回墓$\underline{50}$骟马城$\underline{90}$赤斤$\underline{100}$魁里$\underline{50}$王子庄$\underline{70}$芦沟儿$\underline{100}$卜隆吉$\underline{150}$(无名平川)$\underline{120}$(无名沙

---

〔1〕〔明〕李贤:《大明一统志》卷37,三秦出版社,1990年版,第652页。

〔2〕火者·盖耶速丁:《沙哈鲁遣使中国记》,第118页。

碛)$\underline{150}$斡鲁海牙$\underline{50}$可敦卜剌$\underline{100}$畏兀儿河$\underline{70}$哈密大烟墩$\underline{130}$(无名平川)$\underline{90}$哈密城

由上可以计算得出,从肃州到哈密计有 1500 余里。

至此,明初从哈密经肃州、兰州、西安、大梁到南京的路程和沿途驿站已经清晰展现出来:若从哈密出发经陆路到大梁后,转走水路至南京,则整个行程为 8690 里;若到大梁后仍走陆路,则整个行程缩短为 7045 里。可见,走水路要比走陆路绕道得多。

到了永乐十八年,明成祖迁都北京,从哈密到京师的路程发生了较大变化,原来是由西安奔东南方向的应天府,现在改为由西安奔东北方向的顺天府。黄汴《一统路程图记》保存了这方面的资料,详细记载了由北京至西安的路程及里数,现列如下:

[北京]顺天府$\underline{40}$卢沟河$\underline{30}$良乡县$\underline{60}$涿州$\underline{45}$定兴$\underline{70}$安肃县$\underline{50}$保定府$\underline{45}$泾阳县$\underline{45}$庆都县$\underline{60}$定州$\underline{50}$新乐县$\underline{90}$真定府$\underline{60}$栾城县$\underline{40}$赵州$\underline{65}$柏乡县$\underline{60}$内丘县$\underline{45}$顺德府$\underline{35}$沙河县$\underline{80}$邯郸县$\underline{70}$磁州$\underline{20}$讲武城$\underline{40}$彰德府$\underline{50}$汤阴县$\underline{60}$淇县$\underline{50}$卫辉府$\underline{50}$新乡县$\underline{50}$获加县$\underline{50}$修武县$\underline{50}$武涉县$\underline{30}$清化镇$\underline{40}$怀庆府$\underline{50}$孟县$\underline{30}$孟津县$\underline{65}$河南府西$\underline{10}$新安县$\underline{50}$乂昌驿$\underline{40}$渑池县$\underline{70}$硖石$\underline{60}$陕州$\underline{60}$灵宝县$\underline{50}$阌乡县$\underline{60}$潼关西$\underline{40}$华阴县$\underline{60}$华州$\underline{60}$渭南$\underline{70}$临潼县$\underline{50}$陕西布政司西安府京兆驿

以上行程经过 46 驿,计 2355 里。这个数据要比《大明一统志》中西安到北京的距离"二千六百五十里"要精准许多。

从西安经兰州到哈密这段行程,永乐年间及其以后并没有变化。那么,永乐十八年以后,从哈密经肃州、兰州、西安、邯郸至北京,要行程 6970 里,约计为 7000 里。这个距离数字与清道光《哈密志》中哈密至京师(北京)"七千一百八十里"的记载是比较接近的。

至此,我们可以综合计算一下明代西域与内地陆路交通的距离。前文述及,从哈烈至肃州约合计为 12000 里,而从哈密到肃州 1500 里左右,从哈密到北京 7000 余里,那么,从哈烈到北京的距离为 17500 余里。根据《西域行程记》《西域番国志》《明实录》《明史·西域传》等资料,

大约可以估算出明代西域主要城镇的道路里程,见表1-1:

表1-1　明代西域主要城镇交通里程

（单位:里,明代1里约合今466.5米）

北京	北京									
嘉峪关	5500	嘉峪关								
哈密	7000	1500	哈密							
撒马儿罕	15100	9600	8100	撒马儿罕						
达失干	14400	8900	7400	700	达失干					
赛蓝	14100	8600	7100	1000	300	赛蓝				
渴石	15460	9960	8460	360	1060	1360	渴石			
迭里迷	16100	10600	9100	1000	1700	2000	640	迭里迷		
不花儿	15800	10300	8800	700	1400	1700	800	1200	不花儿	
哈烈	17500	12000	10500	3000	3700	4000	2640	2000	3700	哈烈
别失八里	9200	3700	2200	5900	5200	4900	6260	6900	6600	8300	别失八里

当然,由于使臣和商旅经行道路的差异,上表所列西域各主要城镇的道路里程只是一个约略数值,并不十分精确。明代汉文史籍中关于西域各地道路里程的记载,也经常会有出入,比如:《皇明世法录》卷81载"哈烈去嘉峪关万三千里";《西域番国志》载"哈烈去陕西行都司肃州卫之嘉峪关万二千七百里";《西域番国志》载"撒马儿罕东去陕西行都司肃州卫嘉峪关九千九百余里,西南去哈烈二千八百余里";《西域番国志》载"渴石城在撒马儿罕之西南约二百六十里";而陈诚《西域行程记》与《西域番国志》亦互有道里记载出入。这只能归因于西域与中原地区之间距离过于遥远,在古代交通条件落后的情况下,当时的人们尚不能精确掌握各地道里数据。然而,这并不能抹杀史料中道里记载之史料价值,特别是像陈诚这样亲历其地的记述,大体上还是值得信赖,有较高史料价值的。

欧·亚·历·史·文·化·文·库·

1.3.2 明代嘉峪关至鲁迷的道路里程

明人关于从嘉峪关西行至鲁迷的道路和大致里程,有专门的记载,完整保存在《陕西通志》(嘉靖)卷10《西域土地人物略》之中。《西域土地人物略》不仅记载了东起嘉峪关,西讫鲁迷(今土耳其伊斯坦布尔)沿途的路线和地名,还描述了西域各地的自然环境、风土人情和文化遗迹,是了解明代西域丝绸之路中西段概况的重要史料。现将该略中的主要地名和道路里程整理如下:

嘉峪关西$\underline{80}$大草滩$\underline{40}$回回墓(钵和寺、柴城儿)$\underline{20}$骟马城$\underline{3}$三棵树$\underline{30}$赤斤城(小赤斤)$\underline{150}$苦峪城(王子庄)$\underline{20}$古墩子$\underline{60}$阿丹城(羽即戎、卜隆吉儿)$\underline{30}$哈剌兀速城(义班城)$\underline{100}$瓜州城$\underline{60}$西阿丹城(垣力、提乾卜剌、察提儿卜剌、额失乜、大羽六温;袄赤赡求、坦力、哈剌哈剌灰;兀兀儿秃、牙儿卜剌陈、答失卜剌、王子庄树、哈剌灰、召温虎都、乩失虎都、俄偏肖、阿赤、卜儿邦、哈卜儿葛、赛罕)$\underline{200}$沙州城(虎木哥城、答失虎都、牙卜剌、哈失卜剌;阿子罕、阿赤、引只克、哈密头墩、羽术脱云、乞儿把赤、克儿革乜思)$\underline{300}$哈密城(速卜哈剌灰、畏兀儿把力)$\underline{10}$阿思打纳城(卜古儿、阿打纳城、也帖木儿、剌木城、巴儿海子、双山儿、崄把儿山、钵和寺城、哈剌帖乩、察黑儿、川中双泉城、中中泉、双泉儿墩)

阿思打纳$\underline{西?}$把儿思阔$\underline{又西?}$脱合城儿$\underline{又西?}$北昌$\underline{又西?}$鲁珍城儿(剌土、芦菱草墩、懒真城、半截土墩、巴思阔山)$\underline{北?}$羊黑城儿$\underline{50}$哈剌火者(州)$\underline{50}$我答剌城$\underline{100}$土鲁番(委鲁母)$\underline{200}$俺石城儿(俺鼻城儿、撒剌池)$\underline{50}$苏巴失(兔真城儿)$\underline{200}$昆迷失(白山儿、昌都剌城儿)$\underline{200}$阿剌木$\underline{100}$义力失城(他林河)$\underline{100}$哈剌哈失铁城(格卜城儿、扯力昌河;苦他巴城儿、黑松林河)$\underline{100}$瀼巴泉$\underline{100}$黑水泉(察力失城、丁城儿、泉儿河;扯力昌城)$\underline{100}$双山儿城$\underline{100}$独树城儿(兀马河、撒力瀼巴河、一昼夜川)$\underline{100}$察力察井(火炎山)$\underline{200}$淤泥泉(克列牙城儿)$\underline{100}$察兀的河$\underline{100}$楬子河$\underline{10}$古克兀城(雅思雅阿城、涝池)$\underline{100}$苦先城$\underline{100}$西牙河城(双山关、阿思马力城、迤

西阔海子、沙的郎哈、花蛇河、赤剌店）$\underline{300}$阿黑马力城$\underline{100}$土力苦扯城（摆城）$\underline{100}$阿速城

　　阿速城西$\underline{200}$阿亦地里城（也列河、阿丹城）$\underline{100}$克力宾城（回回墓、黑玉河、石店子）$\underline{100}$乾（干）泉$\underline{100}$大井（三筑城）$\underline{200}$北长店子（乾羊城儿、石城儿）$\underline{200}$土台泉（恰木石干城）$\underline{200}$桐河（牙力干城、石城）$\underline{50}$石子泉（把立站、店子井、养泥城儿）$\underline{200}$河西丁城（锁河城儿、海子）$\underline{200}$亦的哈马城$\underline{\text{西南?}}$哈失哈力城$\underline{50}$失哈力城（米儿阿都剌城、民运；也力灰、黑沙内思、哈扎；黑失哈城）$\underline{\text{又西?}}$尚力$\underline{300}$我撒剌（讨墩巴失、赛兰城）$\underline{500}$土剌城$\underline{700}$牙思城$\underline{400}$也失卜（巴速儿、打下你俺的速、他失干城）$\underline{300}$亦尔乞咱打班（大热水泉、黑冰泉、亦可速巴；黑石城、赛兰城）$\underline{200}$亦乞咱打班

　　亦乞咱打班$\underline{\text{西?}}$把力干城（哈剌界、阿必打纳思、乞亦咱、撒剌思、咱力沙、亦乞咱力）$\underline{500}$俺的干城（马儿黑纳）$\underline{700}$我失城（懒阔、马答剌撒、火者阿力、郎努古力）$\underline{300}$马都城（沙儿黑纳）$\underline{50}$砍的把丹（咱力都、罕都、撒力赤剌牙）$\underline{300}$黑写歪（虎帖城、阿懒答）$\underline{300}$阿力砍打思（兀鲁雨尊、阿拜即力姐民、雨六乜、水磨；阿懒答、阿速脱）$\underline{\text{又西?}}$亦卜剌城（答黑答奔、的火者、昆都思、剌巴的末儿咱亦卜剌、哈儿斤、哈沙打、户伦城、速儿哈、盼黑的；铁门关、克力干城、把黑里城、失巴力城、俺的灰城）$\underline{\text{又西?}}$黑楼城（赤戏旦黑猪黑答兰城儿、巴巴沙忽、剌巴的剌阿力阿城、马力城）$\underline{\text{又西?}}$阿伦城（失黑山河）$\underline{\text{又西?}}$火者阿都阿剌黑蛮城（失黑山、剌叭的城）$\underline{\text{又西?}}$阿力伯（阿剌都伯、失黑、阿力店子）$\underline{\text{又西?}}$杂民城（阿思民）$\underline{500}$普哈剌城（剌巴子火马里麻撒力瓦思、卜剌撒瓦剌思、克力干城）$\underline{500}$撒马儿罕城（阿力城、望日楼）$\underline{500}$失剌思城$\underline{300}$高山（马土力、撒子城儿、把黑打帖）$\underline{\text{又西?}}$把答山城（西河城、阿沙巴力）

　　把答山城西$\underline{1500}$怯迷城（牙儿打儿、阿巴的纳都）$\underline{\text{又西?}}$新旦城（巴答力山城、阿力伯城）$\underline{400}$孛思旦城（阿力阿伯、俺的灰、黑者沙平城儿）$\underline{500}$亦思他剌八城（盼的干城、巴巴沙葱城、户伦城、剌巴的咱儿答、剌叭的迷城儿、剌巴的打尔斤）$\underline{600}$失剌思城（亦思

27

城、阿巴的纳都、打剌木用城、马失卜城、剌巴的扯帖儿、瀼都儿城、剌巴的米纳牙)$\underrightarrow{800}$锁力旦城(苦兰城、亦的城)

锁力旦城$\underrightarrow{又西?}$阿即民城$\underrightarrow{又西?}$帖乩列思城(颇力城儿、纽札城儿)$\underrightarrow{又西行四个月?}$苦思旦城(也尔的、水磨)$\underrightarrow{又西?}$沙密(家)城$\underrightarrow{又西行一个月?}$把黑旦城(欠土城、陕西斤城)$\underrightarrow{又西?}$也的纳城$\underrightarrow{100}$饭店儿$\underrightarrow{又西行6程?}$天方国(架子井、阿思纳城)

天方国$\underrightarrow{又西15程?}$迷乩力城$\underrightarrow{又西?}$牙瞒(蛮)城$\underrightarrow{又西?}$文谷鲁城$\underrightarrow{又西?}$阿都民城$\underrightarrow{又西?}$也勤朵思城$\underrightarrow{又西?}$撒黑四塞$\underrightarrow{又西?}$哈利迷城$\underrightarrow{又西?}$阿的纳城$\underrightarrow{又西?}$菲即城$\underrightarrow{又西?}$安各鲁城(巡检司)$\underrightarrow{又西?}$可(阿)台城$\underrightarrow{又西?}$孛罗撒城$\underrightarrow{又西?}$鲁迷城[1]

《明史》记载,鲁迷"去中国绝远"[2]。嘉靖三年(1524)四月,鲁迷初遣使贡狮子和西牛。嘉靖五年九月,鲁迷使臣白哈兀丁等贡狮子、西牛、铁锉等方物,明朝依例给予赏赐。但是,"鲁迷使臣奏称,所贡狮牛玉石诸物费以二万三千余金,往来且七年,已蒙收受,而赏赉差薄,乞受其赐"。[3]白哈兀丁以长途跋涉、耗费巨大为由,请求明朝额外加赐。鲁迷使臣所云来明朝"往来且七年"不免有夸大之嫌,估计是把沿途经商逗留时间皆计算在内;但是从另一侧面也能看出,鲁迷至明朝的距离非常遥远,交通往来确实不易。

1.3.3 明代西域交通的速度和时间

明代往来丝绸之路上的使者和商旅留下了许多著述,大大便利了我们对相关道路里程的估算及其准确性,也使得我们能够更加细致而全方位地了解古人,体会明代陆路丝绸之路交通的艰辛,同时也使我们对明朝驿递转运和使节出行有更深刻的认识。

据上文估算,明代从北京至哈烈的路程约为17500里。永乐十一年(1413)九月甲午,"遣中官李达、吏部员外郎陈诚、户部主事李暹、指挥蓝金哈蓝,护送哈烈等处使臣还。就赉敕并文绮、纱罗、布帛等物,赐

---

〔1〕《陕西通志》(嘉靖)卷10《西域土地人物略》,三秦出版社,2006年校点本,第484-510页。
〔2〕《明史》卷332《西域四·鲁迷传》,第8626页。
〔3〕《明世宗实录》卷68,嘉靖五年九月己亥。《明史》卷332《鲁迷传》作"二万二千余金"。

哈烈、撒马儿罕等处王子,报其来贡之勤也"。[1]九月十八日,李达、陈诚、李暹使团从北京出发,至第二年闰九月十四日抵达哈烈,共历时13个月,如果去除人马休整、天气耽延、人为延误的80余天,则实际陆行310天,其中肃州至哈烈约220天,则北京至肃州约90天,平均每天行约60里。根据《西域行程记》可知,实际上,路途平坦情况下每日行程可达100~150里,路途坎坷时每日则只能行30~40里。

从肃州经哈密至哈烈的时间,有陈诚《西域行程记》为参照,比较精准。那么,从北京至肃州再到哈密的时间,是否与实际情况相符合呢?尤其在明代,哈密领西域职贡,西域商使自哈密至北京沿途皆有明朝官员导引,陆行基本由驿站接送,那么,估算明代哈密至北京所需时间,就显得十分必要。

明代从哈密至北京将近7000里的路程,大概需要多长时间才能走完呢?明人没有给我们留下准确的时间数字,甚至连大概的时间数在史料中也找不到丝毫痕迹。不过,依据陈诚《西域行程记》和都穆《使西日记》等重要史科,我们仍然能够将从哈密到北京这段路程所需要的时间估算出来,并且尽可能地使其接近客观史实。

为了研究方便,不妨将北京至哈密的路程,分成北京至西安、西安到肃州、肃州至哈密等三个路段,分别依据史料计算行程时间。

第一段北京至西安:明人记载的关于北京至西安的行程,比较详尽可靠的是都穆《使西日记》。正德八年(1513)四月,礼部郎中都穆以副使奉命赴宁夏册封庆府寿阳王妃。《使西日记》就是他由京师出发,经河南、陕西而至宁夏的行程日记。都穆于当年四月二十七日晚出北京正阳门,六月四日傍晚到达陕西西安府,用时35天整,除去其中五月二十二日因雨阻留孟津一天,实际用时34天。这里还要特别强调,都穆从北京到西安所走路线,与黄汴《一统路程图记》所载北京到西安的路线基本上是一致的,为了便于对照研究,兹列都穆行程表(表1-2):

---

[1]《明太宗实录》卷143,永乐十一年九月甲午。

表1-2　都穆《使西日记》行程

日期	行程	日期	行程
四月二十七日晚	出正阳门	五月十六日	新乡县
四月二十八日	良额乡	五月十七日	修武县
四月二十九日	涿州	五月十八日	清化镇、覃怀驿
五月一日	定兴县	五月十九日	怀庆府
五月二日	安肃县	五月二十日	孟县
五月三日	保定府	五月二十一日	孟津县
五月四日	庆都县	五月二十二日	雨留孟津一天
五月五日	新乐县	五月二十三日	河南府
五月六日	真定府	五月二十四日	新安县
五月七日	栾城县	五月二十五日	渑池县
五月八日	栢乡县	五月二十六日	硖石驿
五月九日	顺德府	五月二十七日	陕州
五月十日	沙河县	五月二十八日	阌乡县
五月十一日	邯郸县	五月二十九日	潼关
五月十二日	磁州	六月一日	华阴县
五月十三日	彰德府	六月二日	渭南县
五月十四日	汤阴县	六月三日	临潼县
五月十五日	淇县	六月四日	逼暝至西安府

　　都穆是公干外差,奉命出使,因此他所走的一定是官路,沿途马匹换乘,驿传接待,都是按照明朝政府的规定进行的。这就使都穆使团走完北京到西安的路程所需时间,具有一定代表性。明朝接待外国朝贡使团是政府行为,使团所到之处,沿途地方政府都要依据规定进行接待,所以,我们有理由相信,外国使团用在北京到西安路程上的时间也应在34天左右。

　　第二段西安至肃州:明代从西安经兰州至肃州的行程,没有翔实可靠的史料供参照。从《寰宇通衢》可知,西安到肃州相距3015里,如果以都穆每天的行走速度70里计算,这段行程大约需要43天。这个43天与实际情况是否相符呢?我们虽然不能从明人留下的史料中找到佐证,却可以从清人的行记中找到参照。因为,众所周知,明清两代西北的官路基本上没有发生太大的变迁,而这两个朝代驿传的主要工具都是马匹,目前史料中又没有关于清代马匹比明代马匹大大改良的记载,所以,以清人走完从西安到肃州路程的时间来参照明人的相关时间,在理论上是可以行得通的,并且具有合理性。

清人关于西北行程的日记比比皆是,我们也要选择一个因公出差的例子,这样才有可比性。陶保廉的《辛卯侍行记》符合上述要求。陶保廉字拙存,浙江秀水人,其父陶模历官至陕甘总督。1891年,陶模调任新疆巡抚,陶保廉随父进京述职,并侍父经由陕西、甘肃到新疆赴任,《辛卯侍行记》就记载了这段经历。据是书记载,陶模一行于光绪十七年九月十四日巳刻从西安浙馆起程,十一月朔到达肃州城,历时47天。[1]这里也要先指出,根据陶保廉的计算,从西安到肃州相距2900余里,其中西安到兰州1432里,兰州到甘州1036里,甘州到肃州432里。这个2900余里与从明人史料中得出的西安到肃州相距3015里,是基本上吻合的。清人陶保廉用时47天走完从西安到肃州的路程,与我们估算的明人走完相应路程用时43天,两者相比照,差距很小,比较接近。所以,我们可以得出结论,明人从西安到肃州大约需要用时43天。

第三段肃州至哈密:根据《西域行程记》的记载,陈诚于永乐十二年正月十三日巳时从肃州北门出发,二月初九日到达哈密城,用时26天,其中正月十四、十五日两天祭祀安营,应当除去不计算,其他如正月二十三日因大风住一日、二十六和二十七日又遭大风住两日、二月初七日休整一天,皆属正常情况,均应当计算在内,故而陈诚使团实际用时24天。[2]从哈密到肃州的这1500余里路程,自然环境恶劣,旅行条件艰苦,陈诚使团用24天走完这段路程,平均每天走60余里,代表了当时正常的行驶速度。

至此,我们可以计算出明代从北京到哈密行程的时间:北京到西安历时34天,西安至肃州历时43天,肃州至哈密历时24天,共计101天,大体上可以认为是三个半月时间。这个时间应该说与史实是比较接近的。

我们再从西域商使角度验证一下这个时间。据盖耶速丁记载,1420年8月2日,沙哈鲁使团抵达哈密,于8月27日进入嘉峪关,途中历

〔1〕参见陶保廉:《辛卯侍行记》卷3、卷4、卷5,刘满点校,甘肃人民出版社,2002年版。

〔2〕参见陈诚:《西域行程记》,周连宽校注,中华书局,2000年版,第33—35页。

时 25 天,与陈诚自肃州至哈密历时 24 天,可以说非常相符。该使团于 12 月 14 日进入北京,共历时 134 天,约四个半月。为什么会比上面估算的北京至哈密的时间多出一个月呢?主要是因为西域使团进入哈密以后,明朝地方各级政府都要依据规定招待宴请使臣。盖耶速丁说:"每当他们抵达一个城市时,使臣及其随从都被款以宴席,越是接近北京,礼节就越是隆重。"[1]这样算来,使团在路上至少要用一个月的时间来应酬宴请。

从中外史料记载中,我们得到这样一个重要的认识:一般来说,明代哈密至北京的行程时间为三个半月左右。但若是西域使团往来哈密和北京之间,则要考虑把地方招待宴请使团的时间计算在内,即四个半月左右的时间。确定明代哈密到北京的道路里程、沿途驿传和行程时间,对于深刻理解明朝制定经略哈密的策略、哈密战报或信息传递、明内地接待西域贡使、贡赐物资运输等许多问题,具有重要的研究价值。

1.4　明代西域交通的路况和安全

1.4.1　明代西域交通的路况

明代西域范围辽阔,地处亚洲内陆深部,山脉、盆地、高原、绿洲、沙漠、戈壁、草原、河流和湖泊交错分布全境。在当时陆路交通工具和出行方式有限的情况下,交通受自然地貌因素的影响非常大。而变动剧烈的异常气候,也每每令人望而却步。朔雪炎风,卷地惊飙,万壑群峰,际天衰草,这是西域自然环境给明代丝路商使们留下的深刻印象。

综合陈诚、盖耶速丁、克拉维约、阿克巴尔等著名使臣的记载来看,不难得出这样一个结论,即从嘉峪关至葱岭这段路是比较难走的,而其中嘉峪关→哈密→吐鲁番→天山这一段路程,堪称最难通行。尤其是嘉峪关至哈密段,在《西域行程记》和《沙哈鲁遣使中国记》中都有艰难陆行的记载。

---

[1] 火者·盖耶速丁:《沙哈鲁遣使中国记》,第 121 页。

哈密北部自西向东横贯东天山余脉,东部和南部为噶顺戈壁高原,中部和西部即是哈密盆地。哈密盆地的地势由东北向西南倾斜,发源于喀尔里克山的短小河流携带沙石造成山前洪积扇平原,著名的哈密绿洲就位于其上。哈密地区气候特别干旱,全年降水稀少,地表呈现干旱荒漠景观。位于巴尔库山与奥格尔接合部的"百里风区",古称"黑风川",经年狂风呼啸,黄沙蔽日,给往来商旅带来极大不便和严重危害。明人的史籍中关于"黑风川"的记载比比皆是,可见其在当时的影响。

恶劣的自然环境对哈密地区人类历史活动产生了深远的影响。首先,气候干旱,地表水缺乏,造成行旅不便。在明代,无论是官方驿传,还是普通客商,在地势平坦、气候适宜、水源充足的情况下,每天行程在90~120里之间。而在西北嘉峪关以西至哈密这一段路程中,据陈诚的记载,每天只能行走50~70里。由于夏季气候炎热干旱,人们一般选在每年冬季和秋季通过哈密,这样一则可以减少水的携带量和需求量,二则沿途有固态冰块可以及时补充水源,保证人畜饮用。

陈诚写有《宿嘉峪关》一诗,对嘉峪关以西的环境这样描述曰:"朔风抢白草,严霜冽朱颜。流沙远漠漠,野水空潺潺。"[1]永乐十二年正月二十八日,陈诚使团"过卜隆吉河,向西北行,入一平川,四望空旷,并无水草,惟黑石磷磷。沿途多死马骸骨"。[2]这一天,他们走了一百余里,仍找不到水,只得在路旁休息一宿。第二天,陈诚使团向北走了50余里,越出平川,方在一小涧冻冰处安营,"凿冰煮水,以饮人马"。二月初一日,"一路沙碛高低,绝无水草。约行七十里,至水沟冻冰处安营。凿冰得水,饮马"。二月初二日,"一路冈原高下,并无水草,亦无冻冰,人马不得饮食。约行五十里,至晚于沙滩上空宿"。[3]从以上记载不难看出,4天的行程之内,陈诚他们沿途并没有发现水草,正月二十八日和二月初二日两天冻冰也找不到,只能忍受饥渴,随便安营,幸得另外两天有冻冰解急,才勉强通过了这270里路程。

---

〔1〕陈诚:《西域行程记》附录"西行南行诗文",第123页。

〔2〕陈诚:《西域行程记》,第34页。

〔3〕以上引文均见陈诚《西域行程记》,第34页。

其次,地形复杂,风沙肆虐,给商旅出行和军事行动带来极大困难。规模在百人左右的商队和朝贡使团,通过嘉峪关经哈密到土鲁番这段路程尚且不容易,动辄成千上万的军队在这一区间兴师征伐更是举步维艰。兵法曰"兵马未动,粮草先行",制约明朝不能对哈密和土鲁番采取大规模军事行动的重要因素,就是地形复杂,风沙严重,水源短缺,造成军队给养供应不上。弘治七年,兵部尚书马文升在筹划经略哈密时,就因"土鲁番至哈密十数程中,经黑风川,俱无水草。哈密至苦峪又数程,亦无水草,入贡者往返皆驮水而行",而制定了"使我整兵以俟,谨烽火,明斥堠,彼至肃州,我以逸待劳,纵兵出奇,一击必使彼匹马不返"[1]的制驭之策。弘治八年,明朝以许进巡抚甘肃,筹划兴兵哈密,征讨土鲁番牙兰。十一月初六日,副将彭清率1500精骑先行出嘉峪关,许进与总兵官刘宁、中官陆訚统兵2500骑殿后。8天后两路会师于乜川,在卜隆吉儿扎营。"是夜,大风惊作扬沙,沙转徙,须臾平地成阜。军士寒不支,僵卧马旁。"[2]许进"出帐外劳军,有异鸟悲鸣,将士多雨泣"。"夜半风止,大雨雪……及明,冒雪倍道进。又六日,奄至哈密城下,牙兰已先遁去。"[3]风雪交加,人马疲惫,明军兴师劳苦可见一斑。

不仅明朝的使臣对嘉峪关以至哈密这一段感到头痛,西域的商使行经这段路程也是战战兢兢。盖耶速丁曾记载,从哈密到玉门之间,"大部分道路都是穿过大沙漠,他们每隔一天或每两天才能得到水"[4]。

从哈密往西经吐鲁番到天山地区,这一段时而干旱,时而炎热,时而寒冷,令过往商使苦不堪言。陈诚在《过川谣》中吐露自己的态度时云:"五里十里无程期,远山近山相参差。行行自卯将及酉,我心载渴还载饥。杯泉杓水求不得,且向道旁少休息。马带征鞍卧软沙,人拥毡裘坐终夕。"[5]可见行旅途中既饥渴,又疲惫,有时甚至连一丁点儿水都无法补给。那种荒沙漫漫遥无期的境遇,不免令人同情。使团到了吐鲁

---

〔1〕马文升:《兴复哈密国王记》,载《纪录汇编》卷37。

〔2〕许进:《平番始末》,载《纪录汇编》卷37。

〔3〕《明史》卷186《许进传》,第4924页。

〔4〕火者·盖耶速丁:《沙哈鲁遣使中国记》,第113页。

〔5〕陈诚:《西域行程记》附录"西行南行诗文",第124页。

番地区以后,又为炎热的气候所困扰。二月廿五日,陈诚使团抵达火焰山,时值初春光景,但是当地气候已经非常炎热。他在《火焰山》里说:"一片青烟一片红,炎炎气焰欲烧空。春光未半浑如夏,谁道西方有祝融。"[1]进入天山山区以后,刚刚经历的炎热旋即变为寒冷。他在《阴山雪》一诗里叹道"肌肤冻冽手足皴"[2]。又感叹气候变化无常,非常剧烈。《夏日遇雪》诗云:"塞远无时叙,云阴雪即飞。""四时常觉冷,六月不知春。"[3]前方刚经历了"春光未半浑如夏",此时又感觉"六月不知春",真可谓冰火两重天。

盖耶速丁在经过天山山区时,也有同感。他们经由勒都思平原,进入天山山地以后,"尽管太阳已进入巨蟹宫的黄道(相当于8至9月),地上的冻雪仍深有两指","穿过河谷和山岭是艰苦的旅行,大部分时间有雨和雹子"。[4]不难看出,明代中外使团都对天山地区的气候寒冷印象十分深刻。

当然,西域丝绸之路上除了气候恶劣、坎坷难行的路段,还有许多桑麻翳野、闾阎相望的绿洲。特别是在中亚两河流域,农业发达,人丰物阜,给使臣和商旅通行提供了良好的补给和交通条件。《西域行程记》关于中亚许多地区的记载,在文风用词上就明快了许多,使团每天行程常常是"约行九十里""约行一百里""约行一百五十里",行进速度明显加快。同时,陈诚的诗作内容中也少了许多苦寒和怨愁,多了几分温婉和思乡情结。他在《塞蓝城》诗中饱含感情地写道:"绕堤杨柳绿毵毵,堤上荒城说塞蓝。郭外人家从土室,眼前风物近江南。园瓜树果村村熟,樽酒盘餐味味甘。向晚砧声敲月下,忽惊乡梦思难堪。"[5]看到眼前似曾相识的乡野风光,陈诚竟然将哈萨克斯坦南部希姆肯特的赛拉姆当成了自己江南的家乡,宛若梦境一般。对于富庶的塔什干城,他也在

〔1〕陈诚:《西域行程记》附录"西行南行诗文",第125页。

〔2〕陈诚:《西域行程记》附录"西行南行诗文",第127页。

〔3〕陈诚:《西域行程记》附录"西行南行诗文",第128页。

〔4〕火者·盖耶速丁:《沙哈鲁遣使中国记》,第112页。

〔5〕陈诚:《西域行程记》附录"西行南行诗文",第129页。

诗中不吝笔墨,有《达失干城》"桑麻禾黍连阡陌,鸡犬牛羊混几家"[1]诗句为证。

1.4.2　明代西域交通安全问题

从西域到明朝内地,近者八九千里,远则一万六七千里,这么辽远的路程,长途跋涉,备历艰辛,除了受自然环境的影响较大以外,还极有可能受到沿途劫匪的侵扰抢掠,甚至有性命之虞。

从目前所掌握的史料来看,西域丝路上的使臣和商旅被劫掠,主要发生在嘉峪关—哈密—吐鲁番—天山这一段。其中,嘉峪关至哈密段,更是抢劫贡使多发地区。贼人主要是明代关西七卫的部众,又以安定卫、曲先卫、沙州卫、赤斤蒙古卫头人居多。

洪武二十三年(1390),"时西域回纥来贡者,多为哈梅里所遏。有从他道来者,又遣兵邀杀之"。[2]明太祖朱元璋大怒,命都督刘真出兵征讨哈密。另外,正统十年,也先借侵袭哈密卫之机,也动掠了撒马儿罕贡使百余人。

明仁宗洪熙时,曲先卫酋长"散即思邀劫朝使,胁阿端指挥锁鲁丹偕行"。[3]还有,"洪熙元年,亦力把里及撒马儿罕先后入贡,道经哈密地,并为沙州贼邀劫"。[4]刚刚即位不久的明宣宗大怒,命肃州守将出兵围剿。宣德五年(1430)六月,明朝使臣自西域还,"言散即思数率部众邀劫往来贡使,梗塞道途"。[5]看来,散即思不知悔改,还在抢劫作乱。

宣德七年(1432)四月,"哈烈使臣法虎儿丁等至京,言至沙州被赤斤蒙古卫都指挥革古者等劫杀。行在兵部言,沙州乃都督困即来所辖,革古者等合居赤斤蒙古之地,乃越入为盗,罪不可容。上曰:夷狄固无知然,事亦须审实,遂敕困即来察之。如果革古者等所为,即追还之,而

---

[1] 陈诚:《西域行程记》附录"西行南行诗文",第130页。

[2] 《明史》卷330《西域二·哈梅里》,第8567页。

[3] 《明史》卷330《西域二·阿端卫》,第8553页。

[4] 《明史》卷330《西域二·沙州卫》,第8560页。

[5] 《明史》卷330《西域二·曲先卫》,第8554页。

宥其罪。且命困即来曰:彼既为盗,不可复容,宜驱而出之,使归本土。仍戒约之,再犯必不宥"。[1]从中可知,在关西地区劫掠贡使的,亦有散居游牧部落,可见当地局势非常复杂。

明英宗正统元年(1436),赤斤蒙古卫且旺失加"部下指挥可儿即,掠西域阿端贡物,杀使臣二十一人"。[2]到正统六年(1441),"天子闻其部下时往沙州寇掠,或冒沙州名,邀劫西域贡使,遣敕切责"。[3]赤斤蒙古卫地区的劫掠是最频繁的,主要因为该卫所在位置,正是丝绸之路交通的要道,是使臣和商旅往来必经之地。

对于西域使者和商旅被劫情况,盖耶速丁也留下了相关记载:"主马答第二月8日,得到消息说,穆罕默德伯的儿子们抢劫了作为兀伟思汗使者的那位大人。别的大人们和使者们受到了惊吓,说他们应该以他们的最大努力,尽快地到达中国边境。"[4]这一沙哈鲁使团在返程途中,又得到消息说"蒙古地区发生叛乱,道路据称是不安宁的",因此,使团被迫在甘州逗留了两个半月。[5]

由于自然环境十分恶劣,旅途极其辛苦,再加上劫匪不时出没,威胁到了过往使者和商旅的人身和生命财产安全。甚至有些使团成员命丧他乡,这是明朝中央政府与西域各地面都极其不希望发生的。弘治元年(1488)九月,明孝宗"命给肃州回回坟傍空地五亩,以葬凡哈密使臣之道死者"。由此看来,明朝政府对西域使臣和商旅的安全还是高度重视的,对使臣发生意外的善后处置也十分周全。

总体来看,明代西域丝绸之路交通安全是有保障的,因为无论丝路沿线任何一方都不希望这条"黄金贡路商道"被阻断。特别是在明朝内地,对朝贡使团有充分的安全保障和接待,驿站系统发挥了显著作用,这一点给西域使团成员留下了极深刻的印象。

盖耶速丁在《沙哈鲁遣使中国记》中记载道:"他们在每个驿馆为皇

---

[1]《明宣宗实录》卷89,宣德七年四月癸卯。
[2]《明史》卷330《西域二·赤斤蒙古卫》,第8556页。
[3]《明史》卷330《西域二·赤斤蒙古卫》,第8557页。
[4]火者·盖耶速丁:《沙哈鲁遣使中国记》,第112页。
[5]火者·盖耶速丁:《沙哈鲁遣使中国记》,第143页。

帝陛下及诸王的使臣准备了四百五十匹马和快骡,尚有五十到六十辆车。管马的童子叫马夫,管骡的叫骡夫,而那些管车的叫车夫。他们的人数很多,他们把绳子系在车上;同时这些童子把绳搭在肩上,拉着车走。不管是雨天,还是经过山区,那些童子使劲用肩拉车,把车从一个驿馆拉到另一个。每辆车由十二个人拉。童子们都很俊秀,耳上戴着假的中国珠子,把发在头顶上打一个结。他们供给的马匹都备有鞍座、缰绳和鞭子。这些马夫那样快地在前头跑到下一个驿馆,在我们国内哪怕急差都难以做到。"[1]"在每个驿馆,他们根据身份提供规定的数量:牛肉、鹅、鸡、米、面、蜜、米酒、酒、腌在醋里的葱蒜和各种醋泡菜蔬,尚有驿馆中供给的其他必需品。每当他们到达一个城镇,使臣们马上被邀赴宴。"另外,使团的财物也得到了有效保障。盖耶速丁在甘州时曾记道:"使节和他们的扈从寄存在甘州的行李和牲口,在他们返回时原封不动地交给了他们,而他们携带的作为礼物进献皇帝的一切东西,都从使臣那里取走,由他们自己看管。"[2]这种严密的保障体系,无疑对维护丝绸之路的安全,促进明代中西方交往发挥了至关重要的作用。

---

[1] 火者·盖耶速丁:《沙哈鲁遣使中国记》,第119页。
[2] 火者·盖耶速丁:《沙哈鲁遣使中国记》,第121页。

2　明朝西域朝贡贸易体系

自夏商周以降,经过长期演进,中国历代王朝在处理与周边民族、国家和地区关系方面,逐渐形成一整套完备的思想理论体系和娴熟的政治技巧,即"华夷秩序"和"朝贡贸易"。这种理论和手段的出现,不仅有双方各自政治利益的需要,还有经济利益的驱使,看似一个松散的关系,实则又有确实的统治意蕴,是以中国为中心的交往关系体系。而这种"华夷秩序"和"朝贡贸易"又深深植根于源自小农经济的礼治文明之上,是"天朝礼治体系"的一个子系统和亚形态。

所谓华夷秩序,即是指"自古帝王临御天下,中国属内以制夷狄,夷狄属外以奉中国"。这种内和外包含两个层次,既有中国中原王朝统治区域里中央与边疆、化内与化外的内外之别、夷夏之防,又有中国与周边国家关系往来的内外之分、华夷之辨。在华夷秩序中,中原王朝居内处尊,外夷外藩居外处卑,"内"对"外"是宗法君临,垂直统属;"外"对"内"则以臣事君,以小事大;"外"对"内"向慕来朝,归化礼制文明,进而双方友好往来,和平相处,天下一统大同。

把华夷秩序理念落实到具体操作的政策保障和实施手段上,有多种程式化的成熟形式,其中之一就是朝贡制度和互市贸易活动。所谓朝贡贸易政策,即由中国中原王朝政府派遣使臣赴周边民族、国家和地区,宣谕外番,颁赐正朔,邀其入附朝贡,进而中原王朝政府对朝贡一方正贡回赐,附带货物由官方给价收购或由贡方依规互市自行售购的政策。[1]

---

[1] 参见和洪勇:《明前期中国与东南亚国家的朝贡贸易》,载《云南社会科学》,2003年第1期,第86-90页。

·欧·亚·历·史·文·化·文·库·

2.1　明朝西域朝贡贸易政策

西域朝贡贸易是明朝中央政府与西域关系史当中的一项主要内容，也是明朝治理西北边疆的重要策略之一。在这种政治经贸关系中，从明朝中央政府角度来说，把外藩进贡方物视为政治归附和臣属关系，故而一贯奉行"有物则偿，有贡则赏"[1]的原则；而从外藩角度来看，则更看重中央政府回赐的经济价值，政治意蕴居于其次。因此，当双方都追求彼此最关注的核心利益时，这种"薄来厚往"的不等价经贸关系就会成为双方交往的常态，并且主动权往往掌握在实力雄厚的一方。

朝贡贸易的"二重属性"决定了明朝内地与西域之间这种独特的政治经贸往来关系，必然存在着主导与从属的不对等地位。实际上，"真正意义上的贡物，即向明廷呈献的所谓'正贡'，只占很小的比例，其余皆为各国国王、贡使甚至商人的附进物品，因随贡物一同运至，称为'附至番货''附进货物'或'附至货物'，其数量往往超过'正贡'的十倍乃至几十倍。因而，后者才是明代朝贡贸易的主要商品"。[2]针对番使索求无度的情况，明朝中央政府将"有物则偿"开始向抽分征税转变。不难看出，无论是从政治影响力和经济实力来说，明朝中央政府都处于绝对优势的地位，在西域朝贡贸易中掌握着主动权。也就是说，朝贡贸易的规则是由中央政府制定的，外藩只要无条件遵守这些规则，就能获得丰厚的经济利益，而一旦外藩违背了它所承诺的政治义务，中央政府就以"闭关绝贡"来逼迫外藩就范，实现政治格局的平衡，恢复和平交往的状态。

2.1.1　明朝西域朝贡贸易政策的主导思想

应当明确指出，明朝中央政府制定朝贡贸易政策的初衷就是"朝廷

---

〔1〕《明宪宗实录》卷63，成化五年二月甲午。

〔2〕李云泉：《朝贡制度史论：中国古代对外关系体制研究》，新华出版社，2004年版，第95~96页。

柔远人,宁厚无薄"[1],重点在于政治和文明归化,并没有把经济利益放在首位来考虑。而且,明初的统治者相对较为开明,没有抱守狭隘的"华夷之防""华夷之别"的民族歧视观念,主张"顺性而抚""推诚相待"。

洪武三年(1370),中书省大臣进言:"西北诸虏归附者,不宜处边。盖夷狄之情无常,方其势穷力屈,则不得已而来归,及其安养闲暇,不无观望于其间。恐一旦反侧,边镇不能制也。宜迁之内地,庶无后患",主张将西北诸夷迁至内地,以便于监管。可是明太祖朱元璋并不赞同这种意见,他说:"凡治胡虏,当顺其性。胡人所居,习于苦寒,今迁之内地,必驱而南去寒凉而即炎热,失其本性,反易为乱。若不顺则抚之,使其归就边地,择水草孳牧,彼得遂其生,自然安矣。"[2]第二年,当他谈到对故元降附诸王的处理时,对侍臣说:"推诚心以待人,路人可使如骨肉。以嫌猜而御物,骨肉终变为仇雠"[3],强调对归降的蒙古各部要以诚相待,同怀视之;否则,不仅增加新政权巩固壮大的阻力,还会为后世留下祸乱的根源。

对归化诸夷一视同仁,明朝的第二代统治者明成祖朱棣亦抱有相同的观点。他曾说:"夫好善恶恶,人情所同,岂间于华夷,抚之有道,未必不来。虎至暴扰之,能使训帖,况虏亦饥食渴饮具人心者,何不可驯哉!但有来者,惟推诚待之耳。"[4]在"顺性而抚""以诚相待"的观念指导下,明初统治者推行"厚往薄来,柔远人之道",由明朝中央政府主导的朝贡贸易即是最佳选择。

然而,还有一点需要特别强调,那就是"以诚相待"并非意味着明朝中央政府与西域诸政治势力地位同等,反而是一种有主有从,居高临下的宗法前提之下的政治认可。尽管某些情况下,明朝统治者这种自尊自大有一厢情愿之嫌,但不可否认,承认明朝皇帝为"天下大君""天下共主"是朝贡贸易的政治基础,即便是名义上承认,也必须遵守这一前

---

〔1〕《明太宗实录》卷62,永乐四年十二月壬辰。

〔2〕《明太祖实录》卷59,洪武三年十二月戊午。

〔3〕《明太祖实录》卷60,洪武四年正月庚寅。

〔4〕《明太宗实录》卷36,永乐二年十一月庚戌。

提;如果不承认明朝皇帝的宗主地位,那么朝贡关系就不能维持。

明太祖朱元璋曾经派遣使者唐钲出使西域,对别失八里黑的儿火者宣谕曰:"朕观普天之下,后土之上,有国者莫知其几。虽限山隔海,风殊俗异,然好恶之情,血气之类,未尝异也。皇天眷佑,惟一视之。故受天命为天下大君者,上奉天道,一视同仁,使臣细诸国,殊方异类之民,咸跻乎仁寿。而友邦远国顺天事大,以保国安民。皇天监之,亦克昌焉。"[1]在此,朱元璋强调天下虽有万国,但自己是受天命眷顾的"天下大君",故而统领万国,一视同仁。所以,诸友邦远国的政治义务就是"顺天事大",即顺天命,事大君,才能保国安民,并且明朝大君与天下万国都要接受皇天的监视,各守职分,方可实现天下同昌。

那么,友邦远国如何"顺天事大"呢?那就是要定期向中央朝贡,贡献方物以示诚心,而大君则要回赐以丰厚回报,双方实现政治和文化认同。这就是朝贡贸易的政治内涵。此类中国古代中原王朝与外藩之间的政治经贸关系,即"华夷秩序",并非明朝所独创,而是中国自夏商周时期发萌,至汉代初步形成,隋唐以后不断完善充实,到明清时期最终鼎盛定型的思想理论体系。

华夷之辨,或称"夷夏之辨""夷夏之防",用于区辨华夏与蛮夷。古代华夏族群居于中原,为文明中心,因此逐渐产生了以华夏礼义为标准进行族群分辨的观念,区分人群以礼仪,而不以种族,合于华夏礼俗者并与诸夏亲昵者为华夏、中国人,不合者为蛮夷、化外之民。中国历史上"华夷之辨"的衡量标准大致经历了三个演变阶段:血缘衡量标准阶段,地缘衡量标准阶段,衣饰、礼仪等文化衡量标准阶段。华夷之辨的宗旨植根于《春秋》以及《仪礼》《周礼》《礼记》《尚书》等儒家经典,以文化礼义作为标准,高扬文化的旗帜,其实质是构建宗法等级秩序,是宗法制度在民族关系和地区、国际关系中的体现。

华夷秩序所倡导的,是以中华为中心的辐射关系,中华居内,夷狄居外,中华统治者君临天下,夷狄臣属于中华,中原王朝与周边构成垂直型的关系体系,这样就形成一种有主有次、有内有外、有尊有卑、有上

---

[1]《明太祖实录》卷212,洪武二十四年九月乙酉。

有下,各安其名,各守其分的理想秩序。在这一秩序中,"夷狄"国家对中国的关系,应是一种以臣事君和以小事大的关系,一种对高度发达的中华文明怀有"向化"之心、"慕圣德而率来",以至终于被"导以礼义、变其夷习"的关系;中国对各国则是抚驭万邦,一视同仁,导以礼义、变其"夷"习。[1]无疑,在儒家学说的理念原则和框架内,中华是维护华夷秩序的责任主体,"夷狄"则更多地体现出从属义务,这种责任和义务关系源自于"天"。而一旦"夷狄"打破了这种共识和秩序,中华就要出面,替"天"行道,通过外交甚至军事的手段,恩威并施,恢复华夷秩序。

明太祖朱元璋深谙这种"威惠并行"之道,在处理明朝与周边关系方面运用得非常娴熟。洪武七年(1374)七月,有御史自广西还,进《平蛮六策》,内有曰立威。太祖览毕,谕之曰:"汝策甚善,但立威之说亦有偏耳。夫中国之于蛮夷,在制驭之何如。盖蛮夷非威不畏,非惠不怀。然一于威则不能感其心,一于惠不能慑其暴。惟威惠并行,此驭蛮夷之道也。古人有言以怀德畏威为强,政以此耳。"[2]可见,明朝统治者对驭夷之道的大原则把握得非常到位,既不能单纯恃勇逞武,又不能仅靠小恩小惠,要一手软,一手硬,令"夷狄""怀德畏威",方能维护长久、稳定、有效的华夷秩序。

当然,针对明王朝周边不同民族、地区和国家的具体情况,尤其是上述各方与明朝中央政府关系的亲疏远近,明朝统治者采取了区别对待、分类施政的方针。将那些与华夏文化亲缘关系较近、忠心臣属明朝,或者距离中华较远,实力不足与明朝相抗衡的地区,划入"不征诸夷"的范围,比如朝鲜、日本、大小琉球、安南、真腊、暹罗、占城、苏门答腊、西洋、爪哇、彭亨、百花、三佛齐、渤泥等15国。反之,对那些政治、经济和军事实力相对较强,文化习俗与华夏差异较大,对明朝构成威胁的地区,明朝统治者则强调要"选将练兵,时谨备之"。

洪武四年(1371)九月辛未,朱元璋在奉天门,告谕省、府、台大臣

---

[1]参见何芳川:《"华夷秩序"论》,载《北京大学学报》(哲学社会科学版),1998年第6期,第38页。

[2]《明太祖宝训》卷6《怀远人》,洪武七年七月。

说:"海外蛮夷之国,有为患于中国者,不可不讨;不为中国患者,不可辄自兴兵。古人有言,地广非久安之计,民劳乃易乱之源。如隋炀帝妄兴师旅,征讨琉球,杀害夷人,焚其宫室,俘虏男女数千人。得其地不足以供给,得其民不足以使令,徒慕虚名,自弊中土。载诸史册,为后世讥。朕以海外诸蛮夷小国,阻山越海,僻在一隅。彼不为中国患者,朕决不伐之。惟西北胡戎,世为中国患,不可不谨备之耳。卿等当记所言,知朕此意。"[1]不难看出,朱元璋明确提出了处理对外关系的底线,即是否为患于中国。那些对明朝不能构成威胁的,明朝采取不干涉政策,决不会出兵征伐。而西北及西域地区,因其战略地位重要,明朝则采取高度关注的戒备政策。但是,必须强调一点,不能据此就认为明朝与西北和西域诸地就是紧张的敌对关系,因为根据明朝华夷秩序的主导思想和"威惠并行"之道,明朝与西域还有和平友好的另一方面,朝贡贸易就是其中重要的环节。

2.1.2 明朝官方主导的西域贡赐活动

在明代以前,西域与内地之间通过丝绸之路的商贸往来主要是民间行为,政府并不占主导地位。进入明代以后,西域与内地的商贸交易一越变为以"政府超值采购"为主,明朝中央政府成为朝贡贸易的主导者,反而民间商贸市易退居次要地位。这一变化突出体现在朝贡贸易的规模空前增大、交易量空前增加两个方面。为了充分展现明朝中央政府与西域诸地面之间朝贡贸易的盛况,不妨列举几个典型事例来窥其全豹。

洪武二十九年(1396)三月,撒马儿罕遣回回札鲁剌等191人来朝,贡马1095匹,明太祖朱元璋诏赐使团"钞二万五千一百九十锭"[2]。永乐七年(1409)六月,哈烈等处贡西马,共550匹。永乐十一年(1413),撒马儿罕等地回回火者丁、答剌罕等150人贡方物。永乐十七年(1419)九月,哈密等处使臣及经商回回满赖撒丁等250人,贡马3546匹,及貂鼠皮、硇砂等物,明成祖朱棣回赐"钞三万二千锭,文绮百匹,绢

---

[1]《明太祖实录》卷68,洪武四年九月辛未。

[2]《明太祖实录》卷245,洪武二十九年三月甲寅。

千五百匹”[1]。永乐二十一年(1423)六月,"哈密忠义王兔力帖木儿遣使兀马儿火者等九十人贡马千匹、驼三百三十六头"[2],明成祖优赐以答之。永乐二十二年正月,哈密忠义王兔力帖木儿使臣兀马儿火者等辞还,明成祖赐"钞六万一百五锭,彩币七十表里,绢千一十六匹"[3]。这次回赐数额几乎是永乐十七年那次回赐的两倍。据此可以估算,此次哈密进贡的马匹当接近6000匹,数额是非常巨大的。宣德二年(1427)五月,明宣宗朱瞻基赐"亦力把里歪思王使臣马黑麻迭力迷失等一百八十九人,哈密忠顺王弟都督金事北斗奴等银钞、彩币表里有差"[4]。这年十二月,明宣宗又赐"亦力把里歪思王使臣满敕法黑儿者罕等二百五十九人银钞、彩币表里、纱罗、绫绸绢有差"[5]。宣德六年(1431)九月,明宣宗再赐"讨来思使臣舍黑马黑麻、闽哈秃等一百四十七人,亦力把里歪思王使臣满剌阿力等一百三十七人,白金、彩币、纱罗、绫绸、绢布、袭衣有差"[6]。明宪宗成化年间,哈密派遣使臣360多人前来朝贡。明世宗嘉靖二十二年(1543),西域土鲁番、撒马儿罕、天方国、鲁迷、哈密等地"贡马及方物"。明神宗万历十四年(1586)九月,"土鲁番等五地面夷使头目火者沙亦黑牙思等四十六名,哈密伴送买得克等一十二名,阿都瓦黑等一十二名各赴京进贡"[7],万历皇帝宴赏如例。直到明末崇祯十六年(1643)十二月,仍有"西域献千里马"的记载。[8]当然,这也是目前发现的,明朝中央政府与西域朝贡贸易的最后一次记载。

分析以上事例不难发现,明朝中央政府与西域诸地面的朝贡贸易具有以下四个特点:一是使团人数众多,少则几十,多则三四百人,并且

---

〔1〕《明太宗实录》卷216,永乐十七年九月丁巳。

〔2〕《明太宗实录》卷260,永乐二十一年六月丙子。

〔3〕《明太宗实录》卷267,永乐二十二年正月丁酉。

〔4〕《明宣宗实录》卷28,宣德二年五月庚子。

〔5〕《明宣宗实录》卷34,宣德二年十二月辛酉。

〔6〕《明宣宗实录》卷83,宣德六年九月辛未。

〔7〕《明神宗实录》卷178,万历十四年九月丁巳。

〔8〕《崇祯实录》卷18,崇祯十六年十二月乙丑。

在明前期,西域使团多保持在一二百人的规模;二是西域进贡的方物数量大,少则几十、几百匹马驼,多则三千,甚至六千匹马,这在中国历史上是少见的;三是明朝中央政府回赐的物品数额也很大,赏赐钞锭数由二万、三万至六万余,一次赐绢多达一千余匹,这也是中国历史上不多见的;四是朝贡贸易持续时间长,几乎与明朝相始终,中间没怎么中断过。这四个特点充分说明,明代西域与内地的朝贡贸易是典型的官方主导的经贸行为,倘若没有明朝政府以雄厚的国家财政作为支付资本,仅靠民间市易行为是绝对无法达到上述规模的。

在"厚往薄来"既定方针的指导下,明朝中央政府能够始终坚持不等价交换原则,不计利益得失,不惜耗费大量国帑,用以招徕西域诸势力,展现了大国的风采和实力。明朝与西域诸地面通过朝贡贸易达成了某种契合模式,即明朝希望西域诸地面以朝贡来实现政治认可,而西域诸政治势力则借助朝贡贸易从明朝赚取巨大经济利益。在这样的契合模式下,双方关系的正常与否,集中表现在朝贡贸易能否正常进行。[1]正因为明朝看重的是传统"华夷秩序"下政治伦理,所以明朝君臣并没有将经济上的损失放在战略考虑的核心地位。正如明太祖朱元璋所宣扬的,西域各地"遣使入贡,吾朝廷亦以知其事上之礼","是我中国有大惠于尔诸国也",[2]一语道破了明朝不遗余力推行朝贡贸易之苦心。正是在明朝政府的鼎力推动之下,使臣相望于道,商贾络绎不绝,古老的丝绸之路在明代重现了繁荣景象。

2.1.3 明朝与西域商旅的互市

互市是指中国历史上中原王朝与周边各族之间,以及中国与外国之间的贸易往来,亦称"交市"或"通市"。它与朝贡贸易既有联系,又有区别,在某些地区以朝贡贸易的附属形式出现。一般说来,在朝贡贸易范畴内,"互市"与"正贡"是相对应的。

互市始于汉代,最初主要面向西北及西域地区。魏晋以后,不仅陆

---

〔1〕参见田澍:《明代甘肃镇与西域朝贡贸易》,载《中国边疆史地研究》,1999年第1期,第23页。

〔2〕《明太祖实录》卷249,洪武三十年正月丁丑。

路互市日趋繁荣,海上互市亦逐渐抬头。到了隋唐时期,在西北边境设有专门管理贸易的机构交市监和互市监。因中原地区需要大量优良马匹,故而马市成为西北互市的主角,游牧地区的马匹和皮毛成为大宗交易对象。宋、辽、金、元时期,边境设有榷场进行互市,中原地区的茶叶又成为西北互市的另一主角,受到游牧民族的青睐。

明朝继续与西北及西域地区保持密切的互市往来,游牧地区的马匹、牛羊、皮毛、铁器、颜料等源源不断地输入内地,而内地的茶叶、丝绸、瓷器、药材等也络绎不绝地输往亚洲腹地。

明初统治者对西北互市曾经持谨慎的态度。洪武二十三年(1390)正月,撒马儿罕回回舍怯儿阿里义等以马670匹抵凉州(今甘肃武威)互市。当地守将传报中央,明太祖朱元璋下诏,"送舍怯儿阿里义等至京,听自市鬻"[1],并没有允许舍怯儿阿里义在凉州互市,而是将其送至京师市鬻。一年以后,洪武二十四年(1391)二月,西域哈密王兀纳失里遣使,请于延安、绥德、平凉、宁夏以马互市。朱元璋分析认为"夷狄黠而多诈,今求互市,安知其不觇我中国乎"[2],仍然不同意在边境地区互市,规定以后西域来市马的,悉送京师。但是,又过一年以后,明朝统治者转变了策略,对西北互市由防范禁止变为限制放开。洪武二十五年(1392)二月,朱元璋遣使宣谕甘肃守将都督宋晟和刘真:"凡西番、回回来互市者,止于甘肃城外三十里,不许入城"[3],也就是说,允许他们在城外互市。

到了永乐年间,西北互市才完全放开。永乐元年(1403)十月,明成祖朱棣敕甘肃总兵官左都督宋晟曰:"凡进贡回回有马欲卖者,听于陕西,从便交往,须约束军民勿侵扰之。"[4]明成祖为了表达在西北互市问题上的诚意,还曾经命令官府出资购买西域马匹。永乐元年十一月,哈密安克帖木儿遣使臣马哈木沙浑都思来朝贡马190匹,其市易马4740

---

[1]《明太祖实录》卷199,洪武二十三年正月乙亥。

[2]《明太祖实录》卷207,洪武二十四年二月戊午。

[3]《明太祖实录》卷216,洪武二十五年二月癸亥。

[4]《明太宗实录》卷24,永乐元年十月甲子。

匹,"上命悉官偿其值,选良者十匹入御马监,余以给守边骑士"。[1]那么,为什么明成祖一改其父在西北互市问题上的谨慎限制而为鼓励放开呢? 这与明朝政局变迁有着密切的关系。朱棣通过"靖难之役"夺嫡登上皇位,国内外舆论一度对其不利。为了扩大自己的政治影响,他急需利用互市商人,将自己统治所谓的"正统性和合法性"传播到周边地区。因此,他积极地推动西北互市正常化。永乐四年(1406)八月,明成祖敕甘肃总兵官西宁侯宋晟曰:"西北番国及诸部落之人,有来互市者,多则遣十余人,少则二三人入朝。朕亲抚谕之,使其归国,宣布恩命。"[2]可见,朱棣鼓励西北互市不仅有互通有无的经济方面的考虑,更主要的是宣传教化的政治方面的考量。

在这样的政治背景之下,明朝统治者对西北互市势必采取优容宽松的态度。永乐四年十二月,西域别失八里王沙迷查干遣回回忽都火者等来朝贡马,朝廷依例赐钞币袭衣。当时,回回撒都儿丁也是别失八里人,行商于甘肃,忽都火者偕其至京。礼部官员认为,撒都儿丁并非诚意朝贡,只是普通买卖商人,奏请降低对其赐予等次。明成祖却说,"朝廷柔远人,宁厚无薄,其同诸番使例给之"[3],并没有采纳礼部"杀等"的建议,仍按朝贡使节例给撒都儿丁赏赐,以示优厚。无独有偶,宣德三年(1428)五月,西域亦力把里使臣打剌罕马黑麻等以马来鬻,"有司定价中马每匹钞三千贯,下马每匹二千五百贯,下下马每匹二千贯,骒驹一千贯。请于陕西行都司官钞内给与,从之"。[4]仍然是明朝政府出面购买马匹,以偿其值。宣德五年(1430)六月,坤城回回者马儿丁等朝贡至京,输米16760石,于京仓中盐,干起了倒买倒卖,从中营利。待其准备归国时,为了避免损失,者马儿丁打算让明朝政府回购自己的市米。行在户部请求明宣宗指示,宣宗曰:"彼名为朝贡,实务市易,盖回回善营利也。其米亦费本,远方之人,可偿其直。"[5]于是户部计值以

---

[1]《明太宗实录》卷25,永乐元年十一月甲午。

[2]《明太宗实录》卷58,永乐四年八月壬子。

[3]《明太宗实录》卷62,永乐四年十二月壬辰。

[4]《明宣宗实录》卷43,宣德三年五月壬子。

[5]《明宣宗实录》卷67,宣德五年六月庚辰。

8000匹布、4000匹绢偿购其米。

朝廷对西北互市宁厚无薄的态度,不仅招徕了西域商人,也使得部分边民军士见有利可图,或走私或联手,破坏了正常的互市,甚至做出了泄漏边务的违规之事。永乐五年(1407)四月,明成祖敕甘肃总兵官西宁侯宋晟曰:"朝廷禁约下人私通外夷,不为不严。比年回回来经商者,凉州诸处军士多潜送出境。又有留居别失八里、哈剌火州等处泄漏边务者,此边将之不严也,已别遣监察御史核治。自今宜严禁约,盖因哈剌火州等处使者来言其事,故戒饬之。"[1]但是,一个月之后,又有违反朝廷规定者。永乐五年五月,西域回回亦不剌金并凉州等卫卒211人贡马。[2]国家戍边卫卒竟然夹杂在西域商人队伍中来朝贡渔利。

面对上述违规情况,明朝政府不能再放任不管,遂采取措施加强对西北互市的管理。永乐六年(1408)二月,甘肃总兵官何福奏"凉州诸卫士军,多私出外境市马,请按其罪"[3],并将禁令和监察范围扩大到整个甘肃马驿军卒,得到了朝廷的批准。永乐六年三月,明成祖敕甘肃总兵官何福曰:"凡回回、鞑靼来鬻马者,若三五百匹,止令鬻于甘州、凉州。如及千匹,则听于黄河迤西兰州、宁夏等处交易,勿令过河。凡来进马者,令人带乘马一匹,路费马一匹,俟至京师,余马准例给价"[4],对互市的规模、地点、伴送、价格等,都进行了细致规定。不仅如此,正统年间以后,明朝政府对西北互市的管理越来越严格,符合制度的则照章办理,越规逾矩的则坚决禁止。正统五年(1440)八月,哈密使臣脱脱不花,欲将所赏绢货换兑食茶、纱罗等物回还。行在礼部尚书胡濙等奏曰:"茶系出境违禁之物,未可许。其纱罗等物,宜听于街市两平交易。"[5]明英宗朱祁镇听从了这一建议,这充分表明明朝的西北互市逐渐步入了正轨,向正常市场交易发展。

---

〔1〕《明太宗实录》卷66,永乐五年四月戊戌。

〔2〕《明太宗实录》卷67,永乐五年五月丙寅。

〔3〕《明太宗实录》卷76,永乐六年二月戊子。

〔4〕《明太宗实录》卷77,永乐六年三月壬戌。

〔5〕《明英宗实录》卷71,正统五年八月甲辰。

欧·亚·历·史·文·化·文·库

2.2　明朝中央政府对西域朝贡贸易的管理

由明朝中央政府主导的西域朝贡贸易政策,本着"厚往薄来""怀柔远人"的宗旨,在具体落实的过程中呈现了宽松的态势。不仅明朝中央政府对使团给予超值回赐,而且对贡使成员优厚款待,官方包揽一切接待费用,甚至当使团出现违例违规违法行为时,明朝中央政府也多出于"礼不远人"的考虑,宽大处理,不予计较。这些措施都为明朝西域朝贡贸易营造了宽松的政策环境。

2.2.1　典章完备的朝贡管理体系

中国历代王朝的中央政府对四夷外国来华朝贡都设定了严密的管理体系,其中许多典章制度为明朝所继承。明朝中央政府不仅在贡期、贡道、使团规模、表文、勘合、贡物、回赐、册封、互市等方面都有明确规范,还在中央和地方设有专门机构或兼管机构,如礼部主客司、会同馆、四夷馆、鸿胪寺、行人司,地方各级衙门和市舶司等管理四夷外国的朝贡活动。这些制度和机关构成了明朝详备而有效的朝贡管理体系。其中,管理西域诸地来华朝贡是不可或缺的组成部分。

在贡道方面,明朝规定西域诸地朝贡必须经由兰州、肃州、嘉峪关和哈密一线。《明会典》记载:"自陕西兰州渡河千五百里,至肃州。肃州西七十里,为嘉峪关。嘉峪关外,并称西域。"[1]这条贡道恰好是丝绸之路的东段,有明一代,西域贡使和商旅大多至哈密汇合,然后由哈密领头至嘉峪关,待办理验关入境手续后,再起送部分人员赴京朝贡。永乐朝以降,西域朝贡使团进入嘉峪关后,起送使臣便享用驿站车马人夫,从肃州卫、镇夷所、高台所、甘州卫、山丹卫、永昌卫、凉州卫、古浪所、庄浪卫,经兰州、平凉、西安、潼关、卫辉、临清、真定等地而至北京。[2]

---

〔1〕〔明〕申时行等修:《明会典》(万历)卷107《朝贡三·西戎上》,中华书局,1989年版,第579页。

〔2〕田澍:《明代河西走廊境内的西域贡使》,载《中国边疆史地研究》,2001年第3期,第16页。

西域商使如果不经哈密、嘉峪关一路来京,则被视为非法和违制,不被接纳,并受到禁止。弘治二年(1489)十一月,撒马儿罕阿黑麻王遣使臣从满剌加国(今马来西亚马六甲),取路进狮子、鹦鹉等物至广州。两广总镇等官据实上报,因撒马儿罕未能遵循旧例从甘肃验送,请朝廷定夺。明孝宗朱祐樘曰:"珍禽奇兽,朕不受献,况番使奸诈,又不由正路以来,其即遣官阻回。广东镇巡官违例起送宜坐罪,姑从宽宥。"[1]他主张阻回撒马儿罕贡使,并追究相关地方官责任。后来,礼部覆议,虽然撒马儿罕违例在先,但从怀柔远人角度出发,不能绝之太甚。"夷使虽违例进贡,然不可绝之已甚。宜薄给赏赐,并量回赐阿黑麻彩段表里等物,以答其意,使知朝廷怀远之仁。"[2]

在贡期方面,明朝根据西域诸地战略地位的重要性、政治隶属关系的强弱和朝贡关系的亲疏,分别规定了各地的贡期,并要求严格遵从贡期来朝,不得擅自入关朝贡。比如哈密的贡期,因哈密地处西域咽喉,控扼丝路,故明朝命哈密领西域职贡,允许哈密每年一贡。个别时期,哈密一年数次朝贡,明朝也基本采取优待包容的态度,不予追究。万历《明会典》卷107《朝贡三·西戎上·哈密》记载:"成化元年,令哈密每年一贡,以八月初旬验放入关,多不过三百人,内起送三十人赴京。……嘉靖八年,定每贡不必拘三百之数,止据到数,十人起送二人,前起贡回尽数出关,后起方许入关。十一年,定五年一贡,每贡不过一百人,起送不过三十人。四十二年,定哈密畏兀儿都督,俱五年一贡,每贡三十人,起送十三人,余留边听赏。"可见,虽然明朝对哈密朝贡的规定越来越严格,但相比其他西域地区来说,仍然算是例外开恩,优容有加的。

再以哈烈等西域38国为例,哈烈、哈三、哈烈儿沙的蛮、哈失哈儿、哈的兰、赛兰、扫兰、亦力把力(又云别失八里)、乜克力、把丹沙、把力黑、俺力麻、脱忽麻、察力失、干失、卜哈剌、怕剌、失剌思、你沙兀儿、克失迷儿、帖必力思、果撒思、火坛、火占、苦先、沙六海牙、牙昔、牙儿干、戎、白、兀伦、阿速、阿端、耶思成、坤城、舍黑、摆音、克乩等国,明朝规

---

[1]《明孝宗实录》卷32,弘治二年十一月壬申。

[2]《明孝宗实录》卷32,弘治二年十一月壬申。

51

欧·亚·历·史·文·化·文·库·

定,上述西域38国"朝贡皆经哈密。其贡期,或三年、或五年一次,起送不过三十五人"。[1]不难看出,这38国无论在贡期,还是使团人数方面,都与哈密是无法相比的。

如果把西域朝贡放在明朝整个朝贡体系中来看,大概洪武朝,西域使者寥寥无几;永乐朝,哈密、土鲁番、撒马儿罕、哈烈、八答黑商、失剌思、亦思弗罕等地开始频繁朝贡;宣德以后,西域贡使持续增加,朝贡活动的频度和重心明显由南方海路转向了西北陆路丝绸之路;弘治至嘉靖时期,西域来华的贡使仍保持较高频次,计有哈密19次、土鲁番24次、撒马儿罕16次、天方13次、鲁迷6次;万历以后,西域朝贡次数大幅下跌。[2]这种状况是与明朝海路和陆路朝贡政策的变迁息息相关的。

在贡物方面,明朝根据各地的风物土产,也开列名目,有着明确规定。比如,哈密进贡物品为:马、驼、玉、速来蛮石、青金石、把咱石、金刚钻、梧桐碱、铁器、诸禽皮等物。安定卫、罕东卫、赤斤蒙古卫,贡物马、驼、梧桐碱。哈烈等西域38国贡马及玉石。土鲁番、火州、柳陈城贡马、驼、玉石、镔铁刀、镔铁锉、各色靶小刀、金刚钻、梧桐碱、羚羊角、铁角皮、红绢道布、柳青撒哈剌禅衣、鞍子、撒袋、花手巾。撒马儿罕贡物为:马、驼、玉石、阿思马亦花珠、赛兰珠、玛瑙珠、水晶碗、番碗、珊瑚树枝、梧桐碱、锁服、矮纳、镔铁刀、镔铁锉、磠砂、黑楼石、眼镜、羚羊角、银鼠皮、铁角皮。鲁迷贡物有:狮子、西牛、玉石、金刚钻、珊瑚珠、花瓷珠、花瓷汤壶、锉、锁服、撒哈剌、花帐子、羚羊角、舍列孙皮、西狗皮、铁角皮。天方国贡物为:驼、马、玉石、玛瑙、镔铁刀、镔铁锉、花铜钟、赛兰石、磠砂、金刚钻、奄班儿香、眼镜、锁服、羚羊角、铁角皮。[3]

通过《明会典》的记载可以看出,西域许多地区进贡的物品是相似或相近的。这些物品与西域诸绿洲和明朝内地居民的日常生活没有密切的关联,也就是说,对于双方民众来讲,绝大部分都不是必需品,只是

---

[1]《明会典》卷107《朝贡三·西戎上》,第580页。

[2] J. K. Fairbank and S. Y. Teng, "On the Ch'ing Tributary System", *Harvard Journal of Asiatic Studies*, Vol. 6(2), 1941.

[3]《明会典》卷107《朝贡三·西戎上》,第579–580页。

加强了明朝与西域的联系。正如有学者分析的:"多数绿洲的产品是完全相同的,尽管有些地方产金,有些地方出玉,但对必需品贸易的需求却很少。长期贸易主要是奢侈品的交换,丝(后来又有茶和瓷器)是中国的输出品。金、玉、良马,喀什以西的五金、葡萄干一类的珍味,奴隶、歌女、乐工等都输入中国。这种贸易与绿洲的居民没有什么关系,这是他们的统治者的事。但它却适合于中国的政策,因为它有利于绿洲统治者与中国的政治联系。"[1]

　　西域贡使之所以能够从嘉峪关入境,还有一个前提条件,就是必须向明朝中央政府呈递官方文书,即表文。"表"是中国古代的一种文体,原用于大臣向皇帝言事陈请。唐宋以后,"表"的进言议事功能逐渐弱化,仅用于陈谢、庆贺、进献之类。"表"在朝贡活动中具有强烈的象征意义,是政治臣服和隶属关系的体现,因此,明朝统治者对贡使的表文极其关注,并制定了严格的行文和用词规范。明朝规定:"凡夷人入关。嘉靖十二年,令边方一应该管官员,务要盘验明白,方许放进。若敕书内有洗改诈伪字样,即便省谕阻回,不许一概朦胧验放。凡夷人番本。嘉靖二十六年题准,该边官审明封进。若於理法不通,即省谕退还,不必渎奏。到京后如有番本不系边官封奏者,不与准理。"[2]

　　朝贡使臣的表文有通行的格式,我们不妨以日本使臣的进表为例,大致了解一下明代贡使表的梗概。《善邻国宝记》载有永乐元年(1403)日本国王致明成祖的朝贡表文,兹录如下:

　　　　日本国王臣源表:臣闻太阳升天,无幽不烛,时雨沾地,无物不滋。矧大圣人明并曜英,恩均天泽,万方向化,四海归仁。钦惟大明皇帝陛下,绍尧圣神,迈汤智勇,戡定弊乱,甚于建瓴,整顿乾坤,易于反掌。启中兴之洪业,当太平之昌期。虽垂旒深居北阙之尊,而皇威远畅东滨之外。是以谨使僧圭密、梵云、明空、通事徐本元,

---

　　〔1〕〔美〕拉铁摩尔:《中国的亚洲内陆边疆》,唐晓峰译,江苏人民出版社,2010年版,第120页。

　　〔2〕《明会典》卷108《朝贡四·朝贡通例》,第586页。

仰观清光,伏献方物。〔1〕

从这则表文可以看出,朝贡地区和国家统治者首先要向明朝皇帝自称为"臣某",然后用美好的比喻对明朝皇帝称颂一番,接下来对明朝当时的政局再进行一番赞美,以表现皇帝英明神武、统治有方,然后再颂扬明朝皇帝恩泽四海、惠泽某地,最后是使团成员。落款署名为朝贡地区统治者名号,时间必须用明朝年号,以奉正朔。

西域贡使的表文中最为著名的一篇,是洪武二十七年(1394)九月,帖木儿给朱元璋的进表,其文如下:

> 恭惟大明大皇帝受天明命,统一四海,仁德弘布,恩养庶类,万国欣仰。咸知上天欲平治天下,特命皇帝出膺运数,为亿兆之主,光明广大,昭若天镜,无有远近,咸照临之。臣帖木儿僻在万里之外,恭闻圣德宽大,超越万古,自古所无之福皇帝皆有之,所未服之国皆服之,远方绝域昏暗之地皆清明之。老者无不安乐,少者无不长遂,善者无不蒙恩,恶者无不知惧。今又特蒙施恩远国,凡贾之人来中国者,使观览都邑城池,富贵雄壮,如出昏暗之中忽睹天日,何幸如之!又承敕书恩抚劳问,使站赤相通,道路无壅,远国之人,咸得其济。钦仰圣心如照世之杯,使臣心中豁然光明。臣国中部落闻兹德音,惟知欢舞感戴。臣无以报恩德,惟仰天祝颂,圣寿福禄如天地远大,永永无极!〔2〕

这样的表文无疑具有强烈的政治意义,而其实质是否真能表露朝贡地区统治者的心声,却是无人问津的。

明代西域朝贡活动中的双方往来国书和表文,不仅仅只有汉文文本存留了下来,回鹘文、波斯文等文字的国书和表文亦存于世。若将多种文字的文本进行对比,不难发现,许多西域贡使所上明朝的国书和表文,经过明朝通事的译写,已经面貌大变,带有浓厚的政治意味和文化归附意味。很显然,明朝皇帝拿到的西域各地国书和贡表,已经在明朝通事及其他管理者的润色加工之下,有时甚至是伪造,变得更加符合华

---

〔1〕〔日〕木官泰彦:《日中文化交流史》,胡锡年译,商务印书馆,1980年版,第518-519页。

〔2〕《明太祖实录》卷234,洪武二十七年九月丙午。

夷秩序。比如《高昌馆课》中的例文：

　　　　戎地面速坛把牙

　　　大明皇帝洪福前叩头奏比先年

　　　间差使臣往来行走不绝只

　　　因路途不安少来进贡今因路

　　　途安稳照依前例进贡

　　　西马四匹骟马六匹今进贡去

　　　了怎生

　　恩赐奏得

　　圣旨知道[1]

类似上述贡表中的谦卑,可能更多的融入的是明朝官员的意志。西域
贡使所代表的各地面,其与明朝朝贡往来的真实意图,已经被无声地遮
蔽在天朝礼治体系之中。

　　明代的朝贡使团不仅需要准备谦卑的表文,还要持有明朝中央政
府颁发的敕书、符牌、勘合,"比对相同,方与验入题赏"。[2]比如,弘治
二年(1489)十月,礼部言:"迤西进贡例,以一人赍勘合。缘来数既多,
到期不一,一人未到,众皆俟之,欲偕行则驿置停冗,不便乞行。甘肃巡
抚官转行陕西行都司,今后迤西进贡使臣至本处,即比对勘合,并验过
马驼等数目,造册先缴,陆续另出半印花栏勘合给付,各使臣亲赍赴部,
以凭参对拟赏。从之。"[3]可见,明朝对西域贡使的验马勘合、清册等制
度,都是有严格规定的。

　　为了保证朝贡贸易能够正常有效展开,明朝还针对贡使颁布了一
系列规章制度。比如,对贡使在明朝境内的交通、生活、伴送,皆有详细
规定:"凡夷使往回。嘉靖二十六年,令经该巡抚衙门给与印信文簿。
事毕回还者,礼部给与印信文簿。令所过驿递,将夷使名数,并应付马

---

　　〔1〕〔明〕《高昌馆课》(拉丁字母转写本)第16篇,胡振华、黄润华译,新疆人民出版社,1981年
版,第29页。

　　〔2〕〔明〕佚名:《皇明外夷朝贡考》卷上《外国四夷符敕勘合沿革事例》,明代蓝格抄本。

　　〔3〕《明孝宗实录》卷31,弘治二年十月壬辰。

·欧·亚·历·史·文·化·文·库·

驴、车辆、廪给口粮各数目,初到及起身各日时,逐一登记,就用本驿递条记钤盖。仍付伴送人员,赍往前路驿递,一体填写。事完之日,伴送人员将前簿在内送本部,在边送巡抚衙门稽考。礼部仍咨各该巡抚,凡伴送夷人,务选平昔畏法谙熟夷情者差遣。不得滥委、扰害地方。"[1]

由于各地朝贡多为长途跋涉,使者在中途难免因各种原因导致亡故,明朝政府也考虑周全,予以抚慰。"凡夷使病故。如系陪臣未到京者:本部题请翰林院撰祭文,所在布政司备祭品,遣本司堂上官致祭。仍置地营葬,立石封识。到京病故者:行顺天府给棺,祠祭司谕祭,兵部应付车辆人夫。各该赏衣服彩段,俱付同来使臣领回颁给。嘉靖八年题准,在馆未经领赏病故者,行顺天府,转行宛、大二县,预解无碍官银三十两发馆,每名给与棺木银五钱。支尽之日造册缴部,再行取用。领赏以后病故者,听其自行葬埋。"[2]

朝贡使团抵达京师会同馆后,一般要在馆内开市三日或五日。明朝政府对交易双方都有规定,礼部主客司出给告示,于馆门首张挂,禁戢收买史书及玄黄、紫皂、大花西番莲段匹,并一应违禁器物。各铺行人等将物入馆,两平交易,染作布绢等项,立限交还。如赊买及故意拖延、骗勒夷人,久候不得起程并私相交易者,问罪,仍于馆前枷号一个月。若各夷故违、潜入人家交易者,私货入官、未给赏者,量为递减。通行守边官员,不许将曾经违犯夷人起送赴京。凡会同馆内外四邻军民人等、代替夷人收买违禁货物者,问罪、枷号一个月、发边卫充军。嘉靖二十六年(1547),明朝又规定:西域各地面退还货物,其在边开市之处,差委的当官员,严行监察,不得与汉人交通,别生事端。[3]

明朝中央政府对朝贡使臣还要赐宴款待。规定:哈密,筵宴二次,使臣回还,至良乡汤饭,陕西布政司茶饭管待一次。亦力把力,筵宴二次。撒马儿罕,筵宴二次,永乐间,使臣回还,至甘肃管待一次。鲁迷,嘉靖五年奏准筵宴二次。黑娄,筵宴二次,宣德七年,使臣朝贡,至潼

---

〔1〕《明会典》卷108《朝贡四·朝贡通例》,第586页。

〔2〕《明会典》卷108《朝贡四·朝贡通例》,第586页。

〔3〕《明会典》卷108《朝贡四·朝贡通例》,第587页。

关,陕西甘肃管待。土鲁番,筵宴二次,使臣回,至良乡汤饭,陕西布政司管待一次。火州、阿速、八答黑商、忽鲁谟斯、阿丹、天方、戎、失剌思、亦思把罕等地面,皆筵宴一次。哈烈,筵宴一次,永乐间,使臣朝贡经过府卫茶饭管待,至涿州、良乡,令光禄寺办送茶饭接待,回还,自良乡抵陕西布政司,经过府州茶饭管待。

另外,当朝贡使臣回还时,明朝政府还要赠送盘缠或礼物,称为“下程”。比如沙哈鲁,永乐间使臣77人,每日下程1次,羊12只、鹅4只、鸡14只、酒50瓶、米1石5斗、果子1石、面120斤、烧饼200个、糖饼1盘、蔬菜厨料。[1]

为了表示对朝贡使臣的优厚待遇,明朝坚持“有贡则赏”的原则,除了“给价收买”的物品外,附进货物要以折物的形式回赐其值,而且回赐的物品价值往往高于进贡的物品价值。前文述及,这种“厚往薄来”的不等价交易,其主旨主要是明朝政府为了招徕远人,以示怀柔,明朝统治者看重的主要是政治目的。以西域哈密所受赏赐为例,永乐四年(1406),明成祖赐哈密忠顺王纻丝60匹、绢214匹。祖母每妃,各纻丝6匹、绢6匹。婶母纻丝4匹、绢4匹。永乐六年(1408),赐王纻丝50匹、绢20匹、织金纻丝衣3套、皂麂皮靴2双、毡袜2双。祖母、母并妃,各彩段六表里。成化三年(1467),故忠顺王外孙为都督,赐铜印并织金衣1套。成化八年(1472),其都督赴京袭职,除马驼给价外,加赏彩段1表里、绢1匹、织金纻丝衣1套并靴袜各1双。进贡到京使臣分五等。一等:彩段5表里、绢4匹。二等:4表里、绢3匹。三等:3表里、绢2匹。四等:2表里、绢1匹、布1匹。五等:1表里、绢1匹。俱纻丝衣1套,靴袜各1双。哈烈等38国及天方国、日落国,各赏例与哈密同。[2]

通过上述诸严密规章制度的保障,再加上礼部主客司、会同馆、四夷馆、鸿胪寺、行人司、地方各级衙门的分工协作与配合,明朝的朝贡贸易活动才能有效进行。历史证明,明朝构建的这一整套朝贡管理体系在较长时间内发挥了积极的作用。

---

〔1〕《明会典》卷115《膳羞二·下程》,第605页。

〔2〕《明会典》卷112《给赐三·外夷下(西)》,第595页。

2.2.2 宽松的西域朝贡贸易政策

出于政治招抚、发展友好往来的考虑,明朝中央政府不计经济利益的得失,往往给予使团成员丰厚的赏赐,这一点在明朝洪武和永乐朝表现得非常突出。沙哈鲁使团成员盖耶速丁记载了他和同伴获得的赏赐情况:"沙的·火者盘中的东西是:十袋银币,三十匹缎子以及七十件包括内衣、红绸、罗纱、卡普基在内的其他织品,尚有五千钞。……算端·阿合马、库克扎和阿格答克,各自受赐八袋银子、十六匹缎子,其余的东西,包括他们的妻子的,是内衣、红绸、罗纱,总共九十四匹,以及每人一千钞。盖耶速丁、阿答完和塔术丁·巴答黑失,各自得到六袋银子、十六匹缎子、红绸、罗纱和卡普基,共计七十七匹,以及每人两千钞。"[1]

无独有偶,另一位撒马尔罕使臣阿里·阿克巴尔在其《中国纪行》中,也谈到了明朝赏赐的丰厚:"一头狮子可以得到三十箱财物的赏赐,箱里有上千件衣料、缎子、布匹、鞋袜、马镫子、铁马鞍、剪刀、针等等。每种一件。豹和猞猁可得十五箱回赏,一匹马只得到狮子的十分之一。至于给人的回赏是:每人赏给八身衣料绸缎,三件其它颜色的衣料,每块衣料足够做男人的衣料两件。他们也赠给穆斯林穿的长袍,有一个量度宽,以及鞋等物品。这些物品是在贡物价值以外的东西,都是皇帝赏给每个穆斯林的。"[2]由上可知,在朝贡贸易中,西域商使以较小的代价获得了巨大的利润。

按照明朝典制,外国贡使觐见皇帝礼毕并得到封赏以后,即在京师会同馆贸易三天,然后就要返程归国。可是,西域各地的商人冒充贡使,趁机行商,经常借故拖延归期,有的甚至在会同馆长住达四五年之久,其生活支用一律由明朝中央政府承担。比如嘉靖初,西域商民有160余人借故滞留在北京。会同馆为这些商民每5日赐下程一次,每次耗银110余两,3个月即耗银1900余两。尽管西域商使违规在先,但是明朝中央政府并不会向他们索取超支费用,完全由明朝一方全部包

---

〔1〕火者·盖耶速丁:《沙哈鲁遣使中国记》,第140-141页。

〔2〕阿里·阿克巴尔:《中国纪行》,生活·读书·新知三联书店,1988年版,第213页。

揽。[1]这就大大降低了西域商使在明朝内地的商贸活动的风险,他们完全不必要担心自己的大明商贸之行会折本。

每当西域商使出现违例违规之时,明朝统治者都会采取宽纵的态度,大事化小,小事化了,外加政府补偿,礼送这些商使平安满意出境。比如,弘治元年(1488)三月,撒马儿罕等处使臣阿刺倒刺乩等所贡玉,内验有把咱石者、有夹石者,内府承运库奏:"欲却还之。"礼部议谓:"外夷效顺中国,远来入贡,今已贡而复却,恐非怀远之道。宜量给赏赐,以慰其意。"[2]明孝宗采纳这一建议,命通事宣谕撒马儿罕等处使臣,以后谨慎行事。

另外,当贡使贩货违禁物品时,明朝中央政府一般出面阻止,不许买卖禁物,劝其交易合法商品,但并不予以治罪。正统五年(1440)八月,哈密等处使臣都指挥脱脱不花等来朝廷进贡,欲将赏绢货换食茶、纱罗等物回还。礼部尚书胡濙等奏请:"茶系出境违禁之物,未可许,其纱罗等物宜听于街市,两平交易。"[3]明英宗采纳这一建议,批准实行。

还有,当西域贡使提出无理要求,甚至索要额外赏赐时,明朝君臣一般遂其所愿,不与他们斤斤计较。比如,成化十九年(1483)十月,撒马儿罕使臣怕六湾等以进狮子乞如永乐间赏例。礼部议奏:"速檀阿黑麻万里遣使来贡猛兽,诚有可嘉,宜如正统四年赏例。"明宪宗下旨:"加赏彩段五表里。"可是,撒马儿罕使臣坚持要按永乐年间赏例,嫌赏赐太少。礼部认为国家法度不能随意更改,再奏:"岁久难从,宜于见赏外加赐,以酬其劳。"宪宗皇帝再次下旨:"正副使再加二表里,其余人加一表里。"[4]可见,明朝中央政府对西域朝贡贸易采取的态度是非常宽松的,政策是非常灵活的,目的就是"量为处置,以慰其心"。

〔1〕李文博:《试论明代西域商队的贸易风险》,载《新疆教育学院学报》,2008年第3期,第3页。

〔2〕《明孝宗实录》卷12,弘治元年三月庚午。

〔3〕《明英宗实录》卷71,正统五年八月甲辰。

〔4〕《明宪宗实录》卷245,成化十九年十月戊寅。

2.3　西域朝贡贸易政策的效果和影响

　　明朝与西域各地之间通过朝贡贸易都实现了自己的预期利益。明朝获得了西域各地对它的归顺和政治认同，西域各地则从明朝获得了大量财富，从这个层面上来说，双方实现了各取所需。朝贡贸易客观上还促进了明代中国内地与西域的政治、经济和文化往来，使得丝绸之路又一次出现了繁荣景象，在中西交流史上发挥了积极的作用，产生了深远的影响。

2.3.1　促进了明朝与西域的经济交流

　　在西域朝贡贸易中，明朝内地不仅获得了西域大量的马、西马、骆驼、羊之类的牲畜，还有硇砂、玉璞、梧桐碱、硫黄、速来蛮石、松都鲁思玉石之类的矿产品，亦有铁器、青鼠皮、貂鼠皮这样的日常用品，另外还有狮子、文豹、哈剌虎剌、海东青之类的珍禽异兽。

　　西域所献，马为大宗。洪武九年（1376）十月，典牧所以西域所献良马进献。起先，边将曾经进言西域产一马甚异。明太祖便遣使者谕其酋长。"酋长靳惜，不得已，乃阴伤其足来献。上命典牧所善养之，至是马足愈，来进。上为良马说，复命儒臣为文以述其事。"[1]可见明初统治者搜求良马之心切，而西域所产良马更是明人梦寐以求的重要军事战略物资。据《明史·失剌思传》记载，永乐时期，明成祖为了满足连年出征蒙古的军事需要，派人不断向西域各地购买马匹。"车驾频岁北征，乏马。遣官多赍彩币、磁器，市之失剌思及撒马儿罕诸国。"西域各地也都积极响应明朝中央政府的号召，不断向内地输送大批马匹。因此，永乐一朝22年间，几乎每年都有多起西域诸地进贡马匹的记载。比如，永乐元年（1403）十一月，哈密通过互市，与内地市易马4740匹。永乐十七年（1419）九月，哈密等处贡马3546匹。这些马匹都被分拨给沿边士卒，在明朝西北国防军事中发挥了重要作用。

---

　　[1]《明太祖实录》卷110，洪武九年十月庚寅。

通过朝贡贸易,西域各地不仅以较小代价获得了明朝中央政府的大量赏赐,还通过互市购得了大量生活必需品和手工艺品,主要有钞、锭、白金、银币等贵金属货币,还有彩币类的金织文绮、纻丝、绢、纱罗、帛、缎、绸等大宗纺织品,另外袭衣、靴、袜、冠等成品服饰也不在少数,瓷器、药材,甚至被列为违禁物品的茶叶最终也通过个别渠道输往西域地区。据史载,西域各国所需要的,其"服食器用,悉仰给于中国"。"缎匹、铁、茶"等物,都是"彼之难得,日用之不可缺者"。"若彩缎不去,则彼无华衣。铁锅不去,则彼无美食。大黄不去,则人畜受暑热之灾。麝香不去,则床榻盘虺蛇之害。"通过丝绸之路,西域商贾将丝绸和瓷器等大宗商品源源不断地由内地输往西域各地。[1]

2.3.2 推进明朝与西域的良好政治关系

从政治层面考虑,朝贡贸易在明代西域政局变迁的过程中也有不可忽视的作用。从明朝方面来看,明朝各级政府通过对西域使团和商贾的周到接待,回赐丰厚的物资,既保持了传统的"怀柔远人"的基本国策,又巩固了明朝在西域和中亚地区的政治影响力,同时还减轻了西北蒙古瓦剌势力对明朝的威胁。从西域方面来看,西域各地面实力单薄,处在大明、蒙古和帖木儿王朝等强大政治势力的夹缝之中,若想求得生存和发展,必须要寻求一个靠山做庇护,故而与明朝保持友好交往是它们无法割舍的必然选择。帖木儿王朝覆灭以后,分裂而成的撒马儿罕与哈烈两大势力互相争斗,连年战争,它们都想借助明朝势力,增加己方的政治筹码,因此,也无一例外地选择与明朝保持和睦交往。每当西域各地互相攻伐时,明朝中央政府都积极出面斡旋,促使西域政局保持稳定。

此外,通过朝贡贸易中商贾群体,明朝中央政府还能够及时了解西域的时局变化。如永乐三年(1405)二月,帖木儿王朝准备兴师东征大明,这一重要军事情报经回回商人透露给明朝中央政府,使得明成祖能够及时采取应对措施,做好边防准备。他在给甘肃总兵官左都督宋晟

---

[1] 杨富学:《明代陆路丝绸之路及其贸易》,载《中国边疆史地研究》,1997年第2期,第14页。

的敕书中曰："回回倒兀言:撒马儿罕回回与别失八里沙迷查干王假道率兵东向,彼必未敢肆志如此。然边备常不可怠。昔唐太宗兵力方盛,而突厥径至渭桥,此可鉴也。宜练士马,谨斥堠,计粮储,予为之备。"[1]虽然帖木儿东征最终不了了之,但是明朝也绝不是坐以待毙,早就做好了战备,这不能不归功于西域商人发挥的声息相通的积极作用。

2.3.3　增进了双方人员往来和社会交流

在西域朝贡贸易的过程中,西域各族人民和内地各族人民有了切实的联系和交往,增进了彼此的了解,有利于双方的文化交流。当时,明朝内地经济平稳发展,社会秩序日趋稳定,而西域局部地区政治动荡,战争频仍,一些穆斯林商使无法回到故乡,就选择在内地定居并为明朝服务,形成独特的西域"归化人"现象。明朝各级政府对西域归化人一视同仁,毫不歧视,或为他们选定暂居地,按礼节款待,或分拨土地、房屋、衣食,将他们安置在内地效命。如正统十一年(1446)九月,"撒马尔罕回回亦林的阿卜答里自瓦剌来归,给衣廪房屋,居之南京,隶锦衣卫"[2]。又如正统十四年(1449)二月,"撒马尔罕地面回回帖儿不失等来归,上命为头目,隶南京锦衣卫,月支米二石,赐钞、彩币表里、纻丝袭衣及房屋、床榻等物"[3]。这年三月,"撒马儿罕回回亦剌马丹等三名来归,奏愿居京自效。命赐纻丝袭衣并银钞、绢布、房屋、器皿。"[4]。类似这样的例子比比皆是,说明当时有许多西域人通过朝贡贸易,了解到内地的富足安宁,愿意到中原地区定居生活。

2.3.4　西域朝贡贸易的负面效应

明朝西域朝贡贸易确实给西域和内地之间的政治、经济、文化交流带来了许多积极影响,其进步意义是值得肯定的。但是,在这一政策执行的过程中,也逐渐产生了一些负面影响和消极因素,这也是不能忽视的。由于朝贡贸易的"不等价性"这一先天缺陷,决定了其并非正常的

---

〔1〕《明太宗实录》卷39,永乐三年二月庚寅。

〔2〕《明英宗实录》卷145,正统十一年九月辛未。

〔3〕《明英宗实录》卷175,正统十四年二月戊寅。

〔4〕《明英宗实录》卷176,正统十四年三月戊申。

商品交换。违背了货币价值规律,使得朝贡贸易政策在执行的过程中产生了许多弊端,造成了一些负面影响。比如加重明朝政府的财政负担、西域贡使骚扰沿途百姓、明朝经营西域渐趋消极,等等。虽然这些负面因素在明代内地与西域交往中并不占主流,但值得注意。

明仁宗即位之初,对西域朝贡贸易政策进行重大调整,就是基于当时贡赐赏给过多过滥,明朝财政吃紧和贡使骚扰沿途民役的现实,许多朝臣也都提出了调整意见。比如,永乐二十二年(1424)十二月,黄骥上奏云:

> "西域使客多是贾胡,假进贡之名,藉有司之力,以营其私。其中又有贫无依者,往往投为从人或贷他人马来贡。既名贡使,得给驿传,所贡之物,劳人运至。自甘肃抵京师,每驿所给酒食刍豆,费之不少。比至京师,又给赏及予物,直其获利数倍。以此胡人慕利,往来道路,贡无虚月。缘路军民递送一里,不下三四十人。俟候于官,累月经时,防废农务,莫斯为甚。比其使回,悉以所得贸易货物以归,缘路有司出军载运,多者至百余辆,男丁不足役,及女妇。所至之处,势如风火,叱辱驿官,鞭挞民夫,官民以为朝廷方招怀远人,无敢与其为,骚扰不可胜言。乞敕陕西行都司,除哈密忠顺王及亦力把里、撒马尔罕等处番王遣使朝贡,许令送赴京来不过一二十人,正副使给与驿马,余以驿骡,庶几陕西一路之人可少苏息。臣又窃见西域所产不过马、钢砂、梧桐、卤之数,惟马,国家所需,余无裨于国。乞自今有贡马者,令就甘肃给军士,余一切勿受,听其与民买卖,以省官府之费。"上嘉纳之。以其奏示礼部尚书吕震曰:"骥曾奉使西域,故具悉西事。卿陕西人,有不悉耶?为大臣,当存国体,恤民穷,无侵削本根。骥所言,其皆从之。"[1]

礼科给事中黄骥曾经出使过西域,对朝贡贸易的具体实施过程非常了解,因而其奏疏也是有的放矢,直指西域朝贡贸易的四个弊端:一是商贾冒使,借公营私;二是政府包办,商人得利;三是接待糜费,疲劳驿役;四是骚扰沿途,逞凶作恶。

---

[1]《明仁宗实录》卷5下,永乐二十二年十二月丁末。

更有甚者,西域进贡微薄之物而使团却异常庞大,颇有空手套白狼之嫌。成化元年(1465)九月,哈密地面遣使臣哈的马黑麻等来贡。礼部议:"哈密贡马才二十匹,而使臣来者三百六十余人,皆欲给赏。今岁饥民困,以有限之府库供无益之远夷,请会官议处可以经久长行者。"[1]还有"途寄住贩易谋利,经年不归"者,"甚有前贡者,复充后贡人数,更名冒进起送者,骚扰驿路"。上述都是使团成员素质参差给政府接待工作造成的问题,庞大的朝贡使团已经使明朝各级政府和百姓生活不胜其扰。

西域贡使为了牟利,还在贡物上打主意,做手脚。不仅马匹越贡越少,而且即便是玉石也以次充好,滥竽充数。景泰三年(1452)七月,陕西行都司掌司事都督任启等言:"羌夷近岁以玉石进者,每石一斤得赐绢一匹,今哈密使臣哈的所贡至三万三千五百余斤,是为绢三万三千五百余匹也。夫以丝帛易此玩物,已为份财。况远运至京,重劳民力,殊为非计。且其意实规厚利,假称朝贡,曰某头目所差,某王子所遣,遝杂纷纭,不可识别。而所贡玉石草恶杂进,不复办验,日长日增,宜有处置,以押其贪心,以纾我财力。"[2]于是礼部请令边关视其碎杂瑕疵都却之,其入贡无验者勿纳。可是,西域奸商仍不知悔改,他们摸准了明朝中央政府"怀柔远人"的意图,继续大量进贡劣质玉石,以求厚赏。景泰七年四月,礼部奏:"撒马儿罕地面使臣马黑麻舍力班等所贡玉石,选其堪中者仅二十四块,重六十八斤而已。其余不堪者五千九百三十二斤,令其自卖。彼刚欲进贡,臣欲固阻之,恐失远人之意。议将玉石每五斤回赐绢一匹。"[3]

后来,西域商使又向明朝进贡狮子、文豹、海东青等珍禽异兽,索要更高的赏赐。尤其是狮子给明朝各级政府接待增添了更多的烦扰,深为明朝臣民所诟病。弘治三年(1490)五月,撒马儿罕鲁坛阿黑麻王,及土鲁番速坛阿黑麻王,各遣使贡狮子并哈剌虎剌等兽。陕西镇守太监

---

[1]《明宪宗实录》卷21,成化元年九月丁卯。

[2]《明英宗实录》卷218,景泰三年七月戊申。

[3]《明英宗实录》卷265,景泰七年四月丁巳。

傅惠,总兵官周玉等先图形来上,随遣人驰驿起送。巡按监察御史陈瑶论其靡费骚扰,请却之。事下礼部议,谓:"宜量容一二人赴京,依例给赏,其余使人并所贡兽一切回,量给犒劳。且敕镇守等官,以为圣明在御,屡却外夷贡献异物。惠等不能奉顺德意,顾为尽图奏进,请治以罪。"[1]

针对上述西域朝贡贸易中的这些弊病,明朝君臣在"怀柔远人"的大原则之下,也多管齐下,采取了许多补救措施。通过定贡期、定贡路、验贡物、严起送、明赏例等举措,尽量减少西域不端朝贡贸易所带来的负面影响。

明朝中央政府通过与西域诸地面的朝贡贸易,既树立了明朝在西域地区的政治威慑和影响力,又防止和分化了蒙古瓦剌与西域诸地面政治势力的勾结,减轻了明朝西北边疆的边防压力。这种以"经济赎买"换取"地区稳定"的策略占据了明朝与西域关系的主流,产生了一定积极作用,客观上促进了中西之间的政治、经济和文化交流,这是朝贡贸易政策之所得。但是,明朝政府消极而死板地以"闭关绝贡"来应对西域政局的变迁,错失了对西域局势施加影响的许多机遇,产生了一些不良后果。比如,明朝中央政府对西域影响力的逐渐弱化、东察合台汗国土鲁番势力经常扰边、中原文化从西域的渐趋退缩、西域宗教格局的重新洗牌,等等。另外,由于朝贡使团过分追求经济利益,难免出现冒滥人数、以次充好、私自夹带等违例进贡现象,并且给贡路沿途百姓造成骚扰,加重了明朝的财政负担。这些是明王朝与西域和中亚地区繁荣的朝贡贸易景象背后的潜流,是朝贡贸易政策之所失,值得思考。

---

[1]《明孝宗实录》卷38,弘治三年五月庚午。

·欧·亚·历·史·文·化·文·库·

3 明代西域贡使和商旅群体

在整个明代,西域各地派出了大量使臣和商旅赴明朝实行朝贡活动。这些使者和商旅不仅出身于西域各个社会阶层,而且民族成分各异、宗教信仰多元、经济和政治地位各不相同,构成了一个十分复杂的社会群体。在这个"鱼龙混杂"的群体中,既有贵族、官员、武士、宗教人士,也有商人、杂役等。由于社会出身和衔负的使命不同,这些西域使臣和商旅的出使动机主要有四个方面:一是代表本地统治者响应明朝皇帝的怀柔和招徕政策,保持与明朝的和平友好关系;二是西域各地面统治者希望借助明朝的力量,进行仲裁、调解和干预,提升自己在国内政治斗争和地区竞争中的实力,进而扩大自身在西域政治版图中的影响力;三是西域使臣能够凭借朝贡活动提高自己的政治身份和社会威望,许多西域使臣都接受了明朝封授的武职官衔;四是绝大部分使臣在朝贡活动中获得了丰厚的经济利益。因此,从某种程度上来说,连接明朝内地与西域的丝绸之路,是一条政治利益与经济利益、国家利益与社会和个人利益叠加,利益交换与文化交流齐头并进的多功能管道。正如明朝嘉靖年间户部左侍郎唐胄所云:"外邦入贡,乃彼之利。一则奉正朔以威其邻,一则通贸易也足其国。"[1]

3.1 明代西域使者的分类

根据《明会典》,西域贡使被划分为三类,即进贡到京使臣、奏事到京使臣、寄住使臣。

其中,进贡到京使臣是指作为西域各政治实体的王或头目的官方

---

[1]《明史》卷203《唐胄传》,中华书局点校本,1974年版,第5358页。

正式代表,他们手中握有贡表,是以正使的身份赴京朝贡,并接受明朝的正式封赐。因此在《明实录》中,他们的名字往往与其所代表的西域统治者的名字并连出现,多以"某地某(王)遣某来朝贡马"或"来朝贡马及方物"为书写特征。比如,洪武二十五年(1392)三月,"撒马儿罕驸马帖木儿遣万户咎卜丁等来朝,贡马八十四匹,驼六只,绒六匹,青梭幅九匹,红绿撒哈剌二匹及镔铁刀剑、盔甲等物。诏赐使者白金、文绮有差"。[1]又如,永乐九年(1411)闰十二月,"别失八里王马哈麻遣使马黑麻等贡马及文豹。命礼部宴之"。[2]进贡到京使臣根据明朝的规定划为五等,分别接受明朝的赏赐:"一等,彩段五表里、绢四匹。二等,四表里、绢三匹。三等,三表里、绢二匹。四等,二表里、绢一匹、布一匹。五等,一表里、绢一匹。俱纻丝衣一套,靴袜各一双。"[3]另外,还有跟随正使被起送到京贸易人员。嘉靖四十三年(1564),"到京正使从人名色,照四等例赏"。隆庆五年(1571),"照五等例赏"。比如,永乐四年(1406)十二月,"别失八里王沙迷查干遣回回忽都火者等来朝贡马。赐钞币袭衣。时回回撒都儿丁者,亦别失八里人,行商于甘肃,偕至京进。礼部言:'其来非诚意,赐予宜杀等。'上曰:'朝廷柔远人,宁厚无薄,其同诸番使例给之。'"[4]

奏事到京使臣是指西域各地派出的衔负一定政治使命,赴明朝传报某方面信息的正式使臣,一般情况下使团人数较少,不进行贸易活动。比如,永乐四年(1406)五月,"哈密忠顺王脱脱祖母速哥失里及头目各遣人谢罪,言脱脱已复王位。脱脱亦遣陪臣谢恩"。[5]又如,宣德元年(1426)六月,"哈密千户把剌、百户答木、沙州卫百户脱脱帖木儿以奏事至京。赐钞币、袭衣有差"。[6]据明朝典章,"奏事到京使臣,不分

〔1〕《明太祖实录》卷217,洪武二十五年三月壬午。
〔2〕《明太宗实录》卷123,永乐九年闰十二月壬戌。
〔3〕《明会典》卷112《给赐三·外夷下(西)》,中华书局,1989年版,第595页上。
〔4〕《明太宗实录》卷62,永乐四年十二月壬辰。
〔5〕《明太宗实录》卷54,永乐四年五月丁巳。
〔6〕《明宣宗实录》卷18,宣德元年六月辛卯。

等第。每人彩段二表里、绢一匹、纻丝衣一套、靴袜各一双"。[1]

第三类是寄住(存留)使臣,指跟随西域正使前来朝贡不被起送赴京,或因世居地被侵占而迁居嘉峪关内外,居住边地进行互市贸易的使团成员。"所谓起送,就是指选取使团中一小部分经河西走廊前往北京觐见皇帝的成员。非起送者,便是存留。存留使臣分别留居甘州、肃州二城。当起送使臣从北京返回甘州、肃州后,便与存留使臣一同出关回到各自的国家。"[2]比如,天顺七年(1463)二月,"陕西甘州寄住哈密回回指挥金事捏伯沙等来贡马、驼、玉石等物。赐宴及彩币表里等物有差"。[3]又如,嘉靖二年(1523),"撒马儿罕并土鲁番、天方等国番王头目宰纳等各备马驼方物差使臣土鲁孙等来贡。赐宴并彩段绢布。其存留甘州者,遣通事赍送验赏并回赐番王头目礼物,令该使领回给与"。[4]再如,嘉靖四十二年(1563),"定哈密、畏兀儿都督,俱五年一贡,每贡三十人起送十三人,余留边听赏"。[5]

据《明会典》所载,"存留甘州男女人等,有进贡者,照五等例赏。无者,每人绢布各一匹"。嘉靖十二年(1533)奏准:"寄住苦峪城使臣赏例,仍分五等,比前表里绢各减其一,不与衣服靴袜。存留甘州有进贡者,照前五等例。无者,与绢一匹。"隆庆五年(1571),明朝进一步规定:"寄住甘州有进贡者,俱与彩段一表里,不与衣服靴袜。"[6]

实际上,进贡到京使臣与寄住(存留)使臣的区别并不严格。官方贡使亦从事贸易;寄住使臣中有些实际上是借朝贡为名,行贸易之实的商贾。[7]对于这一点,明末意大利传教士利玛窦有形象的记载:

按照中国和西方七八个国家的旧协定,每六年允许这些国家

---

〔1〕《明会典》卷112《给赐三·外夷下(西)》,第595页上。

〔2〕田澍:《明代河西走廊境内的西域贡使》,载《中国边疆史地研究》,2001年第3期,第15页。

〔3〕《明英宗实录》卷394,天顺七年二月辛未。

〔4〕《明世宗实录》卷31,嘉靖二年九月癸酉。

〔5〕《明会典》卷117《朝贡三·西戎上》,第579页下。

〔6〕以上均见《明会典》卷112《给赐三·外夷下(西)》,第595页上。

〔7〕参见张文德:《中亚帖木儿王朝的来华使臣》,载《西域研究》,2002年第2期,第37页。

有七十二名商人进入中国。这些商人诡称是向皇帝进贡的使节前来旅行。贡礼大多是玉石、小钻石、紫色石头以及其他各种来源不一的宝石。这些假使节都是公费到朝廷去并且返回。所谓进贡倒是有名无实的,因为谁都没有比皇帝对宝石付出的价钱更大了。皇帝认为不大方地付钱就接受外国人的礼物,那就配不上他的威严。他们受到皇帝的盛待,以至平均每人每天至少得到一块金子,远远超过他的费用。正是这个原因,商人为谋求这些使团中的一个位子而展开激烈的竞争,并且向有权处理他们的商队队长赠送厚礼以取得这些位子。时候一到,所谓的使臣便以据称是派遣他们来的各国国王的名义伪造文书,其中满是对中国皇帝的极度奉承。[1]

从上述资料不难看出,越是到了明朝中后期,西域朝贡贸易越变得有名无实。有大量商人夹杂在使团队伍中,他们为了谋求商业利益,甚至伪造西域各国贡表,根本不是明朝朝贡制度设计者所预想的那样真心"归慕中华"。因此,朝贡贸易浮华表象的背后,可能更多的是明朝统治阶层的一种自我陶醉。

3.2 明代西域贡使和商旅的身份

随着明代政局的稳定和农业、手工业的发展及商品交换经济的空前繁荣,明朝的对外交往也迎来了"华夷秩序"的巅峰期,有大量各国各地使节和商旅前来朝贡贸易。"如果说,在中国历朝历代的来华使节的身份上均有特色的话,那么明代的来华使节特色,就是各国的使团往往直接由其国王亲自率领。至于王储、亲贵、显宦、高僧等为使访华,则已是司空见惯的寻常事了。"[2]虽然明代西域贡使中没有像南洋渤泥国、

---

〔1〕〔意〕利玛窦、〔比〕金尼阁:《利玛窦中国札记》,何高济、王遵仲、李申译,广西师范大学出版社,2001年版,第394页。

〔2〕何芳川:《古代来华使节考论》,载《北京大学学报》(哲学社会科学版),2005年第3期,第69页。

满剌加国、苏禄国那样的"王"的高规格级别,但是他们来自于西域社会的不同阶层,具有广泛代表性和鲜明的特点。

一般说来,明代西域社会可划分为十余等级。以帖木儿王朝为例,帖木儿将赛夷族的后裔同传道师、律士列在第一级;次为有经验的人、贤明的人、专心苦行昭著的人;再次为将军、大臣、君主的朋友;又次为学者、医师、文士、史家、神学家、宗教职员、保存兵器的技术家;又次为旅行诸国的人。[1]明代西域贡使分别来自于上述各社会等级,他们之所以纷纷加入赴明朝贡的队伍,就在于利益的驱使,从中我们也能窥测到西域社会利益多元化的倾向。

3.2.1 西域贡使中有较高政治地位者

明代虽然没有西域政治实体的最高统治者亲自赴京朝贡的例子,但是贡使中却不乏许多较高政治地位者,比如米儿咱、苦列干、赛夷、火者、异密、伯克、巴赫什、塔瓦赤、打剌罕等。

米儿咱(Mirza)是波斯语 Meer-Zā 的汉文音译,最早在伊朗宫廷中使用,是对王子的尊称,后来演变为对王族、学者的尊称,是伊斯兰社会中的高级头衔。陈诚在《西域番国志》中记载:"锁鲁檀者,犹华言君主之尊号也。国主之妻,皆称之曰阿哈,其子则称为米儿咱。盖米儿咱者,犹华言舍人也。"[2]在明代西域贡使中,以米儿咱头衔朝贡的是柳城地面头目阿都剌。明英宗正统五年(1440)九月,"柳城地面头目米儿咱阿都剌……来朝贡马及方物。赐宴并彩币等物有差"。[3]柳城就是鲁陈城(今新疆鄯善县鲁克沁),亦作柳陈,在火州之东,距离哈密千余里。另外,正统二年(1437)七月丁巳,"剌竹地面头目打剌花那速儿遣使臣打剌罕米咱木丁七人来贡",这里的"米咱木丁"可能就是"米儿咱"的略写。

苦列干(Gurgan)源于突厥语,意为驸马、女婿,汉文音译又作"苦力

---

[1] 参见(法)布哇:《帖木儿帝国》,载冯承钧:《西域南海史地考证译丛》第三卷,商务印书馆1999年版,第504页。

[2] [明]陈诚:《西域番国志》,第65—66页。

[3] 《明英宗实录》卷71,正统五年九月癸卯。

干"。如,正统十年(1445)七月,"撒马儿罕等处兀鲁伯苦列干王等遣使臣伯颜答巴失等来朝贡马驼、金钱豹、玉石等物"。[1]又有,弘治十二年(1499)八月,"撒马儿罕地面头目苦力干等遣使臣宰纳阿必丁等来贡。赐宴并彩段衣服等物有差"。[2]从这两则记载来看,苦列干不是人名,而是头衔。[3]

赛夷族(Seyyed),汉文音译为"赛义德",又译为"写亦"(Sa'id)。赛夷族人为预言人之后裔,亦即伊斯兰教先知穆罕默德的后裔,在伊斯兰世界受到极高敬重。明代西域贡使中带有"写亦"之名的比较多,列表如下(见表3-1):

表3-1　明代西域贡使中的赛夷族

朝贡时间	使臣	所属地区	文献出处
正统六年九月庚申	写亦打力	米昔儿	《明英宗实录》卷83
天顺七年四月辛未	写亦哈三	哈密	《明英宗实录》卷351
成化元年正月戊辰	写亦舍力乜力	哈密	《明宪宗实录》卷13
成化九年十月丙子	写亦马儿黑木	土鲁番	《明宪宗实录》卷121
成化十一年十月壬辰	写亦哈六剌	土鲁番	《明宪宗实录》卷146
成化十四年二月辛丑	写亦马速儿	撒马儿罕	《明宪宗实录》卷175
弘治四年十二月甲子	写亦满速儿	土鲁番	《明孝宗实录》卷58
弘治五年八月辛酉	写亦满速儿	土鲁番	《明孝宗实录》卷66
	写亦虎仙	哈密	
弘治五年十二月辛酉	写亦满速儿	土鲁番	《明孝宗实录》卷70
弘治六年二月己亥	写亦满速儿	土鲁番	《明孝宗实录》卷72
弘治六年二月戊申	写亦虎仙	哈密	《明孝宗实录》卷72
正德三年四月辛卯	写亦虎仙	哈密	《明武宗实录》卷37
嘉靖二年十二月己未	写亦打黑麻	撒马儿罕等	《明世宗实录》卷34
嘉靖十七年正月庚寅	写亦陕西丁	天方	《明世宗实录》卷208

[1]《明英宗实录》卷131,正统十年七月戊子。

[2]《明孝宗实录》卷153,弘治十二年八月辛卯。

[3]参见张文德:《从〈明实录〉看中亚帖木儿王朝的政治制度》,载《历史档案》,2009年第3期,第35页。

欧·亚·历·史·文·化·文·库

这其中土鲁番的写亦满速儿和哈密的写亦虎仙,均先后多次赴明朝贡,是非常知名的西域贡使。

火者系波斯文 khwaja 或 khoja 的汉文音译,又译写为"和卓""霍札""和加",原意为显贵,用来敬称穆罕默德圣裔和宗教学者,中亚伊斯兰教苏菲派学者多以此自称。[1]据笔者统计,《明实录》中记载的西域贡使中以"火者"称号朝贡的共有40人次之多,兹罗列下(见表3-2):

表3-2 明代西域贡使中的火者

朝贡时间	使臣	所属地区	文献出处
永乐四年十二月壬辰	忽都火者	别失八里	《明太宗实录》卷62
永乐五年十二月丙戌	马马火者	哈密	《明太宗实录》卷74
永乐十年三月丁未	阿都儿火者	哈密	《明太宗实录》卷126
永乐十一年五月壬寅	火者丁答剌罕	撒马儿罕	《明太宗实录》卷140
永乐十七年十一月丙午	兀马儿火者	哈密	《明太宗实录》卷218
永乐二十一年六月丙子	兀马儿火者	哈密	《明太宗实录》卷260
永乐二十二年正月丁酉	兀马儿火者	哈密	《明太宗实录》卷267
宣德二年正月丙辰	火者撒剌	撒马儿罕	《明宣宗实录》卷24
宣德二年二月庚午	火者孛罗	哈密	《明宣宗实录》卷25
宣德二年四月壬戌	火者撒剌	撒马儿罕	《明宣宗实录》卷27
宣德五年十月乙未	阿鲁火者	沙州卫等	《明宣宗实录》卷71
宣德七年四月己亥	兀马儿火者	哈密	《明宣宗实录》卷89
宣德七年五月辛巳	倒剌火者	哈密	《明宣宗实录》卷90
宣德八年三月壬午	古力火者	哈密	《明宣宗实录》卷100
宣德八年八月甲午	火者打竹丁	哈失哈	《明宣宗实录》卷104
宣德八年九月庚午	火者阿老丁	哈密	《明宣宗实录》卷106
正统二年八月壬申	阿蓝火者	迤西蒙古	《明英宗实录》卷33
正统二年十二月乙丑	兀马儿火者	哈密	《明英宗实录》卷37

---

[1]参见张文德:《从〈明实录〉看中亚帖木儿王朝的政治制度》,载《历史档案》,2009年第3期,第38页。

朝贡时间	使臣	所属地区	文献出处
正统六年七月壬子	火者舍黑马哈麻	八答黑商	《明英宗实录》卷81
正统九年二月戊申	满剌火者	察力失	《明英宗实录》卷113
正统十三年十一月壬寅	火者马黑麻	阿端	《明英宗实录》卷172
景泰四年四月庚戌	火者碾黑麻	瓦剌	《明英宗实录》卷228
成化二十二年九月己巳	火者阿里麻	哈密	《明宪宗实录》卷282
弘治五年十一月癸酉	火者马黑麻	撒剌把失	《明孝宗实录》卷69
弘治八年十二月辛未	火者陕西丁	撒马儿罕	《明孝宗实录》卷107
弘治十一年十一月丙辰	火者阿黑麻	土鲁番	《明孝宗实录》卷143
弘治十五年七月甲午	火者阿黑麻	土鲁番	《明孝宗实录》卷189
弘治十七年九月癸卯	火者法黑	撒马儿罕	《明孝宗实录》卷216
正德三年十一月癸卯	马黑麻火者	撒马儿罕	《明武宗实录》卷44
正德五年二月庚寅	火者哈三	也的干	《明武宗实录》卷60
正德六年四月戊子	阿都火者	哈密	《明武宗实录》卷74
正德十年正月癸未	火者哈辛	哈密、撒马儿罕	《明武宗实录》卷120
正德十二年正月己亥	火者马麻	天方国等处	《明武宗实录》卷145
嘉靖二年十二月己未	火者马黑麻	撒马儿罕等	《明世宗实录》卷34
嘉靖四年九月戊午	火者马黑木	天方	《明世宗实录》卷55
嘉靖六年正月丁未	火者好把丁阿力	鲁迷	《明世宗实录》卷72
嘉靖八年六月庚午	火者哈只	天方、撒马儿罕	《明世宗实录》卷102
嘉靖十二年二月癸未	火者阿克力	天方	《明世宗实录》卷147
嘉靖廿四年十一月癸未	火者阿克力	土鲁番	《明世宗实录》卷321
万历四年三月庚戌	火者马黑木哈辛	土鲁番等	《明神宗实录》卷48
万历四年四月己巳	火者马黑木	土鲁番	《明神宗实录》卷49
万历十四年九月丁巳	火者沙亦黑牙思	土鲁番等	《明神宗实录》卷178

这其中,哈密的兀马儿火者、土鲁番的火者马黑麻等都是多次进京朝贡,亦是西域知名的贡使。

异密(amir,Emir)这一称号原为阿拉伯语,意为"首领""统治者""国王",又简写为mir,汉语音译为"埃米尔""密儿""米儿""米尔"。在叶尔羌汗国时期意为"军事长官""将军",主要用于称呼游牧军事贵族,他们往往掌握部落或氏族的一定数量的民兵。[1]在明代西域贡使中带有"异密"称号的是著名的哈密使臣米儿马黑木与米儿阿黑麻父子。米儿马黑木于嘉靖十六年正月丙午入京朝贡,后升为哈密卫都督,并于嘉靖三十六年九月丙子再次入贡。其子米儿阿黑麻于嘉靖四十三年五月甲寅袭父职,并来朝贡马。此后,《明神宗实录》中又出现哈密米尔马黑麻分别于万历三年八月丁卯、万历十年五月丁卯、万历十五年三月己亥、万历三十七年六月戊寅进京朝贡的记载,[2]考之此"米尔马黑麻"应即"米儿阿黑麻"的又一译写。可见,这也是西域一著名朝贡家族。

伯克(bek、beg)为突厥语称号音译,又译作"乢"。原意为"首领""王公",后又指"统治者""官吏""老爷""先生"等,因管理事务繁剧程度不同而分为大、小伯克。帖木儿王朝的伯克多为君主的近臣和内侍。[3]叶尔羌汗国的伯克则指直接掌握一定军队的游牧军事贵族或其他实力人物,意为"军事长官"。[4]明代西域贡使中的伯克主要有:永乐十三年十月癸巳,哈烈等国使臣乢不花;正统十四年五月辛丑、景泰二年十二月乙酉、景泰四年四月庚戌、景泰五年十一月丙寅,哈密使臣阿力乢;成化五年三月乙未,哈密使臣哈只乢;弘治元年三月庚午,撒马儿罕等处使臣阿剌倒剌乢;万历三十年七月辛未,哈密卫使臣乢右禄孛

---

[1]参见余太山主编:《西域通史》第9编,中州古籍出版社,2003年版,第397页。

[2]以上分别参见《明世宗实录》卷196、卷451、卷534,《明神宗实录》卷41、卷124、卷184、卷459。

[3]参见张文德:《从〈明实录〉看中亚帖木儿王朝的政治制度》,载《历史档案》,2009年第3期,第37页。

[4]参见余太山主编:《西域通史》第9编,第397页。

剌[1],等等。一般情况下,伯克之称冠于人名之前,但是也有放在名字后面的情况。比如,上文提到的正统、景泰年间的哈密使臣阿力乩克,史料记载景泰四年(1453)四月,"哈密忠顺王倒瓦答失里遣使臣阿力乩克等,同瓦剌等处地面使臣火者碾黑麻等,来朝贡马驼、玉石、貂鼠皮等物。赐宴及彩币表里等物有差"。[2]这时明确出现了"阿力乩克"的称呼形式。

巴赫什(Bakhshi),该词来自梵文,意为"书写员""录事"。当回鹘文在突厥语各部族通行时,巴赫什用来称呼通晓回鹘文的录事。叶尔羌汗国时期,巴赫什是汗的私人秘书、近臣。[3]永乐十一年(1413)六月,"西域哈烈、撒马儿罕、失剌思、俺的干、俺都淮、土鲁番、火州、柳城、哈石哈儿等处,俱遣使随都指挥白阿儿忻台等贡马、西马、狮豹等物。赐予有差"。[4]在这个使团中,沙哈鲁的使臣为穆罕默德巴黑失(Mu-hammad Bakhsi),《明太宗实录》中记为"马哈麻",应当就是巴赫什一类的人物。[5]

塔瓦赤(tavachi),在国家军政机关中起着副官的职能,特别是通知军队集合和外出狩猎。[6]永乐十六年(1418)八月,"哈烈沙哈鲁、撒马儿罕兀鲁伯遣使臣阿儿都沙等来朝贡名马、文豹。赐袭衣、文绮、纱罗,命礼部宴劳之"。[7]此处西域贡使阿儿都沙,其波斯文名字为Ardasir Tuaci,他应该即担任塔瓦赤一职。[8]

---

〔1〕以上分别参见《明太宗实录》卷169,《明英宗实录》卷178、卷211、卷228、卷247,《明宪宗实录》卷65,《明孝宗实录》卷12,《明神宗实录》卷374。

〔2〕《明英宗实录》卷228,景泰四年四月庚戌。

〔3〕魏良弢:《叶尔羌汗国史纲》,黑龙江教育出版社,1994年版,第165页。

〔4〕《明太宗实录》卷140,永乐十一年六月癸酉。

〔5〕刘迎胜:《白阿儿忻台及其出使》,载叶奕良主编:《伊朗学在中国论文集》第2集,北京大学出版社,1998年版,第72页;又见张文德:《从〈明实录〉看中亚帖木儿王朝的政治制度》,载《历史档案》,2009年第3期,第38页。

〔6〕魏良弢:《叶尔羌汗国史纲》,第164页。

〔7〕《明太宗实录》卷203,永乐十六年八月丁酉。

〔8〕张文德:《从〈明实录〉看中亚帖木儿王朝的政治制度》,载《历史档案》,2009年第3期,第38页。

·欧·亚·历·史·文·化·文·库·

打剌罕(Targan)为突厥语称号音译,元时译作"答剌罕"[1],指专统兵马事的武职官员。由于答剌罕这一称号被成吉思汗授予对自己或自己儿子有救命之恩的人,因此蒙元时期的答剌罕拥有较高的社会地位,享有免除赋税等多项特权,并且允许世袭。帖木儿时代,答剌罕称号继续受到西域社会的重视,许多答剌罕家族与帖木儿王朝保持着很深的关系。明代西域贡使中有许多都具有"打剌罕"的称号,兹罗列如下(见表3-3):

表3-3 明代西域贡使中的打剌罕

朝贡时间	使臣	所属地区	文献出处
永乐十一年五月壬寅	火者丁答剌罕	撒马儿罕	《明太宗实录》卷140
永乐十三年三月甲寅	者马力丁打剌罕	撒马儿罕	《明太宗实录》卷162
永乐二十年十二月戊子	打剌罕者马儿丁	柳城	《明太宗实录》卷254上
永乐二十二年二月己丑	打剌罕马黑麻迭力迷失	哈密	《明太宗实录》卷269
洪熙元年二月乙巳	打剌罕马哈木沙	哈密	《明仁宗实录》卷7上
宣德元年九月丁未	打剌罕忽都卜丁	哈密	《明宣宗实录》卷21
宣德二年正月壬辰	打剌罕倒兀	哈密	《明宣宗实录》卷24
宣德二年正月乙未	打剌罕马黑麻迭力迷失	撒马儿罕	《明宣宗实录》卷24
宣德二年正月丁未	打剌罕亦不剌忻	哈烈	《明宣宗实录》卷24
	打剌罕马哈木	哈密	
宣德二年正月戊午	打剌罕马黑麻哈非思	亦力把里	《明宣宗实录》卷25
宣德二年二月庚午	打剌罕沙卜	哈密	《明宣宗实录》卷25
宣德二年四月壬戌	打剌罕火者撒剌	撒马儿罕	《明宣宗实录》卷27
宣德二年四月庚午	打剌罕合思老	乞力麻	《明宣宗实录》卷27
	打剌罕赛打黑麻	讨烈思	
宣德三年五月壬子	打剌罕马黑麻	亦力把里	《明宣宗实录》卷43

[1]参见韩儒林:《蒙古答剌罕考》,载南京大学元史室编:《韩儒林文集》,江苏古籍出版社,1985年版,第26-27页。

朝贡时间	使臣	所属地区	文献出处
宣德三年十二月癸未	打剌罕亦速	撒马儿罕	《明宣宗实录》卷49
宣德三年十二月乙巳	打剌罕札罕失	亦力把里	《明宣宗实录》卷49
宣德四年五月戊午	打剌罕倒兀	哈密	《明宣宗实录》卷54
宣德四年五月壬戌	打剌罕哈忻	哈密	《明宣宗实录》卷54
宣德四年七月丙午	打剌罕阿都剌	撒马儿罕	《明宣宗实录》卷56
宣德四年七月壬子	打剌罕赛失剌	哈密	《明宣宗实录》卷56
宣德四年八月庚子	打剌罕马黑麻哈非思	亦力把里	《明宣宗实录》卷57
宣德五年六月丙戌	打剌罕满剌哈密	哈密	《明宣宗实录》卷67
宣德六年二月乙卯	打剌罕马黑麻	失剌思	《明宣宗实录》卷76
宣德六年八月戊午	打剌罕舍黑马黑麻闽哈秃	讨来思	《明宣宗实录》卷82
宣德七年八月癸卯	打剌罕迭力迷失	格失迷	《明宣宗实录》卷94
宣德八年八月乙酉	速来蛮打剌罕	哈密	《明宣宗实录》卷104
宣德八年九月庚午	打剌罕火者阿老丁	哈密	《明宣宗实录》卷106
宣德八年十月己卯	打剌罕兀思答马黑麻忽先	哈密	《明宣宗实录》卷106
	打剌罕亦速	撒马儿罕	
宣德八年十一月壬辰	打剌罕阿力	亦力把里	《明宣宗实录》卷107
正统二年七月丁巳	打剌罕米咱木丁	剌竹	《明英宗实录》卷32
正统二年八月癸酉	苦出打剌罕	别失巴里	《明英宗实录》卷33
正统五年十二月丙戌	打剌罕哈斤	哈密	《明英宗实录》卷74
天顺五年正月戊申	迷儿土蛮哈只答剌罕	八答黑商	《明英宗实录》卷324

·欧·亚·历·史·文·化·文·库·

从上表可以看出,《明实录》中记载的拥有"打剌罕"称号的西域贡使共计36人次。其中,大部分集中于永乐至正统年间,尤以宣德年间为最多。为什么宣德朝西域的贡使特别强调"打剌罕"这一称号呢?原来,据《明宣宗实录》载,洪熙元年(1425)七月,明宣宗朱瞻基登极之初,为了收揽官民人心,"赐在京官吏军民人等白金……四夷朝贡之人,有职事与京官同。无职事者,正使十两;副使及冠带头目、把事、通事、舍人、打剌罕、回回各五两;无冠带头目、把事、通事、舍人、回回各二两;从人各一两"。[1]赏赐中明确规定"打剌罕"为"冠带"之人,得赐白金(白银)五两,也就是说,"打剌罕"在明朝的赏赐标准于个别情况下是对照朝贡副使的,这个标准在朝贡使团中是不低的。因此,宣德年间,西域贡使特别愿意在明朝炫耀自己"打剌罕"的身份,以牟取更多的利益。

到了景泰年间,明朝中央政府对西域朝贡赏例进行了调整,比永乐年间大为降低。景泰七年(1456)三月,礼部奏:

> 撒马儿罕等地面使臣马黑麻舍力班等来朝,贡马驼方物。考之旧例,各分等第给赏。其一等、二等赏例太重,今难给与。宜令正、副使臣如旧时三等例,每人彩段四表里、绢三匹、各织金纻丝衣一袭;随来镇抚、舍人、打剌罕人等如旧时四等例,每人彩段三表里、绢二匹、纻丝衣一袭,各靴袜一双。其余存留甘州使臣、妇女人等,俱如六等例,每人彩段一表里、绢一匹、绵布一匹。……俱从之。[2]

从这一规定可见,打剌罕所受赏赐已经与副使拉开了差距,大不如前。因此,景泰年间以后,西域贡使很少再称"打剌罕"之号。

3.2.2 西域贡使中的宗教界人士

在明代西域贡使中,除了上述具有较高政治地位的人士外,还有大量宗教界人士,比如满剌、舍黑、迭力必失、国师、都纲等。关于国师和都纲,本书第5章设有专题探讨,在此只讨论前三者。

满剌(Mollah)为波斯语 Mowlā 对音,是对伊斯兰学者的尊称,又称

---

[1]《明宣宗实录》卷3,洪熙元年七月上辛巳。
[2]《明英宗实录》卷264,景泰七年三月甲申。

为毛拉。陈诚《西域番国志》载:"有通回回本教经义者,众皆敬之,名曰满剌,坐立列于众人之右。虽国主亦皆尊之。凡有祠祭,惟满剌诵经而已。"[1]明代西域贡使中,有"满剌"尊称的不在少数。《明实录》中记载的"满剌"贡使有(见表3-4):

表3-4　明代西域贡使中的满剌

朝贡时间	使臣	所属地区	文献出处
洪武二十年九月壬辰	满剌哈非思	撒马儿罕	《明太祖实录》卷185
洪武二十二年九月乙未	满剌哈非思	撒马儿罕	《明太祖实录》卷197
永乐四年七月丙申	满剌哈撒木丁	于阗	《明太宗实录》卷56
永乐六年七月丁未	满剌哈撒木丁	于阗	《明太宗实录》卷81
永乐七年闰四月甲寅	哈麻满剌	火展的	《明太宗实录》卷91
永乐十六年二月庚戌	克剌满剌	别失八里	《明太宗实录》卷197
永乐十八年正月癸卯	满剌马黑麻	八答黑商	《明太宗实录》卷220
洪熙元年六月戊午	满剌撒丁	哈密	《明宣宗实录》卷2
宣德元年十二月丙戌	满剌阿力	撒蓝	《明宣宗实录》卷23
宣德二年十一月甲辰	满剌法黑儿者罕	亦力把里	《明宣宗实录》卷33
宣德三年三月辛卯	满剌亦蛮	哈密	《明宣宗实录》卷39
宣德五年六月丙戌	打剌罕满剌哈密	哈密	《明宣宗实录》卷67
宣德六年八月乙卯	满剌阿力	亦力把里	《明宣宗实录》卷82
宣德六年十一月辛巳	满剌哈只	亦力把里	《明宣宗实录》卷84
正统六年十二月甲辰	满剌满黑马黑麻	亦力把里	《明英宗实录》卷87
正统七年十一月癸未	满剌阿黑麻的	哈密	《明英宗实录》卷98
正统八年正月癸亥	满剌阿黑麻的	哈密	《明英宗实录》卷100
正统九年二月戊申	满剌火者	察力失	《明英宗实录》卷113
正统十一年五月庚辰	满剌麻	撒马儿罕	《明英宗实录》卷141
景泰三年十二月丁巳	满剌赛夫丁 满剌把巴	哈密、亦力把里	《明英宗实录》卷224

---

〔1〕〔明〕陈诚:《西域番国志》,第69页。

续表 3-4

朝贡时间	使臣	所属地区	文献出处
天顺五年二月丁酉	满剌咱答	亦力把里	《明英宗实录》卷 325
天顺六年七月己未	满剌阿黑麻	哈密	《明英宗实录》卷 342
成化五年十月己卯	马黑麻满剌秃力	哈密等处	《明宪宗实录》卷 72
成化十年七月庚午	满剌马黑麻	土鲁番	《明宪宗实录》卷 131
成化十年十一月戊寅	满剌马哈麻赤儿米即	土鲁番	《明宪宗实录》卷 135 《明宪宗实录》卷 136
成化十一年六月丁酉	迭儿必失满剌哈	(乩加思兰)	《明宪宗实录》卷 142
成化十二年正月甲子	满剌哈三	土鲁番	《明宪宗实录》卷 149
成化十六年十一月戊戌	满剌马黑麻母的	土鲁番等处	《明宪宗实录》卷 209
成化二十一年二月庚申	满剌虎儿丁	哈密	《明宪宗实录》卷 262
弘治十年十月甲戌	满剌阿力克	哈密、土鲁番	《明孝宗实录》卷 130
弘治十三年正月辛巳	满剌阿力克	哈密、土鲁番	《明孝宗实录》卷 158
弘治十三年三月壬午	满剌阿力克	土鲁番	《明孝宗实录》卷 160
弘治十七年十月己卯	满剌阿力克	哈密	《明孝宗实录》卷 217
正德四年十二月乙未	满剌阿黑麻	哈密	《明武宗实录》卷 58
正德五年二月庚寅	满剌温都思	撒马儿罕	《明武宗实录》卷 60
	满剌法秃剌	土鲁番	
嘉靖二年十一月戊寅	满剌捏慎	撒马儿罕等	《明世宗实录》卷 33

由上表可知,西域满剌贡使主要来自于撒马儿罕、亦力把里、土鲁番和哈密。洪武二十年(1387)九月,"撒马儿罕驸马帖木儿遣回回满剌哈非思等来朝贡马十五匹、驼二只"。[1]这是撒马儿罕第一次向明朝派遣使臣朝贡,哈非思的身份即是满剌,可见满剌在西域社会的影响力是很大的。

　　舍黑(Shaikh)又译作"舍赫""谢赫""筛海"或"夏依赫",原意为长者,是穆斯林对伊斯兰教中有威望、有地位者的尊称。[2]明代史料中,

_____

〔1〕《明太祖实录》卷 185,洪武二十年九月壬辰。

〔2〕张文德:《从〈明实录〉看中亚帖木儿王朝的政治制度》,载《历史档案》,2009 年第 3 期,第 36 页。

对西域贡使中的舍黑多记为"舍黑马黑麻",这只是一种敬称,他们实则来自不同地区(见表3-5):

表3-5　明代西域贡使中的舍黑

朝贡时间	使臣	所属地区	文献出处
永乐二十年十二月戊子	舍黑马哈麻	哈密	《明太宗实录》卷254上
永乐二十二年十月乙卯	舍黑马黑马	哈密	《明仁宗实录》卷3下
宣德三年三月辛卯	舍黑马黑麻	哈密	《明宣宗实录》卷39
宣德五年六月丙戌	舍黑马黑麻	哈密	《明宣宗实录》卷67
宣德六年八月戊午	打剌罕舍黑马黑麻闽哈秃	讨来思	《明宣宗实录》卷82
宣德七年七月庚午	舍黑马黑麻	哈密	《明宣宗实录》卷93
宣德八年九月壬辰	舍黑马黑麻	哈密	《明宣宗实录》卷106
正统六年七月壬子	火者舍黑马哈麻	八答黑商	《明英宗实录》卷81
正统九年二月戊申	舍黑马黑麻	戎	《明英宗实录》卷113
正统十二年十一月癸丑	舍黑马黑麻	撒马儿罕	《明英宗实录》卷160
正统十三年六月发酉	舍黑马黑麻秃买秃	撒马儿罕	《明英宗实录》卷167
正德十五年正月戊戌	舍黑白虽儿	土鲁番、哈密	《明武宗实录》卷182

在明代西域的舍黑贡使中,哈密使臣舍黑马黑麻先后6次来华朝贡,是西域著名的使臣。宣德六年(1431)八月前来朝贡的讨来思使臣马黑麻闽哈秃不仅有"舍黑"称号,还有"打剌罕"称号。正统六年(1441)七月前来朝贡的八答黑商使臣马哈麻,不仅有"舍黑"称号,还是一位火者。

迭力必失(Dervish)意为"贫穷者",又译写为"迭里迷失""迭力失",是伊斯兰教苏菲派中的苦修者,亦称托钵僧,明代官方史料中也有的称其为"回回僧"。[1]陈诚《西域番国志》记载:"有等弃家业,去生理,蓬头跣足,衣弊衣,披羊皮,手持拐杖,身挂牛羊骨节,多为异状,不避寒暑,行乞于途,遇人则口语喃喃,似可怜悯,若甚难立身者。或聚处人家坟墓,或居岩穴,名为修行,名曰迭里迷失。"[2]14世纪后期,以纳格什班迪

---

〔1〕张文德:《从〈明实录〉看中亚帖木儿王朝的政治制度》,第37页。

〔2〕〔明〕陈诚:《西域番国志》,第69页。

耶教团为代表的伊斯兰教苏菲派德尔维希在中亚民间广为盛行。陈诚在哈烈所见到的迭里迷失即德尔维希。[1]迭里迷失中不仅有苦修者,还有从事商业活动者。在明代西域贡使中,有许多人的名字含有"迭力必失""迭力迷失""迭力失""迭力迷"等,兹罗列如下(见表3-6):

表3-6 明代西域贡使中的迭力迷失

朝贡时间	使臣	所属地区	文献出处
洪武二十七年九月丙午	迭力必失	撒马儿罕	《明太祖实录》卷234
永乐六年九月戊申	阿力迭力失	哈剌火州	《明太宗实录》卷83
永乐七年四月丁亥	马黑麻迭力迷失	撒马儿罕	《明太宗实录》卷90
永乐十七年十月己丑	僧人迭力迷失	撒马儿罕	《明太宗实录》卷217
永乐十八年六月己酉	迭力迷	撒马儿罕	《明太宗实录》卷267
永乐二十二年正月丁亥	迭力迷	撒马儿罕	《明太宗实录》卷267
永乐二十二年二月己丑	打剌罕马黑麻迭力迷失	哈密	《明太宗实录》卷269
宣德二年正月乙未	打剌罕马黑麻迭力迷失	撒马儿罕	《明宣宗实录》卷24
宣德二年四月庚午	马黑麻迭里迷失	亦力把里	《明宣宗实录》卷27
宣德五年十二月壬辰	迭力迷失	哈密	《明宣宗实录》卷73
宣德七年八月癸卯	打剌罕迭力迷失	格失迷	《明宣宗实录》卷94
正统二年三月丁未	马黑麻迭力迷失	亦力把里	《明英宗实录》卷28
正统十年九月甲午	马哈麻迭里必失哈的	哈密	《明英宗实录》卷133
景泰三年十一月壬午	哈的马黑麻迭力迷失	哈密	《明英宗实录》卷223
天顺四年二月丙辰	虎迭力迷失	哈密	《明英宗实录》卷312
天顺四年三月丁酉			《明英宗实录》卷313
天顺四年五月庚子	迭力迷失	哈密	《明英宗实录》卷315
成化九年二月壬午	失迭力迷失	哈密	《明宪宗实录》卷113
成化十年二月丁丑	打鲁瓦迭力迷失阿力	土鲁番	《明宪宗实录》卷125
正德四年正月辛酉	哈只迭力迷失	哈密	《明武宗实录》卷46

上表中有两位撒马儿罕贡使比较特别,他们被明朝称呼为"回回僧",即永乐七年(1409)四月前来朝贡的撒马儿罕回回僧人马黑麻迭力迷失,

---

〔1〕张文德:《论伊斯兰教对中亚帖木儿王朝的影响》,载《贵州师范大学学报》,1995年第2期,第41—45页。

永乐十七年(1419)十月前来朝贡的撒马儿罕僧人迭力迷失。

在明代史料中,除了冠名"迭力迷失"的回回僧贡使,还有不以"迭力迷失"为名的回回僧贡使。比如,永乐十年(1412)四月,"哈的兰回回僧人马黑蛮、哈密回回百户阿马丹等来朝贡马及玉璞,赐赉有差"。又有,宣德元年(1426)七月,"土鲁番城回回僧巴剌马答失里等来朝贡马"。再如,宣德八年(1433)正月,"土鲁番城回回僧海失都来归,奏愿居甘州",明宣宗接受其请求,并"赐纻丝袭衣钞布有差","命顺天府及陕西行都司给房屋器物如例"。[1]上述三位回回僧西域贡使亦当属于"迭力迷失"阶层,但是他们的名字中并没有冠以"迭力迷失"之称。

3.2.3　西域贡使中的回回商人

明代西域贡使中更多的是以朝贡名义前来贸易的商人,他们在明代官方史料中多被称为"回回",其名多与地名连在一起并称,如哈密回回、土鲁番回回、撒马儿罕回回等。比如,洪武二十四年(1391)八月,"撒马儿罕驸马帖木儿遣回回舍哈厘等来朝,贡驼马方物"。又如,洪武二十九年(1396)三月,"撒马儿罕遣回回札鲁剌等一百九十一人来朝贡马一千九十五匹。诏赐钞二万五千一百九十锭"。又有,永乐十七年(1419)九月,"哈密等处使臣及经商回回满赖撒丁等二百五十人,贡马三千五百四十六匹,及貂鼠皮、硇砂等物。赐钞三万二千锭、文绮百匹、绢千五百匹"。[2]据《明实录》记载,撒马儿罕回回来华朝贡,洪武年间4次,永乐年间10次,宣德年间8次;哈烈回回在永乐、宣德年间来华朝贡都在3次以上;另外,宣德年间,赛蓝回回来华朝贡2次,亦思把罕回回朝贡1次。[3]明朝礼科给事中黄骥对这些西域回回商人的评价为"西域使客多是贾胡,假进贡之名,藉有司之力以营其私"[4]。

西域回回贡使来中国市易的物品主要为马驼等牲畜、毛皮和玉石,

---

〔1〕以上参见《明太宗实录》卷127,永乐十年四月己巳;《明宣宗实录》卷19,宣德元年七月己未;《明宣宗实录》卷98,宣德八年正月丁丑。

〔2〕以上参见《明太祖实录》卷211,洪武二十四年八月己卯;《明太祖实录》卷245,洪武二十九年三月甲寅;《明太宗实录》卷216,永乐十七年九月丁巳。

〔3〕参见张文德:《中亚帖木儿王朝的来华使臣》,载《西域研究》,2002年第2期,第39页。

〔4〕《明仁宗实录》卷5,永乐二十二年十二月丁未。

·欧·亚·历·史·文·化·文·库·

贸易量往往较大,多为大宗商品交易。比如,正统十二年(1447)十一月,"哈密忠顺王倒瓦答失里遣脱脱卜花,及撒马儿罕使臣舍黑马黑麻等,贡马六十三,驼二十七,速来蛮、松都鲁思玉石二万斤,青鼠皮三万张"。[1]景泰三年(1452)七月,陕西行都司掌司事都督任启等言:"羌夷近岁以玉石进者,每石一斤得赐绢一匹。今哈密使臣哈的所贡至三万三千五百余斤,是为绢三万三千五百余匹也。"[2]

自元至明,西域回回一直延续有"中卖宝物"的传统。他们将珠宝玉石和珍禽异兽献于朝廷以求厚赏,除了进贡皇帝的,其余的则拿到会同馆开市交易。明朝中央政府对西域进贡玉石,有着一整套完备的程序:西域贡使进入嘉峪关后,汇具奏本,由陕西行都司派人护送至京,入住京师会同馆。礼部主客司郎中负责审验,郎中不能视事,则由主事代理审验,交玉工验看,最后由郎中补验。玉石验毕,被抬进皇城赏房措置。除题准进贡外,剩余玉石准于会同馆开市自卖。市易之后,由礼部主事督令官吏人等照例关防启程包箱,再由兵部派人护送回国。西域使臣如有不服或疑问,可另具番本进奏,内阁将其番本移交鸿胪寺序班、通事翻译,译文抄行礼部,礼部将此番文与原题奏核查,上报皇帝,皇帝再下诏审查。[3]不难发现,明朝对西域回回朝贡贸易不仅典章详备,而且尽可能予以照顾。

然而个别西域商使见玉石贸易利润丰厚,有机可乘,便以次充好,玩弄欺诈。比如,景泰七年(1456)四月丁巳,礼部奏:"撒马儿罕地使臣马黑麻舍力班等所贡玉石,选其堪中者仅二十四块,重六十八斤而已。其余不堪者五千九百三十二斤,令其自卖。彼刚欲进贡,臣等欲固阻之,恐失远人之意,议将玉石每五斤回赐绢一匹。"[4]

不仅如此,某些西域回回使臣还暗中贩卖中国人口。宣德九年(1434)八月,明宣宗朱瞻基敕甘肃总兵官都督佥事刘广等曰:"撒马儿

---

[1]《明英宗实录》卷160,正统十二年十一月癸丑。

[2]《明英宗实录》卷218,景泰三年七月戊申。

[3]参见张文德:《明与西域的玉石贸易》,载《西域研究》,2007年第3期,第28页。

[4]《明英宗实录》卷265,景泰七年四月丁巳。

罕及诸外夷使回不许挟带中国之人及买中国童幼出境。"[1]景泰六年（1455）五月，明景泰帝朱祁钰敕哈密忠顺王倒瓦答失里曰："累闻迤北走回人言，汉人男女有先被达贼抢去，有转卖与尔哈密地方者，有自逃回尔地方潜住者，有经过尔处被尔部下拘留不发者，前后约有三千余人。中间被尔部下卖与撒马儿罕地面去者约一千余人，其余尚有二千余人。"[2]他要求哈密尽量遣人送还拘留人口。

个别西域回回商人的不法行径，难免引起明人的非议。嘉靖八年（1529）四月，巡抚甘肃都御史唐泽言："哈密等处进贡夷人，每沿途寄住，贩易谋利，经年不归。甚有前贡者，复充后贡人数，更名冒进起送者，骚扰驿路。"[3]而这些西域回回商人若想获得更多赏赐和顺利贸易，还得面对明朝相关部门官吏的盘剥，多向伴送、验放、接待官吏行贿送礼。这部分用于行贿所造成的经济损失，西域回回商人便将其转嫁到朝贡物品上，漫天要价，向明朝要求补偿。若明朝中央政府稍有不能遂意，他们马上咆哮不止，悖慢无理，直至达到目的。有史料为证："西域夷使多贾胡，每入辄挟重赀与中国市，边吏利其贿，侵索多端。类取偿于朝，一或不当其直，则咆哮不止。"[4]可见，西域回回使者给明朝地方和中央官员多留下不佳印象。

其实，造成明代西域回回商人借朝贡之机渔利，甚至不惜造假来营利的原因是多方面的，既有朝贡制度设计方面的因素，亦有明朝管理者的因素，不能把责任都推给西域回回商人。明人谢肇淛曾经评论说：

> 今诸夷进贡方物，仅有其名耳，大都草率不堪。如西域所进祖母禄、血竭、鸦鹘石之类，其真伪好恶皆不可辨识。而朝廷所赐缯、帛、靴、帽之属尤极不堪，一着即破碎矣。夫方物不责，所以安小夷之心，存大国之体，犹之可也；赐物草率充数，将令彼有轻中国之心而无感恩畏威之意。且近来物值则工匠侵没于外，供亿则厨役克

---

[1]《明宣宗实录》卷112，宣德九年八月丙寅。
[2]《明英宗实录》卷253，景泰六年五月壬申。
[3]《明世宗实录》卷100，嘉靖八年四月己巳。
[4]《明世宗实录》卷147，嘉靖十二年二月癸巳。

·欧·亚·历·史·文·化·文·库·

减于内,狼子野心,且有诤语;诤语不已,且有挺白刃而相向者,甚
非柔远之道也。蜂虿有毒,祸岂在小? 而当事者漫不一究心,何
耶?[1]

谢肇淛看得非常清楚,朝贡贸易的实质决定其并非按照市场规律运行,
亦不奉行等价交换原则,在这样的前提之下,明朝的赐物质量不堪,接
待人员偷工减料,甚至污言责骂,乃至拔刀相向,不尊重贡使人格,这些
都不利于国家对外关系的发展。

不过,明代西域回回商人也并非尽是狡猾奸诈,有时他们也帮助明
朝地方政府抵御外来侵扰。比如,嘉靖二十三年(1544)正月,"虏寇甘
州,土官百户马能言于总兵杨信,以鲁迷等国羁留进贡回夷九十余人,
驱之御虏,写亦阿力等九人死焉……上命褫杨信职,逮马能等,按其
罪。以写亦阿力死事可悯,抚臣重给棺敛祭葬之费,送归本国"。[2]当
然,抵御外寇并非西域贡使职责,发生这样的事充分表明,西域贡使与
明朝中央政府在维护丝绸之路通畅,确保朝贡贸易正常进行方面是有
共识的。

另外,经过多次朝贡活动,一些西域回回商人对明朝经济繁荣、社
会安定的局面皆有切身体会,遂产生对中华文明的认同感,放弃自己的
祖居地,愿意归附明朝。比如,正统十二年(1447)四月,"撒马儿罕回回
哈肥子来归,奏愿居京自效。命为头目,隶锦衣卫。给赐布、钞、房屋、
器皿"。[3]又如,景泰元年(1450)十二月,"撒马尔罕地面进贡回回哈
三、土鲁番进贡回回察乞儿并凉州回回沙即班等来归。命为头目,送南
京锦衣卫安插,给赐钞布、纻丝衣、靴袜、牛羊、柴火、房屋、床榻等
物"。[4]从历史记载来看,明朝前期和中期,曾经有大量西域回回人归
附中原,奠定了回回民族最终形成的社会基础之一。

---

[1]〔明〕谢肇淛:《五杂俎》卷4《地部二》,上海书店出版社,2009年版,第81页。
[2]《明世宗实录》卷282,嘉靖二十三年正月癸亥。
[3]《明英宗实录》卷152,正统十二年四月癸卯。
[4]《明英宗实录》卷199,景泰元年十二月庚寅。

3.3 明代著名的西域来华使者和朝贡贸易家族

在"中华礼治体系"之下,明朝中央政府精心构建了一整套"华夷秩序",甚至不惜违背商品价值规律,通过某种事实上的经济价值补偿机制,吸引周边国家和地区前来朝贡,从而维护中华在"礼治体系"中的共主地位。但是超出明朝统治阶层预料的是,最不可能成为朝贡制度设计的出发点的商品贸易交换,反而成为明朝周边国家和地区朝贡活动的核心。因此,就朝贡制度本身来说,其事实上营造出来的贸易圈,比其预设中谋划的文化圈,来得更实在。"朝贡的根本特征,在于它是以商业贸易行为进行的活动,也就是说,因朝贡关系而使得以朝贡贸易关系为基础的贸易网络得以形成。"[1]

围绕着明朝与西域贸易网络的逐渐巩固与发展,明朝中央政府、西域地方各政治实体、西域贡使这三者之间形成了盘根错节的复杂关系。特别是由于朝贡贸易并非完全自由市场行为,所以它表现出鲜明的政治性和垄断性。这种朝贡贸易的垄断性,在西域朝贡贸易中突出地表现为某些获得西域政治上层和明朝统治者双重信任的使臣多次来华朝贡,并逐渐形成西域朝贡贸易家族。西域贸易使臣的家族性特征植根于丝绸之路贸易属于长途、大宗贸易,费用昂贵,常年从事进贡贸易的世家家族熟悉路况和各种进贡规则。[2]许多西域朝贡贸易家族通过与明朝长期的朝贡活动,积累了大量财富,从而对西域各地的政局和社会产生了较大影响。

3.3.1 哈密地区著名贡使及家族

关于明朝经营哈密地区的目的、意义和所要达到的效果,明人多有论述。马文升认为,朝廷设立哈密卫"令为西域之襟喉,以通诸番消息,

---

[1]〔日〕滨下武志:《近代中国的国际契机:朝贡贸易体系与近代亚洲经济圈》,中国社会科学出版社,1999年版,第38页。

[2]参见张文德:《明与西域通贡往来的特点及其成因》,载《学海》,2013年第2期,第179页。

·欧·亚·历·史·文·化·文·库·

凡有入贡夷使方物,悉令此国译文具闻"[1]。嘉靖年间太常寺卿国子监祭酒许诰认为,明成祖经略西域,"置哈密国、蒙古赤斤、罕东等卫,招降士人,羁縻臣属,互为唇齿,以为甘肃藩篱,以传报西域虚实向背,以通诸国朝贡之路,诚为西北保障重地"[2]。霍韬则指出:"中国立哈密有三要焉。断北夷右臂而破散西戎交党,一也;联络夷狄而控之,二也;设险于敌,我边无患,三也。"[3]将上述观点归纳起来,明朝设立哈密卫的目的有以下几点:一是屏护西陲,为"甘肃藩篱";二是"断匈奴右臂,破散西戎交党",即阻断北边蒙古与青海番族结盟;三是领西域职贡,通朝贡之路;四是传报西域信息。正因为明朝以哈密领西域职贡,所以,哈密地区涌现出许多著名贡使和朝贡贸易大家族。

3.3.1.1 回回阿老丁

哈密回回阿老丁是西域诸地率先向明朝进马朝贡者。洪武十四年(1381)五月,"哈梅里回回阿老丁来朝贡马,诏赐文绮。遣往畏吾儿之地招谕番酋"。[4]从明朝官方史料对阿老丁的称呼来看,他明显是一位西域商人,虽然从目前掌握的资料还看不出他背后有多少政治背景,但是明太祖朱元璋却对他非常信任和重用,派遣他往西域畏吾儿之地宣谕明朝已经建立且政治稳固,希望西域持观望态度的统治者不要再对故元势力抱有幻想,尽快前来输诚纳贡。

3.3.1.2 兀马儿火者家族

哈密兀马儿火者先后五次朝贡,历经永乐、洪熙、宣德、正统四朝,为明朝永乐年间拓展与西域的关系做出了贡献。兀马儿火者第一次朝贡是在永乐十七年(1419)十一月丙午,他受哈密忠义王兔力帖木儿派遣,来朝贡马及方物。朱棣赐其纱及绮币,并赐宴礼部。兀马儿火者第二次朝贡是在永乐二十一年(1423)六月,"哈密忠义王勉力帖木儿遣使兀马儿火者等九十人,贡马千匹、驼三百三十六头。优赐以答之"。[5]

---

〔1〕〔明〕马文升:《兴复哈密国王记》,载《纪录汇编》卷37。

〔2〕〔明〕许诰:《书马端肃公三记后》,附于《兴复哈密国王记》。

〔3〕〔明〕霍韬:《许襄毅公经略西番录引》,附于《兴复哈密国王记》。

〔4〕《明太祖实录》卷137,洪武十四年五月乙酉。

〔5〕《明太宗实录》卷260,永乐二十一年六月丙子。

这次朝贡,兀马儿火者率领的使团规模庞大,进贡牲畜较多。到永乐二十二年(1424)正月,兀马儿火者率领90人贡马,第三次前来朝贡。明朝赐予钞60105锭,彩币70表里、绢1016匹。宣德七年(1432)四月己亥,兀马儿火者受哈密忠顺王卜答失里派遣,赴京贡马。正统二年(1437)十二月,明朝升"指挥同知兀马儿火者为指挥使……以其远道朝贡勤劳故也"。[1]可知,兀马儿火者的忠心受到了明朝的认可,不仅在此之前已经被授职,而且还提升其为卫指挥使,官秩正三品。到了正统十一年(1446)二月,明"命指挥同知兀马儿火者子绰刺克袭职"[2]。绰刺克承袭了父亲兀马儿火者的官职,可能这时兀马儿火者已经去世。这个家族代表哈密朝贡近30年。

3.3.1.3 舍黑马黑麻家族

舍黑马黑麻的祖父是曾任哈密王兀纳失里长史的阿思兰,曾经在洪武年间前来朝贡。洪武二十三年(1390)五月乙未,"哈梅里王兀纳失里遣长史阿思兰沙马黑木沙来贡马"。[3]永乐二十年(1422)十二月戊子,"哈密忠义王兔力帖木儿遣使舍黑马哈麻,及土鲁番都督尹吉儿察,贡马千三百匹"。[4]这是舍黑马黑麻第一次代表哈密朝贡。永乐二十二年(1424)十月,他第二次朝贡。宣德二年(1427)七月,朝廷"命哈密……故指挥同知阿思兰孙舍黑马黑……袭职"。[5]第二年正月,他和满刺亦蛮同被明朝认命为指挥佥事。宣德三年(1428)三月辛卯,舍黑马黑麻代表哈密忠义王脱欢帖木儿朝贡。宣德五年四月戊子,他代表哈密忠顺王奏事至京,受到明朝赏赐。这年六月丙戌,他正式代表忠顺王卜答失里朝贡。宣德七年(1432)七月庚午,舍黑马黑麻受哈密忠顺王卜答失里派遣入京,这是他第六次朝贡。宣德八年(1433)九月壬辰,舍黑马黑麻率领5人朝贡,此时他仍是指挥佥事。综观其一生,舍黑马黑麻先后七次代表哈密朝贡。若从他祖父算起,该家族从事西域朝贡40

---

[1]《明英宗实录》卷37,正统二年十二月己卯。

[2]《明英宗实录》卷138,正统十一年二月己亥。

[3]《明太祖实录》卷202,洪武二十三年五月乙未

[4]《明太祖实录》卷254上,永乐二十年十二月戊子。

[5]《明宣宗实录》卷29,宣德二年七月戊戌。

·欧·亚·历·史·文·化·文·库·

余年。

3.3.1.4　哈密阿都剌家族

　　阿都剌即阿拉伯语 Abdallāh 或 Abdullah 的音译,一般音译作阿卜杜拉,元代音译习惯为"阿都剌",系伊斯兰教徒常用男性经名,意为"真主之仆"。明代哈密贡使中,有多人名为"阿都剌",他们是否为同一家族,难以确认。不过,我们仍然能够通过史料,了解一下其中几位著名的使者。宣德二年(1427)三月丙辰,应哈密忠顺王卜答失里所奏请,明朝认命一位"阿都剌火者"为指挥同知。到正统十二年(1447)十二月,"故指挥革来子亦不剌金,指挥同知阿都剌火只子马赞……俱袭职"。[1]明显可以看出,阿都剌火者与马赞是父子关系,属于同一个家族,该家族传袭至少20年。正统十一年(1446)二月己亥,"升哈密使臣副千户阿都剌为指挥佥事,伯火只为正千户"。[2]天顺元年(1457)八月乙巳,哈密忠顺王弟卜列革遣使臣阿都剌前来朝贡。九月,明朝"升哈密使臣指挥使阿都剌为都指挥佥事,指挥同知阿都剌为指挥使"。[3]两个人同名"阿都剌",同时升迁,实属罕见。到了天顺三年(1459)七月庚寅,哈密忠顺王卜列革的使臣都指挥佥事阿都剌被升一级,为都指挥同知。这年的十二月己巳,又有一位名叫阿都剌的哈密正千户,被明朝升为指挥佥事。天顺七年(1463)五月甲午,应哈密王母努温答失里奏保,升都指挥同知阿都剌为都指挥使。成化四年(1468)三月辛巳,"哈密忠顺王母弩温答失力遣都指挥阿都剌等来朝贡马驼,赐宴并衣服彩币等物有差"。[4]成化八年(1472)六月乙亥,"哈密故右都督把塔木儿子罕慎,都指挥使阿都剌子舍剌甫丁……俱乞袭其父职,并求冠带。得旨允其袭职而不与冠带"。[5]不难发现,阿都剌与舍剌甫丁为父子关系,属于同一家族,从天顺元年至成化八年共传袭至少15年。至于其余那三位阿都剌是什么关系,由于史料原因,暂付阙如。

---

〔1〕《明英宗实录》卷161,正统十二年十二月丙寅。

〔2〕《明英宗实录》卷138,正统十一年二月己亥。

〔3〕《明英宗实录》卷282,天顺元年九月癸酉。

〔4〕《明宪宗实录》卷52,成化四年三月辛巳。

〔5〕《明宪宗实录》卷105,成化八年六月乙亥。

3.3.1.5　满剌阿力克

哈密使臣满剌阿力克先后10次领衔朝贡,而且曾经身兼哈密和土鲁番两地正使,还充当过明朝的信使,这在西域贡使中是非常荣耀的。天顺四年(1460)十月壬子,阿力克第一次代表哈密朝贡。成化十八年(1482)三月甲申,满剌阿力克受哈密卫右都督罕慎派遣,以使臣指挥使赴京朝贡。这年五月丁酉,阿力克进京报喜罕慎已经克复哈密。成化二十三年(1487)九月丙寅,他因助罕慎恢复哈密有功,被明朝奖升一级。弘治四年(1491)十一月丙申,阿力克代表哈密卫都指挥阿木郎朝贡。弘治十年(1497)十月甲戌,满剌阿力克第六次代表哈密朝贡。这年十一月,他作为明朝使臣赍谕土鲁番速坛阿黑麻,令其悔改,撤出哈密。十二月丁丑,"哈密卫及土鲁番使臣满剌阿力克等四人奏事至京。兵部言:'四人尝赍敕责谕阿黑麻,又今次取还陕巴及所掠人口,请重加赏赐,以酬其劳。'事下礼部议覆,得旨正赏外,每人加赏纻丝衣一袭"。[1]看来,明朝对满剌阿力克非常信任,他亦因办事得力,被给予厚赏。弘治十二年(1499)十二月,满剌阿力克第七次朝贡。第二年正月,明朝又额外加赐他"彩段四表里、绢十匹"。也许是周旋于哈密、土鲁番和明朝三者之间游刃有余,满剌阿力克受到了三方的信赖。弘治十三年(1500)三月壬午,他又作为土鲁番速坛阿黑麻的使臣赴京朝贡。这年的十二月,他又陪伴阿黑麻的使臣满剌法虎儿丁前来朝贡。弘治十七年(1504)十月,"哈密忠顺王陕巴等遣使臣满剌阿力克等来贡。赐宴并彩段衣服等物有差"。[2]这是满剌阿力克第十次赴京朝贡,也是在明朝史料中最后一次见到关于他活动的记载。满剌阿力克一生经历丰富,其朝贡生涯历40余年,身经明英宗、明宪宗、明孝宗三朝,为明朝与西域的交往贡献卓著,堪称"西域贡使第一"。

3.3.1.6　写亦虎仙家族

前文提及,"写亦"是赛夷族的音译,赛夷族人为预言人之后裔,亦即伊斯兰教先知穆罕默德的后裔,在伊斯兰世界受到极高敬重。可见

---

〔1〕《明孝宗实录》卷132,弘治十年十二月丁丑。

〔2〕《明孝宗实录》卷217,弘治十七年十月己卯。

·欧·亚·历·史·文·化·文·库·

写亦虎仙的出身是非常高贵的。他利用自己家族的名望,多次往来西域与中原之间,代表哈密朝贡,积累了大量财富。随着家族财富的增长,写亦虎仙的政治欲望也日渐膨胀,开始染指哈密与土鲁番之争,甚至觊觎哈密王位。因其家族关系,他又以使臣身份斡旋于明朝与土鲁番之间,两相渔利,因欺上瞒下,以致事发而身陷囹圄。在狱中,他又利用家族势力,结交权臣,恢复自由,受明武宗青睐。嘉靖皇帝登极后,清理奸佞,写亦虎仙再次入狱,终因深陷明朝政治斗争,于正德十六年(1521)十一月瘐毙狱中。《明实录》对写亦虎仙传奇的一生有梗要记载:

> 逆番写亦虎仙伏诛,其子米儿马黑麻、婿火者马黑木、侄婿米儿马黑麻皆论死,没其家。弘治间,以陕巴为忠顺王,王哈密,以虎仙为都督辅之。虎仙凌陕巴,欲夺之王,尝潜导土鲁番再入哈密,驱陕巴以去,皆赖朝廷抚处得归。陕巴死,子速坛拜牙即立。虎仙以朝贡为名,时往来甘、肃间,因家焉。其后奉命使土鲁番,说其酋曰:"甘肃易下也。"又教之诱执速坛拜牙即,据其地。朝廷又遣官谕赐番酋,令归速坛拜牙即。酋遣虎仙、火者马黑木率诸番,名纳款,实欲引兵逼肃州,而虎仙等从中应之。事觉,虎仙等被收,土鲁番遂引去。寻逮治虎仙,竟获释,遂缘钱宁荐,与二婿皆入侍毅皇帝,赐国姓,传升锦衣指挥,从南征。至是,始追论其罪云。[1]

写亦虎仙家族是典型的西域朝贡贸易家族。例如,"写亦虎仙是哈密卫故都督佥事赛亦撒隆之侄,也是哈密人火辛哈即的女婿。他将女儿嫁给了吐鲁番速檀阿黑麻的使臣火者马黑木。其岳父火辛哈即将另一女儿嫁给了吐鲁番速檀阿黑麻的亲信牙木兰。牙木兰又以妹嫁火辛哈即侄亦思马因。这种亲戚复亲戚的关系形成了一个家族网络"[2]。

考查写亦虎仙之死,不难发现,首先是明朝内部政治斗争的结果。廷臣之间为了争权夺利,借哈密危机和甘肃之变,兴起封疆之狱,写亦虎仙案恰好成为一枚政治棋子。其次,写亦虎仙家族被诛是部分明朝官员主张闭关绝贡以示强硬的反映,实则离不开明朝国力下降的背

---

〔1〕《明世宗实录》卷8,正德十六年十一月丙子。

〔2〕张文德:《明与西域通贡往来的特点及其成因》,载《学海》,2013年第2期,第179页。

景。[1]综合来看,写亦虎仙家族的兴衰是明朝西域朝贡贸易兴衰的一个缩影。

3.3.2　土鲁番地区著名贡使及家族

土鲁番在火州西百里,距离哈密千余里,到嘉峪关有2600里。土鲁番在西域崛起,这是15世纪中叶西域政局变革的一件大事。成化九年(1473)正月,土鲁番速檀阿力侵占哈密,从此以后,土鲁番与明朝围绕哈密展开了50余年的争夺,哈密卫亦三立三绝。明朝经营哈密和土鲁番的政策,也经历了出兵征讨、闭关绝贡、开关通贡的变迁。总体说来,永乐至天顺时期,明朝与土鲁番保持了良好的朝贡关系;成化初年至嘉靖初年,明朝与土鲁番关系僵持;嘉靖七年(1528)以后,明朝与土鲁番又逐渐恢复了朝贡贸易往来。

3.3.2.1　尹吉儿察家族

土鲁番速哥尹吉儿察不仅自己先后4次朝贡,还带动儿子满哥帖木儿、侄子撒都前来朝贡,并率领家人归附明朝,居京自效,最终其子卜烟川儿也率妻儿归附明朝。这个家族两代朝贡、两代归附,深受朝廷礼遇,成为明代著名的西域朝贡家族。

据《明太宗实录》记载,速哥尹吉儿察第一次赴京朝贡是在永乐二十年(1422)十二月,史载:"土鲁番都督尹吉儿察贡马千三百匹。"[2]这次朝贡的规模比较大,进献马匹就达1300匹,足见尹吉儿察不菲的经济实力。另外,尹吉儿察已经有都督之职,说明他在此之前已经受封,或者在永乐二十年之前曾经前来朝贡,只是《明太宗实录》未具名而已。永乐二十二年(1424)三月,"土鲁番都督速哥尹吉儿察等进马,赐银百六十两,钞四百锭,彩币六十表里,纱罗、绫绸各三匹,余赐钞币有差"。[3]尹吉儿察第二次朝贡虽未留下明确进贡马匹数量,但是从朝廷赏赐来看,其贡马数量当不在少。以后,在洪熙元年七月下辛卯和宣德

[1] 参见张文德:《明代西域朝贡贸易家族的兴衰——以写亦虎仙家族为例》,载《学海》,2012年第1期,第176—177页。

[2]《明太宗实录》卷254上,永乐二十年十二月戊子。

[3]《明太宗实录》卷269,永乐二十二年三月戊戌。

·欧·亚·历·史·文·化·文·库·

元年九月壬寅,都督金事尹吉儿察又分别两次前来贡马和方物,明朝都依例给赏。

宣德元年(1426)十月,尹吉儿察在第四次朝贡之后返回土鲁番途中,做出了一个重大决定,归附明朝居住。史载:"行在礼部奏土鲁番城都督金事尹吉儿察等今还甘肃居住,凡其日用之物,请旨量给。上曰:'远人朝贡,皆是向慕中国。若待之失宜,岂不觖望。况此人已受重爵,宜令缘途有司优与饮食,陕西行都司拨与居宅,毋令失所。'"[1]朝贡夷人若愿意居住明朝边地,明朝政府都要为其安排住宅和食用之物,洪武永乐朝已经有先例,因此,这极可能是尹吉儿察向慕中原文物制度,经过慎重考虑的结果。

在尹吉儿察的带动之下,他的儿子满哥帖木儿从土鲁番前来朝贡。宣德三年(1428)七月,"土鲁番城都督金事尹吉儿察子满哥帖木儿……贡马"。明朝为了表示优抚,"赐土鲁番城都督金事尹吉儿察子满哥帖木儿等金织纻丝绸绢袭衣,及纱罗、绫䌷、绢有差"。[2]

两年以后,尹吉儿察的侄子撒都也前来朝贡。宣德五年(1430)六月,"土鲁番城都督尹吉儿察侄撒都等来朝贡马"。七月,明朝给予撒都等赏赐,"赐……土鲁番城都督尹吉儿察侄撒都等彩币表里,绢布、袭衣有差"。[3]

在侄子撒都朝贡以后,原本居住在甘肃的尹吉儿察率领家属进京,表示愿意居京报效。宣德五年七月,"土鲁番城头目都督金事尹吉儿察奏:'臣率家属来朝,愿居京师,以图报效。' 上嘉其诚,从之,赐金织文绮袭衣,命行在工部与居第、什器等物,户部给俸禄"。[4]这是尹吉儿察居住甘肃4年以后,做出的又一个重大决定。这年十一月,明英宗又命令行在户部:"土鲁番城来归都督金事尹吉儿察月俸视山后人例,于北京米钞各半支给。"[5]明代的"山后人"泛指燕山、长城、阴山以北的蒙古

---

〔1〕《明宣宗实录》卷22,宣德元年十月甲申。

〔2〕分别见《明宣宗实录》卷45,宣德三年七月癸酉,宣德三年七月戊寅。

〔3〕分别见《明宣宗实录》卷67,宣德五年六月丙戌;《明宣宗实录》卷68,宣德五年七月乙巳。

〔4〕《明宣宗实录》卷68,宣德五年七月丁巳。

〔5〕《明宣宗实录》卷72,宣德五年十一月己未。

各部。这透露出一个重要信息,即尹吉儿察的族属,他极有可能是蒙古化的畏吾儿人,曾经是土鲁番畏吾儿人头目。

归附明朝,居京自效的尹吉儿察,虽然已经4次朝贡并在内地生活多年,但是他在文化上适应明朝礼制,还得需要一定时间。明朝统治者对归附夷人不仅给予优厚的生活待遇和一定的政治身份,还要求他们尽快实现文化上的融合,即归化华夏文明。从历史记载来看,尹吉儿察居京初期,在礼仪典制方面还是有些不适应。宣德六年(1431)六月,行在鸿胪寺奏早朝文武官不至者500余人,请治其罪。明英宗命锦衣卫指挥王节等录名以进。王节等奏:"凡二、三次失朝者三百余人,余皆一次。"英宗命:"二、三次失朝者,罚俸五月。一次者释之。"王节又言:"其中,清平侯吴成、顺义伯金顺等,已支过禄米。都督尹吉儿察等是鞑官。"英宗曰:"朝参之礼,人臣不论大小皆所当谨。侯伯位高,鞑官受朝命,职亦非小,安可不谨此礼。一体罚俸,以警后来。已支过者,于来岁禄内扣除。"[1]明英宗并未因尹吉儿察是归附鞑官而网开一面,目的就是要以儆效尤,让那些归附夷人按照华夏礼仪行事。

宣德九年(1434),尹吉儿察已经去世。这年十月,他的另外一个儿子,曾任土鲁番舍人的卜烟川儿亦率妻儿归附明朝,愿意居京自效。明英宗"命卜烟川儿为正千户,赐冠带、金织袭衣、彩币、钞绢、布花有差,仍命有司给房屋器物"。卜烟川儿为什么不远千里,携妻带子前来归附呢?《明宣宗实录》载:"卜烟川儿者,已故都督金事尹吉儿察之子。初,尹吉儿察居土鲁番城,为歪思王所逐,归附来京,太宗皇帝授都督金事,后以病卒。至是,卜烟川儿来归,且告袭职,故有是命。未几,升卜烟川儿为指挥金事,而以其部属舍黑马黑麻等五人为试所镇抚。"[2]土鲁番的歪思汗大约于1418—1428年在位,尹吉儿察归附明朝至迟在1426年,说明他与歪思汗意见不合,受到驱逐。这一时期恰恰是东察合台汗国迁至亦力把里的时期,表明汗国统治集团内部发生了激烈的政治斗争。而尹吉儿察家族的朝贡经历和归附经过,均是上述这一段历史的

〔1〕《明宣宗实录》卷80,宣德六年六月庚子。

〔2〕《明宣宗实录》卷113,宣德九年十月乙丑。

佐证。

3.3.2.2　写亦满速儿

满速儿是Mansur的音译,又译写为"曼苏尔",意指援助、胜利。写亦满速儿曾经先后4次代表土鲁番速坛阿黑麻王朝贡,又适逢土鲁番与明朝交恶,侵占哈密,故而被拘留在明朝内地达6年之久,直至弘治十二年方被遣还。因此,写亦满速儿可谓弘治年间明朝与土鲁番势力争夺的见证者。

弘治四年(1491)十二月,为了表示与明朝修好,曾经侵占哈密的土鲁番速坛阿黑麻王派遣使臣写亦满速儿前来朝贡,欲修复与明朝的关系。史载:"土鲁番速坛阿黑麻王遣使臣写亦满速儿等进贡驼马方物,并献还金印一颗、城池十一座、人口五百余。"[1]明朝接受了速坛阿黑麻的诚意,于转过年的正月戊子,"赐土鲁番阿黑麻王彩段五表里,金织衣一袭"。双方又恢复了朝贡往来关系。

弘治五年(1492)五月,写亦满速儿第二次朝贡,土鲁番速坛阿黑麻派其向明朝进贡狮子。明孝宗接受了狮子,并留其夷人4名分班调养。这件事引起了朝中大臣的不同意见。礼科都给事中林元甫上言:"彼狮子番方之猛兽耳,陈之庙堂不可以备仪卫,列之军旅不可以御外患,矧其性不食草,惟嗜羊肉。奈何以有用之牲,饲无用之兽乎! 乞却之便。"[2]他建议弘治皇帝回拒狮子,认为狮子是无用之兽,空耗国帑。明孝宗虽然号称明朝的贤君,但是在豢养珍禽异兽、彰显皇权威仪、满足虚荣心方面也不比其他皇帝逊色,最终没有采纳言官林元甫的规谏。

鉴于土鲁番已经归还哈密,明朝曾经奉行的"量减赏赐以示薄责与激励"的临时政策就要调整了,不仅要恢复旧例,还要额外加赏,方示褒奖。明朝兵部会同礼部议奏:"今次赐各使臣彩段、衣服等物,自一等至五等者,宜如旧例全给之。其阿黑麻并使臣写亦满速儿等,悔过效顺,情欵可嘉,请特赐加赐,以慰其心。"[3]明孝宗予以允准。

---

〔1〕《明孝宗实录》卷58,弘治四年十二月甲子。

〔2〕《明孝宗实录》卷63,弘治五年五月乙酉。

〔3〕《明孝宗实录》卷66,弘治五年八月辛酉。

没想到,节外生枝,弘治五年十二月,迤西使臣写亦满速儿又上奏:速坛阿黑麻王另进方物。也就是说,在验关清册及审验题奏之外,满速儿还携有其他物品。按朝贡规定,贡物进收给价,其余听其自便。没想到,写亦满速儿坚持所有物品皆为贡物,都要给赏。礼部集议,认为明朝与土鲁番刚刚修好,从怀柔出发,特殊对待,下不为例。《明孝宗实录》载:"宜俯顺其情,通将方物进入。数内旧有赏例者,照例给价。无例者,宜从内府估价给与。"[1]明孝宗采纳了礼部的处理意见,并谕甘肃守边官员,以后对朝贡物品要仔细造册,免得夷人钻空子奏扰。

弘治六年(1493)二月己亥,土鲁番使臣写亦满速儿贡玉石及玻璃盏等物,明朝赐彩币有差。看样子,明朝与土鲁番的朝贡交往即将步入正轨。孰料,就在这年的四月,明朝西北哈密与土鲁番的政局再次发生重大逆转,土鲁番速坛阿黑麻率兵夜袭哈密城,哈密死者百余人。土鲁番遂杀援救的阿木郎,执哈密王陕巴而去,令其酋长牙兰据守哈密。当时,土鲁番贡使撒剌巴失等27人还未出境,写亦满速儿等39人尚在京师。

面对突发事件,兵部召集廷臣议定应对之策,大家一致认为应该拘留土鲁番贡使。"今土鲁番贡使在京师,速为发遣,与还未出境者,令甘肃守臣就彼拘留。仍请敕就本番贡使择三二人,赍示阿黑麻,谕以祸福,俟其回报。……其贡使写亦满速儿等在京者,亦令通事谕以拘留之意。"[2]就这样,因双方关系恶化,写亦满速儿使团就被拘留在京。

但是对于是否应当拘留贡使,明朝大臣内部也出现了意见分歧。礼部尚书耿裕奏:"且给赏番王物件,俱系写亦满速儿收领,若再迁延不还,必启房酋致疑,将谓俱被拘执,恶心日长,将来边衅,又未可知。乞令大通事前去会同馆,省谕各夷速还,照例送至甘肃。至于宣召赏赐之数,乞赐停止,庶几绝其觊觎之望。"[3]耿裕觉得在事发背景尚未清楚的情况下,拘留贡使于事无益,不如遣之早归,以免给土鲁番口实。明孝

〔1〕《明孝宗实录》卷70,弘治五年十二月辛酉。

〔2〕《明孝宗实录》卷74,弘治六年四月。

〔3〕《明孝宗实录》卷74,弘治六年四月壬寅。

·欧·亚·历·史·文·化·文·库·

宗觉得耿裕之言有一定道理,下召:"夷使即令回还,赏赐其即给之。尔等仍督大通事省谕,俾知朝廷柔远之意。"

弘治七年(1494)七月己丑,土鲁番又遣使来贡方物,并还所虏哈密夷人。结果被兵部右侍郎张海、都督缑谦扣押于肃州。朝廷再次集议,拿出意见:"宜行侍郎张海遣人再往开谕,如送回陕巴,献还城池,则许其朝贡;如尚不然,仍拘留其使人写亦满速儿为质。今者所贡方物,尽逐出关以绝之。"[1]看来,写亦满速儿仍处于被拘留之中。到了十一月庚戌,明孝宗再敕张海等人,如果土鲁番送还陕巴和城池,就许其朝贡,并先前拘留夷使写亦满速儿等俱发遣出关;如果陕巴并城池未曾献还,就将夷使并方物驱逐出关,以后再不许进贡,原拘夷使并赏赐之物仍拘留在边。

弘治七年十二月,兵部左侍郎张海奏报朝廷:"今阿黑麻贡使复来而陕巴尚未归,城池尚未复。臣谨遵成算,凡阿黑麻所贡方物,尽数驱逐出关,示以绝意。其前次贡使写亦满速儿等一百七十二人,仍旧拘留不遣。原给赐阿黑麻并使臣彩段诸物,悉贮之官库。当日即封闭嘉峪关,暂绝西域贡路。此后如天方国或撒马儿罕使臣来贡,仍左验放入;其来自土鲁番者,一切拒之。"[2]

弘治八年(1495)五月,镇守甘肃都督同知刘宁又提出建议:"前此肃州拘留阿黑麻贡使写亦满速儿等,请安置烟瘴处所,以正国法,且防其逸出之患。"经过兵部会议,谓:"宁等所奏多可行。惟写亦满速儿等不必安置远方,但量移陕西近地,仍官给酒食。俟阿黑麻悔过之日,并其赏赐之贮库者,悉以归之,于事体为便。"[3]明孝宗同意上述处理之策。

弘治十年(1497)十一月,土鲁番速坛阿黑麻并其兄速坛马黑木表示悔过,送还陕巴及哈密人口,乞仍通贡路。甘肃镇巡等官、太监陆訚等奏:"其撒马儿罕等七处使臣男妇五十二人,先年因冒土鲁番贡使,一

---

[1]《明孝宗实录》卷90,弘治七年七月庚戌。

[2]《明孝宗实录》卷95,弘治七年十二月丙寅。

[3]《明孝宗实录》卷100,弘治八年五月丁亥。

概拘留,今既非是,宜即放还。其先发去两广、福建安置天方国并土鲁番使臣写亦满速儿等百八十一人,因阿黑麻叛逆,各夷坐费供亿,以此发遣,待其悔过陈乞,即与遣还。今番文未见陈乞,难以取回。"[1]明朝仍然没有释放写亦满速儿等人,原因是土鲁番速坛阿黑麻并没有在番文中悔过陈乞。不过这181人也给明朝带来了巨大的供给花销。至此,写亦满速儿已经被拘中原4年有余。

时光流转,弘治十二年六月,土鲁番速坛阿黑麻遣使来贡,因请归前所安置贡使写亦满速儿等181人。兵部覆奏,谓:"阿黑麻已悔罪,宜如所请,并以原赐衣服等物留贮甘州者,悉以畀之。"[2]明孝宗予以允准。至此,被拘留在明朝6年之久的写亦满速儿终于获准回国。在此期间,他亲身经历了明朝与土鲁番的关系由缓和至恶化,再到恢复的过程,也体验了明朝对西域由闭关绝贡至开关通贡的变迁。

3.3.3　亦力把里地区著名贡使

14世纪中叶,统治中亚的察合台汗国分裂为东、西二部。东察合台汗国主要活动于别失八里(今新疆吉木萨尔)一带。"至晚在永乐十二年(1414)初,即李达、陈诚使团抵达伊犁河流域之前,马哈木王统治时期,别失八里王国已西迁至伊犁河流域——巩乃斯河上游的新疆新源县附近。"[3]从此以后,在明朝史料中称别失八里为"亦力把里"。亦力把里与明朝保持了较长时间的朝贡贸易关系。

3.3.3.1　打剌罕马黑麻哈非思

宣德二年(1427)正月,"亦力把里回回打剌罕马黑麻哈非思等贡金银器皿、羊马"。[4]二月乙亥,明朝依例赐马黑麻哈非思等"钞、彩币表里,纻丝袭衣有差"。这是打剌罕马黑麻第一次代表亦力把里朝贡。宣德三年(1428)五月,"亦力把里使臣打剌罕马黑麻等以马来鬻。有司定价:中马每匹钞三千贯,下马每匹二千五百贯,下下马每匹二千贯,骒驹

---

〔1〕《明孝宗实录》卷131,弘治十年十一月庚子。

〔2〕《明孝宗实录》卷151,弘治十二年六月己丑。

〔3〕王继光:《〈西域行程记〉与别失八里西迁考》,载《西域研究》,2007年第2期,第21页。

〔4〕《明宣宗实录》卷24,宣德二年正月戊午。

一千贯。请于陕西行都司官钞内给与"。[1]看来,第二次朝贡,打刺罕马黑麻哈非思携带了大量马匹,全部留在了陕西都司,拨给了沿边卫所官兵。宣德四年(1429)八月,马黑麻哈非思第三次入京朝贡,贡物依然是马匹。九月,明朝依例回赐钞、彩币、绢有差。

3.3.3.2　马黑麻迭力迷失

从马黑麻迭力迷失的名称来看,他是伊斯兰教苏菲派的信徒。宣德二年(1427)四月,"亦力把里歪思王遣使马黑麻迭里迷失……贡驼马及方物"。[2]这是马黑麻迭力迷失第一次朝贡,其使团规模比较庞大,达到了189人。五月,朝廷赏赐"亦力把里歪思王使臣马黑麻迭力迷失等一百八十九人……银钞彩币表里有差"。[3]为了表示明朝的优待,这年七月,明朝中央政府认命:"歪思王遣来正使马黑麻迭力迷失为指挥金事,副使马黑麻乩纳速儿刺为正千户。"[4]可见,马黑麻迭力迷失等人深受明朝政府信任。

过了10年,正统二年(1437)三月丁未,亦力把里等处也先卜花王"遣使臣马黑麻迭力迷失等来朝贡马驼方物",明英宗"赐宴并彩币等物"。这是马黑麻迭力迷失第二次朝贡,亦力把里国王和明朝皇帝都已经更替,尤显其出使之重要。这一年四月,明英宗还专门认命马黑麻迭力迷失为使臣,命其赍敕书宣谕也先卜花王曰:

> 昔尔先王在我祖宗时,累遣使朝贡。我皇考宣宗皇帝亦尝遣使答意,道出哈密伊迩王境,不虞为寇所沮,未能即至。今朕恭膺天命,主宰华夷一体,祖宗抚绥之心无间远迩。闻王已即王位,部属有所统一,朕深嘉悦。王又克绍先志,恭修朝贡,具见尔诚。特命来使赍敕并金织文绮彩币,赐王并王母、弟婿、头目等。王宜恪敦诚好,守志弗渝,庶天心鉴悦,而王子孙部属同享太平福泽于无穷也。[5]

---

[1]《明宣宗实录》卷43,宣德三年五月壬子。

[2]《明宣宗实录》卷27,宣德二年四月庚午。

[3]《明宣宗实录》卷28,宣德二年五月庚子。

[4]《明宣宗实录》卷29,宣德二年七月己亥。

[5]《明英宗实录》卷29,正统二年四月丁卯。

从敕谕中可以看出,宣德、正统年间,明朝与亦力把里保持了良好的往来关系。并且,马黑麻迭力迷失虽间隔10年,但仍然受明朝信任,因此,才认命马黑麻迭力迷失来充当宣谕使。这样的例子在明代西域贡使中也不多见,可谓殊荣了。

3.3.3.3 亦力把里贡使阿力

阿力,阿拉伯语 Ali 的音译,又译写为"阿里",是穆斯林男子常用名。明代亦力把里贡使中,称为"阿力"的共有3位,分别是满剌阿力、打剌罕阿力和阿力。满剌阿力于宣德六年(1431)八月前来朝贡,史载:"亦力把里歪思王遣使臣满剌阿力等各贡驼马方物,满剌阿力别自贡玉石及驼,其所部头目赛打力等各贡马。"[1]从记载可以看出,满剌阿力不仅代表亦力把里歪思王朝贡,自己还向明朝进贡玉石和骆驼,其部落头目也跟随朝贡并进行贸易。打剌罕阿力于宣德八年(1433)十一月壬辰来朝贡马,他具有打剌罕封号,社会地位较高。第三位阿力没有称号,他于正统十二年(1447)七月丙午,以亦力把里地面使臣身份"来朝贡马驼方物"。究竟这三位阿力只是单纯重名,还是确有家族关系,从现有资料还难以断定。

3.3.4 撒马儿罕地区著名贡使及家族

据陈诚《西域番国志》记载,撒马儿罕在哈烈之东北,向东距离陕西行都司肃州卫嘉峪关9900余里,西南距离哈烈2800余里。"地势宽平,山川秀丽,土田地膏腴。……城内人烟俱多,街巷纵横,店肆稠密,西南番客多聚于此。货物虽众,皆非其本地所产,多自诸番至者。"[2]看来,在14—16世纪,撒马儿罕是西域重要的商业集贸中心。自洪武二十年以来,撒马儿罕与明朝保持着友好往来关系,多次派遣使臣入明朝贡,一直持续到万历年间。特别是在成化至正德年间,《明实录》记载撒马儿罕向明朝派遣使臣朝贡达29次之多。

3.3.4.1 回回满剌哈非思

哈非思(Hafiz)是阿位伯语 Hifz 的音译,又译写为"哈菲兹",原意

---

〔1〕《明宣宗实录》卷82,宣德六年八月乙卯。

〔2〕〔明〕陈诚:《西域番国志》,第81页。

·欧·亚·历·史·文·化·文·库·

为"保护人""监护者",用于人名指能背诵全部《古兰经》的穆斯林。满剌哈非思是代表撒马儿罕入明朝贡的第一位使者。洪武二十年(1387)九月,"撒马儿罕驸马帖木儿遣回回满剌哈非思等来朝,贡马十五匹、驼二只。诏赐白金一十八锭"。这次朝贡极有可能是帖木儿对明朝的一次试探,他派满剌哈非思对明朝的实力进行一番实地观察和了解,为下一步对明朝采取措施提供参考。第二年,洪武二十一年(1388)九月,"撒马儿罕驸马帖木儿遣回回答术丁等五十九人来朝,贡马三百匹、驼二只。诏赐白金人六十两及钞有差"。[1]经过两次试探,帖木儿基本摸清了明朝的实力和对西域的政策,此后,开始多次派使臣朝贡。洪武二十二年(1389)十一月,回回满剌哈非思第二次赴明朝贡。史载:"撒马儿罕驸马帖木儿,遣回回满剌哈非思来朝,贡马二百五匹。诏赐白金四百两及文绮秒锭。从者俺都儿等八人,白金七百两,文绮钞锭有差。"[2]哈非思既有"回回"之称,又有"满剌"身份,他极有可能是伊斯兰教苏菲学派纳格什班迪耶教团的成员。

3.3.4.2 迭力必失

洪武二十七年(1394)九月,撒马儿罕驸马帖木儿遣酋长迭力必失等奉表来朝贡马200匹。在表文中,帖木儿称颂明太祖朱元璋"钦仰圣心如照世之杯,使臣心中豁然光明""照世杯者,其国旧传有杯,光明洞彻,照之可知世事。"[3]第二年,洪武二十八年七月,"撒马儿罕遣回回迭力必失等贡马二百一十二匹,诏赐钞有差"。[4]这是回回迭力必失第二次朝贡。从称号来看,他也极有可能是纳格什班迪耶教团的成员。

在永乐年间,又有记载撒马儿罕僧人迭力迷失和回回迭力迷赴京朝贡,此二者是否为同一人,或者永乐年间的迭力迷失与洪武年间的迭力必失是否有什么关系,亦或只是共同的称号而已,目前的资料还不能予以明确结论。兹把永乐年间迭力迷失与迭力迷的朝贡情况罗列在此

---

〔1〕《明太祖实录》卷193,洪武二十一年九月丙戌。

〔2〕《明太祖实录》卷197,洪武二十二年八月乙未。

〔3〕《明太祖实录》卷234,洪武二十七年九月丙辰。

〔4〕《明太祖实录》卷239,洪武二十八年七月戊午。

以备考。永乐十七年(1419)十月,"撒马儿罕僧人迭力迷失等贡马及方物,赐文绮、纱罗、帛各有差"。[1]此处明确记载"僧人迭力迷失",表明他就是苏菲学派成员无疑。永乐二十二年正月,"撒马儿罕回回迭力迷贡羊马……各赐钞币"。[2]此文献中的使臣"迭力迷"很显然是"迭力迷失"之误。

3.3.4.3 马黑麻舍力班家族

景泰七年三月,"撒马儿罕等地面使臣马黑麻舍力班等来朝贡马驼方物",明朝礼部上奏:"考之旧例,各分等第给赏,其一等、二等赏例太重,今难给与。"[3]马黑麻舍力班来朝贡的时期,明朝国力已然开始衰落,无力支付旧例赏赐,只能重订新例,从正使以下每一等第都有所减少。因此,马黑麻舍力班来华朝贡及其赏例具有标志性,从此以后,西域贡使均按新例接受明朝赏赐。

然而不巧的是,马黑麻舍力班还与明朝地方接待人员和礼部官员发生了冲突,冲突的具体原因无从而知,但是从史料推测,估计与明朝国力衰退,贡品审验越来越严格不无关联。《明英宗实录》记载,礼部奏:"撒马儿罕地面遣使臣指挥马黑麻舍力班等入贡,初至甘州,托故迁延,不肯赴京,坐支廪给一千七百六十余石,余物不计。及至择所贡玉石一千余块,重六十余斤,堪中者止七块。尔彼乃不听选择,自备驼车,悉载赴京。臣思马黑麻舍力班等以彼顽石,诈称美玉,名虽贡献,实则贪图。若俱进收,则虚费朝廷厚赐,使后贡夷人仿效成风。乞令内臣携玉工同本部官选择其玉,堪者进收,不堪者退还,许令自与京人交易。"[4]景泰帝允准礼部处理意见。西域贡使掺假作弊已是积弊,正统以前明朝亦不甚较真,一般不与贡使计较,主要出于怀柔远人的目的。但时过境迁,经过"土木之变",明朝国力已大不如从前,礼部迫于无奈也不得不严格审验贡物。

---

〔1〕《明太宗实录》卷217,永乐十七年十月己丑。

〔2〕《明太宗实录》卷267,永乐二十二年正月丁亥。

〔3〕《明英宗实录》卷264,景泰七年三月甲申。

〔4〕《明英宗实录》卷264,景泰七年三月戊子。

过了一个月,礼部审验马黑麻舍力班所贡玉石结果出炉:"选其堪中者仅二十四块,重六十八斤而已,其余不堪者五千九百三十二斤。"对于这一结果,礼部官员亦觉甚为难。马黑麻舍力班也不接受,坚决要求全部进贡。礼部上奏:"彼刚欲进贡,臣欲固阻之,恐失远人之意。议将玉石每五斤回赐绢一匹。"[1]景泰皇帝觉得处理得体,全部予以允准。

经过几番交涉,损失不太大的马黑麻舍力麻志得意满,又向明朝提出了一个特殊要求,即要求游览北京的清真寺,并给北京城外的祖坟扫墓。史载:"撒马儿罕等地面使臣指挥马黑麻舍力班等奏,请游在京诸寺及出阜城门外祭扫祖坟。从之。"[2]这则文献表明,马黑麻舍力班的祖先就曾经抵达北京,并最终葬在北京阜城门外,其祖先也极有可能是一位西域贡使。据日本学者田坂兴道研究,"景泰年之前及更早在阜城门外(可能就是今三里河)回教徒专用墓区已经相当大,并且是北京最主要的回教基地"。[3]由此看来,撒马儿罕的马黑麻舍力班家族也至少出过两位贡使,是西域著名的朝贡贸易家族。

3.3.4.4 怕六湾马黑麻

怕六湾马黑麻,明代史料中又称"怕六湾"或"怕六湾马哈麻"。成化十九年(1483)十月,撒马儿罕贡使怕六湾等以进狮子乞如永乐间赏例,引起了一场朝贡纠纷。怕六湾以景泰以来赏例太少,要求按照永乐年间赏例执行。礼部覆奏朝廷:"速檀阿黑麻万里遣使来贡猛兽,诚有可嘉,宜如正统四年赏例。"宫中传出明世宗旨意:"加赏彩段五表里。"但是,怕六湾仍不满意,坚持要求按照永乐赏例。礼部再提处理意见:"为岁久难从,宜于见赏例外加赐,以酬其劳。"明世宗额外再加赏,以示优礼:"正副使再加二表里,其余人加一表里。"[4]经过几番"讨价还价",怕六湾终于拿到了更多的赏赐。究其成功的原因,一是所进狮子满足

---

[1]《明英宗实录》卷265,景泰七年四月丁巳。

[2]《明英宗实录》卷266,景泰七年五月丁丑。

[3]〔日〕田坂兴道:《伊斯兰教在中国的传入及其发展》,载《东洋文库论丛》,1964年第43期,第1110页。转引自王东平:《北京三里河清真寺〈重修清真寺碑记〉笺证》,载《回族研究》,2008年第2期,第106页。

[4]《明宪宗实录》卷245,成化十九年十月戊寅。

了明世宗的虚荣心,二是进贡活物的确比其他贡品沿途花销更多些。

成化二十年(1484)九月,怕六湾第二次朝贡,明朝对其使团予以优抚,"升撒马儿罕都督金事怕六湾马哈麻为都督同知,指挥金事哈只儿辛等四人俱指挥同知。怕六湾等以西域道阻,乞从海道归,欲于长芦买食盐百引"。[1]不仅怕六湾和其他使团成员被升职,朝廷还允许他在长芦盐场购换一百盐引,这在西域贡使中是非常罕见的。说明怕六湾等人已经摸准了明朝统治者的脾气,故而每每能够得到加厚赏赐。

成化二十二年(1486)五月,怕六湾第三次朝贡,因西域贡道为土鲁番所阻,他准备从海路回国。明宪宗指派内官监太监韦洛同鸿胪寺署丞海滨,伴送怕六湾马黑麻至广东。没料到,海滨沿途教唆怕六湾等人购买妻妾。史载:"滨沿途教诱使人需索纷扰,后期始至。总镇两广太监亦奏:怕六湾马黑麻道经山东东昌府,买军民子女为妻妾。事俱下,礼部覆奏:宜置滨于法。上命锦衣卫执讯之。"[2]从这则文献推测,鸿胪寺署丞海滨极有可能是回回人,他不仅深谙明朝关于朝贡的典章制度,更了解哪里能够钻制度漏洞,又与怕六湾共同信仰,故而引诱贡使"需索纷扰",以致出现怕六湾购买东昌府军民子女为妻妾之事。明代西域贡使与伴送官员勾结,从中谋利,已经是积弊,只不过海滨和怕六湾变更了贡路,不熟悉新的环境,购买中原人口犯了贡使大忌,可能触犯众怒,所以才被纠举。此处东昌府军民子女的族属也非常值得探究,一方面因为伊斯兰教信仰,怕六湾购买的军民子女,他要考虑其宗教信仰问题;二是正统年间沙州卫的部分部众曾经被明朝政府内迁至山东平山、东昌二卫,怕六湾所购军民子女是否为沙州卫族裔,有待考证。

3.3.5 西域其他地区的贡使

除了上述西域各地的著名贡使,西域其他地区也有一些贡使为促进明朝与西域的交往做出了贡献,在历史上留下了不可磨灭的印记。

3.3.5.1 于阗满剌哈撒木丁

于阗在历史上与中原地区保持着密切的联系。明永乐皇帝"锐意

---

[1]《明宪宗实录》卷256,成化二十年九月庚子。

[2]《明宪宗实录》卷278,成化二十二年五月癸酉。

通四夷"以后,于阗派出使臣进京朝贡。据陈诚记载:"于阗有河,河中产玉。"[1]因此,玉石成为于阗朝贡的主要方物。永乐四年(1406)七月,"于阗遣使臣满剌哈撒木丁,及阿端卫指挥佥事伦只巴来朝,贡方物。赐白金钞币有差"。[2]这年十二月,满剌哈撒木丁辞归,明成祖因于阗道途险远,为了表示特别的优抚和重视,专门派遣"指挥神忠毋撒等赍玺书往谕于阗诸处头目,仍赐之织金文绮,与满剌哈等偕行"。[3]永乐六年(1408)七月,"于阗头目打鲁哇亦不剌金使满剌哈撒木丁等贡玉璞"。这是满剌哈撒木丁第二次代表于阗朝贡,永乐皇帝为了表示对打鲁哇亦不剌金的慰劳,又一次专门"命礼部遣指挥向衡等赍玺书往劳之,并赐白金彩币"。[4]明成祖两次专门派伴使护送于阗使臣,这是比较少见的,足以体现他对阿端、于阗等地战略地位的重视。此后,于阗分别在永乐十八年六月、永乐二十年正月和永乐二十二年八月派遣使臣朝贡。应当说,是满剌哈撒木丁打开了于阗与明朝内地交往之门,而其朝贡路途较之哈密、土鲁番、亦力把里等地更为艰难,因此其开创之功更加可贵。

3.3.5.2 天方火者马黑麻

天方在明代指以麦加为中心的阿拉伯地区,该地区在明英宗正统年间(1436—1449)之前,多由海路到中国朝贡。正统以后,天方亦经常有使臣经陆路丝绸之路到明朝朝贡,反映在史料上,常与撒马儿罕、土鲁番等地使臣偕同进京。正德十二年(1517)正月,明武宗"赐天方国等处朝贡使臣火者马黑麻等宴,及赏彩段绢匹等物有差"。[5]这是火者马黑麻第一次代表天方朝贡。到了嘉靖四年(1525)八月,天方国王亦麻都儿又派遣火者马黑麻出使中国朝贡,贡马驼等方物,明朝中央政府依例赏赐。从上述记载来看,火者马黑麻与其他西域使臣朝贡的经历并无二致,天方循制进贡,明朝依例赐赏。然而,在嘉靖初年,纷纷攘攘的

---

[1]《明太宗实录》卷169,永乐十三年十月癸巳。

[2]《明太宗实录》卷56,永乐四年七月丙申。

[3]《明太宗实录》卷62,永乐四年十二月乙未。

[4]《明太宗实录》卷81,永乐六年七月丁未。

[5]《明武宗实录》卷45,正德十二年正月己亥。

"议大礼"政治背景之下,火者马黑麻这一远邦贡使却几乎是被无端地卷入明朝最高层权力争斗的漩涡之中。

明世宗朱厚熜甫一登极,就谕令礼部集议其父亲兴献的尊号问题。群臣意见分成两派,一派以杨廷和、蒋冕、毛纪、毛澄为首,反对嘉靖皇帝崇尊生父,以维护正统宗法为名,实则约束新皇帝;另一派以张璁、桂萼、霍韬、席书为代表,顺承武宗遗诏和帝旨,主张尊嘉靖皇帝生父为"皇考兴献王"。双方围绕"大礼议"势同水火,展开激烈政争。明世宗是以藩王身份入继大统的,他不愿意受以杨廷和为首的前朝重臣摆布,准备借"议大礼"之机,选拔培养自己的政治班底,革新行政积弊,力图重振国势,从而提高自己接承皇位的舆论声望,巩固自身的权力基础。[1]因此,嘉靖初期的政治天平注定向所谓"议礼新贵"一方倾斜。大学士费宏为人和顺,亦为前朝旧臣,其看法虽与杨廷和一致,但是他持相对温和态度。明世宗利用这一点,分化前朝旧臣。嘉靖三年(1524)二月,杨廷和致仕后,以费宏为内阁首辅,进行政治过渡。待明世宗羽翼丰满以后,费宏也就没有主掌中枢的必要了,于是嘉靖帝、张璁不断找茬敲打疏远费宏,逼其告退归乡。天方火者马黑麻引发的外交纷争,就成为倒费的政治借口之一。

嘉靖五年(1526)三月,天方国使臣火者马黑木等入贡,礼部主客郎中陈九川拣退其玉石,所求讨蟒衣金器皿等奏俱不与题覆,没能满足火者马黑木的要求。不仅如此,陈九川还怒骂本馆通事胡士绅等。当时,提督会同馆主事陈邦俦约束过严,禁其货易,以致回夷商人各怀怨恨。对上司心怀不满的胡士绅借机发难,以朝贡回夷商人的口吻,攻讦陈九川与陈邦俦有损国体。事闻,明世宗大怒,将二陈下锦衣卫逮讯。

礼部尚书席书等言:"九川等行事乖方,不能抚顺夷人,致生怨谤,罪诚有之。然以进上之物,不得不辨验精详,而拘泥旧规,严禁夷人出入。至待通事人等礼貌过倨,遂使胡士绅挟夷情以快私忿,所属小吏蔑视部官,二臣固不足惜,恐夷人效尤,愈肆桀骜。"上曰:"九川等恣肆妄

〔1〕参见田澍:《正德十六年——"大礼议"与嘉隆万改革》,人民出版社,2013年版。

为,堂官不行举奏,反为论救,岂大臣事君之道?"[1]作为礼部的堂上官,治下出了事故,席书显然为自己属下回护。没料到,嘉靖皇帝别有用意,事情还要深挖。

果不其然,在最高层的属意下,小小的通事胡士绅继续上奏:"九川浼兵部郎中张[羽惠]转与镇抚司指挥金事张潮嘱托,及番本奏郎中字样,通事龚良臣听大学士费宏令,译作兰州字样,九川因以贡玉馈费宏制带。"原来,陈九川、龚良臣等通同作弊,把天方朝贡之玉进献给首辅费宏制作玉带,这是典型的损公肥私、讨好上司之举。事已至此,牵涉到内阁首辅,锦衣卫指挥骆安等辞不敢问,请会多官鞠之。明世宗不允,命胡士绅免于逮讯,陈九川等照前旨拷问。

费宏亦不会束手待毙,组织自己心腹论救。于是刑科给事中解一贯等言:"治狱当服人心,今不逮士绅等,不发番汉原本,独将九川等拷掠,势必诬服。治狱之道,恐不当如此。"明世宗切责解一贯等恣意回护。不久,锦衣卫奏上审问二陈的狱辞,依然回护首辅。出了事情,这么多人都或明或暗站出来替费宏打圆场,嘉靖皇帝非常不满,直接干预案件。明世宗切责锦衣卫指挥骆安等"展转支调,鞠问未明",革理刑邵辅回卫带俸,命并逮张[羽惠]、张潮、龚良臣等验问,而以夷人求讨蟒衣等,奏下礼部查覆。

这件事的最终处理结果是,陈九川侵盗贡玉及番货刀皮,陈邦俌不抚夷情,刁难货易,及张[羽惠]等听嘱张潮回护,罪行昭彰,依法论处。于是,"谪九川戍边,黜邦俌为民,降张[羽惠]远方杂职,张潮总旗,邵辅、龚良臣等俱罚俸有差"。[2]

通过天方朝贡这一外交纷争不难看出,负责朝贡事宜的明朝大小官员皆钻制度漏洞为己牟利,已成积弊,陈九川就是典型代表。而他们又拿公家利益去谋取个人前途,结成从上至下的利益链条,礼部、兵部负责朝贡外交系统的龚良臣、陈九川、陈邦俌、张[羽惠]、席书等人,负责司法监察缉查的邵辅、张潮、骆安、解一贯等人,乃至高层首辅费宏,

---

[1]《明世宗实录》卷62,嘉靖五年三月庚子。

[2]《明世宗实录》卷62,嘉靖五年三月庚子。

他们之间构成了一张复杂而庞大的关系网。嘉靖皇帝就是想破除这种官僚集团中的利益链和关系网,所以才借天方火者马黑麻朝贡之事,狠狠敲打费宏、解一贯之流。至嘉靖六年(1527)二月,费宏致仕归里。火者马黑麻和胡士绅则成为四两拨千斤的政治棋子。当然,这并非明世宗的政治手腕有多么高明,整个事件的前前后后,均少不了"议礼新贵"张璁的身影。

所以,本来一场无关痛痒的朝贡小纷争,却在嘉靖初明世宗着力打击前朝阁臣和言官,肃清吏治,推行新政,巩固皇权的大背景下,演变成一幕权力争夺的历史剧。可见,西域朝贡无论如何都脱离不开明朝的政治大环境。

正如有学者评论的那样,在明朝厚往薄来的朝贡贸易体制下,西域商旅只有充当使臣才能谋取更多的经济利益。"15世纪后期至16世纪初的丝绸之路东段之所以保持畅通,很大程度上依赖于明朝的国力。明朝中后期国势渐衰,国内保守主义势力上升,闭关绝贡的主张得到部分士大夫的认可,即便赞同通贡的士大夫也希望薄减其给赐,而不是永乐、宣德年间的厚赐。"[1]因此,明朝国力的下降决定了西域贡使和朝贡贸易家族必然走向衰落,只是时间的早晚而已。

---

〔1〕张文德:《明代西域朝贡贸易家族的兴衰——以写亦虎仙家族为例》,载《学海》,2012年第1期,第178页。

4　明朝奉使西域使者群体

　　就西域地区来说,明朝派出的"使者"是指代表皇帝或中央政府完成某种使命和办理某件事情的专门人员。他们一般由明朝官僚队伍中的成员充任,但特殊情况下,也可由西域派遣至明朝的贡使兼领使命,还可由明朝政府选派的归附人或回回商人担任。

　　使者在中国古代早已有之。最初,使者代表周天子接待邦国宾客,并奉命出使各诸侯国。周朝设有"小行人"之职,在《周礼》中为秋官司寇属官,其职责之一就是奉命出使四方。周朝还设有"行夫",掌传达邦国福庆丧荒事件时的王命,行人出使时作为随员出行。使者出行必以"旌节",故聘礼有使者上介、次介之名。到了春秋战国时期,各诸侯国之间会盟、交兵,皆赖使者传达信息,居中斡旋,许多使者皆出身于士这一阶层。秦汉时期,使者的职责进一步扩大,采访风俗,按察地方,往来周边民族地区等,盖因时而建置。隋唐以降,使者的职责划分愈为细密,"踵事增名,则有巡察、黜陟、采访、处置、按察、宣劳之类,分道而往,领命尤重"。[1]两宋时期,不仅宋、辽、金、西夏之间多有使节往来奔走,各政权与各周边国家和民族地区的交往,亦少不了使者的身影。他们具有较高的才智和品德,可谓"智略宏远,机用周敏,洽闻英藻,清节慎行",通过自己的聪明才干和英勇胆识,"揖让而中节,往复而合旨",大多能胜任使职,完成使命。

　　"不辱使命,往复合旨"这是中国古代使者的最高追求。明朝的大多数使者继承了前辈的优良传统,身历绝域,披荆斩棘,宣谕威德,传布教化,有的甚至被羁留十数载,堪称明代之苏武,不仅较好地完成了皇

---

〔1〕〔宋〕王钦若等编:《册府元龟》卷652《奉使部·总序》,台湾中华书局,1996年版,第7805页。

帝赐予的使命,还促进了明朝同周边国家和民族地区的经济与文化交往,以"称旨"留名史册。若借用《册府元龟》对使者的评价,可谓:"夫使之为善者,在乎宣王灵、达君命,奉辞而无辱,称指而获考焉。"[1]

4.1 明朝奉使西域使者的分类

中国古代的使者因衔负的使命不同,可以划分为许多类别。以唐朝为例,"唐朝派往边疆民族地区的使者,大致可以分为册封使者、吊祭使者、吊祭册立使者、宣谕使者、安抚使者、招抚使者、镇遏使者、和亲使者、征兵使者、宣劳使者、送迎使者、报聘使者、和蕃使者、会盟使者、风俗使者、责让使者、购亡人使者、告哀使者等诸多种类,分别执行着唐朝不同的边疆民族政策"。[2]从明朝派遣出使西域使者的职责来看,主要有招谕使、册封使、吊祭使、吊祭册立使、宣谕使、宣劳使、责让使、公干使、报聘使、赐物使、送迎使等,他们在明朝处理与西域各地面的关系当中发挥了至关重要的作用。

4.1.1 招谕使

招谕兼有招徕、招揽、告谕之义,对内,招谕使主要往来于敌对双方之间,用于劝降;对外,一般在新的王朝建立,或开辟新的交往关系时,中原王朝会向周边民族地区和其他地区派遣招谕使,主要目的是告谕旧的王朝已然灭亡,新的王朝已经建立,完成了改朝换代,希望各地派使前来朝贡。招谕使虽然亦赍诏往使,诏示王命,但与宣谕使仍有一定区别,其重点在于初使招揽,有劝谕归附的意味。因西部疆土仍有战事,归于一统的时间稍晚,所以明朝派往西域地区的招谕使也相对较晚。

洪武四年(1371)八月,明太祖朱元璋派遣拂菻国(今土耳其伊斯坦布尔一带)故民捏古伦持诏往谕其国王,招徕拂菻国。其诏曰:

自有宋失驭,天绝其祀。元兴沙漠,入主中国百有余年。天厌

---

[1][宋]王钦若等编:《册府元龟》卷652《奉使部·达王命》,第7806页。

[2]李大龙:《唐朝和边疆民族使者往来研究》,黑龙江教育出版社,2001年版,第29页。

其昏淫,亦用陨绝其命,华夷扰乱十有八年。当群雄初起时,朕为淮右布衣,起义救民。荷天之灵,授以文武之臣,东渡江左,练兵养民十有四年。西平汉主陈友谅,东缚吴王张士诚,南平闽越,戡定巴蜀,北靖幽燕,奠安华夏,复我中国之旧疆。朕为臣民推戴即皇帝位,定有天下之号曰大明,建元洪武,于今四年矣。凡四夷诸国,皆遣官告谕。惟尔拂菻,隔越西夷,未及报知。今遣尔国之民捏古伦,赍诏往谕。朕虽未及古先哲王之德,使四夷怀之,然不可不使天下咸知朕平定四海之意,故兹诏示。[1]

在诏书中,朱元璋叙述了中原地区自宋及元至明的朝代变迁过程,回顾了兴明灭元、救济斯民的经过,强调四夷诸国皆已遣官告谕,惟拂菻远隔西夷,未能及时报知,故有派遣捏古伦之使,希望拂菻国能够前来朝贡,保持往来关系。但是,关于这次捏古伦出使的详细经过,没有更多的汉文资料记载,综合相关资料分析,捏古伦并非一人出使,而是组成了一个使团,他们可能并没有通过陆路丝绸之路赴拜占庭,极有可能是通过海上丝绸之路回国告谕的。到了洪武八年(1375)九月,"三佛齐国王僧伽烈宇兰遣其臣谈蒙马哈麻等,从招谕拂菻国朝使普剌等来朝,表贡方物。诏赐其王织金文绮纱罗二十四匹,使臣绮罗各二匹,译使从者人赐帛一匹"。[2]三佛齐为印度尼西亚苏门答腊岛的古王国,从这则史料可以看出,招谕拂菻国朝使普剌即是从海上丝绸之路往来的,而且明确了普剌的身份是"招谕拂菻国朝使"。

明朝通过陆路丝绸之路与西域地区往来,最早应是在洪武十四年(1381)五月。尽管在此之前,《明太祖实录》中多次出现关于西域的记载,但是其所指皆非嘉峪关以西地区。而且,洪武时期明朝的京师在应天府(南京),其"西域"的概念是以南京为参照系的。比如,洪武二年十一月庚寅,西域僧班的达及其徒古麻辣室哩等12人自中印度来朝。洪武三年(1370)三月,明朝给日本国的诏书中称"西域诸种番王各献良

---

[1]《明太祖实录》卷67,洪武四年八月癸卯。

[2]《明太祖实录》卷101,洪武八年九月丙戌。

马,来朝俯伏听命"[1]。洪武三年六月,"命僧克新等三人往西域招谕吐蕃,仍命图其所过山川地形以归"。[2]可见,上述史料中的"西域"所指或为西番、或为吐蕃、或为中印度,尚未及嘉峪关以西地区。

洪武三年六月戊寅,明朝遣使赴"西域畏兀儿"地区,但是这里的"西域畏兀儿"并非位于嘉峪关以西,而是元代迁居甘肃永昌和河州地区的畏兀儿。史载:"遣使持诏,谕云南、八番、西域、西洋、琐里、爪哇、畏吾儿等国。"其诏曰:

> 自古为天下主者,视天地所覆载,日月所照临,若远若近,生人之类,无不欲其安土而乐主,然必中国治安而后四方外国来附。近者元君妥欢帖木儿荒淫昏弱,志不在民,四方豪杰,割据郡县,十去八九。朕悯生民之涂炭,兴举义兵,攘除乱略。天下兵民尊朕居皇帝位,国号大明,建元洪武。前年克取元都,四方以次平定。其占城、安南、高丽诸国,俱已朝贡。今年遣将巡行北边,始知元君已殁,获其孙买的里八剌,封为崇礼侯。朕仿前代帝王治理天下,惟欲中外人民咸乐其所。又虑汝等僻在远方,未悉朕意,故遣使者往谕,咸使闻知。[3]

通过诏谕不难看出,朱元璋的用意非常明显,那就是让那些对前元势力抱有幻想,政治上摇摆不定的云南、八番、西域畏吾儿等各处,尽早输诚朝贡,归附明朝。这次遣使招谕取得了一定效果。洪武三年八月,"故元高昌王和尚、岐王桑哥朵儿只班以其所部来降"[4]。和尚又作"和赏",桑哥朵儿只班又作"桑加朵儿只"。洪武四年(1371)正月,明朝分别设有岐山卫和高昌卫,以桑加朵儿只为高昌卫指挥同知。因此,这次明朝与畏兀儿发生关系,亦不是嘉峪关以西地区。

直到洪武十四年五月,在明朝都督濮英用兵西域,接连取得军事胜利的情况下,哈密回回阿老丁被迫前来朝贡,明朝才与嘉峪关以西的西

---

〔1〕《明太祖实录》卷50,洪武三年三月戊午。

〔2〕《明太祖实录》卷53,洪武三年六月癸亥。

〔3〕《明太祖实录》卷53,洪武三年六月戊寅。

〔4〕《明太祖实录》卷55,洪武三年八月丙寅。

域地区正式建立了往来关系。史载:"五月,乙酉,朔,哈梅里回回阿老丁来朝贡马。诏赐文绮,遣往畏吾儿之地招谕番酋。"[1]明太祖朱元璋不但嘉赏了回回阿老丁,还以其为使者,命其往西域畏兀儿之地进行招谕。

为了适应和保障明朝与西域的正常交往关系,朱元璋还命翰林侍讲火原吉等编类《华夷译语》。"上以前元素无文字发号施令,但借高昌之书制为蒙古字,以通天下之言。至是,乃命火原吉与编修马沙亦黑等,以华言译其语,凡天文、地理、人事、物类、服食、器用,靡不具载。复取元秘史参考,纽切其字,以谐其声音。既成,诏刊行之。自是使臣往复朔漠,皆能通达其情。"[2]

洪武二十二年(1389)十一月,明太祖朱元璋为了打开西域局面,再派来降太子八郎、镇抚浑都帖木儿为招谕使者,前往西域哈密招谕兀纳失里。朱元璋不厌其烦,再次申明元朝势力已经溃散,明朝已经稳定国基,希望他早日归顺。其诏曰:"故元番将降附者接踵而至,凡两遣兵直抵漠北。时称帝者脱古思帖木儿,奔往也速迭儿之地,遂遇害,其余士马为知院捏怯来、国公老撒、丞相失烈门三人所有,今已悉来降附,朕处于美水草、蕃畜牧之所,俾乐生安业。朕今主宰天下,遣使告谕尔兀纳失里大王知之,如有所言,使还其具以闻,朕有以处之。"[3]朱元璋还特别强调,如果兀纳失里有什么想法,可以派二使者回报,实际上是给兀纳失里留有协商的机会和余地。

但是,明太祖这次遣使并没有达到预期的效果。兀纳失里小觑明朝军事实力,非但不忠心归顺大明,还骚扰西域丝绸之路。"西域回纥来朝贡者,多为哈梅里王兀纳失里所阻遏。有从他道来者,又遣人邀杀之,夺其贡物。"[4]别无选择的明朝君臣,外交努力失败以后,只好派刘真、宋晟兴兵讨伐哈密兀纳失里,并一举荡平了西域交通咽喉上的政治

[1]《明太祖实录》卷137,洪武十四年五月乙酉。
[2]《明太祖实录》卷141,洪武十五年一月丙戌。
[3]《明太祖实录》卷198,洪武二十二年十一月甲子。
[4]《明太祖实录》卷211,洪武二十四年八月乙亥。

114

威胁。

　　总体上看来,洪武年间向西域派出的招谕使多用前元降附故人,或者以西域贡使兼任明朝使者,因此以蒙古人和回回人居多。由于明朝的实力伸展到西域需要一个过程,所以这些招谕的影响受到了限制,朱元璋对一些回回使者也并不满意。比如,洪武二十五年(1392)二月,他谈道:"先是,尝遣回回使西域诸国,留其家属居于西凉,逗留五年不还。"[1]明朝统治者甚至怀疑这些回回使者内外勾结,觇视中国。

　　明成祖通过"靖难之役"登上皇位之初,社会舆论对其非常不利,因此,他积极地向四方派出招谕使,一方面宣传自己已经成为明朝皇帝,另一方面争取各方的支持,营造外部良好的舆论氛围。

　　洪武三十五年(1402)十二月,明成祖"遣使赍诏谕哈烈、撒马尔罕等处,并赐其酋长金织文绮"。[2]就在同一天,他还"遣使赍诏谕别失八里王黑的儿火者,并赐之彩币"。另外,明成祖也派出使者前往哈密抚谕。永乐元年(1403)十一月,"先是,上遣使臣亦卜剌金等赍诏往哈密抚谕,且许其以马入中国市易,至是来朝贡马"。朱棣的招谕之策取得了较好的效果。哈密安克帖木儿遣使臣马哈木沙浑都思来朝贡马190匹,向明朝示好,"其市易马四千七百四十四,上命悉官偿其值,选良者十匹入御马监,余以给守边骑士"。[3]为了表示对哈密地区的重视和优抚,明成祖亲赐哈密使臣马哈木沙浑都思等金织文绮衣各一袭,钞各百锭,及纻丝表里等物,还特命礼部赐安克帖木儿银百两、纻丝十表里。

　　宣德七年(1432)正月,明宣宗朱瞻基派遣中官李贵出使西域哈烈等国,他在给哈烈沙哈鲁锁鲁檀的敕书中谈道:"朕皇祖太宗文皇帝临御之日,尔等恭事朝廷,遣使贡献,始终一心。朕恭膺天命,即皇帝位,主宰天下,纪元宣德,小大政务一体皇祖皇帝奉天恤民、一视同仁之心。前遣使臣赍书及彩币往赐,道梗而回。近闻道路以通,特遣内官李贵等赍书往谕朕意。其益顺天心,永笃诚好,相与往来,同为一家,经商

---

〔1〕《明太祖实录》卷216,洪武二十五年二月癸亥。

〔2〕《明太宗实录》卷15,洪武三十五年十二月甲寅。

〔3〕《明太宗实录》卷25,永乐元年十一月甲午。

生理,各从所便。"[1]看来,时间已至宣德七年,西域有些地区仍不了解中原王朝的政局变化,故此才有明宣宗派李贵出使西域的招谕之举。他在敕书中明确提出,明朝希望与西域各地"永笃诚好,相与往来,同为一家,经商生理,各从所便",绝不进行政治干涉。

到了天顺七年(1463)二月,明英宗"以中夏义安而远蕃朝贡不至,分遣武臣赍玺书、彩币往谕"[2]。这次派遣的使团多,规模大,据《明英宗实录》记载:"命都指挥同知海荣、指挥使马全使哈烈,指挥使詹昇、葛春使撒马儿罕,指挥同知刘福、普贤使哈失哈儿,都指挥佥事白全、百户白暹使阿速,都指挥同知桑斌、正千户刘海使土鲁番,都指挥同知古儿赤、都指挥佥事金贵使哈密,都指挥同知柏贵、副千户杨贵使乩加思兰,俱赐敕遣之。"[3]这是明朝中期规模较大的一次招谕出使行动。

4.1.2 册封使

册封使亦称为"册立使",是明朝派往西域有关民族地区,授予其首领明朝王爵或封号的使者。明朝派遣至西域地区的册封使主要在哈密一带活动。

永乐二年六月,明朝册封哈密安克帖木儿为忠顺王。当时,安克帖木儿遣使来朝,表请赐爵。明成祖命礼部尚书李至刚会同太子太傅、成国公朱能等商议,大臣们认为:"安克帖木儿兄忽纳失里元封威武王,改封肃王。忽纳失里卒,安克帖木儿继为肃王。今既内属,宜仍王爵而改封之。"明成祖曰:"前代王爵,不足再论。今但取其能归心朝廷而封之,使守其地,绥抚其民可也。"[4]朱棣指出,元朝是否册封哈密不能视作赐爵理由,关键是看安克帖木儿能否忠心归顺朝廷。于是,明朝派遣指挥使霍阿鲁秃为册封使,赍敕书封安克帖木儿为哈密忠顺王,并赐之彩币,以示褒奖。这是明朝在西域册封的第一个王爵。当年十一月己亥,哈密忠顺王安克帖木儿就遣使兀鲁思等贡马谢恩。

---

〔1〕《明宣宗实录》卷86,宣德七年正月丁卯。

〔2〕《明史》卷332《西域四·哈烈》,第8611页。

〔3〕《明英宗实录》卷349,天顺七年二月辛未。

〔4〕《明太宗实录》卷32,永乐二年六月甲午。

永乐九年(1411)十月,明朝派遣指挥程忠赍敕封哈密兔力帖木儿为忠义王。这是既忠顺王之后,明朝在西域地区册封的第二个王爵。明成祖在敕书中曰:"哈密近在西境,曩命脱脱为忠顺王,俾抚治军民。乃肆为凶骜,暴虐下人,慢侮朝使,天地鬼神不容,致其遽没。尔兔力帖木儿,忠谨诚恪,众所推服,特封为哈密忠义王。赐印诰及彩币二十匹,玉带一。世守本土,抚其部属,恭修臣节,毋替朕命。"[1]

根据《明实录》的相关记载,兹整理明朝派遣西域的册封使臣活动如下表4-1:

表4-1 明朝奉使西域册封使

时间	使臣	身份	册封	文献出处
永乐二年六月甲午	霍阿鲁秃	指挥使	哈密忠顺王安克帖木儿	《明太宗实录》卷32
永乐三年三月己亥	(未具名)		哈密忠顺王脱脱	《明太宗实录》卷40
永乐九年十月癸卯	程忠	指挥	哈密忠义王兔力帖木儿	《明太宗实录》卷120
宣德元年正月庚戌	(未具名)		哈密忠顺王卜答失里	《明宣宗实录》卷13
宣德三年正月庚寅	(未具名)		哈密忠义王脱欢帖木儿	《明宣宗实录》卷35
正统四年十二月戊寅	张信	金吾左卫都指挥佥事	哈密忠顺王哈力锁鲁檀(倒瓦答失里)	《明英宗实录》卷62
	牙鹘(牙忽)	锦衣卫指挥同知		
天顺元年九月癸酉	贺玉 金贵	都指挥	哈密忠顺王卜列革	《明英宗实录》卷282
弘治元年二月丁未	(未具名)		哈密忠顺王罕慎(敕印未至)	《明孝宗实录》卷11
弘治二年八月乙卯				《明孝宗实录》卷29
弘治五年二月丙寅	(未具名)		哈密忠顺王陕巴	《明孝宗实录》卷60
弘治十八年十月丙辰	(未具名)		哈密忠顺王速坛拜牙即	《明武宗实录》卷6

---

[1]《明太宗实录》卷120,永乐九年十月癸卯。

·欧·亚·历·史·文·化·文·库·

从上表可知,明朝在西域共册封了2个王爵10位王,考虑到哈密地区的政局走向和当地各部族的接受与否,明朝哈密忠义王只册封了两代。其中,弘治元年(1488)二月,明朝册封的哈密忠顺王罕慎,还未及接受敕书、印信和冠服,就被土鲁番速坛阿黑麻所杀。另外,从已知使者的身份来看,全是武职官员,这也是明代奉使西域使臣的一个鲜明特征。

4.1.3 吊祭使和吊祭册立使

吊祭使是明朝派往西域地区凭吊祭祀各地面首领的使者。西域各政治实体的首领去世以后,消息传报到京,明朝视关系亲疏,会派出吊祭使赴该处赐祭。

永乐六年(1408)二月,明成祖遣使赐祭别失八里王沙迷查干。"时中官把泰、鸿胪寺丞刘帖木儿不花等使别失八里还,言沙迷查干卒,弟马哈麻嗣立。上以沙迷查干能归顺朝廷,遂遣把泰等赐祭,仍遣玺书赐马哈麻文绮衣二袭、文绮表里各十。"[1]沙迷查干曾经助明朝征讨鬼力赤,故而受到明朝的优礼。

永乐九年(1411)三月,哈密忠顺王脱脱去世,明朝派遣都指挥张鬼力赤、梁北斗奴,指挥徐晟为使臣,赴哈密赐祭。其敕曰:"朕拔尔于斯养艰难之中,封尔为王,遣归哈密,承继宗祀。尔乃沉湎于酒,不治国事,肆为无道。方谕尔改过,尔遽云亡,盖尔自绝于天也。慨念平昔抚育尔之恩,特遣人谕祭,尔其享之。"虽然敕书中直白表露出明成祖对脱脱的失望,但是亡人为大,明朝念及抚育脱脱之情及哈密的重要地位,仍遣官赐祭。并敕谕都指挥哈剌哈纳:"尔恭事朝廷,始终一致,简在朕心。今特升尔为都督佥事,赐彩币十表里、白金百两。命尔镇守哈密,其善抚军民,益坚忠诚,以副朕意。"[2]

永乐十四年(1416)三月,别失八里王马哈麻侄纳黑失只罕遣使哈只等贡马及方物,并上报马哈麻王已经去世,且没有子嗣。明成祖派遣中官李达、给事中傅安等往祭马哈麻,"仍以玺书命纳黑失只罕嗣为王,赐金织文绮、盔甲、弓刀,并赐其母彩币"。当听闻别失八里与哈烈互有

---

〔1〕《明太宗实录》卷76,永乐六年二月甲午。

〔2〕《明太宗实录》卷114,永乐九年三月戊辰。

矛盾,蓄意争斗时,朱棣复赐玺书"谕纳黑失只罕并哈烈,俾各释怨睦邻,保其民人以享太平之福"。又听闻,"别失八里头目忽歹达事其主四世,国人信服,今能赞辅纳黑失只罕"[1],亦赐玺书彩币加劳之。明朝这次遣使别失八里,既吊祭马哈麻王,又有扶立纳黑失只罕之意,只不过别失八里王不是明朝册封的王爵。

明朝派往西域的还有吊祭册立使,即当原首领去世,其子、弟、侄或他人等已经被部众拥立处理政事,这时朝廷为了简便处理,稳定局势,往往把吊祭和册立合二为一。比如,前文提到的哈密忠顺王脱脱。永乐三年(1405)三月,哈密头目命遣使来报,忠顺王安克帖木儿卒。明成祖命"礼部遣官赐祭,诏以脱脱袭封忠顺王,送还哈密"。脱脱本是安克帖木儿兄子,自幼俘入中国。明成祖即位后,访求得之,抚养甚至。"及闻安克帖木儿死,无嗣。欲以脱脱往嗣其爵,恐其众不从,尝遣回回可察吉儿等访其祖母速可失里及其头目。至是,哈密头目来告丧,且请脱脱还抚其众。乃命脱脱袭封忠顺王,赐印诰、玉带、文绮,并赐其祖母及母文绮表里。"[2]

再如,宣德元年(1426)正月,明宣宗"遣使祭故哈密忠义王兔力帖木儿,仍命其侄卜答失里嗣封忠顺王"。[3]这也是一次把吊祭和册立放在一起的例子。明宣宗在敕书中还特别强调:"惟尔哈密,近在西境。昔我皇祖太宗皇帝临御之日,尔大小官员、军民人等,能识达天命,竭力效忠,恪修职贡,是以朝廷眷待,弥久弥厚。朕今绍承先皇帝之志,用广一视同仁之德,特遣使赍诏往谕:凡尔哈密大小官员、军民人等,自诏书至日以前所犯罪无大小,悉赦不问。尔等自今宜笃初心,归诚朝廷,安处本境,打围飞放,自在生理,庶以永享太平之福。"[4]可见,明朝派出的吊祭册立使并非简单地传递皇命,朝廷更关注的是稳定西域地方局势,实现权力的平稳过渡,因此吊祭册立使的重要性更加突显。

---

[1]《明太宗实录》卷174,永乐十四年三月壬寅。

[2]《明太宗实录》卷40,永乐三年三月己亥。

[3]《明宣宗实录》卷13,宣德元年正月庚戌。

[4]《明宣宗实录》卷13,宣德元年正月庚戌。

4.1.4　安抚使和宣慰使

明朝往西域派遣安抚使的目的,就是安抚各地方少数民族部众,对于他们的首领表示认可和满意,希望各地继续依照前例向明朝朝贡。比如,宣德元年正月,"遣使往抚别失八里王歪思……赐之纱罗、锦绮有差,以其勤修职贡故也"。[1]歪思汗(Awais Khan 或 Vais Khan)是别失八里王纳黑失只罕的从弟,他于永乐十六年(1418)之前弑杀纳黑失只罕而自立为王,并将王庭迁往亦力把里。很显然,明朝对其篡逆行为并没有过多干预,而且歪思汗亦不断向明朝遣使朝贡,所以至明宣宗时,朝廷已经认可其主政亦力把里,才会派出使臣前往安抚。

永乐十一年(1413)十一月,别失八里王马哈麻、火州王子哈三、土鲁番万户赛因帖木儿、柳城万户观音奴,俱遣使从给事中傅安等贡名马、海青。明成祖赐赉其使有差,同时又派遣使者"赍敕慰谕马哈麻等,并赐之彩币"。[2]明朝通过这种朝贡回赏和给赐,拉拢西域各地面政治势力向中原内地归服,收到了抚慰西域少数民族上层人物的效果。

受传统等级礼制的局限,明朝对于西域各地面政治首领的至亲过世不可能全部遣官赐祭,有时还需处理其他需要抚平的问题,在这种情况下,朝廷也会派遣宣慰使前往示意。比如,永乐十二年(1414)十月,有使西域还者言:"别失八里王马哈麻王之母及弟相继卒。"明成祖命"给事中傅安等赍敕慰问,并赐之文绮表里"[3],对马哈麻王的至亲去世表示哀吊,同时也是对马哈麻王的一种安慰。

4.1.5　宣谕使

宣谕使是明朝向西域各地派遣的传达皇帝谕旨的使者,这一类使者在明朝奉使西域的使臣之中占有较大的比重。他们有的是明朝官员,也有的是西域各地的贡使来兼任的。

永乐五年(1407)四月丁酉,别失八里王沙迷查干遣使脱亦不花等贡玉璞及方物,并以撒马儿罕为其先世故地为由,请求明朝出兵帮助收

---

〔1〕《明宣宗实录》卷13,宣德元年正月己酉。

〔2〕《明太宗实录》卷145,永乐十一年十一月辛丑。

〔3〕《明太宗实录》卷157,永乐十二年十月壬辰。

复撒马儿罕。明朝廷臣经过仔细考量,决定不介入西域的地区争端。于是明成祖命礼部宴赍脱亦不花等,而遣中官把秦、李达,鸿胪寺丞刘帖木儿等,赍玺书谕沙迷查干曰:"宜审度而举事,慎勿轻动以取危辱。"[1]并赐之彩币,令把泰等与脱亦不花等偕行。实际上,明朝在敕谕中亮明了态度,一是不会出面调和别失八里与撒马儿罕的纠纷,二是希望沙迷查干不要轻举妄动,因为别失八里的实力不足以与撒马儿罕抗衡。

永乐八年(1410)二月,哈烈沙哈鲁把都儿遣头目迷儿即剌等贡方物,并汇报了西域局势。沙哈鲁把都儿是帖木儿的第四子,在帖木儿去世后,为了争夺王位,与侄子哈里兵戎相见。明朝借哈烈使臣回国之机,派遣都指挥白阿儿忻台等出使西域,表明不干预、不出面调停,希望双方息兵的主张。其敕曰:"天生民而立君以长之,使各遂其生。朕统御天下,一视同仁,无间遐迩。屡尝遣使谕尔,尔能恭修职贡,抚辑尔民,安于西陲,朕甚嘉之。然比闻尔与侄哈里构兵相雠,朕为恻然。夫一家之亲,恩爱相厚,足制外侮。亲者尚形乖戾,疏者何得和同。自今宜休兵息民,保全骨肉,共享和平之福。"[2]

除了明朝派遣的本朝官员出任宣谕使外,在大多数情况下,为了简便行事,明朝则会以西域各地朝贡的贡使兼任明朝使者,传递明朝的态度和立场。

比如,正统五年(1440)十二月丙戌,哈密忠顺王倒瓦答失里遣使臣哈斤等贡马驼、玉石和梧桐碱等物。正统六年(1441)正月,哈密使臣打剌罕哈斤等陛辞,明英宗命其赍敕并彩币,赐忠顺王倒瓦答失里。敕曰:"先差故都督佥事术纳次男、副千户撒满赤来朝,并奏撒满赤发觉皮剌纳谋叛之事。朕嘉其为尔尽忠,准袭父职,厚加赏赍遣回。及王差千户早丁朝贡到京,又得王母与哈只书云:'撒满赤与皮剌纳有同谋杀害之情,乞朝廷不必放回,庶免后患。'已准所言,遣人驿召至京,就留居

---

[1]《明太宗实录》卷66,永乐五年四月丁酉。

[2]《明太宗实录》卷101,永乐八年二月丙午。

住。特谕王知之。"〔1〕这道敕书显然是由哈密使臣打剌罕哈斤赍归的,明英宗在敕书中把扣留撒满赤的前后经过告谕哈密忠顺王倒瓦答失里。原来,正统五年九月,倒瓦答失里派遣撒满赤奏报朝廷,说都督皮剌纳潜通胡寇猛哥卜花,欲谋杀哈密忠顺王兄弟,倒瓦答失里终为撒满赤等人奋力所救,幸免于难。明英宗宣谕得非常清楚,对于倒瓦答失里的宠臣撒满赤,朝廷本欲嘉其尽忠,但是倒瓦答失里不应该蒙蔽朝廷,因为明朝通过另外渠道,即哈密王母努温答失里处获知,撒满赤与皮剌纳有同谋行径,谋杀倒瓦答失里兄弟。换句话说,撒满赤的背后主使就是倒瓦答失里,是他想杀戮同宗兄弟,对于这一点,明朝综合各方情报,已经洞悉实情。因此,"特谕王知之"实际上是给倒瓦答失里留足了面子,同时也是给予其敲打警示。

4.1.6　宣劳使

宣劳使是明朝派遣嘉奖西域诸地面首领的使者。在西域各政治实体诚心归附明朝,按例朝贡,或护送贡使,维护贡路畅通,或传报西域重要情报,为明朝决策提供重大参考,或派兵协助明朝军方行动等,明朝都会派出宣劳使,以示褒奖。

明朝往西域派遣的第一支宣劳使团,即在洪武二十四年(1391)九月,主事宽彻、监察御史韩敬、大理评事唐钲被派往西域,以书谕别失八里王黑的儿火者汗。明太祖朱元璋在敕书中先是强调自己受命于天,一统华夏,并且通过捕鱼儿海之战,消灭了故元残余势力。接着对黑的儿火者汗表示了嘉赏:"其间有称自撒马儿罕等处来贸易者凡数百人,遣使送归本国,今三年矣。使者归尔别失八里,王即遣使来贡,朕甚嘉焉。王其益坚,事大之诚,通好往来,使命不绝,岂不保封国于悠久乎! 特遣使嘉劳,其悉朕意。"〔2〕

永乐三年(1405)四月,明成祖遣使以彩币赐别失八里王沙迷查干。"时哈密忠顺王安克帖木儿为鬼力赤毒死,沙迷查干率兵讨鬼力赤

---

〔1〕《明英宗实录》卷75,正统六年正月甲子。

〔2〕《明太祖实录》卷212,洪武二十四年九月乙酉。

之罪。上闻而嘉之,故赐之。仍赐敕令与嗣忠顺王脱脱惇睦。"[1]

永乐十七年(1419)三月,因哈密对明朝派往西域的使臣能够诚心接待和护送,明朝专门派使臣对哈密上层人物进行了奖赏。"遣中官李信、林春使哈密,赐忠义王兔力帖木儿绮帛各七十匹,并赐其母及妃金珠固姑冠服,并绮、帛、布有差。故忠顺王子卜答失里及哈密所部头目法虎儿丁等,亦各赐绮、帛。以朝使自西域还者言其能致礼延接故也。"[2]由于明朝以哈密领西域职贡,故而嘉奖哈密也并非一次。再如,正统七年(1442)二月,明英宗遣使赍敕并彩币表里往赐哈密忠顺王倒瓦答失里,"嘉其能遣人护送亦力把里等处使臣来朝并修职贡故也"。[3]

宣德时期,明朝中央政府还对西域各地进行了一次较大规模的宣劳奖赏,希望各地能够继续顺心朝贡,不辜负朝廷厚望。宣德三年(1428)正月,"遣内官李信、林春、李贵、郭泰等赍敕及金织文绮表里,往亦力把里、别失八里、亦昔阔、哈烈、马绰儿、八剌黑城、把答失罕、撒马儿罕、赛蓝城、扫郎城、达失干城、失剌思、亦思弗罕及坤城等处,赐其王及头目,盖嘉其遣使朝贡也。以信等道过沙州、赤斤蒙古二卫,并赐掌卫事都指挥佥事困即来、指挥薛迭古等金织文绮、彩币有差"。[4]

应当说,明朝中央政府对西域朝贡还是非常重视的,因此除了丝绸之路上的交通要道哈密和别失八里以外,明朝对撒马儿罕也多次给予宣劳。比如正统十年(1445)七月,撒马儿罕等处兀鲁伯苦(曲)列干王等遣使臣伯颜答巴失等来朝贡马驼、金钱豹、玉石等物。到这年十月,明英宗书谕撒马儿罕兀鲁伯曲列干王曰:"王远处西陲,恪修职贡,今复遣使臣伯颜答八失等以方物来贡。眷此勤诚,良足嘉尚。使回,特赐王并妻及王子阿不都剌阿即思巴哈都儿等彩币表里,以示朕优待之意,至可领之。"仍别敕颁赐金玉器皿及龙头拄杖、玉事件、细马鞍、各色织金

〔1〕《明太宗实录》卷41,永乐三年四月庚辰。

〔2〕《明太宗实录》卷210,永乐十七年三月己酉。

〔3〕《明英宗实录》卷89,正统七年二月壬戌。

〔4〕《明宣宗实录》卷35,宣德三年正月癸巳。

纻丝衣料等物,俱命伯颜答八失等赍与之。[1]

4.1.7　责让使

当西域各地发生不安定因素,威胁明朝边疆安全,或西域各政治实体统治阶层没有按照明朝敕谕行事,造成不良后果时,明朝中央政府会向西域派遣责让使,对相关当事人进行谴责,并督促其进行纠正。

永乐四年(1406)正月,甘肃总兵官西宁侯宋晟上奏,哈密忠顺王脱脱为其祖母速可失里所驱逐,统治不稳。因脱脱为明成祖一手培养和扶立,朝廷曾经遣使就脱脱袭封忠顺王一事征求过速可失里及哈密众头目的意见,就是为了防止哈密部众不服。在得到上述诸人认可后,明朝方命脱脱之国。没想到事情还是发生了反复。故而朱棣接到奏报非常气愤,派遣责让使,敕谕哈密大小头目曰:

> 安克帖木儿死,朕念一方之人,无所统属,其侄脱脱久在朝侍卫,朕抚之如子,遂令袭封王爵,仍回哈密,承其宗祀,抚绥其人。比闻其祖母以脱脱不能曲意奉承,一旦逐出之。然脱脱朝廷所立,虽其有过,不奏而擅逐之,是慢朝廷。老人昏耄,任情率意,不顾礼法如此! 尔大小头目亦不知有朝廷,故坐视所为而不言耶? 朕念此事,初非出汝等本心,故持敕往谕尔等,宜即归脱脱,俾复其位。尔等尽心赞辅之,善事祖母,孝敬如初,则尔哈密之人,亦永享太平之福于无穷。[2]

通读这道敕谕,不难品味出明成祖俨然是在以封建大家长的口气在训诫属下,威严而又合情理,施压而又留有余地,这是中国古代封建王朝控制藩属的一种常用方法。他先是以"脱脱久在朝侍卫,朕抚之如子"明确脱脱之于明朝的关系和地位。接着,进一步向哈密头目施压,斥责他们"不奏而擅逐之,是慢朝廷"。然后,语气一转,以一句"老人昏耄,任情率意"将驱逐脱脱的责任全部推到祖母速可失里一人身上。随后,他以近似嗔怪的口吻,训斥"尔大小头目亦不知有朝廷,故坐视所为而不言耶?"最后,他进一步强调"朕念此事,初非出汝等本心",安抚了哈

---

[1]《明英宗实录》卷134,正统十年十月癸卯。

[2]《明太宗实录》卷50,永乐四年正月辛酉。

密众头目,并施以利诱"宜即归脱脱,俾复其位……永享太平之福于无穷"。明成祖还为哈密描述了儒家理想的社会秩序,"尽心赞辅,善事祖母,孝敬如初,永享太平",时刻不忘"教化四夷",而实际上则是要求哈密服从明朝统治。这道敕谕的语气和措辞还折射出这样一种信息,即明王朝已经做好了准备,如若哈密政局有变,明朝一定出兵干预。

永乐八年(1410)十一月,明朝派遣指挥毋撒等使哈密。"时上闻忠顺王脱脱沉湎于酒,昏愦颠越,凌辱朝使。部下哈剌哈纳、买住、那那等谏之不从,故遣使戒谕。而复谕哈剌哈纳等令善辅之。"[1]这是对哈密忠顺王脱脱比较严厉的戒谕,言辞直白,切责其弊。

为了实现惩前毖后的目的,明朝在责让使所宣谕的敕书中,往往软硬兼施,既指出应该如何纠正,前途光明,又明确不遵从上谕的后果,多带有威胁的语气。比如,正统二年(1437)八月,迤西使臣阿蓝火者陛辞,明英宗就让他带上明朝的敕书回去给朵儿只班复命。敕谕之曰:"尔等比遣殿中阿鲁奏,欲率众来归。复遣知院伯蓝火者贡马,具见诚敬。数年来,尔等屡寇我边,朕宥不问。今瓦剌顺宁王脱欢及哈密、河州、赤斤、罕东并兀良哈等处,俱遣使奏请合兵征讨。朕以帝王视天下为一家,不忍加兵以毒尔众。尔果来听,就近边视水草便利处居牧,并永享太平。若仍不悛,朕将从瓦剌等所请,尔悔不及矣。"[2]

自脱脱以后,哈密受土鲁番的胁迫,与明朝的关系渐行渐远,因此哈密统治者经常受到明朝中央政府的谴责,忠顺王倒瓦答失里即是一例。

正统五年(1440)十一月,明英宗因哈密使臣狂慢无礼,扰乱朝贡秩序,遣使敕谕哈密忠顺王倒瓦答失里曰:"朕体天地祖宗之心,怀柔万方,凡四夷遣使朝贡,皆优待以礼,而使臣亦皆感恩奉法,罔弗虔谨。近王差千户早丁进贡来京,缘途凌辱驿官,笞詈驿卒,需索虐人,所司请治其罪。朕以王所遣,特宥不问。及至京,即命所司宴赏。其早丁乃敢傲慢放肆,喝詈通事。后大宴四夷使臣于朝,又对众发恶,毁詈通事人等,

---

[1]《明太宗实录》卷110,永乐八年十一月壬午。

[2]《明英宗实录》卷33,正统二年八月壬申。

略无忌惮,大失观瞻,全不知朝廷礼法,罪不可容。已命法司收问,仍留其子,供给饭食。此虽小人无礼,实王所遣不当。王诚能敬天事上,欲保境土,自今遣使须择谨愿诚恪之人,仍严加戒饬,令其谨守礼法,庶几保全令名,永享太平之福。"[1]

对于哈密统治者见风使舵,骑墙观望,亲近瓦剌,于明朝抱有异心的苗头,明朝统治者也毫不客气,严厉批评。正统九年(1444)十二月,明英宗得到确实情报,哈密忠顺王倒瓦答失里与瓦剌往来密切,于是派遣使者敕谕倒瓦答失里曰:"又闻彼累差人往来尔处,然也先与尔俱世事朝廷,往来和好如同一家,皆以保境安民为心,朕固不禁绝之。但虑往来之人,或有交构蛊惑,坏久长之好,甚非尔一方之福也。朕切虑之。"明英宗接着又回顾了册封哈密王爵的经过,要求倒瓦答失里要以先辈忠顺王为榜样,忠于朝廷。"尔当体念国家厚恩,勉竭忠诚,一心无二,庶不负尔先世之志。若或昧于大理,罔知顺逆,岂臣子忠孝之道。已往之事,悉置不问,自今尔益宜敬顺天道,忠事朝廷,坚秉臣节,恪修职贡,用图保全于长久。严禁部属头目人等,各怀忠诚,毋为小人所诱,自作不靖,以取灭亡。敢有奸诈之徒生事启衅者,尔即严加惩治,毋累良善。其有强横凶恶、构怨生灵、不听尔惩治者,即具实奏来,调大军剿杀。盖天道以福善祸淫为心,国家以赏善诛恶为治,一于至公,远迩无间,尔其钦承之。"[2]由上可见,明朝对于西域各地往往采恩威并施的策略,来维护朝贡贸易体系和华夷秩序:忠于朝廷,则保全长久,永享太平之福;对明朝怀有二心,则必受惩罚,甚至大军剿杀。

4.1.8 公干使

明代以前中央派出的使者中,较少提到公干使,因为严格意义说来,使者代表朝廷,衔负皇命出行,都属于公干范畴,为官家办事。那么这里为什么要单独列出公干使呢?实际上,明朝派遣的公干使主要以探听消息、搜集情报为主,亦或办理其他的专门事务,故而在史料中常以"公干"二字出现。

---

[1]《明英宗实录》卷73,正统五年十一月辛酉。
[2]《明英宗实录》卷124,正统九年十二月癸亥。

永乐六年(1408)正月,派遣西域使者鸿胪寺丞刘帖木儿不花等归国,上报"本雅失里初居撒马儿罕,后奔别失八里,今虏遣人迎立之"。边将亦报谍闻本雅失里事,且云:"本雅失里若立,则诸虏拥之北行,必先掠边境。请选劲骑出塞,觇伺或要击之。"明成祖经过深思熟虑,判断"此虏果立,亦未能大肆其志",当务之急是先派人暗中侦察其动向,"遂遣安往别失八里,而敕总兵官都督何福等,遣人往哈密等处买马,以觇本雅失里动静。令所遣者必与安声势相接,迤西诸卫所则发兵护送"。[1]可见,这次太监王安被派遣出使别失八里,其主要目的就是搜集蒙古储嗣本雅失里的动向,并非出于加强双方往来关系考虑。

　　过了两个月,明成祖再次派遣鸿胪寺丞刘帖木儿不花出使别失八里,表面上是敕谕本雅失里,希望其归降:"今朕之心即皇考与前古帝王之心,尔元氏宗嫡,当奉世祀,吉凶二途宜审思之。如能幡然来归,加以封爵,厚以赐赉,俾于近塞择善地以居,惟尔所欲。若为下人所惑,图拥立之虚名,虽祸机在前,有不暇顾,亦惟尔所欲。"实际上,明成祖暗中交代甘肃总兵官左都督何福:"令遣人护送刘帖木儿不花等出边,就密探虏中事以闻。"[2]到了六月,太监王安从别失八里传回消息,说:"本雅失里自别失八里从他道北行,不经哈密,令其所部鞑靼十八人在哈密窥探边事。忠顺王羁之以俟命。"[3]在得知本雅失里已经从他道回蒙古本部的消息以后,王安的使命已经完成,明成祖遂召安还。

　　明朝派往西域的公干使,有些时候是专门办理特殊事务,但考虑到西域各地的复杂局势,又不便于公开宣称。比如,正统六年(1441)六月,史载:"近遣医官哈先往哈密公干。"[4]只亮明使者哈先的身份,但未言其具体出使的目的。再如,天顺元年(1457)九月,明英宗复辟以后,敕撒马儿罕等处速鲁檀母撒亦等曰:"惟尔世处西域,敬奉朝廷。朕复登大位,嘉念尔诚,特遣正使都指挥马云等往彼公干,颁赐尔等彩段表

---

〔1〕《明太宗实录》卷75,永乐六年正月甲子。

〔2〕《明太宗实录》卷77,永乐六年三月辛酉。

〔3〕《明太宗实录》卷80,永乐六年六月己亥。

〔4〕《明英宗实录》卷80,正统六年六月己丑。

里。尔其体此恩意,益尽忠诚,善待使臣,护送往回,毋致失礼。"[1]他还特别交代赤斤蒙古等卫都督阿速等:"遣人护送云等诣彼,如违必罪不宥。"通观敕书,马云之行似与以往新皇登极诏告四夷并无不同,但明英宗又专门敕命赤斤蒙古卫护送,表明马云这次出使一定还有未明言的重要目的。到天顺三年(1459)正月,马云使团的副使乌钦、沃能等回报,使团被阻哈密乩加思兰。这个消息令明英宗非常震怒,严厉斥责哈密忠顺王卜列革:"今使臣在彼,尔即差人送去迤西。如不可前进,尔即差人护送回还。尔若背逆天道,包藏祸心,助贼为恶,以致钱粮人马疏失,朝廷必调大军征剿,决不尔宥。尔其慎之,毋贻后悔。"[2]到了天顺四年(1460)七月,马云受阻的事情仍未有转机,明英宗敕甘肃总兵官宣城伯卫颖曰:"今得尔等奏报,撒马儿罕公干使臣都指挥马云等路阻难进,在哈密被贼劫去驼马骡驴等情具悉。今有敕与马云等并哈密忠顺王母及大头目,尔等可即令马云等赍去,或差人与之同去,务度量可否,不致疏虞。"[3]到了这年十月,兵部奏:"先差锦衣卫带俸都指挥佥事马云等赍敕书金牌往撒马儿罕等处,行至哈密,为乩加思兰攻劫,回在肃州。奏称有堕思马黑麻王等处所差使臣二百余人,各赍方物,欲同来朝贡。乞命礼部照例遣官迎迓。"[4]明英宗允准,且命召云等回京。马云虽然未能抵达撒马儿罕,但是从前后经过来看,明英宗对此事非常重视,而且还提到"敕书金牌",这在以往西域使者往来的记载中也是不多见的。

4.1.9 报聘使和赐物使

报聘使是明朝对边疆民族或周边国家遣使朝贡的答复,通俗地讲就是有来有往,一来一往。报聘使在明朝派往西域的使者中亦占有较大比重。

比如,永乐七年(1409)二月,哈密忠顺王脱脱遣都指挥同知哈剌哈

---

〔1〕《明英宗实录》卷282,天顺元年九月戊辰。

〔2〕《明英宗实录》卷299,天顺三年正月丁未。

〔3〕《明英宗实录》卷317,天顺四年七月庚寅。

〔4〕《明英宗实录》卷320,天顺四年十月己未。

纳等贡马。明成祖命"百户李晟往赐脱脱金织文绮表里"。[1]李晟即是明朝的报聘使。再如,永乐十六年(1418)九月,哈烈沙哈鲁、撒马儿罕兀鲁伯使臣阿儿都沙等辞还。明朝派遣中官李达等赉敕及锦绮纱罗等物,"往赐沙哈鲁、兀鲁伯等,并赐哈密忠义王兔力帖木儿、亦力把里王歪思及所过之地酋长彩币,与阿儿都沙等偕行"。[2]中官李达的角色亦为明朝报聘使。

如前文宣谕使所述,明朝在派遣报聘使时,也经常以西域贡使兼任使职。比如,洪熙元年(1425)七月丁亥,"哈密忠义王兔力帖木儿遣都指挥脱脱不花……等来朝贡马"。[3]七月丁酉日,"升哈密忠义王遣来使臣都指挥同知脱脱不花为都督佥事,千户把把孩为都指挥同知"。[4]过了一个月,明朝"赐哈密忠义王使臣都督脱脱不花及从人银钞、纻丝、纱罗、绫绢有差,仍令脱脱不花赉敕及彩币表里,往赐忠义王兔力帖木儿并王子土干帖木儿等"。[5]脱脱不花不仅是哈密忠义王的使臣,还充任明朝军职,兼任明朝报聘使。

赐物使所赏赐之物乃是指明朝与边疆民族和周边国家地区之间,除了朝贡正贡按例回赐之物以外,额外赏赐诸处索求的相关物品。赐物使与报聘使职责相近,但亦稍有区别,一般先有边疆民族和周边国家地区的首领奏求某物,经过明朝廷议,符合事理,则遣使赐予。

宣德五年(1430)四月庚辰,哈密忠顺王卜答失里遣使臣指挥佥事速来蛮来朝贡马。在四月丙申日,"哈密忠顺王卜答失里、忠义王脱欢帖木儿奏求婚姻礼币,瓦剌顺宁王脱欢亦奏求弓刀等物"。[6]明宣宗出于怀柔远人考虑,对上述奏求全部允准。五月辛丑,"赐哈密忠顺王卜答失里所遣使臣指挥佥事速来蛮等三十五人彩币表里及绢有差,命速

---

[1]《明太宗实录》卷88,永乐七年二月庚辰。

[2]《明太宗实录》卷204,永乐十六年九月戊申。

[3]《明宣宗实录》卷4,洪熙元年七月丁亥。

[4]《明宣宗实录》卷4,洪熙元年七月丁酉。

[5]《明宣宗实录》卷6,洪熙元年闰七月下甲子。

[6]《明宣宗实录》卷65,宣德五年四月丙申。

· 欧 · 亚 · 历 · 史 · 文 · 化 · 文 · 库 ·

来蛮赍敕及彩币归赐卜答失里"。[1]

再如,正统五年(1440)十一月,哈密忠顺王倒瓦答失里遣舍人也先帖木儿奏:"母斡难答里遘疾,乞赐医药。"明英宗派遣医官哈先给所宜药,并偕同所遣人往疗之。同时,他还赐敕奖谕倒瓦答失里,令俟母疾愈,即遣哈先回京。[2]

又如,天顺四年(1460)正月,明英宗"赐哈密忠顺王母努温答失里轿、洗面盆各一,金箔一百贴,细茶三十斤,乳香、檀香、丁香、心红各三斤,良姜、桂皮各五斤,桐油、胡椒、荜茇、白矾各十斤,厚榜纸、中夹纸各三百张,从其请也"。[3]这中间有茶叶、金箔等明朝朝贡贸易中明令禁止不许出关的物品,哈密忠顺王母努温答失里只能通过奏请来获得。而明英宗允准其奏求,亦表明对哈密的重视和对努温答失里稳定哈密政局的奖赏。

4.1.10 送迎使

送迎使是明朝派遣的迎接和护送边疆民族地区或周边国家朝贡之来使的使者,表示一种礼遇和优待,促进朝贡各地与中原地区的平安往来。

永乐十一年(1413)九月,明成祖派遣中官李达、吏部员外郎陈诚、户部主事李暹、指挥蓝金哈蓝"护送哈烈等处使臣还,就赍敕并文绮、纱罗、布帛等物,赐哈烈、撒马儿罕等处王子,报其来贡之勤也"。[4]李达、陈诚、李暹、蓝金哈蓝等人,不仅是明朝的送迎使,还兼报聘使,回赐朝贡各地的政治首领,以表彰他们经常输诚纳贡之心。前文提及永乐十六年九月戊申,明成祖派中官李达赍敕往赐哈烈沙哈鲁和撒马儿罕兀鲁伯,就命李达"与阿儿都沙等偕行",亦表明李达身兼报聘使与送迎使二职。

宣德年间,明朝中央政府亦经常派遣使者送迎西域贡使。宣德六

---

[1]《明宣宗实录》卷66,宣德五年五月辛丑。

[2]《明宣宗实录》卷73,正统五年十一月丙午。

[3]《明宣宗实录》卷311,天顺四年正月乙未。

[4]《明太宗实录》卷143,永乐十一年九月甲午。

年(1431)五月,哈密忠义王子脱脱帖木儿陛辞,明宣宗派遣指挥岳谦等护送,"并赐其父及忠顺王卜答失里彩币,又赐其头目脱脱卜花、阿鲁哈赤、北斗奴及都指挥阿鲁秃等有差"。[1]宣德七年(1432)三月,行在礼部奏:"哈烈所遣朝贡之使将至京。"明宣宗下旨:"哈烈极远,慕义而来,遣锦衣卫指挥鸦忽等迎劳之。"[2]

不过,西域贡使频繁往来,明朝相关部门应接不暇,若每次皆遣使送迎,会给兵部和礼部带来较大工作压力。因此,为了省却劳烦,明朝有时会选择以哈密贡使充任迎送使,这亦是明成祖当初设立哈密卫"以其领西域职贡"的初衷。正统五年(1440)七月,行在礼部奏:"译出撒马儿罕使臣刭法儿言,欲往哈密地方贸易货物,乞人护送。不无劳扰边军。今哈密使臣都指挥脱脱不花等朝贡在京,宜俟其回日,令与同归为便。"[3]明英宗认为合情合理,允准礼部的奏拟,让哈密使臣脱脱不花护送撒马儿罕使臣刭法儿归还。

另外,明朝个别送迎使者引诱西域贡使需索无度,购买禁物,从中渔利,亦有甚者向西域贡使索要物品,克扣利税,这些都是朝贡贸易制度的弊端。明朝曾经下令严查,但是屡禁不绝。成化二十二年(1486)五月,内官监太监韦洛奉旨同鸿胪寺署丞海滨伴送撒马儿罕地面使臣怕六湾马黑麻至广东,送使臣从海路回国。鸿胪寺署丞海滨"教诱使人需索纷扰,后期始至",延误了行程,他甚至教唆"怕六湾马黑麻道经山东东昌府,买军民子女为妻妾",严重违反了明朝相关禁令。太监韦洛和总镇两广太监均据实上奏朝廷,检举海滨不法行径。明宪宗命礼部核查,部拟"宜置滨于法"。宪宗下旨"命锦衣卫执讯之"。[4]

[1]《明宣宗实录》卷79,宣德六年五月辛未。

[2]《明宣宗实录》卷88,宣德七年三月壬申。

[3]《明英宗实录》卷69,正统五年七月丁卯。

[4]《明宪宗实录》卷278,成化二十二年五月癸酉。

4.2　明朝奉使西域使者的选任与待遇

　　由于使者不仅衔负帝命,宣布皇帝敕谕,还负责收集资讯,传报动态,并且代表明朝处理和协调边疆民族与周边国家地区间的关系,因此使者的人选至关重要,是关乎国家利益的大事。明太祖朱元璋对这一点看得非常清楚,提到选派使者一定要谨慎,而且使者必须以"不辱君命"为天职。他曾经对选任的行人发表训话说:"凡为使臣,受命而出,四方之所瞻视,不可不谨。孔子曰:'行己有耻,使于四方,不辱君命,可谓士矣。'尔等当服膺是言。若纵情肆欲,假使命而作威福,虐害下人,为朝廷之辱矣。自今或捧制书,或奉命出使,或催督庶务,所在官吏淑慝,军民休戚,一一咨访。还日以闻,庶不负尔职也。"[1]明太祖希望这些行人使者不仅能够传达皇帝敕制,还要注意咨访各方面的消息,待回朝时如实上报,要发挥好皇帝耳目的作用。

　　明代初期,使者主要从行人司选派,以进士出身除授行人,但是因为位卑言微,出使艰辛,晋升缓慢,导致许多人不愿意出任行人,造成人才流失。后来,朝廷进行调整,行人职位重新又受到官僚阶层重视。《菽园杂记》载:"行人司行人,初置三百六十员,今存三十六员。盖国初诸司官不差出,凡有事,率差行人。永乐中,减革行人员数,诸司公务,差本衙门官出办。行人非册封亲王、使外国、赍捧诏书之类,不差。然当时进士除行人者,九年才得升六品官,人多不乐。今九年得升各部员外郎,三年得选任御史,行人顿为增重于前。旧尝为之语云:非进士不除,非王命不差,非馈赆不去,其滥可知。今朝廷重之,人各自重,无此风矣。"[2]不过,行人司作为皇帝的特使机构,其职能也逐渐在发生变化。首先是其处理外交关系的职能渐渐淡化,其对内监察、侦视的职能逐步增强。其次,明朝其他中央机构不断侵占行人司职能。[3]这些情况都

---

〔1〕〔明〕余继登:《典故纪闻》卷4,中华书局,1981年版,第64页。

〔2〕〔明〕陆容:《菽园杂记》卷6,中华书局,1985年版,第72页。

〔3〕参见王伟凯:《明行人司机构性质辨析》,载《北方论丛》,2006年第6期,第82—85页。

导致明朝派遣西域的使臣之中,行人的比重越来越低。

随着明朝政局的变迁,特别是自永乐年间开始,中官和武职充任使者的现象越来越突出,并且许多武职使者具有少数民族血统,这种情况一直持续到明朝中后期。从明朝奉使西域使者的身份来看,主要有归附人群体、中官群体、武职群体、文职政事官群体、司法监察官群体和西域贡使。其中,武职群体和中官群体占了较大比重。

4.2.1　归附人群体

明朝奉使西域使者中的归附人,主要包括前元官僚、少数民族首领归附明朝者和往来商人归附者,亦包括一些因各种因素暂时居留中原的外国人。这一群体成为明朝初期选派使者的主要来源。

比如,洪武四年(1371)八月,代表明朝招谕拂菻国的捏古伦,其身份就是拂菻国故民,当时居留于南京。洪武二十二年(1389)十一月,明太祖派遣来降太子八郎、镇抚浑都帖木儿出使哈密,招谕兀纳失里。八郎即为降附人,其身份为前元太子。还有,洪武二十四年(1391)七月《明实录》中提到的鞑靼王子剌剌,经过捕鱼儿海之役,剌剌归降,明朝派遣他护送数百名撒马儿罕商人归国。当他抵达别失八里以后,又被黑的儿火者汗派遣赴明朝朝贡。洪武三十五年(1402)九月,"西域回回者鲁剌丁等使哈剌火州还,贡硇砂等物"。[1]者鲁剌丁的身份是西域回回商人,不仅出使哈剌火州,还回中原朝贡,看来他已经在中原定居。

此外,永乐元年十一月出使哈密的亦卜剌金、永乐二年六月出使哈密的霍阿鲁秃、永乐四年五月出使别失八里的刘帖木儿、永乐四年十二月出使于阗的神忠毋撒、永乐五年四月出使别失八里的把泰、永乐五年六月出使撒马儿罕的白阿儿忻台、永乐七年四月出使别失八里的金塔卜歹、永乐八年二月出使别失八里的完者帖木儿、永乐十一年九月出使哈烈等处的蓝金哈蓝,还有永乐间出使亦里吉思的亦剌思,等等,从他们的姓名可以看出,他们都为少数民族出身的明朝官员,或者本身具有少数民族血统。可以猜想,在他们自身这一代,或者他们的上一代,已

---

[1]《明太宗实录》卷12下,洪武三十五年九月戊戌。

经归附中原。以亦剌思为例。宣德元年（1426）四月，明朝朝廷命故锦衣卫指挥使亦剌思子马哈麻袭职。"亦剌思，本撒马儿罕人。洪武间归附，永乐间往亦里吉思，导其王子暖答石等来朝，遂升是职。至是殁十余年，例不应袭。上念其父之劳，特命袭之。"[1]亦剌思在洪武三十五年十月壬戌被升为锦衣卫指挥使，当时他的身份是撒马儿罕归附千户。永乐六年丙子，瓦剌马哈木等遣暖答失（石）等随亦剌思来朝贡马。永乐七年六月癸丑，亦剌思又被派遣赍印诰，赐顺宁王马哈木、贤义王太平、安乐王把秃孛罗。

4.2.2　中官群体

论及明朝宦官参与政事，世人常以为始于永乐年间，因有明太祖在宫中立铁牌"内臣不得干预政事"之传闻。实际上，宦官参与政事恰恰始于明太祖洪武年间，只不过朱元璋和建文帝朱允炆都对太监约束较严，均能控驭其辈，未出祸端而已。

明成祖以"靖难之役"夺得皇位，受益于宫中逃出的宦官传递消息，因此，朱棣登极以后，一则为了巩固和加强专制皇权，一则为了表示优抚，开始大量重用宦官。表现在外派使臣方面，许多宦官成为构筑明朝与边疆民族和周边国家地区之间正常关系的亲历者。在明朝派遣出使西域的使者之中，也有一批中官的身影。为了研究方便，兹罗列明朝中官奉使西域简表如下（见表4-2）：

表4-2　明朝中官奉使西域简表

出使时间	使臣	身份	出使地区	文献出处
洪武二十八年	刘惟	中官	撒马儿罕	《明史稿》列传23《傅安传》
永乐五年四月丁酉	把泰（太）	中官	别失八里	《明太宗实录》卷66
	李达	中官		
永乐六年正月甲子	王安	太监	别失八里	《明太宗实录》卷75
永乐六年二月甲午	把泰	中官	别失八里	《明太宗实录》卷76

---

[1]《明宣宗实录》卷16，宣德元年四月壬申。

出使时间	使臣	身份	出使地区	文献出处
永乐六年七月丁未	把泰 李达	内官	八答黑商、葛忒郎、哈实哈儿	《明太宗实录》卷81
永乐十一年九月甲午	李达 杨忠 李贵	中官	哈烈等处	《明太宗实录》卷143 陈诚《狮子赋序》
永乐十四年三月壬寅	李达	中官	别失八里	《明太宗实录》卷174
永乐十四年六月己卯	鲁安	中官	撒马儿罕	《明太宗实录》卷177
永乐十五年三月乙未	李信	中官	别失八里	《明太宗实录》卷186
永乐十六年五月庚戌	杨忠	中官	亦力把里	《明太宗实录》卷200
永乐十六年九月戊申	李达	中官	哈烈、撒马儿罕	《明太宗实录》卷204
永乐十七年三月丁未	李信 林眷(春)	中官	哈密	《明太宗实录》卷210
永乐十七年五月己巳	鲁安 叶先	中官	失剌思、亦思弗罕	《明太宗实录》卷212
永乐十八年六月己酉	郭敬	中官	哈烈、撒马儿罕、八答黑商、于阗	《明太宗实录》卷226
永乐二十二年十一月癸酉	鲁安	中官	哈密	《明仁宗实录》卷4上
洪熙元年十二月乙亥	张福	内官	哈密	《明宣宗实录》卷12
宣德二年九月癸丑	张福	内官	沙州卫、亦昔阔	《明宣宗实录》卷31
宣德二年十月丙子	李信 林春	内官	哈密	《明宣宗实录》卷32
宣德三年正月癸巳	李信 林春 李贵 郭泰	内官	西域诸地	《明宣宗实录》卷35
宣德三年三月癸卯	(未具名)	中官	哈密	《明宣宗实录》卷40
宣德六年十月庚寅	李信	内官	亦力把里、讨来思	《明宣宗实录》卷84
宣德七年正月丁卯	李贵	中官	西域诸地	《明宣宗实录》卷86
宣德八年三月戊辰	李贵	中官	哈烈	《明宣宗实录》卷100
成化二十二年五月癸酉	韦洛	内官监太监	撒马儿罕(伴送广东)	《明宪宗实录》卷278
弘治三年十月庚申	张芾(未遣)	内官监左监丞	(伴送甘肃)	《明孝宗实录》卷44

从表中可知,明朝中官出使西域主要在永乐和宣德两朝,而又以永乐朝居多,这与明成祖和明宣宗重用宦官是密不可分的。在上述出使西域的宦官中,就仅能查到的记载来看,李达和李信分别出使5次之多,李贵出使4次,把泰、鲁安、林春三人分别出使3次,杨忠、张福二人分别出使2次,其余各出使一次。实际上,永乐、宣德年间明朝对西域的交往关系,有许多都是围绕这些中官为中心展开的。

在永乐年间,中官奉使西域者最为著名的就是李达。当时,明成祖积极拓展对外关系,辐车四出,使臣多出于宦官,为中官在外交中施展身手提供了广阔的历史舞台。《明史》卷304《宦官一·侯显传》载:"当成祖时,锐意通四夷,奉使多用中贵。西洋则和、景弘,西域则李达,迤北则海童,而西番则率使侯显。"可见,李达能够与郑和、海童等人齐名,他无疑是明代中西交通史上的重要人物。永乐至宣德年间,另一奉使西域的著名中官是李信,他从永乐十五年(1417)至宣德六年(1431)的15年间,先后5次出使西域,身历永乐、洪熙、宣德三朝,深受明成祖和明宣宗的宠信。

从这些中官奉使西域的时间和经历不难看出,他们的出使经验和才干,主要是在永乐年间历练而成的。有的时候他们组团共同出使,遍历西域各地;有的时候他们分头出使,各有侧重,这样的群体组合,使得他们能够长期把持明朝与西域的交往关系,成为明朝西域决策和往来关系中须臾不可或缺的栋梁人才。

4.2.3 武职群体

从永乐年间开始,不仅奉使西域使者中宦官人数增多,更多的是武职官员,数量居冠,因此武职群体成为明朝选派使者的最主要来源。此特点亦与明成祖通过武力夺得天下,故而重用武职脱离不了干系。

明朝充任奉使西域使者的武职官员主要有世官和流官两大系统,其品秩参比都指挥使司和卫指挥使司。根据《明史·职官志》,明朝都指挥使司的主要官职有:都指挥使1人,正二品;都指挥同知2人,从二品;都指挥佥事4人,正三品。卫指挥使司的主要官员有:指挥使1人,正三品;指挥同知2人,从三品;指挥金事4人,正四品;镇抚司,卫镇抚2人,从五品。千户所的武职主要有:正千户1人,正五品;副千户2人,从五品;所镇抚2人,从六品。千户所下辖百户所,百户为正六品。千户、百户,有试,有实授。又每百户所设总旗2人、小旗10人。上述品秩与武职使臣的品秩是基本相当的。

这些武职使者又有世官和流官之别。流官即流内官,是指由朝廷选拔和任命的官员,有任期,不能世袭。世官即世袭官,是明朝为了拉拢和优抚边疆民族地区和周边国家地区的统治阶层而授予的官职,品秩比照流官,允许奏请朝廷世袭罔替。比如,明朝在西域设有哈密卫,其性质为羁縻卫所,因此,哈密统治集团的上层人物多被授予武职官衔,当父辈去世后,子侄和孙辈可以奏请朝廷袭承其职。按照明朝的职官制度,武职世官有9等:指挥使、指挥同知、指挥金事、卫镇抚、正千户、副千户、百户、试百户、所镇抚。所以,在明朝官方史料中,可以看到大量哈密、土鲁番、亦力把里、撒马儿罕、哈烈等地区的使者被授予上述官职,亦有许多他们的子孙奏请袭职的记载;同时,这些使者又多兼任明朝派遣奉使该地区的使臣。相关情况,可参见下表4-3:

表4-3　明朝武职官奉使西域简表

出使时间	使臣	身份	出使地区	文献出处
洪武九年十月丁巳	罗福	河南卫百户	安定、斡端卫并撒里畏吾儿	《明太祖实录》卷110
洪武二十二年十一月甲子	浑都帖木儿	镇抚	哈密	《明太祖实录》卷198
永乐元年(未具月)	赵安	临洮百户	西域	《明史》卷155《赵安传》
永乐二年六月甲午	霍阿鲁秃	指挥使	哈密	《明太宗实录》卷32
永乐四年十二月乙未	神忠毋撒	指挥使	于阗诸处	《明太宗实录》卷62
永乐五年六月癸卯	白阿儿忻台	指挥	撒马儿罕	《明太宗实录》卷68
永乐六年七月丁未	向衡	指挥	于阗	《明太宗实录》卷81
永乐七年二月庚辰	李晟	百户	哈密	《明太宗实录》卷88

出使时间	使臣	身份	出使地区	文献出处
永乐七年四月丁丑	金塔卜歹	都指挥使	房中（别失八里）	《明太宗实录》卷90
永乐八年二月丙午	白阿儿忻台	都指挥	哈烈	《明太宗实录》卷101
永乐八年二月丁未	完者帖木儿	指挥	别失八里	《明太宗实录》卷101
永乐八年十一月壬午	毋撒	指挥	哈密	《明太宗实录》卷110
永乐九年三月戊辰	张鬼力赤	指挥	哈密	《明太宗实录》卷114
	梁北斗奴			
	徐晟			
永乐九年十月癸卯	程忠	指挥	哈密	《明太宗实录》卷120
永乐十年正月甲辰	康寿	指挥	罕东	《明太宗实录》卷124
永乐十一年五月壬辰	丁全	千户	赤斤卫	《明太宗实录》卷140
永乐十一年六月癸酉	白阿儿忻台	都指挥	（奉使撒马儿罕等处归）	《明太宗实录》卷140
永乐十一年七月壬寅	马哈目火者	旗（手）指挥金事	（奉使撒马儿罕等处归）	《明太宗实录》卷141
	锁住	正千户		
	孙交	试百户		
	刘从善	总旗		
永乐十一年九月甲午	蓝金哈蓝	指挥	哈烈等处	《明太宗实录》卷143
	帖木儿卜花	指挥		陈诚《狮子赋序》
	马哈木火者	指挥使		
	哈三	百户		《西域行程记》
永乐间	亦剌思	锦衣卫指挥使	亦里吉思	《明宣宗实录》卷16
永乐十四年七月癸巳	丁全	锦衣卫千户	撒剌	《明太宗实录》卷178
	喜剌丁			
永乐十五年三月乙未	丁全	指挥	别失八里	《明太宗实录》卷186

出使时间	使臣	身份	出使地区	文献出处
永乐十五年十一月乙亥	张演	金吾卫正千户	哈烈	《明太宗实录》卷194
洪熙元年闰七月甲子	脱脱不花	都督	哈密	《明宣宗实录》卷6
洪熙元年十二月乙亥	张言	都指挥金事	哈密	《明宣宗实录》卷12
宣德二年三月癸巳	陈通	指挥同知	安定卫	《明宣宗实录》卷26
宣德二年三月乙未	廉恭	指挥金事	赤斤卫	《明宣宗实录》卷26
宣德二年九月壬子	喜剌丁等	锦衣卫指挥金事	亦昔阔	《明宣宗实录》卷31
宣德二年九月戊申	也忽等	锦衣卫指挥同知	哈烈等处	《明宣宗实录》卷31
宣德二年十二月己未	喜剌儿丁	锦衣卫指挥金事	亦力把里	《明宣宗实录》卷34
宣德三年四月己未	昌英	羽林前卫指挥金事	哈密、亦力把里	《明宣宗实录》卷41
宣德三年四月己未	毛哈剌	都指挥	瓦剌	《明宣宗实录》卷41
	孙观	指挥使		
	岳谦	指挥金事		
宣德三年	李显	锦衣卫指挥同知	西域	《明宪宗实录》卷136
宣德四年六月壬午	喜剌丁	都指挥	哈密	《明宣宗实录》卷55
	牙忽	指挥	亦力把里、剌竹	
宣德五年五月辛丑	速来蛮	指挥金事	哈密	《明宣宗实录》卷66
宣德五年九月丁卯	马黑麻迭力月失	镇抚	撒马儿罕	《明宣宗实录》卷70
宣德六年四月甲寅	高斌	千户	哈密	《明宣宗实录》卷78
宣德六年五月辛未	岳谦	指挥	哈密	《明宣宗实录》卷79
宣德六年十月庚寅	喜剌丁	都指挥	亦力把里、讨来思	《明宣宗实录》卷84
宣德七年三月壬申	鸦忽等	锦衣卫指挥	（迎劳哈烈使臣）	《明宣宗实录》卷88
宣德七年八月壬子	昌英	羽林前卫都指挥金事	哈密	《明宣宗实录》卷94
	韦文	肃州卫指挥同知	赤斤、曲先、罕东	

续表 4-3

出使时间	使臣	身份	出使地区	文献出处
宣德八年二月癸丑	哈只阿黑蛮	肉迷副千户	哈烈	《明宣宗实录》卷 99
宣德十年七月庚午	把台	指挥	沙州、哈密、瓦剌顺宁王	《明英宗实录》卷 7
正统元年十一月丙辰	早丁	所镇抚	哈密	《明英宗实录》卷 24
	宰奴丁	百户		
正统二年四月丁卯	马黑麻迭力迷失	（指挥佥事）	亦力把里	《明英宗实录》卷 29
正统四年十二月戊寅	张信	金吾左卫都指挥佥事	哈密	《明英宗实录》卷 62
	牙鹘（牙忽）	锦衣卫指挥同知		
正统五年七月丁卯	脱脱不花	都指挥	哈密	《明英宗实录》卷 69
正统八年九月丙辰	周晟	千户	沙州卫	《明英宗实录》卷 108
正统八年十二月丙午	丁全	锦衣卫指挥同知	沙州、赤斤	《明英宗实录》卷 111
正统十年三月辛卯	季铎	都指挥佥事	赤斤、沙州	《明英宗实录》卷 127
正统十二年九月丁巳	马青	骁骑右卫副千户	瓦剌	《明英宗实录》卷 158
正统十二年十月丙戌	马黑麻	千户	哈密	《明英宗实录》卷 159
天顺元年三月辛巳	贺玉	指挥佥事	哈密	《明英宗实录》卷 276
	金贵	指挥使		
天顺元年三月辛巳	马云	指挥使	撒马儿罕	
	詹昇	正千户		
天顺元年三月辛巳	于志敏	正千户	亦力把里	
	马亮	正千户		
天顺元年九月丁卯	张隆	都指挥同知	撒马儿罕	《明英宗实录》卷 280
	梁贵	都指挥佥事		
	赵荣	指挥使		
	詹昇	正千户		

出使时间	使臣	身份	出使地区	文献出处
天顺元年九月戊辰 （天顺三年正月丁未） （天顺六年六月丁卯）	马云	都指挥	撒马儿罕等处	《明英宗实录》卷282 《明英宗实录》卷299 《明英宗实录》卷341
	乌钦（邬钦）	指挥		
天顺元年九月癸酉	贺玉	都指挥	哈密	《明英宗实录》卷282
	金贵			
天顺三年八月癸亥	脱脱不花	都督	哈密	《明英宗实录》卷306
天顺四年三月丙午	陈友	武平侯	瓦剌、亦力把里、哈密	《明英宗实录》卷313
天顺四年五月丙申	金贵	都指挥佥事	哈密	《明英宗实录》卷315
	马晋	指挥使		
	白全	指挥使	土鲁番	
	郭春	指挥同知		
	程俊	都指挥同知	（乩加思兰）	
	马亮	指挥同知		
天顺六年六月壬申	白全	留守卫指挥使	土鲁番	《明英宗实录》卷341
	葛春	金吾右卫指挥同知		
天顺六年十二月甲戌	赵荣	锦衣卫带俸都指挥使	土鲁番	《明英宗实录》卷347
天顺七年二月辛未	海荣	都指挥同知	哈烈	《明英宗实录》卷349
	马全	指挥使		
	詹昇	指挥使	撒马儿罕	
	葛春	指挥使		
	刘福	指挥同知	哈失哈儿	
	普贤	指挥同知		
	白全	都指挥佥事	阿速	
	白暹	百户		
	桑斌	都指挥同知	土鲁番	
	刘海	正千户		
	古儿赤	都指挥同知	哈密	
	金贵	都指挥佥事		
	柏贵	都指挥同知	（乩加思兰）	
	杨贵	副千户		

续表 4-3

出使时间	使臣	身份	出使地区	文献出处
天顺八年五月丁丑	贺玉	都指挥	安定、哈密	《明宪宗实录》卷 5
成化元年四月戊子	李珍	锦衣卫都指挥金事	赤斤蒙古、沙州、哈密	《明宪宗实录》卷 16
成化九年四月丙戌	詹昇	通事都指挥	土鲁番	《明宪宗实录》卷 115
成化十年闰六月乙巳	马俊	锦衣卫正千户	土鲁番	《明宪宗实录》卷 130
	王希恭	总旗		
	哈林	回回通事指挥金事		
弘治六年正月辛卯	法虎尔丁	达官指挥	安定卫	《明孝宗实录》卷 71
弘治十年十一月庚子	满剌阿力克	指挥使	土鲁番	《明孝宗实录》卷 131
弘治十七年十二月丙子	董杰	百户	哈密	《明孝宗实录》卷 219
弘治十七年	朱瑄	都指挥	哈密	《皇明九边考》卷 4《甘肃夷情》
正德七年冬	奄克孛剌	都督	哈密	《殊域周咨录》卷 13《土鲁番》
	写亦虎仙	都督		
	满剌哈三	都督		

通过上表,还能看出一个鲜明的特点,那就是奉使西域武职使臣多出自金吾、羽林、锦衣、旗手等"侍卫上直军"系统,即通俗所言的御林亲军,他们是皇帝最为亲信的武职官员。明朝京卫中的"上十二卫",即金吾前卫、金吾后卫、羽林左卫、羽林右卫、府军卫、府军左卫、府军右卫、府军前卫、府军后卫、虎贲左卫、锦衣卫、旗手卫,不仅距离专制皇权最近,而且还肩负着皇帝委派的许多特殊使命。

比如锦衣卫,掌侍卫、缉捕、刑狱之事。明太祖初设锦衣卫时,该卫只专司卤簿仪仗,后来由于朱元璋用刑严苛,有罪者往往下锦衣卫鞫实,从此锦衣卫开始插手刑狱事务。明成祖朱棣即位后,为了巩固自己的皇权,更是倚锦衣卫为心腹,设锦衣卫南北两镇抚司,其中北镇抚司成为皇帝专门特设的法庭和监狱,称为"诏狱"。而锦衣卫原有的卤簿仪仗职能则逐渐归于旗手卫,且旗手卫隶属于锦衣卫。在明朝奉使西域的使者之中,明确标示出身于锦衣卫系统的就有马哈木火者、亦剌思、丁全、喜剌丁、也(鸦)忽、昌英、李显、赵荣、李珍、马俊等10人,其中喜剌丁出使西域5次,丁全出使西域4次,也是明代丝绸之路上著名的使臣。

明朝奉使西域的武职官员一般都具备一项基本素质,那就是谙熟夷语。他们或有着蒙古、回鹘等出身,或祖上为归附夷人,具有家族夷语氛围,自己又经过翰林院译字学习,掌握了一门或多门夷语,多任通事,逐渐成为明朝的一支重要的对外交往人才队伍。比如,永乐年间使者锦衣卫指挥同知徐晟,原名王七十五,鞑靼人,自永乐初以翻译外夷文字召用,后凡西北二虏之事,悉与闻之。又有,锦衣卫指挥使亦剌思本撒马儿罕人,洪武间归附,永乐间往亦里吉思导其王子暖答石等来朝。再如,昌英,回鹘人,永乐年间袭父职,后入翰林院习译书,宣德至景泰年间,多次代表明朝出使漠北和西域。

天顺六年十二月,明英宗命"锦衣卫带俸都指挥佥事阿羊加,指挥使答纳帖木儿、杨广、詹昇,指挥佥事赛因孛罗,羽林前卫都指挥使季安,都指挥同知桑斌,金吾左卫都指挥同知古儿赤,金吾右卫都指挥佥事尤俊,指挥使葛春,指挥佥事夏瑄,俱送御马监充勇士供应"。[1]这次人事调整很有影响,御马监素来有内廷"枢府"之称,逐渐与兵部及督抚分掌兵柄,是与专制皇权关系较密切的一个部门。阿羊加、答纳帖木儿、杨广、詹昇、赛因孛罗、季安、桑斌、古儿赤、尤俊、葛春、夏瑄等11人,能够供应御马监,深受明英宗信任,主要是因为他们都熟谙夷语,多为通事出身,且具有多次出使的经历。接下来,作为明朝中期的著名使臣,上述诸人活跃在出使西域的丝绸之路上。

4.2.4　文职政事官群体

文职政事官在明朝选派奉使西域的使者之中并不占多数,而且多集中在明朝中期之前,明朝中后期很少有文职政事官出身的西域使者。造成这种现象的原因,与明朝选官逐渐重视科举正途出身,且文职

---

〔1〕《明英宗实录》卷347,天顺六年十二月辛未。

官升迁机遇多,仕途较好,有着莫大的关系,因此越到后来,文职官越不愿意承担出使西域这样的苦差事,而由武职官员填补这一空缺。

从为数不多的文职出身奉使西域的使臣来看,他们主要来自与外事活动相关的光禄寺、鸿胪寺、行人司等部门,在明朝职官系统中多属于中下级官员。

据《明史·职官志》,光禄寺主要负责祭祀、朝会、宴飨酒醴膳馐之事。明朝光禄寺主要设有卿1人,从三品;少卿2人,正五品;寺丞2人,从六品。其下属:典簿厅,典簿2人,从七品;录事1人,从八品。大官、珍羞、良酝、掌醢四署,各署正1人,从六品;署丞4人,从七品;监事4人,从八品。司牲司,大使1人,从九品,副使1人。司牧局,大使1人,从九品。银库,大使1人。天顺七年二月出使哈密的沙廷玉,官职为光禄寺署丞,官阶从七品,在京官中是品秩比较低的。

鸿胪寺负责朝廷各种礼仪,"掌朝会、宾客、吉凶仪礼之事。凡国家大典礼、郊庙、祭祀、朝会、宴飨、经筵、册封、进历、进春、传制、奏捷,各供其事。外吏朝觐,诸蕃入贡,与夫百官使臣之复命、谢恩,若见若辞者,并鸿胪引奏"。[1]明朝鸿胪寺的主要职官有:卿1人,正四品;左、右少卿各1人,从五品;左、右寺丞各1人,从六品。其下属:主簿厅,主簿1人,从八品;司仪、司宾二署,各署丞1人,正九品;鸣赞4人,从九品;序班50人,从九品。其中,"外吏来朝,必先演仪于寺",先在鸿胪寺演习礼仪。特别是外国朝贡使者,专门由司宾署负责,根据使者等级教演其拜跪仪节。永乐年间著名的奉使西域使臣刘帖木儿不花,就是鸿胪寺丞,为从六品官。

明朝的行人司"职专捧节、奉使之事。凡颁行诏敕,册封宗室,抚谕诸蕃,征聘贤才,与夫赏赐、慰问、赈济、军旅、祭祀,咸叙差焉"。[2]行人司最早于洪武十三年(1380)设置,设行人,秩正九品;左、右行人,从九品;后来增设行人达345人。洪武二十七年,为了加强行人队伍的建设,明太祖朱元璋决定,行人司行人皆以进士充任,使得行人司官员的

---

[1]《明史》卷74《职官三·鸿胪寺》,第1802页。

[2]《明史》卷74《职官三·行人司》,第1809页。

素质大为提高。但是,因为升迁慢,也造成许多进士不愿意接任行人职务。永乐以后,行人司逐渐形成定制:设司正1人,正七品;左、右司副各1人,从七品;行人37人,正八品。明朝奉使西域使者中间,有两位出身于行人,一位是陈诚,一位是萧鎡,他们均活动于明朝初期。明朝中期以后,行人司的职能多被其他部门侵占,几乎没有行人出使西域。相关情况,参见表4-4:

表4-4　明朝文职官奉使西域简表

出使时间	使臣	身份	出使地区	文献出处
洪武九年十月丁巳	郑九成	前行省参政	安定、斡端卫并撒里畏吾儿	《明太祖实录》卷110
洪武二十四年九月乙酉	宽彻	主事?	别失八里	《明太祖实录》卷212
洪武二十九年三月壬午	陈诚	行人	撒里畏兀儿	《明太祖实录》卷245
永乐四年五月戊戌	刘帖木儿(刘帖木儿不花)	鸿胪寺丞	别失八里	《明太宗实录》卷54
永乐五年四月丁酉	刘帖木儿	鸿胪寺丞	别失八里	《明太宗实录》卷66
永乐六年三月辛酉	刘帖木儿不花	鸿胪寺丞	别失八里	《明太宗实录》卷77
永乐十一年九月甲午	陈诚 李暹	吏部员外郎 户部主事	哈烈等处	《明太宗实录》卷143
永乐十四年六月己卯	陈诚	郎中	撒马儿罕	《明太宗实录》卷177
永乐十六年十月初二	陈诚	广东布政司右参议	西域诸国	陈诚《历官事迹》
永乐十八年六月己酉	陈诚	广东布政司右参政	哈烈、撒马儿罕、八答黑商、于阗	《明太宗实录》卷226
宣德间	萧鎡	行人	哈密	《殊域周咨录》卷12《哈密》
正统五年十一月丙午	哈先	医官	哈密	《明英宗实录》卷73
正统六年六月己丑	哈先	医官	哈密	《明英宗实录》卷80
天顺元年九月戊辰(天顺三年正月丁未)(天顺六年六月丁卯)	沃能	舍人?	撒马儿罕等处	《明英宗实录》卷282《明英宗实录》卷299《明英宗实录》卷341
天顺七年二月己巳	沙廷玉	光禄寺署丞	哈密	《明英宗实录》卷349
成化二十二年二月己卯	马义	鸿胪寺主簿	哈密	《明宪宗实录》卷275
成化二十二年五月癸酉	海滨	鸿胪寺署丞	撒马儿罕(伴送广东)	《明宪宗实录》卷278
正德十年六月庚午	马骥	通事	土鲁番	《明武宗实录》卷126
正德十三年七月丙午	马胜	通事	北山瓦剌	《明武宗实录》卷164

4.2.5　司法监察官群体

在明朝出使西域的使者之中,还有一类独特的群体,即司法监察官群体。这类使臣人数不多,多是在洪武朝被选拔和培养,积极活跃于洪武末至永乐年间的对外关系舞台,像唐钲、傅安、郭骥、陈德文等都是著名使臣。

明代的司法系统,在中央主要是刑部、大理寺和对重大案件拥有司法权的都察院,还有皇帝特设专门法庭——锦衣卫北镇抚司和"廷鞠",及专业法庭军事法庭五军断事官(中军都督府断事官)等5部分构成,在地方主要由省级的提刑按察使司和府、州、县的行政主官构成。其中,大理寺为明朝中央司法复审机关,"凡刑部、都察院、五军断事官所推问狱讼,皆移案牍,引囚徒,诣寺详谳"。[1]大理寺下设:卿1人,正三品;左、右少卿各1人,正四品;左、右寺丞各1人,正五品。其属官有:司务厅,司务2人,从九品;左、右二寺,各寺正1人,正六品;寺副2人,从六品;评事4人,正七品。洪武二十八年(1395),唐钲以大理评事衔出使西域,其官阶为正七品。

另外,大理寺官员还负责清理贡使羁留不回等朝贡所带来的问题。比如,正德十四年六月,巡抚甘肃都御史邓璋奏:"土鲁番累告索进贡不回夷使马黑麻等约千余人。盖夷使出境既无常期,迁延展转,类将赏赐糜费,遂留住不还,故恩赉不沾于穷荒,怨望致生于异域。若以礼导之出疆,岂有此弊。况其情词甚恳,宜为之处。请敕兵部主事一人,于夷人入贡途次,挨查发遣,并甘肃原留寄住者,俱抚令归国,以示怀柔之道。"兵部合议以后,认为"主事权任轻,恐致他虞",不足以担当此任。朝廷决定慎重起见,认命大理寺少卿李铎专督其事,并指示李铎:"沿途迁延夷人催抚出关,其寄住结亲年久者,具奏处置,勿概逐之。"[2]特别要求李铎要区分寄住夷使情况,不能一概驱逐出境。

在明朝奉使西域司法监察官群体中,监察官占有较大比重。明朝的监察系统由中央和地方两部分组成,中央监察系统主要由都察院、六

---

〔1〕《明史》卷73《职官二·大理寺》,第1781页。
〔2〕《明武宗实录》卷175,正德十四年六月庚辰。

科给事中和皇帝特权监察缉事机构——东厂("东缉事厂"简称)等构成,地方监察系统主要由提刑按察使司、分巡道和明中后期逐渐形成的巡抚、总督等组成,其中中央监察系统还有十三道监察御史和漕运、河道、粮储等专业御史外差地方。

对中央各部门实行按系统监察这是明朝监察制度的一大特色,即吏、户、礼、兵、刑、工六科给事中制度,"掌侍从、规谏、补阙、拾遗、稽察六部百司之事。凡制敕宣行,大事覆奏,小事署而颁之;有失,封还执奏。凡内外所上章疏下,分类抄出,参署付部,驳正其违误"。[1]可见,六科职权相当大,上可封驳诏旨,下可稽察六部百司,因此六科给事中在明朝政治运行中非常活跃,深受皇权信任。

虽然明朝的监察官责任重、权限大,但是他们官秩都不高。中央的都察院下设:左、右都御史,正二品;左、右副都御史,正三品;左、右金都御史,正四品;十三道监察御史110人,正七品。地方上的提刑按察使司下设:按察使,正三品;副使,正四品;金事,正五品。吏、户、礼、兵、刑、工六科下各设:都给事中1人,正七品;左、右给事中各1人,从七品;给事中,吏科4人,户科8人,礼科6人,兵科10人,刑科8人,工科4人,并从七品。以此来看,洪武末出使西域的陈德文算是官阶较高的,他出使时任北平道按察使,为正三品官。而著名使臣傅安代表明朝多年出使西域,仍为给事中,为从七品官,朝廷为了表示褒奖,将他由兵科给事中转为礼科给事中,算是换了换工作岗位以资鼓励。相关情况,参见表4—5。

综观上述明朝奉使西域各使者群体的特点,不难发现以下几点:一是从时间上看,洪武、永乐、宣德三朝是选派和培养奉使西域使者的重要时期,许多著名使者均在这一时间段内出使;二是武职官逐渐取代文职官充任使者,这一点从永乐朝以后越来越突出;三是中官群体成为奉使西域使者中的一大亮点,亦出现了许多著名使者;四是奉使西域使者的官秩普遍较低,以低级官员充任使者的特征非常明显;五是使者中有许多具有少数民族血统,与西域的政治、历史和社会文化特色密切相

---

[1]《明史》卷74《职官三·六科》,第1805页。

关;六是奉使西域使者的选任直接体现皇权专制意志,司法监察官、中官、侍卫武官都是直接对明朝皇帝负责的,最能体现皇帝对西域事务和对西域往来关系的最高决策与干预。

表 4-5　明朝司法监察官奉使西域简表

出使时间	使臣	身份	出使地区	文献出处
洪武二十四年九月乙酉	韩敬	监察御史	别失八里	《明太祖实录》卷 212
	唐钲	大理评事		
洪武二十八年	傅安	兵科给事中	撒马儿罕	《明太宗实录》卷 68
	郭骥			
	姚臣	御史		《明史稿》列传 23《傅安传》
洪武末	陈德文	北平道按察使	撒马儿罕等地	《殊域周咨录》卷 15
永乐六年四月壬午	傅安	礼科给事中	撒马儿罕、哈烈	《明太宗实录》卷 78
永乐七年四月丁丑	郭骥	给事中	虏中（别失八里）	《明太宗实录》卷 90
永乐七年六月己巳	傅安	礼科给事中	哈烈等处	《明太宗实录》卷 93
永乐九年闰十二月己卯	傅安	给事中	别失八里	《明太宗实录》卷 123
永乐十二年十月壬辰	傅安	给事中	别失八里	《明太宗实录》卷 157
永乐十四年三月壬寅	傅安	给事中	别失八里	《明太宗实录》卷 174
永乐时	黄骥	礼科给事中	三使西域	《明史》卷 164《弋谦传·黄骥附传》
永乐二十二年十二月丁未			西域诸地	《明仁宗实录》卷 5 下
正德十四年六月庚辰	李铎	大理少卿	（挨查贡途）	《明武宗实录》卷 175

4.2.6　明朝奉使西域使者的待遇

中国古代对于派遣出使使者的待遇,尽管不同的朝代有着截然不同的规定,但是总体看来普遍不高,与使者肩负的使命之重要和出使过程之艰辛,显然不可同日而语。

唐代使者的待遇算是相对不错的,但也只是享受优惠政策而已。比如,唐代给予使者的优惠政策之一就是允许"卖官为资"。也就是说,朝廷赐予州县的十个官职,允许使者卖官取利。另外,还许可使者通过私下的买卖来获得利益。[1]说到底,唐代给予使者的待遇都是政策性的,还要靠使者自己去苦心经营,不若皇帝直接赏赐或擢升来得实惠。但是,即便这样的优惠政策,到了明朝也全部取消了,而且对使者的要求却增多了。因此,充当明朝朝廷的使者是一份既不轻松容易,又无实惠可赚的苦差事。

对于明朝奉使西域使臣的待遇低、升迁慢和知名度不高的原因,明人将其归结为洪武年间的先例。换句话说,开国皇帝朱元璋在外遣使者的待遇方面考虑不周,没有给予足够重视,导致后世历朝都不敢僭越前规,影响了整个明代外遣使臣的发展。沈德符曾经评论道:

> 文皇初平内难,即使给事中胡濙以访仙为名,潜行人间。又遣内臣郑和等将兵航海,使东南诸夷。最后则中使李达、吏部郎陈诚,使西域,得其风俗程顿纪之以还,正与郑和《星槎胜览》堪互读。但《星槎》板行已久,此则睹者甚鲜,且水陆亦不同程也。陈诚以永乐十一年十月返命,偕哈密等国使臣来朝贡,上厚礼之。次年六月遣归,又命诚及中使鲁安赍敕伴送。及诚还朝,仅得转布政使参议以出,后亦不显。文皇初,以逊国伏戎为虑,以故轺车四出,几于"上穷碧落下黄泉"矣。其后胡濙阶此穷极荣宠,而陈诚所得止此,是必有说。先是洪武末年,给事中傅安等使哈烈、撒马儿罕诸国,留十余年,至永乐七年还朝,并带各国贡使至,得西马五百五十匹,上仍命安伴送诸使还国,亦无褒赏,仅以工科改礼而已,后安终此官。[2]

不难看出,沈德符为陈诚的遭遇抱不平。若论功业,陈诚使西域堪比郑

---

〔1〕参见李大龙:《唐朝和边疆民族使者往来研究》,第108页。

〔2〕〔明〕沈德符:《万历野获编》卷30《外国·使西域之赏》,第775-776页。

和下西洋,更比探访建文帝下落的胡濙在历史上产生的影响大。但是,论宠幸,胡濙官至礼部尚书、太子太师,可谓宠誉日隆,位极人臣,而陈诚则止官于从三品的广东布政司右参政;论名望,郑和名扬四海,且有郑和助手费信整理的《星槎胜览》刊行于世,而陈诚的《西域行程记》《西域番国志》则世人知之甚少。为什么同是使臣,会产生这么大的差距呢?沈德符认为,洪武年间出使西域的傅安被扣留十余年,开了“未受褒赏”的先例,是导致奉使西域使者待遇不高的重要原因。傅安亦为开拓明朝与西域各地的关系做出了突出的贡献,但是仅以工科给事中改为礼科给事中而已,并止官于此,官秩正七品,真是令人不胜唏嘘。

从现在掌握的资料来看,明朝对于出使西域的使者官员,若不辱君命,出使顺利,招徕宣谕有功,则一般予以升一级的奖赏。

比如,宣德五年(1430)九月,明英宗“赐奉使撒马儿罕等处还京镇抚马黑麻迭力月失等十一人,银钞、彩币表里、纱罗、绫䌷等物,仍升马黑麻迭力月失为指挥佥事,余升秩有差”。[1]正统五年(1440)八月,明英宗“升行在金吾左卫都指挥佥事张信为都指挥同知,行在锦衣卫达官指挥同知雅忽为指挥使,皆食禄不视事,以使哈密有劳故也。寻各赐钞二百锭”。[2]张信和雅(鸦)忽不仅被各升一级,而且朝廷允许他们“食禄不视事”,另外明英宗还额外赏赐每人钞200锭,这些待遇在明代奉使西域使者中都是少见的。

再如,天顺元年(1457)三月,明英宗“命都指挥佥事贺玉、指挥使金贵使哈密,指挥使马云、正千户詹昇使撒马儿罕,正千户于志敬、马亮使亦力把里,俱升一级”。[3]六人尚未正式出使开拔,就俱升一级,这也是不多见的。这年九月,都督同知马政保举张隆、梁贵、赵荣、詹昇出使撒马儿罕等处,并奏请朝廷为四人俱升一级。明英宗下旨同意。史载:“命都指挥同知张隆、都指挥佥事梁贵、指挥使赵荣、正千户詹昇,俱升

---

〔1〕《明宣宗实录》卷70,宣德五年九月丁卯。

〔2〕《明英宗实录》卷70,正统五年八月庚辰。

〔3〕《明英宗实录》卷276,天顺元年三月辛巳。

一级。隆等将出使撒马儿罕等处,都督同知马政为之请,故升之。"〔1〕

像天顺元年使臣未出行就升职的情况,毕竟是少数。一般情况下,奉使西域使臣要等待出使回朝以后,才能接受朝廷的奖赏。不过,个别情况下,升职的敕命还得需要使者自己争取。比如,天顺六年(1462)六月,"升留守卫指挥使白全为都指挥佥事,金吾右卫指挥同知葛春为指挥使。全等出使土鲁番还,奏乞迁职,故有是命"。〔2〕

使者常年在外风餐露宿,抛家舍业,备历艰辛,根本无暇考虑自己的仕途。在这种情况下,就需要朝廷给予特殊对待,否则就会出现前文提及的"进士除行人者,九年才得升六品官,人多不乐"的局面。洪熙元年(1425)七月,行在吏部言:"行在礼科给事中傅安使撒马儿罕,留二十余年始归。请给敕命,虽其历年久,未经考核,例难给授。"明宣宗考虑到傅安为朝廷出力多年,遭受羁难,应该特事特办,于是下旨曰:"安为朝廷使远夷,艰苦多矣,可拘常例乎。其即授之。"〔3〕

虽然明朝出使西域使者的待遇不高,但其出行一应花销和用度,皆由朝廷筹措,相比唐朝使者"卖官为资"省了许多麻烦。天顺元年九月,兵部奏:"都指挥马云等官军四百四十人往撒马儿罕等处公干,合用马一千七百八匹。在京马少,乞于各营内量借骑操马,及行陕西苑马寺给与。"〔4〕从中可以看出,不仅马云使团人数众多,所需马匹也不是一个小数目,以致要在京营内调拨马匹,并从行陕西苑马寺内支取,方能供应骑用。若没有强大的国力做后盾,这样大规模的使团能够顺利出行是不可想象的。

4.3　明朝奉使西域的著名使臣

从目前掌握的汉文史料来看,有明一代,通过陆路丝绸之路,明朝

〔1〕《明英宗实录》卷282,天顺元年九月乙卯。

〔2〕《明英宗实录》卷341,天顺六年六月壬申。

〔3〕《明宣宗实录》卷4,洪熙元年七月下癸巳。

〔4〕《明英宗实录》卷281,天顺元年九月乙亥。

中央政府向西域各地派出使者200余次,其中留下使者名字的约有262人次。[1]还有一些使者和更多使团成员的名字湮没在历史的长河之中。正是这些无言的功臣,穿越漫漫黄沙和茫茫戈壁,踏过串串绿洲和辽阔草原,攀雪山,翻达坂,涉冰河,历尽千辛万苦,铺架起沟通明朝内地与西域交往的桥梁。在明朝奉使西域的庞大使者群体中,有些著名使臣的足迹,历经数百年仍然铭刻在丝绸之路古道上。根据《明实录》《国朝献征录》《武职选簿》《明史》《明史稿》《殊域周咨录》等汉文资料,钩沉索隐,排比事类,今概述诸人出使及生平行实,约略成文,以资查考。

4.3.1 宽彻、韩敬、唐钲

宽彻、韩敬、唐钲是明代早期出使西域的三位著名使臣。洪武二十一年(1388)四月,明永昌侯蓝玉率军在捕鱼儿海(今贝尔湖)大败故元势力,其间有称自撒马儿罕等处来贸易者凡数百人,命鞑靼王子刺刺等送还本国。至别失八里之地,黑的儿火者汗遂遣使刺刺来贡。洪武二十四年(1391)七月,黑的儿火者汗又遣千户哈马力丁、百户斡鲁撒等来朝贡马和海青。九月,明太祖朱元璋派遣主事宽彻、监察御史韩敬、大理评事唐钲使西域,并以书谕别失八里王黑的儿火者,嘉劳其事大之诚,希望通好往来,使命不绝。[2]孰料,黑的儿火者研判明朝实力与帖木儿兴起之后,态度突然转变,"彻等既至,王以其无厚赐拘留之,敬、钲二人得还"。[3]洪武三十年(1397)正月,明朝复遣使持书往谕黑的儿火者:"宽彻等使尔诸国,通好往来,抚以恩信。岂意拘吾使者不遣。吾于诸国未尝拘留使者一人,而尔拘留吾使,岂礼也哉!是以近年回回入边地者,且留中国互市,待宽彻归,然后遣还。及回回久不得还,称有父母妻子,朕以人思父母妻子乃其至情,逆人至情,仁者不为,遂不待宽彻归而遣之。是用复遣使赍书往谕,使知朝廷恩意,毋使道路闭塞而启兵端

---

〔1〕参见本书附录2《明朝奉使西域年表》。

〔2〕参见《明太祖实录》卷210,洪武二十四年七月癸丑;卷212,洪武二十四年九月乙酉。

〔3〕《明史》卷332《西域四·别失八里》,第8607页。

也。"〔1〕经过这番交涉,"彻乃得还",〔2〕计宽彻被羁留近6年。

4.3.2 傅安

傅安,字志道,太康人。"父岩,母端氏,自太康徙居祥符之朱仙镇。"〔3〕傅安以县吏起家,后为南京后军都督府吏,历四夷馆通事、舍人,授鸿胪寺序班。洪武二十七年,以才擢兵科给事中。明年,调礼科给事中,累官本科都给事中。洪武二十八年,明太祖欲远通西域,命安与给事中郭骥、御史姚臣、中官刘惟等赍玺书、金币,率将士千五百人以行。〔4〕"安等出嘉峪关,西行八百里抵流沙,又西北行二千余里至哈梅里,西涉瀚海,行千三百里至火州,又西行至亦剌八里,又西行三千里至撒马儿罕。所至宣天子威德,颁赐金帛,其酋长多稽首,愿通贡。惟撒马儿罕酋长骄倨不顺,[谓:'中国去我远,天子无如我何也。']命安等反覆开谕,陈词慷慨,其酋终不听,遂羁使者不令还。既而欲夸其国广大,道使者由小安西至讨落思。安又西至乙思不罕,又南至失剌思,还至黑鲁诸城,周行万数千余里,阅六年始返其国。安等始终不屈节,竟留不遣。至永乐五年,其酋长死,乃遣使臣虎歹达等送使者还。于是安等羁绝域十三年矣,出使时年方壮,比归须发尽白,同行[者多物故,]将士得还者十七人而已。安等至阙下,帝大喜,厚赉之,赐安第东华门外,改官礼科给事中。安等为言:"其国王帖木儿驸马已死,今其嗣者驸马孙哈里也。"帝于是遣指挥二人往祭其故王,而赐今王银币。[自是西域使者接迹中国矣。]明年,其王遣使贡马。诏安等与其使偕行,赐以珍币,并颁赐哈烈诸国。又明年,撒马儿罕、哈烈及火州诸国,各遣使随安等入朝,贡西马五百五十匹。帝大喜,复遣安等送使臣还国,颁赐诸王。九年,别失八里王马哈麻遣使贡方物。时安等已还朝,复诏送归其使,玺书谕马哈麻毋与瓦剌构兵,[所以]颁赐甚厚。十一年,马哈麻及火州、

---

〔1〕《明太祖实录》卷249,洪武三十年正月丁丑。

〔2〕《明史》卷332《西域四·别失八里》,第8607页。

〔3〕〔明〕焦竑:《国朝献征录》卷80《礼科都给事中傅公》,台湾学生书局,1965年影印版。

〔4〕杨按:朱睦㮮《礼科都给事中傅公安传》、傅霖《礼科都给事中傅公》皆言其出使在永乐初,而户部右侍郎王沦《傅公还乡祭扫序》和《明太宗实录》卷68永乐五年六月癸卯皆记其出使在洪武二十八年。

柳城、土鲁番诸国君长,咸遣使随安等诣阙下,贡海青名马。厚赉之,遣他使者送还其国。明年,使者归言'马哈麻有母及弟之丧',帝欲怀远人,复遣安赍玺书慰问,赐之文绮。十三年,其国遣使告马哈麻之丧,且贡方物。帝[怜之]遣安往祭,封其从子为王。其使者言:'国人与哈烈有隙,将交兵。'时帝方欲辑宁殊域,为赐玺书,谕以保境睦邻之义。已闻其臣忽歹达辅相四世,国人信服,并赐玺书褒谕,赉以彩币。安前后使绝域者六,奉将威命,殊方君长稽首称臣,效职贡者相属。帝[深嘉之,]频有赐赉。至是使还,自陈衰老,乞骸骨归乡里。[天子]优诏不许,命食禄京师,不视事。已[而]念安有母在,俾奉养不复遣。宣宗立,安请敕命,吏部以未经考核,执不许。帝曰:'安为朝廷通使西域,其劳多矣,可循常例乎。'遂给之。宣德四年,安卒,特赐祭。"[1]傅安去世后,初安葬在朱仙镇岳王庙后岗上,神道有石羊石虎。傅安之子傅霖以贤良方正荐授通政司知事,迁锦衣卫经历,改六安州官,卒于任,从葬朱仙镇父茔之次。

由以上观之,傅安代表朝廷六使西域,中间被羁留12年,为国家做出了重要贡献和个人牺牲,故而永乐、宣德二帝对他亦厚待优礼,不仅赐宅第,还许其食禄不视事,死后更是有赐祭的殊荣。朱睦楔《礼科都给事中傅公安传》记有:"安既归以老病不能任事,恳乞骸骨。上怜之,赐一品服致仕,仍令有司月给米十二石与夫八人。"然而对这样的记述,明人颇持有不同看法,甚至持相反观点,认为朝廷委屈了傅安。如沈德符在《万历野获编补遗》中云:"归时以老病乞骸,上赐一品服致仕,仍月给米十二石、夫八人。宣德四年卒,上遣官祭,仍治葬。据此则安之宠数厚矣。然考之曾襄敏(棨)所为传,安《西游胜览诗卷序》,则殊不然。"沈德符又云:"户部侍郎王沦送安祭扫序曰:公竣事还朝,文皇屡加赏,赐第东华门外,宣德二年,追崇先考封母安人,许归祭扫。是安归后,又仕宦出使二十余年,初未尝告老,并无一品服人夫之赐,死后亦不闻赐

〔1〕《明史稿》列传23《傅安传》,台北文海出版社,1962年版,第218-219页。"[ ]"内容,为据《古今图书集成·明伦汇编·官常典·行人司部》汇补,中华书局、巴蜀书社,1984年影印版,第34636页第2栏。

祭葬也。睦桔过侈其乡人,近陈眉公又因其说而笔之,未及详考耳。"[1]

明代著名史学家王世贞对傅安西使之事考证更详。"兵科给事中傅安,以洪武二十八年使西域,留滞者十二年,永乐五年始归。十四年,封别失八里纳黑失罕为王,见羁北虏,留滞者复九年,宣德元年始归。给敕命,赐老而已。前后为给事中三十二年,留虏二十一年,白首生还,去苏卿不远也。"[2]他还进一步评论道:"十四年,命傅安封别失八里纳黑失罕为王,后复留滞虏中。至宣德元年,始归。前后近三十年,留虏中者十之八九,然仅给敕命耳。朱睦㮮为著传云'永乐中,以都给事使归,告老,赐一品服,致仕,月给米十石、夫八名'。此皆妄谈,不足信。"[3]

那么,为什么明朝对傅安这样的功臣使节褒奖甚薄呢?沈德符提出了自己的推测:"安等仅以原官改礼科,其赏比之苏属国更薄。是时胡文穆、黄文简、西杨、东杨在政府,蹇忠定为冢宰,皆建文故臣,岂愧见仗节之士,故有意抑之耶?"[4]当然,这只是一家之言,姑且存而不论。

前文还提到曾棨曾经为傅安《西游胜览诗卷》作序,是否傅安有著作《西游胜览诗卷》记载其使西域沿途所见所闻所感呢?其实不然,"邀请文士,集体制作诗文题卷,以作为珍藏,盖有明一代的风尚"。[5]实际上该诗卷应是朋友和乡谊等"朝士大夫"为纪念傅安出使有功,听其口述经历,有感而发,赋诗颂诵之作。

无论如何,从傅安的经历和节操来看,称其为明朝的"苏武",诚不为过也。

4.3.3 郭骥

郭骥,洪武二十八年(1395)与傅安等同使西域,被羁留,直至永乐五年(1407)六月始归朝。"至是其头目哈里闻上即位,乃遣使臣虎歹达

---

〔1〕〔明〕沈德符:《万历野获编补遗》卷4《外国·奉使仗节》,第936—937页。

〔2〕〔明〕王世贞:《弇山堂别集》卷4《文臣久任》,魏连科点校,中华书局,2006年版,第75—76页。

〔3〕〔明〕王世贞:《弇山堂别集》卷22《史乘考误》,第397页。

〔4〕〔明〕沈德符:《万历野获编补遗》卷4《外国·奉使仗节》,第936页。

〔5〕王颋:《流沙使三——傅安与明洪武末的西行使节》,载王颋著《西域南海史地考论》,上海人民出版社,2008年版,第448页。

等送安等还,并贡方物。"[1]史载:"与安同使西域者郭骥亦有才辨,既归自西域,为天子所器。"[2]永乐七年(1409)四月,明成祖派遣都指挥金塔卜歹、给事中郭骥赍书往虏中谕本雅失里:"边将得尔部下完者帖木儿等二十二人来,具言众已推立尔为可汗,尔欲遣使南来通好。朕心甚喜,今遣都指挥金塔卜歹、给事中郭骥等赍书谕意。可汗诚能上顺天心,下察人事,使命往来,相与和好,朕主中国,可汗主朔漠,彼此永远相安于无事,岂不美哉!彩币六表里用致朕意。完者帖木儿等,朕念其有父母妻子,均给赐赏,就令使臣送归,可汗其体朕至意。"[3]这年六月,百户李咬住及鞑靼伯兰等归自虏中,言"给事中郭骥、指挥金塔卜歹奉使至虏中,骥为本雅失里所杀"。[4]为什么郭骥会被杀呢?史载:"既至,可汗殊无通好意。骥反复谕之,不听,竟杀骥。"[5]明成祖朱棣得到消息后大怒曰:"朕以至诚待之,遣使还其部属。乃执杀使臣,欲肆剽掠。敢肆志如是耶,逆命者必歼除之耳!"七月,朱棣命淇国公丘福佩征虏大将军印,率精骑10万征讨本雅失里,结果因丘福轻敌冒进,陷入埋伏,一军皆没。败讯传来,永乐帝震怒,决计御驾亲征。永乐八年(1410)二月至五月,明成祖亲率50万大军,直抵塞北,大败本雅失里和阿鲁台,降服了鞑靼,胜利班师回朝。

4.3.4 陈诚

　　陈诚,字子鲁,又名朴斋,号竹山,祖籍江西临川,后迁吉水(今吉水阜田镇高坑上陈家)。生于元至正乙巳年(1365)六月十七日吉时,卒于天顺戊寅年(1458)九月十七日吉时。[6]陈诚笃于学问,曾投临江石门大儒梁寅为师,洪武二十四年(1391)入吉安府学。两年后,参加江西癸酉乡试,中第12名。洪武二十七年(1394)中进士,选除行人司行人。

---

〔1〕《明太宗实录》卷68,永乐五年六月癸卯。

〔2〕《明史稿》列传23《傅安传附郭骥传》,第219页。

〔3〕《明太宗实录》卷90,永乐七年四月丁丑。

〔4〕《明太宗实录》卷93,永乐七年六月辛亥。

〔5〕《明史稿》列传23《傅安传附郭骥传》,第219页。

〔6〕参见杨富学、曾采堂:《陈诚史料的新发现》,载《新疆历史研究》,1987年第1期,第31-37页。

入仕后,陈诚曾被派往北平、西川、浙江、福建、山东、凤阳公干。[1]洪武二十九年(1396)三月,他以行人使撒里畏兀儿,立安定、曲先、阿端等五卫。十一月,偕同官吕让使安南,令还所侵思明地,却其赆还,擢翰林检讨。建文三年(1401)五月,又使塔滩蒙古招谕夷人,除广东布政司左参议。永乐元年(1403),因事获罪,谪戍北京兴州、良乡,屯居二年。后得永乐朝中枢"江西帮"夤缘,于永乐三年(1405)为明成祖重新起用,除授吏部验封司主事,寻入《永乐大典》书局。[2]永乐十年(1412),升吏部验封司员外郎,后扈从成祖驾幸北京。

陈诚一生最重要的功绩,莫过于数次出使西域。除了洪武二十九年三月至九月,往西域撒里畏兀儿地面建置安定等卫外,他还多次出嘉峪关,往使别失八里、撒马儿罕等地,以亲身经历见证了明朝与帖木儿帝国关系的发展。永乐十一年(1413)九月,陈诚与中官李达、户部主事李暹等护送西域哈烈等贡使回国,并赍敕赏赐哈烈、撒马儿罕等处王子。在这次出使中,陈诚遍历哈烈、撒马儿罕、俺都淮、八剌黑、迭里迷、沙鹿海牙、达失干、卜花儿、塞蓝、渴石、养夷、别失八里、土鲁番、崖儿城、盐泽城、火州、柳城、哈密等处,于永乐十三年(1415)十月回朝。奏进《西域记》1本,《狮子赋》1本,《行程记》1本,西马7匹,明成祖赏赐其织金纻丝衣服1套,升其为吏部验封司郎中。

永乐十四年(1416)六月,哈烈、撒马儿罕、失剌思、俺都淮等处朝贡使臣辞还,明成祖仍遣中官鲁安、郎中陈诚等赍敕偕行,赐哈烈王沙哈鲁等及撒马儿罕头目兀鲁伯等、失剌思头目亦不剌金、俺都淮头目赛亦答阿哈麻答剌罕等白金、纻丝、纱罗、绢布等物有差,并赐所经俺的干及亦思弗罕等处头目文绮。永乐十五年(1417)十二月,"哈烈、撒马儿罕诸国各遣使,随中官鲁安、郎中陈诚等来朝贡马及方物。赐文绮、纱罗、袭衣有差"。[3]但这则记载与陈诚《历官事迹》不符。《历官事迹》载:"永乐十六年四月十一日回至北京,又进马十五匹,赐钞五万三千贯。五月

---

[1] 参见王继光:《陈诚家世生平考述》,载《西域研究》,2005年第1期,第11–22页。

[2] 参见王继光:《陈诚家世生平续考》,载《西域研究》,2006年第1期,第1–5页。

[3]《明太宗实录》卷195,永乐十五年十二月丙申。

十一日,升除广东布政司右参议,从四品,散官朝列大夫,俸仍在吏部关支。"[1]而《明太宗实录》卷200"永乐十六年五月庚申"条则载"升行在吏部郎中陈诚为广东布政司右参议,嘉其奉使哈烈之劳也"[2],与《历官事迹》正相吻合。因此,《明太宗实录》"永乐十五年十二月丙申"条所记,不知所据何来。是否为陈诚和西域诸使团进入嘉峪关时间?若为入关时间,则"赐文绮、纱罗、袭衣有差"又做何解?姑且存疑。

永乐十六年(1418)十月,陈诚匆匆处理完母亲罗氏恭人的葬礼,"仍往西域诸番国公干"。[3]而《明太宗实录》中则没有陈诚这次出使的记载,只于当年九月戊申条载:"哈烈沙哈鲁、撒马儿罕兀鲁伯使臣阿儿都沙等辞还。遣中官李达等赍敕及锦绮纱罗等物往赐沙哈鲁、兀鲁伯等。"[4]故而有观点认为,陈诚与李达汇合后,一并出使西域。而《明太宗实录》卷226"永乐十八年六月己酉"条所载"广东布政司右参议陈诚为右参政,命同中官郭敬等使哈烈诸国。时哈烈、撒马儿罕、八答黑商、于阗诸国皆遣使贡马,故遣诚等赍敕各赐彩币等物",当为误记,或者仅是一种出使计划,并未实行。[5]陈诚在《历官事迹》中述永乐十六年十月的出使,直到永乐十八年(1420)十一月初一他才回到北京。朝廷升其为广东布政司右参政,从三品,散官亚中大夫,仍给马钱钞十万二千贯,赏纻丝三表里。

永乐十九年(1421),北京紫禁城新建成的三大殿遭雷火,朝廷停止四夷差使,陈诚被记名放回原籍,听候取用。闲居两年后,陈诚又被召回北京。永乐二十二年(1424)五月,陈诚最后一次出使西域。行至甘肃将出塞时,明成祖驾崩,明仁宗即位,下诏停止四夷差使,陈诚被半路召回,未能实现最后一次出使,时年60岁。

---

〔1〕〔明〕陈诚:《历官事迹》,载《西域行程记·西域番国志》,第152页。

〔2〕《明太宗实录》卷200,永乐十六年五月庚申。

〔3〕〔明〕陈诚:《历官事迹》,载《西域行程记·西域番国志》,第153页。

〔4〕《明太宗实录》卷204,永乐十六年九月戊申。

〔5〕参见王继光:《关于陈诚西使及其〈西域行程记〉、〈西域番国志〉》,载《西域行程记·西域番国志》代前言,第1—27页。又见王继光:《陈诚西使及洪永之际明与帖木儿帝国的关系》,载《西域研究》,2004年第1期,第20—21页。

陈诚致仕后,作《历官事迹》,编《竹山文集》。关于其生命的最后经历,存在争议。一种观点认为:在天顺元年(1457),陈诚以92岁高龄"任光禄寺右通政",于天顺二年(1458)卒于任。《国榷》《明史稿》和《陈氏家谱》皆主此说。而另一种观点则认为:天顺二年卒于任上的"署光禄寺事右通政陈诚"另有其人,为山东靖海卫之陈诚。[1]

作为明朝奉使西域最著名的使臣,陈诚及其西使的研究历来受到学术界的关注。值得一提的是,陈诚在多次出使西域回朝之时,每每携西马进献朝廷,并受到朝廷的嘉奖和赏赐。比如,永乐十三年十月他进西马7匹,永乐十六年四月进马15匹,永乐十八年十一月进马35匹。此事表明,"即使像陈诚这种官方的正式使臣,亦有私下买马献给朝廷之举。与帖木儿朝来华使臣一样,明朝出使帖木儿朝的使臣,亦同时兼有贸易使臣的身份"。[2]这为深入推进陈诚西使及明朝奉使西域使臣研究,提供了一个新的视角。

4.3.5 陈德文

陈德文,一名莹中,字文石,号肃庵,广东保昌(今南雄)北厢人,亦说其为始兴人。[3]洪武十九年(1386),举文学,授台州通判。居二年,左迁枝江令,又迁缙云监税。洪武二十五年(1392)十二月,"擢缙云县税课局大使陈德文为监察御史。德文,南雄之保昌人。性和易,有干济才,建昌府知府王克敬荐于朝,故擢用之"。[4]洪武二十七年四月,署北平按察司事监察御史陈德文奏言"嫁母刘氏卒,乞奔丧",得到明太祖允准。"德文四岁丧其父,家贫随母嫁陈氏,后年长归宗。至是,其母卒,时已除奔丧之制,德文独恳请甚至。上特怜而许之。"[5]洪武二十八年

---

〔1〕参见张文德:《明朝西域使臣陈诚"累官右通政"?》,载《西域研究》,2010年第2期,第86-88页。又见张文德:《明与帖木儿王朝关系史研究》,中华书局2006年版,第81页。

〔2〕张文德:《周边宽先生校注本〈西域行程记 西域番国志〉拾遗》,载《西域研究》,2004年第3期,第14页。

〔3〕参见王颋:《流沙使三——傅安与明洪武末的西行使节》,第456页。

〔4〕《明太祖实录》卷223,洪武二十五年十二月甲申。杨按:《嘉靖南雄府志》卷5谓陈德文"以兵部尚书唐铎荐,拜北平道监察御史"。

〔5〕《明太祖实录》卷232,洪武二十七年四月戊戌。

（1395）遣给事中傅安、郭骥等携士卒1500人往撒马儿罕，为帖木儿所羁留。洪武三十年（1397），明太祖又遣北平按察使陈德文等出使撒马儿罕，亦被羁留。《明史·哈烈传》载："成祖践阼，遣官赍玺书彩币赐其王，犹不报命。永乐五年，安等还。德文遍历诸国，说其酋长入贡，皆以道远无至者，亦于是年始还。德文，保昌人，采诸方风俗作为歌诗以献。帝嘉之，擢金都御史。"[1]

关于陈德文采访西域各地风俗所作诗歌，惜乎散佚，而《殊域周咨录》留下了陈德文相关诗作的零星记载："永乐五年，北平道按察使陈德文（一名莹中）亦自撒马儿罕归。德文，洪武末出使西域，遍历诸境，采访山川风俗，作诗歌一帙进呈。上嘉之，赐马三匹，擢金都御史。德文诗不能悉，今特举《见雁怀友诗》云：'上林书札为谁将，汉节苏卿忆帝乡。万里承恩来虏地，何年归觐列鹓行。绣衣尘满关山杳，骢马星驰道路长。此日云边看雁字，老怀无计附同窗。'"[2]

4.3.6　赵安

安，狄道人。从兄琦，土指挥同知，坐罪死，安谪戍甘州。永乐元年进马，除临洮百户，使西域。[3]从北征有功，累进都指挥同知。宣德二年，松潘番叛。充左参将，从总兵陈怀讨平之，进都督佥事。时议讨兀良哈，诏安与史昭统所部赴京师。兀良哈旋来朝，命回原卫。使乌思藏，四年还。明年复以左参将从史昭讨曲先，斩获多。九年，中官宋成等使乌思藏，命安率兵千五百人送之毕力术江。寻与侍郎徐晞出塞讨阿台、朵儿只伯，败之。正统元年进都督同知，充右副总兵官，协任礼镇甘肃。明年与蒋贵出塞，剿寇无功。三年，复与王骥、任礼、蒋贵分道进师，至刁力沟执右丞、达鲁花赤等三十人。"封奉天翊卫宣力武臣特进荣禄大夫柱国会川伯，食禄一千石，赐诰命，宴劳之。"[4]四年，充总兵官镇

---

〔1〕《明史》卷330《西域四·哈烈传》，第8609页。

〔2〕〔明〕严从简：《殊域周咨录》卷15《撒马儿罕》，第484—485页。

〔3〕杨按：从赵安履历及事迹来看，其所使西域可能为西番迤西地区，未言及其经行嘉峪关也。

〔4〕《明英宗实录》卷124，正统九年十二月壬戌。

守凉州。

赵安家临洮,姻党厮养多为盗,副使陈斌以闻。在凉州又多招无赖为僮奴,扰民,复为御史孙毓所劾。诏皆不问。安勇敢有将略,与贵、礼并称西边良将。九年十二月卒。[1]正统五年三月,"赐会川伯赵安诰命铁券,追赠三代"。[2]其子赵英于正统九年十二月为正千户,后升为指挥使,立功进都督同知。

4.3.7 霍阿鲁秃

永乐二年(1404)六月,哈密安克帖木儿遣使来朝,并上表奏请赐爵。明朝礼部尚书李至刚会同太子太傅、成国公朱能等集议,认为安克帖木儿兄忽纳失里被元朝封为威武王,后改封肃王。忽纳失里卒,安克帖木儿继为肃王。今既内属,宜仍王爵而改封之。明成祖曰:"前代王爵不足再论,今但取其能归心朝廷而封之,使守其地,绥抚其民可也。"[3]于是封哈密安克帖木儿为忠顺王,永乐帝命遣指挥使霍阿鲁秃等赍敕封之,并赐之彩币。这是有关霍阿鲁秃充任明朝西域册封使的记载。永乐九年(1411)六月,霍阿鲁秃又作为送迎使,送鞑靼阿鲁台使者国公忽鲁秃出塞。史载:"阿鲁台使者忽鲁秃等辞归,赐白金、文绮。仍遣蓟州卫指挥使霍阿鲁秃等偕行。赐阿鲁台彩币二十表里,别赐其母彩币八表里。"[4]

4.3.8 刘帖木儿

刘帖木儿即刘帖木儿不花,明朝奉使西域的著名使者,曾任鸿胪寺序班。永乐四年(1406)四月,"升鸿胪寺序班刘帖木儿不花为本寺右寺丞,以其谙通北虏语言文字,故进用之"。[5]明朝鸿胪寺掌朝会、宾客、吉凶仪礼之事,初设序班50人,秩从九品。鸿胪寺左、右寺丞各1人,为从六品官。刘帖木儿不花即因谙熟蒙古语言文字,被擢升任用。一个

---

〔1〕《明史》卷155《赵安传》,第4262-4263页。
〔2〕《明英宗实录》卷65,正统五年三月丙午。
〔3〕《明太宗实录》卷32,永乐二年六月甲午。
〔4〕《明太宗实录》卷116,永乐九年六月辛丑。
〔5〕《明太宗实录》卷53,永乐四年四月乙丑。

月之后,刘帖木儿不花即被委以出使别失八里之重任。当时别失八里王沙迷查干遣使来朝贡马,明成祖赐其使者钞币,命礼部宴劳之。他还决定:"遣鸿胪寺丞刘帖木儿等赍敕及彩币往劳沙迷查干。令与其使者偕行,并赐所过哈剌火州、土鲁番、柳陈三城王子哈散等彩币。"[1]永乐五年(1407)四月,别失八里王沙迷查干遣使脱亦不花等贡玉璞及方物,且言撒马儿罕本其先世故地,请以兵复之。永乐帝命礼部宴赉脱亦不花等,并遣中官把泰、李达,鸿胪寺丞刘帖木儿等赍玺书谕沙迷查干曰:"宜审度而举事,慎勿轻动以取危辱。"[2]并赐之彩币,令把泰等与脱亦不花等偕行。明朝这次出使适逢撒马儿罕与别失八里交恶,刘帖木儿不花也肩负搜集双方局势发展情报的特殊使命。永乐六年(1408)正月,刘帖木儿不花等回朝,奏报:北元鞑靼嗣王本雅失里由撒马儿罕脱身,现居别失八里,北房准备将其迎立为汗。同时,他还上报:别失八里王沙迷查干卒,其弟马哈麻嗣立。二月,明朝派遣把泰赐祭。三月,为了争取和安抚本雅失里,明成祖派遣刘帖木儿不花出使西域,赍书劝谕本雅失里不要与明朝为敌,尽早归附,并赐织金文绮衣二袭和彩币四。同时,朱棣敕甘肃总兵官何福,令其遣人护送刘帖木儿不花使团,并暗中密探房中事以闻。计刘帖木儿不花三次出使西域。

另外,据陈诚《狮子赋序》载:"永乐癸巳春……皇上推怀柔之恩,命中官臣达、臣忠、臣贵,指挥臣哈蓝伯、臣帖木儿卜花、臣马哈木火者,行报施之礼。"在永乐十一年九月,李达、陈诚使团中有一位"帖木儿卜花",若依上下文关系,则帖木儿卜花亦为武职指挥,当与刘帖木儿不花无涉;若不释读帖木儿卜花为武职,则或与刘帖木儿不花有关联;亦或刘帖木儿不花转武职,以文职转武职在明初尚存个案,但是自明中后期,则几无这种可能存在,因资料所限,存而不论。

4.3.9 毋撒

毋撒即神忠毋撒,《明史·于阗传》又作"母撒"。永乐四年(1406)十二月,于阗使臣满剌哈等辞归,明成祖"遣指挥神忠毋撒等赍玺书往谕

---

[1]《明太宗实录》卷54,永乐四年五月戊戌。
[2]《明太宗实录》卷66,永乐五年四月丁酉。

于阗诸处头目，仍赐之织金文绮，与满剌哈等偕行"。[1]永乐八年（1410）十一月壬午，永乐帝获悉哈密忠顺王脱脱沉湎于酒，昏聩颠越，凌辱朝使，部下哈剌哈纳、买住、那那等谏之不从。于是派遣指挥毋撒为责让使出使哈密，戒谕忠顺王脱脱，同时命哈剌哈纳等善辅之。永乐九年（1411）三月丁卯，指挥毋撒使哈密还朝，奏哈密忠顺王脱脱未及闻戒谕，先以暴疾卒。同时，哈密指挥那速儿丁亦来报表。

另，哈密亦有使臣名为毋撒，曾徙居甘州为回回指挥，后袭父亲法火儿丁之职为都督金事。与神忠毋撒非一人也。

4.3.10　把泰

把泰，明朝奉使西域中官，《明史·西域四》作"把太"。永乐五年（1407）四月丁酉，明朝派遣中官把泰为宣谕使兼送迎使，与别失八里使者脱亦不花偕行，往谕沙迷查干王，戒其审度而行，毋轻举，并赐之彩币。永乐六年（1408）二月甲午，把泰又作为明朝吊祭使出使别失八里，赐祭沙迷查干王。同年秋七月，明成祖"遣内官把泰、李达等赍敕往谕八答黑商、葛忒郎、哈实哈儿等处开通道路，凡遣使往来，行旅经商，一从所便。仍赐其王子、头目彩币有差"。[2]

4.3.11　李达

李达，明朝奉使西域著名中官，曾经先后5次作为明朝使臣出使西域各地。据《明太宗实录》所载，永乐五年（1407）四月丁酉，李达以副使随中官把泰出使别失八里。永乐六年（1408）七月丁未，李达又以副使随把泰出使八答黑商、葛忒郎、哈实哈儿等处，招谕西域各处，开通道路。永乐十一年（1413）九月甲午，李达以明朝正使身份同陈诚、李暹等人送哈烈等处使臣归国，并宣劳哈烈、撒马儿罕等处王子，报其来贡之勤也。这次出使历时两年余，李达于永乐十三年十月还朝。永乐十四年（1416）三月壬寅，明朝派遣李达为吊祭正使，同给事中傅安出使别失八里，赐祭马哈麻王。同时命李达为宣谕使，出使哈烈，调节别失八里

---

〔1〕《明太宗实录》卷62，永乐四年十二月乙未。
〔2〕《明太宗实录》卷81，永乐六年七月丁未。

与哈烈争端。永乐十六年（1418）九月戊申，李达为明朝报聘使兼迎送使，与哈烈沙哈鲁使臣阿儿都沙等偕行，"赍敕及锦绮、纱罗等物，往赐沙哈鲁、兀鲁伯等，并赐哈密忠义王兔力帖木儿、亦力把里王歪思及所过之地酋长彩币"。[1]作为明朝奉使西域的老资格使者，李达享有极高的声望。《明史·侯显传》曾评价说："当成祖时，锐意通四夷，奉使多用中贵。西洋则和、景弘，西域则李达，迤北则海童，而西番则率使侯显。"可见，李达能够与郑和、海童等人齐名，他无疑是明代中西交通史上的重要人物。

4.3.12　白阿儿忻台

白阿儿忻台，明朝奉使西域著名使臣，其名字出现在波斯文本的明朝皇帝致沙哈鲁国王之国书中，邵循正先生读作 Bai al‐Hintai，刘迎胜先生将其还原成 Bay Arkintay（Bai Arkintai），并以其名称的尾音 -tay 是蒙古男子名称的后缀，而推测白阿儿忻台可能是蒙古人。[2]永乐五年（1407）六月，白阿儿忻台作为明朝派遣的吊祭使，出使撒马儿罕，往祭帖木儿，并赐哈里玺书、银币，同时赐其部属有差。[3]永乐八年（1410）二月，明成祖再派白阿儿忻台为宣谕使，出使哈烈和撒马儿罕，目的是调节哈烈沙哈鲁把都儿与撒马儿罕哈里叔侄之间的纷争。敕文曰："比闻尔与侄哈里构兵相雠，朕为恻然。夫一家之亲，恩爱相厚，足制外侮。亲者尚形乖戾，疏者何得和同。自今宜休兵息民，保全骨肉，共享和平之福。"[4]永乐十一年（1413）六月，西域哈烈、撒马儿罕、失剌思、俺的干、俺都淮、土鲁番、火州、柳城、哈石哈儿等处，俱遣使随都指挥白阿儿忻台等贡马、西马、狮、豹等物，明朝分别给予赏赐有差。[5]

〔1〕《明太宗实录》卷204，永乐十六年九月戊申。

〔2〕参见刘迎胜：《白阿儿忻台及其出使》，载叶奕良主编《伊朗学在中国论文集》第2集，北京大学出版社，1998年版，第70—74页。又参考刘迎胜：《白阿儿忻台及其出使——陈诚初使西域背景研究》，载《中亚学刊》第6辑，新疆人民出版社，2002年版。

〔3〕参见《明太宗实录》卷68，永乐五年六月癸卯。

〔4〕《明太宗实录》卷101，永乐八年二月丙午。

〔5〕参见《明太宗实录》卷140，永乐十一年六月癸酉。

4.3.13　王安

王安,明朝奉使西域中官,后为明朝著名镇守太监。永乐六年(1408)正月,明成祖派遣太监王安出使别失八里,主要目的是侦探本雅失里的动向。同时,"敕总兵官都督何福等遣人往哈密等处买马,以觇本雅失里动静。令所遣者必与安声势相接,迤西诸卫所则发兵护送"。[1]五月,何福奏请派军巡边,成祖以等待王安消息为由,命何福暂时按兵不动。六月,王安上奏:"本雅失里自别失八里从他道北行,不经哈密,令其所部鞑靼十八人在哈密窥探边事,忠顺王羁之以俟命。"[2]在收到确实的情报后,永乐帝敕命忠顺王遣人将鞑靼探子送至总兵官都督何福处,令其审询清楚,然后赐赍遣还。同时,将王安从别失八里招回。

永乐八年(1410),据《明史》卷304《宦官一》,王安在都督谭青营内任监军,这是明朝以中官监军的较早记载,表明王安深受明成祖信任。永乐九年(1411)四月,王安随同左都督吴允诚追叛虏房阔脱赤至把力河,获虏人口马驼牛羊而归。永乐十二年(1414)六月戊午,和宁王阿鲁台遣所部都督朵儿只昝卜等来朝,明成祖命中官王安赍敕往劳阿鲁台。宣德三年(1428)十一月庚午,明宣宗命甘肃总兵官刘广及陕西行都司选拣精锐官军一千人,各备马及军器,听太监王安率领,期宣德四年二月十五日以前至京。宣德五年(1430)六月甲申,朝廷命副总兵史昭、左参将赵安、右参将王彧同太监王安、王瑾率兵征伐曲先散即思,杀伤甚众,获答答不花及男女三百四十余人,马驼牛羊三十二万有奇。在镇守甘肃期间,王安于边务建设多有建言,深为朝廷所倚重。但是,因镇边日久,王安亦被纠核占据田亩、侵夺水利诸事。正统二年(1437),经查太监王安、王瑾及甘肃边将宋琥、费瓛、刘广、史昭等共占田六百余顷,明英宗裁定:"内以八十六顷存留各家官属自种食用,余田五百一十六顷拨与无地军余耕种。"[3]若从永乐八年算起,王安身历永乐、洪熙、宣

---

[2]《明太宗实录》卷80,永乐六年六月己亥。

[3]《明英宗实录》卷30,正统二年五月丙午。

德、正统四朝,镇戍军旅近30年,一生大部分时间在西北地区活动。

4.3.14　梁北斗奴

洪武三十五年(建文四年,1402)十月,明成祖升神策卫指挥同知王观童、骁骑右卫指挥佥事梁北斗奴俱为北平都指挥佥事。[1]这是史料中关于梁北斗奴的较早记载,从中可见,梁北斗奴在朱棣发动"靖难之役"夺得皇位的过程中立下了功劳。永乐九年(1411)三月,永乐帝派遣都指挥张鬼力赤、梁北斗奴,指挥徐晟为吊祭使,赐祭忠顺王脱脱。[2]因为哈密忠顺王脱脱令永乐帝非常失望,故而虽为遣使赐祭,仍免不了盖棺论定,评论其沉湎于酒,不治国事,肆为无道。另外,彼时哈密政局不稳,所以明成祖特别派遣三位武职官员出使,既有脱脱姻亲,又为自己信赖的能臣,用意颇多。

4.3.15　徐晟

原名王七十五,鞑靼人。永乐八年八月,由锦衣卫千户升为指挥佥事。[3]永乐九年(1411)三月戊辰,与张鬼力赤、梁北斗奴出使哈密,赐祭忠顺王脱脱。永乐十一年(1413)正月,鞑靼太师阿鲁台使臣把秃等归,明成祖遣指挥徐晟等偕行,并出使鞑靼,谕阿鲁台诚心事明,并"赐阿鲁台金织文绮二十五匹,其母文绮十二匹、彩绢三十匹"。[4]永乐十一年七月,永乐帝命徐晟为册封使,持节出使鞑靼,封鞑靼太师阿鲁台为和宁王。仍赐阿鲁台金印、金盔、鞍马、织金文绮二十端、绒锦二端;又封其母为和宁王太夫人,妻为和宁王夫人,俱赐诰命、冠服。[5]永乐十二年(1414)六月,明成祖行营驻跸饮马河西岸,和宁王阿鲁台遣所部都督锁住来言有疾不能朝,朱棣"遣使指挥徐晟同中官锁住赐之米百石、驴百匹、羊百牵,别赐其部属米五千石"。永乐十三年(1415)五月,和宁王阿鲁台使臣脱火赤等陛辞,成祖赐钞及文绮有差,仍遣指挥徐晟

---

〔1〕《明太宗实录》卷13,洪武三十五年十月壬子。

〔2〕《明太宗实录》卷114,永乐九年三月戊辰。

〔3〕《明太宗实录》卷107,永乐八年八月乙未。

〔4〕《明太宗实录》卷136,永乐十一年正月乙未。

〔5〕《明太宗实录》卷141,永乐十一年七月戊寅。

赍敕往劳和宁王,并赐金织文绮二十表里。永乐十五年(1417)六月,和宁王阿鲁台使臣脱火赤等辞还,成祖仍遣指挥徐晟等赍敕及金织文绮六十表里赐和宁王,并与脱火赤偕行。永乐十八年(1420)七月,明朝再遣指挥徐晟赍敕赐阿鲁台等彩币,并送其使臣都督恰木丁等还。[1]永乐二十二年(1424)十月,因出使西域和鞑靼有功,升锦衣卫指挥佥事徐晟为本卫指挥同知。《明仁宗实录》载:"晟,鞑靼人,初名七十五……自永乐初以翻译外夷文字召用,后凡西北二房……之事……悉与闻之。晟颇机警……屡见升用。至是,以其更事久,故复升之。"[2]正统六年(1441)七月,朝廷命故锦衣卫指挥使徐晟子辅袭职。[3]

4.3.16 程忠

永乐九年(1411)十月,明朝遣指挥程忠为册封使,封哈密兔力帖木儿为忠义王,敕谕曰:"哈密近在西境……尔兔力帖木儿忠谨诚恪,众所推服,特封为哈密忠义王,赐印诰及彩币二十四、玉带一。世守本土,抚其部属,恭修臣节,毋替朕命。"永乐十年(1412)三月,都指挥程忠等使哈密还朝,忠义王兔力帖木儿遣陪臣阿都儿火者贡马谢恩。永乐十六年(1418)三月,升都指挥同知程忠为都指挥使。四月,太监海童、右军都督佥事苏火耳灰、都指挥程忠等赍敕赐太平把秃孛罗及昂克脱欢等彩币表里有差,命脱欢袭父爵为顺宁王。永乐二十年(1422)六月,明成祖车驾次通州甸营外十里,有虎伤马,命勇士生縶之。又命都督吴成,都指挥程忠、梁成率骑士五百先驰赴应昌,侦房所向。洪熙元年(1425)二月,升都指挥使程忠为左军都督府都督同知。寻又以程忠等奋勇驱房有功,特遣太监杨英、鸿胪卿杨善以酒千瓶、羊百羫往劳官军。宣德二年(1427)八月,程忠又以从阳武侯薛禄征房有功,"先入贼阵,都督同知程忠等三人,人白金五十两、钞一千锭、彩币表里五"。宣德四年(1429)正月,明宣宗以武臣扈从平胡有劳,"加赐赍……都督同知程

---

〔1〕以上参见《明太宗实录》卷152,永乐十二年六月庚申;卷164,永乐十三年五月癸亥;卷190,永乐十五年六月丙戌;卷227,永乐十八年七月庚午。

〔2〕《明仁宗实录》卷3下,永乐二十二年十月下辛酉。

〔3〕《明英宗实录》卷81,正统六年七月乙巳。

忠……人钞二百锭银五两彩币一表里"。宣德十年(1435)五月,升都督同知程忠为右都督。正统四年(1439)九月,都督程忠母太夫人褚氏卒,遣官谕祭,命有司治葬事。[1]正统九年(1444)二月,安乡伯张安、左军右都督程忠卒。明英宗辍视朝一日,遣官谕祭,命有司营葬。正统九年六月,朝廷命故左军右都督程忠孙瑄袭为指挥使。[2]程忠自永乐九年奉使哈密,至正统九年病卒,至少为朝廷效命34年,历永乐、洪熙、宣德、正统四朝,为一代武职名臣。

4.3.17 康寿

永乐元年(1403)五月,明成祖遣河州卫千户康寿赍敕抚谕撒里畏吾儿及安定卫诸部落。[3]永乐二年(1404)三月,安定卫指挥朵儿只束等来朝,自陈愿纳差发马500匹。成祖命河州卫指挥佥事康寿往受之。康寿奏言"罕东、必里诸卫纳马,其值皆河州军民运茶与之。今安定遥远,运茶甚难,乞给以布帛",遂成定制。永乐十年(1412)正月,遣指挥康寿赍敕往谕罕东。永乐十九年(1421)十二月,朝廷命镇守河州都指挥刘昭于河州卫选土军100人,人马2匹,委指挥康寿率领,期明年三月至北京,随征迤北。永乐二十二年(1424)九月,世袭必里卫指挥康寿贡马,赐钞及纹绮。并命指挥李英同指挥康寿谕罕东、曲先、安定三卫,挨查必立出江黄羊川杀伤朝使一事。洪熙元年(1425)八月,康寿随同李英征讨安定、曲先贼寇。十月,以征安定、曲先功,"升陕西行都司都指挥同知土官李英为右军都督府左都督,食禄不视事,给世袭诰命,并赐织金袭衣、钞银、彩币表里……升罕东卫土官指挥使却里加、必里

---

〔1〕以上参见《明太宗实录》卷120,永乐九年十月癸卯;卷126,永乐十年三月丁未;卷198,永乐十六年三月癸亥;卷199,永乐十六年四月甲辰;卷250,永乐二十年六月己丑;《明仁宗实录》卷7上,洪熙元年二月上;卷7下,洪熙元年二月乙丑;《明英宗实录》卷30,宣德二年八月丁卯;卷50,宣德四年正月丁卯;卷5,宣德十年五月丙申;卷59,正统四年九月。

〔2〕参见《明英宗实录》卷113,正统九年二月丁未;卷117,正统九年六月丁亥。

〔3〕参见《明太宗实录》卷20上,永乐元年五月上戊子;卷29,永乐二年三月丙寅;卷124,永乐十年正月甲辰;卷244,永乐十九年十二月甲辰;《明仁宗实录》卷2下,永乐二十二年九月下;《明宣宗实录》卷7,洪熙元年八月上;卷10,洪熙元年十月辛未;卷11,洪熙元年十一月辛酉;卷22,宣德元年十月至十一月;卷41,宣德三年四月;卷42,宣德三年闰四月丙戌。

卫土官指挥同知康寿、庄浪卫土官指挥同知鲁失加,俱为陕西行都司都指挥佥事,不理司事,给世袭诰命"。十一月,必里卫土官都指挥佥事康寿等来朝贡马。宣德元年(1426)十月,康寿奏其家属等被番贼劫杀,明宣宗命镇守西宁都督佥事史昭等捕番贼。宣德三年(1428)四月,河州卫故土官都指挥佥事康寿、孙济等来朝贡马。闰四月,命河州卫故都指挥佥事康寿、孙济袭为必力卫指挥佥事,赐之诰命。

4.3.18　丁全

　　永乐八年(1410)十二月,丁全以镇抚衔随同指挥岳山偕行鞑靼阿鲁台使者脱忽歹赴塞北。永乐十一年五月,丁全以千户衔出使赤斤蒙古卫,升赤斤蒙古卫指挥佥事塔力尼为指挥同知,赏彩币六表里、织金纻丝衣一袭;副千户薛失加为正千户,彩币四表里、纻丝衣一袭。永乐十四年七月,锦衣卫千户丁全、喜剌丁奉使撒剌亦还,俱升指挥佥事。永乐十五年三月,丁全随同中官李贵出使别失八里,因纳黑失只罕言将嫁其妹撒马儿罕,请以马市妆奁,明朝赐文绮帛各五百匹助之。宣德七年七月,丁全又奉使泰宁卫、朵头卫、福余卫等处,宣劳各卫首领。宣德九年四月,锦衣卫指挥佥事丁全、王息等赍敕往赐福余等卫。宣德九年八月,朝廷选习四夷译书学生。"初上以四夷朝贡日蕃,翻译表奏者多老。命尚书胡濙同少傅杨士奇、杨荣于北京国子监选年少监生,及选京师官民子弟有可教者,并于翰林院习学。至是,选监生王瑄等及官民子弟马麟等,各三十人以闻。命指挥李诚、丁全等教之,翰林学士程督之。人月支米一石,光禄寺日给饭食。习一年,能书者与冠带,惰者罚之,全不通者黜之。"宣德十年二月,丁全出使鞑靼谕和宁王阿鲁台。正统二年十一月,升行在锦衣卫带俸指挥佥事丁全为指挥同知。正统八年(1443)正月,复锦衣卫带俸都指挥使昌英,都指挥佥事陈友,指挥同知丁全、岳谦职。[1]英等皆通事,先是坐罪革冠带办事,至是复之。正

---

　　[1]《明太宗实录》卷111,永乐八年十二月丁未;卷140,永乐十一年五月壬辰;卷178,永乐十四年七月癸巳;卷186,永乐十五年三月乙未;《明宣宗实录》93,宣德七年七月戊午;卷110,宣德九年四月己酉;卷112,宣德九年八月戊辰;《明英宗实录》卷55,正统四年五月甲子;卷100,正统八年正月甲申。

统八年十二月,丁全为吊祭使,出使沙州卫和赤斤蒙古卫,赐祭沙州卫右都督困即来和赤斤蒙古卫都督且旺失加,各赐钞五百贯、彩币二表里及香帛等物。正统十二年闰四月,锦衣卫通事指挥同知丁全卒,命赐祭。[1]

4.3.19　李暹

李暹,字宾阳,陕西长安人。洪武中举于乡,入太学。永乐中受户部主事,永乐十一年(1413)九月,随李达、陈诚等出使西域。《明史稿》列传23《周让传》附李暹事迹,云其凡五奉使。[2]宣德九年(1434)正月,命户部郎中李暹等监督京城及通州各仓收支。七月,命户部山东清吏司郎中李暹为行在通政司右通政。十一月,命通政李暹巡视北京仓场。宣德十年(1435)十一月,升通政司右通政李暹为通政使,仍提督京仓粮储。正统元年(1436)二月,明英宗敕太监李德:"今命尔与通政使李暹提督在京太仓并象马牛羊等房仓场,巡视通州直抵临清、徐州、淮安等处一应仓粮。尔宜用心革弊,毋令隐漏及下人生事,虐害纳户,务在事妥人安,庶副朕之委任。"正统六年(1441)四月壬申,以亲丧服阕,李暹复任行在通政使司通政使。十二月,升通政使李暹为户部左侍郎,仍提督各仓场粮草。在任期间,李暹对仓场粮储事务多所创建。正统十年(1445)正月甲申日,忠义后卫仓火,毁米数多,执管粮内外官。户部左侍郎李暹等下狱,令内官阮忠、户部左侍郎姜涛等代理其事。壬寅日,诏释户部左侍郎李暹等,命暹理部事。三月,命李暹为殿试读卷官。八月丁卯,户部以左侍郎李暹、右侍郎焦宏才俱足任,英宗命李暹往河南、陕西核实边储,酌量籴买,务为经久之图。[3]

正统十年九月,户部左侍郎李暹卒。《明英宗实录》载其事迹曰:"暹,字宾阳,陕西长安人。洪武间,领乡荐,入太学。永乐初,擢北京行

---

[1] 参见《明英宗实录》卷111,正统八年十二月丙午;卷153,正统十二年闰四月己卯。

[2] 参见鲁深:《关于李暹及其西行》,载《西北史地》,1983年第3期,第38页。

[3] 参见《明宣宗实录》卷108,宣德九年正月己亥;卷111,宣德九年七月壬寅;卷114,宣德九年十一月辛卯;《明英宗实录》卷10,宣德十年十一月丁酉;卷14,正统元年二月庚子;卷78,正统六年四月壬申;卷87,正统六年十二月丙申;卷125,正统十年正月甲申;卷125,正统十年正月壬寅;卷127,正统十年三月乙酉;卷132,正统十年八月丁卯。

部户曹主事,调行在户部,坐累左迁清河监副。太宗皇帝欲通西南诸夷,诏择使以往,遥以姿貌丰伟,言辞辩正与选。奉使五往返,能宣布恩命,夷人效顺。升户部郎中,寻命督理京储。正统初,秩满升右通政,再升通政使。母丧,起复,仍理京储,迁户部左侍郎。上闻陕西边储屯种多废弛,命遣往整饬之。濒行,遘疾卒,遣官谕祭营葬。遥有吏材,历官余四十年,刚果勤敏,为人所称。"[1]

4.3.20 杨忠

杨忠,明朝奉使西域中官。据陈诚《狮子赋序》载,永乐十一年(1413)九月甲午,奉使哈烈、撒马儿罕等处使团中,有中官杨忠,这可能是杨忠初次出使西域的经历。永乐十六年,别失八里贡使速哥言:其王为从弟歪思所弑,而自立,徙其部落西去,更国号曰亦力把里。"帝以番俗不足治",[2]遣中官杨忠等使亦力把里,赐其王歪思金织文绮、彩币、盔甲、弓刀,并赐其头目忽歹达等70余人彩币有差。[3]

4.3.21 李贵

李贵,明朝奉使西域中官,后镇守甘肃。永乐十一年(1413)九月甲午,作为李达、陈诚使团成员,李贵亦出使西域。陈诚在《狮子赋序》中记其名,《明史》卷332《西域四·达失干传》亦载其此次出使之事。宣德三年(1428)正月癸巳,李贵与内官李信、林春、郭泰等宣劳使,赍敕及金织文绮表里,往亦力把里、别失八里、亦昔阔、哈烈、马绰儿、八刺黑城、把答失罕、撒马儿罕、赛蓝城、扫郎城、达失干城、失剌思、亦思弗罕及坤城等处,赐其王及头目,嘉其遣使朝贡,并赐沿途所经沙州、赤斤蒙古二卫。宣德七年(1432)正月,明宣宗复命中官李贵等通西域,遣其出使西域哈烈、撒马儿罕、卜霞儿城、达失干城、沙鲁海牙城、赛蓝城、亦力把里、讨来思等处,并敕哈密忠顺王卜答失里、忠义王脱欢帖木儿,沙州和赤斤蒙古二卫都督困即来、都指挥察罕不花等以兵护送。宣德八年(1433)三月,哈烈贡使马速等陛辞,宣德皇帝嘉其诚,遣中官李贵等送

〔1〕《明英宗实录》卷133,正统十年九月癸巳。

〔2〕《明史》卷332《西域四·别失八里传》,第8608页。

〔3〕《明太宗实录》卷200,永乐十六年五月庚戌

归,并赍敕往抚哈烈,赐沙哈鲁锁鲁檀及头目彩币有差。[1]据史料记载,明英宗正统年间,太监李贵以内官镇守甘肃。正统八年(1443)七月,他上奏:"西安等卫所府州县军民谪发极边守墩了哨者,只身缺食,累次逃窜,宜给与口粮每月三斗。"[2]英宗允准其建议。

另外,宣德七年(1432)六月,内官李信、李贵曾建言"以西番多良马,请买以供国用",明宣宗以地远劳人,罢内官入番买马事。[3]值得一提的是,永乐六年四月,楚王朱桢曾派遣一名王府内使往云南市马,该内使亦名李贵。史载:"楚王桢遣内使李贵、百户卜旺等往云南市马,而贵等恣肆犯法,有司执送京师。桢遣仪宾映耿奏云:'己之不明,不能择人而使,丐恩宥之。'上曰:'法度祖宗所建,朕安得私。'赐书让王,并还贵等,令王自治之。"[4]未知二李贵有何关系,姑且存而不论。

4.3.22 亦剌思

亦剌思,撒马儿罕人,洪武年间归附明朝。洪武三十五年(1402)十月,升撒马儿罕归附千户亦剌思为锦衣卫指挥使。永乐六年(1408)十月,瓦剌马哈木等遣暖答失等随亦剌思等来朝贡马,且致诚恳请印信封爵。明成祖嘉其意,命礼部宴劳暖答失等,赐之金织文绮袭衣。永乐七年(1409)六月,明朝派遣亦剌思为册封使,"赍印诰赐顺宁王马哈木、贤义王太平、安乐王把秃孛罗",并与瓦剌使臣暖答失等偕行。[5]宣德元年(1426)四月,亦剌思已经去世十余年,明朝破例让其子马哈麻袭职。史载:"命故锦衣卫指挥使亦剌思子马哈麻袭职。亦剌思,本撒马儿罕人,洪武间归附。永乐间,往亦里吉思导其王子暖答石等来朝,遂升是职。至是殁十余年,例不应袭。上念其父之劳,特命袭之。"[6]

---

〔1〕参见《明宣宗实录》卷35,宣德三年正月癸巳;卷87,宣德七年正月丁卯;卷100,宣德八年三月戊辰。

〔2〕《明英宗实录》卷106,正统八年七月辛酉。

〔3〕《明宣宗实录》卷91,宣德七年六月上癸丑。

〔4〕《明太宗实录》卷78,永乐六年四月丙戌。

〔5〕参见《明太祖实录》卷13,洪武三十五年十月壬戌;《明太宗实录》卷84,永乐六年十月丙子;卷93,永乐七年六月癸丑。

〔6〕《明宣宗实录》卷16,宣德元年四月壬申。

4.3.23　鲁安

鲁安,明朝奉使西域著名中官。永乐十四年(1416)六月,哈烈、撒马儿罕、失剌思、俺都淮等处朝贡使臣辞还,明朝赐之钞币,并命礼部谕所过州郡宴饯之。明成祖还遣中官鲁安、郎中陈诚等赍敕偕行,赐哈烈、撒马儿罕、失剌思、俺都淮等处王及头目白金、纻丝、纱罗、绢布等物有差,并赐所经俺的干及亦思弗罕等处头目文绮。永乐十五年(1417)十二月,哈烈、撒马儿罕诸国各遣使,随中官鲁安、郎中陈诚等来朝贡马及方物。永乐十七年(1419)五月,失剌思、亦思弗罕等处使臣辞还,永乐帝再遣中官鲁安、叶先等护送,并出使失剌思、亦思弗罕等处。永乐二十二年(1424)十一月,明仁宗遣中官鲁安等以即位诏往谕哈密忠义王兔力帖木儿,并赐之彩币表里。鲁安这次出使冒很大风险,沙州卫都指挥困即来等散布谣言,制造恐慌。明仁宗敕甘肃总兵官都督费瓛、镇守太监王安:"宜整搠军马,令各卫所屯堡昼夜用心谨备。其内官鲁安往哈密,如出境未远,遣的当人星驰前去,令缘途加意谨慎,不可怠忽;若起程已远,不必遣人。"[1]另,天顺元年(1457)三月,署都督金事王瑛初以奸党谪戍云南,至是其妾上章陈冤。明英宗"以瑛兄贵在先朝多效勤劳,持宥之,降为正千户带俸京卫"。"贵,即太监鲁安也。"[2]

4.3.24　喜剌丁

喜剌丁,永乐十四年(1416)七月,锦衣卫千户喜剌丁与丁全二人奉使撒剌亦还,朝廷嘉奖,二人俱升指挥金事。宣德二年(1427)九月,喜剌丁出使亦昔阔等处还朝,该使团规模不小,至少661人,受到朝廷褒奖。史载:"赐奉使亦昔阔等处官军锦衣等卫指挥金事喜剌丁等六百六十一人钞、绢、彩币表里、袭衣有差。"宣德四年(1429)六月,明朝派遣都指挥喜剌丁等宣劳使,赍敕出使哈密,赐哈密忠顺王卜答失里、忠义王脱欢帖木儿及都督脱脱不花、都指挥陕西丁等文绮、彩绢有差。宣德六

---

[1]参见《明太宗实录》卷177,永乐十四年六月己卯;卷195,永乐十五年十二月丙申;卷212,永乐十七年五月己;《明仁宗实录》卷4上,永乐二十二年十一月上癸酉;卷7上,洪熙元年二月上庚戌。

[2]《明英宗实录》卷276,天顺元年三月乙酉。

·欧·亚·历·史·文·化·文·库·

年（1431）十月，以亦力把里歪思王、讨来思万户亦思马因等各遣人朝贡，明宣宗遣内官李信、都指挥喜剌丁等赍敕往赐歪思王及亦思马因等金织彩币表里，仍赐喜剌丁等240余人钞、绢、彩币。[1]喜剌丁几次出使都受到朝廷奖励，可见其能出色完成使命，受到皇帝喜爱。

4.3.25　黄骥

骥，全州人。洪武中，中乡举。为沙县教谕。永乐时擢礼科给事中，尝三使西域。明仁宗即位，黄骥以亲身所历，上著名的罢西域贡使疏，直陈其弊。其疏略言："西域贡使多商人假托，无赖小人投为从者，乘传役人，运贡物至京师，赏赍优厚。番人慕利，贡无虚月，致民失业妨农。比其使还，多赍货物，车运至百余辆。丁男不足，役及妇女。所至辱驿官，鞭夫隶，无敢与较者。乞敕陕西行都司，惟哈密诸国王遣使入贡者，许令来京，止正副使得乘驿马，陕人庶少苏。至西域所产，惟马切边需，应就给甘肃军士。其硇砂、梧桐碱之类，皆无益国用，请一切勿受，则来者自稀，浮费益省。"[2]仁宗接到黄骥的奏疏非常赞许，还怪罪尚书吕震为何知情不奏，让曰："骥尝奉使，悉西事。卿西人，顾不悉邪？骥言是，其即议行。"宣德二年（1427）十月，升行在礼科给事中黄骥为行在通政司右通政。十一月，命行在礼部左侍郎李琦、工部右侍郎罗汝敬为正使，通政司右通政黄骥、鸿胪寺卿徐永达为副使，赍诏抚谕安南。[3]黄骥抚谕交阯，不辱命。使还，寻卒。

4.3.26　张福

张福，明朝奉使西域中官。洪熙元年（1425）十二月，明宣宗派遣内官张福和都指挥佥事张言赍彩币表里往赐哈密忠顺王男卜答失里等。宣德二年（1427）九月，宣德皇帝再派内官张福出使沙州等卫及亦昔阔，分别赐沙州等卫都督困即来等官，及亦昔阔地面头目卜花伯颜台等彩

---

〔1〕《明太宗实录》卷178，永乐十四年七月癸巳；《明宣宗实录》卷31，宣德二年九月壬子；卷55，宣德四年六月壬午；卷84，宣德六年十月至十一月庚寅。

〔2〕《明史》卷164《黄骥传》，第4440–4441页，详见《明仁宗实录》卷5上，永乐二十二年十二月上丁末。

〔3〕参见《明宣宗实录》卷32，宣德二年十月辛巳；卷33，宣德二年十一月乙酉。

币表里有差。出使还朝以后，张福曾任镇守陕西少监。宣德十年（1435）六月，张福与都督同知郑铭等奏："西安左、前、后三卫，潼关卫军器俱缺，请给弓三千，箭九万枝。"工部同意所请，令陕西都司发官军来京关领。至于张福等所奏请"盔二万、甲二万五千、刀枪牌铳等件俱以万千计"，工部建议："宜令陕西都司布政司支官物造给，以备边警。"朝廷采纳了工部的处理意见。[1]

4.3.27　也忽

又作"牙忽""牙鹘"。宣德二年九月，因出使哈烈有功，赐奉使哈烈等处锦衣等卫官军指挥同知也忽等1422人钞、绢、彩币表里有差。宣德四年六月，牙忽被明朝派遣出使亦力把里及剌竹等处，抚谕并赐其王及头目文绮、彩币及绢有差。宣德七年三月，行在礼部奏言哈烈所遣朝贡之使将至京，明宣宗曰："哈烈极远，慕义而来，遣锦衣卫指挥鸦忽等迎劳之。"正统四年十二月，遣金吾左卫带俸都指挥佥事张信、锦衣卫带俸指挥同知牙鹘为正使，封已故哈密忠顺王卜答失里男哈力锁鲁檀为忠顺王。[2]

4.3.28　李信、郭泰

李信、郭泰，明朝奉使西域中官。永乐十五年（1417）三月乙未，别失八里王纳黑失只罕遣使哈即答剌罕等贡方物，纳黑失只罕以将嫁其妹撒马儿罕为由，请明朝允许以马市妆奁。明成祖遣中官李信、指挥丁全等赍文绮、帛各五百匹助之。[3]永乐十七年（1419）三月，中官李信和林春出使哈密，宣劳哈密忠义王兔力帖木儿、王母、王妃、故忠顺王子卜答失里、头目法虎儿丁等，以其能致礼延接朝使。宣德二年（1427）十月，凉州、永昌、山丹等卫土鞑官军摆摆罗哈剌等70家居哈密者皆思

---

〔1〕参见《明宣宗实录》卷12，洪熙元年十二月乙亥；卷31，宣德二年九月癸丑；《明英宗实录》卷6，宣德十年六月己巳。

〔2〕参见《明宣宗实录》卷31，宣德二年九月戊申；卷55，宣德四年六月壬午；卷88，宣德七年三月壬申；《明英宗实录》卷62，正统四年十二月戊寅。

〔3〕参见《明太宗实录》卷186，永乐十五年三月乙未；卷210，永乐十七年三月己酉；《明宣宗实录》卷32，宣德二年十月丙子；卷35，宣德三年正月癸巳；卷55，宣德四年六月壬午；卷84，宣德六年十月庚寅。

·欧·亚·历·史·文·化·文·库·

归,令怕哈木来奏,愿赴京师效力。明宣宗遣内官李信、林春赍敕谕哈密忠顺王卜答失里、忠义王弟脱欢帖木儿,俾悉遣来。宣德三年(1428)正月,宣宗遣内官李信、林春、李贵、郭泰等出使亦力把里、别失八里、亦昔阔、哈烈、马绰儿、八剌黑城、把答失罕、撒马儿罕、赛蓝城、扫郎城、达失干城、失剌思、亦思弗罕及坤城等处。宣德四年(1429)六月,内官李信等自哈密还,言忠顺王等能谨修臣职,恪守边疆。朝廷于是派喜剌丁等往赐忠顺王卜答失里和忠义王脱欢帖木儿及众头目。宣德六年(1431)十月,因亦力把里歪思王、讨来思万户亦思马因等各遣人朝贡,明朝遣内官李信、都指挥喜剌丁等赍敕往赐歪思王及亦思马因等金织彩币表里。宣德七年(1432)六月,先是内官李信、李贵等以西番多良马,请买以供国用,至是明宣宗以地远劳人,罢内官入番买马之事。

4.3.29　林春

林春,明朝奉使西域中官,后以内监镇守甘肃、蓟州等处。宣德二年(1427)十月丙子,林春随中官李信出使哈密,敕谕哈密忠顺王等,遣还凉州、永昌、山丹诸卫土鞑官军70家。宣德三年(1428)正月癸巳,林春与中官李信、李贵、郭泰等出使西域各地,宣劳亦力把里、亦昔阔、哈烈等各地王及头目。宣德十年(1435)十一月,内官林春镇守甘肃,建议朝廷不要同意地方镇将调番民协助剿贼,以免引起番民疑惧骚动。正统八年(1443)七月,内官林春镇守蓟州在任。明英宗敕蓟州总兵官都督同知王彧,命其与内官林春整饬武备,防范兀良哈反复无常,但遇扰边,相机剿捕,以清边患。[1]

4.3.30　昌英

昌英,回鹘人,永乐年间袭父职,后入翰林院习译书。洪熙元年(1425)十一月,朝廷升行在羽林前卫正千户昌英为本卫指挥佥事。宣德三年(1428)四月,明宣宗派遣指挥佥事昌英出使哈密及亦力把里。宣德四年(1429)七月,朝廷升行在羽林前卫指挥佥事昌英为都指挥佥事。宣德六年(1431)八月,昌英被宣宗遣往鞑靼和宁王阿鲁台处,谕其

---

〔1〕参见《明英宗实录》卷11,宣德十年十一月乙亥;卷106,正统八年七月甲寅。

宁心静志,安居边塞,无听挑拨离间之言。宣德七年(1432)八月,昌英又被朝廷派往哈密,赐忠义王脱欢帖木儿。宣德九年(1434)九月,昌英和太监王贵为宣慰使,出使鞑靼,抚纳故和宁王阿鲁台之子阿卜只俺等归附。宣德十年(1435)四月,朝廷升昌英为都指挥同知。正统四年(1439)二月,都指挥昌英等官188员,皆赴甘肃备边。正统八年(1443)正月,瓦剌使臣卯失剌等庆成宴毕,出长安左门,与女直使臣喧呼忿争,夺卫士兵械殴伤。事闻,明英宗曰:"夷狄素无礼义,不可以醉饱之故责之。宜谕房王自治,通事都指挥昌英等不能导之以礼,令戴平巾供事。"因引导夷使无方,昌英受到了连带惩罚。正月甲申日,先是昌英因冒功之事被革冠带办事,至是复职。史载:"复锦衣卫带俸都指挥使昌英,都指挥佥事陈友,指挥同知丁全、岳谦职。英等皆通事,先是坐罪革冠带办事,至是复之。"正统十三年(1448)八月,锦衣卫带俸都指挥使昌英言:"译写夷字翰林院修撰许彬闻父丧,例应守制。缘今外夷朝贡往来不绝,番文填委。乞令彬暂归奔丧,即夺情复任。"明英宗允准昌英的奏请。十一月,会同馆发生野人女真违规斗殴之事,英宗命都指挥昌英于会同馆追问违法者,每人杖三十。正统十四年(1449)九月,朝廷升都指挥昌英为后军都督府都督佥事。景泰元年(1450)春正月,命锦衣卫带俸都指挥同知马政协同都督佥事昌英于三千营管操。[1]此后,昌英多次代表明朝政府出面处理涉外纠纷,朝中凡涉及北房交涉之事,多有昌英参与。

景泰七年(1456)五月,后军都督佥事昌英卒。《明英宗实录》载其事迹曰:"英,回鹘人百户松忽儿之子。永乐二年袭父职,寻以父阵亡功升羽林前卫正千户,送翰林院习译书。十一年,赐姓,累使迤北和宁王阿鲁台、忠勇王也先土干及亦力把里、哈密诸处,历升都指挥同知。宣德十年,随太监王贵等甘肃备边,冒三岔河功升都指挥使,为兵部侍郎柴

---

〔1〕参见《明宣宗实录》卷11,洪熙元年十一月甲子;卷41,宣德三年四月己未;卷56,宣德四年七月丁未;卷82,宣德六年八月乙未;卷94,宣德七年八月壬子;卷112,宣德九年九月乙未;《明英宗实录》卷4,宣德十年四月戊辰;卷51,正统四年二月丁卯;卷100,正统八年正月己巳;卷100,正统八年正月甲申;卷183,正统十四年九月辛丑;卷187,景泰元年正月己亥。

车奏革之。正统三年,又以鱼海子等处擒贼功仍升都指挥使。六年,还京调锦衣卫带俸,充通事及四夷馆教译书。十四年,升今职。至是,卒。"[1]

4.3.31 韦文

宣德六年(1431)二月,朝廷赏征曲先将士功,升肃州卫指挥佥事韦文为指挥同知。宣德七年(1432)八月,明宣宗派遣肃州卫指挥司知韦文等往赤斤蒙古、曲先、罕东等卫,赐指挥佥事仓儿吉等彩币表里。宣德八年(1433)十一月,遣肃州卫指挥韦文赍敕抚谕曲先等卫,并赐土官都指挥都力等彩币表里有差。宣德九年(1434)二月,遣肃州卫指挥同知韦文赍敕往曲先等卫,赐指挥使那那罕等彩币表里有差。"先是曲先与罕东鹲杀,民多离散,尝遣文抚之。至是抚定复业,各遣人贡马谢恩,故有是赐。"正统十一年(1446)九月,以随宁远伯任礼收捕沙州全卫来归有功,升指挥使韦文为都指挥佥事,赐银十两、彩币二表里。正统十三年(1448)十二月,又升韦文为都指挥同知。景泰元年(1450)六月,赏甘肃都指挥同知韦文并军旗135人钞绢有差,以斩获达贼功也。景泰二年(1451)四月,赏肃州官旗军舍都指挥同知韦文等500人钞缯有差,以斩达贼功也。景泰三年(1452)四月,命陕西行都司都指挥同知韦文致仕,以其子武代为指挥同知。[2]

4.3.32 毛哈剌

永乐十七年(1419)五月,瓦剌贤义王太平、安乐王把秃孛罗、顺宁王脱欢使臣辞归,明成祖命指挥毛哈剌与其使俱往,宣劳太平父子及答力麻等彩币。十一月,指挥毛哈剌自瓦剌还,汇报了阿鲁台偷袭贤义王太平的情况。洪熙元年(1425)正月,瓦剌贤义王太平遣使者桑古台等随都指挥毛哈剌来朝贡马。宣德三年(1428)四月己未日,朝廷派遣都

---

[1]《明英宗实录》卷266,景泰七年五月己巳。

[2]《明宣宗实录》卷76,宣德六年二月己亥;卷94,宣德七年八月壬子;卷107,宣德八年十一月丙子;卷108,宣德九年二月乙卯;《明英宗实录》卷145,正统十一年九月辛卯;卷173,正统十三年十二月庚申;卷193,景泰元年六月乙酉;卷203,景泰二年四月辛未;卷215,景泰三年四月庚午。

指挥毛哈剌、指挥使孙观、指挥佥事岳谦等使瓦剌,赍敕褒谕其王及赐金织文绮、彩绢有差。四月庚申日,以遣都指挥毛哈剌等使瓦剌,明宣宗命户部如旧差往迤西官例,增与绢匹,仍全支俸一岁,以赡其家。十二月,奉使瓦剌都指挥毛哈剌等回京贡马。越明年正月,毛哈剌因奉使瓦剌,受到朝廷赏赐钞、彩币表里、纻丝袭衣等物。[1]可见,明朝派遣的使臣亦可在回朝时贡马,从毛哈剌使瓦剌回京贡马之事,可知陈诚西使回朝贡马并非孤例。

4.3.33　岳谦

宣德元年(1426)正月,岳谦以千户衔随同指挥孙观出使瓦剌,册封贤义王子捏忽袭王爵。宣德三年(1428)三月,朝廷升行在锦衣卫正千户岳谦为指挥佥事。四月,岳谦再同指挥使孙观出使瓦剌,赐顺宁王脱欢金织文绮、彩绢。同月,明宣宗还特别交代户部,岳谦等人要按旧例差往迤西官增与绢匹,并全支俸一岁以赡其家。宣德六年(1431)五月,岳谦出使西域哈密,护送忠义王子脱脱帖木儿回哈密,并赐其父及忠顺王卜答失里彩币及众头目有差。正统二年(1437)七月,朝廷遣指挥岳谦、千户张阿老丁等使迤西朵儿只伯,赐袭衣、彩币、钞锭有差,其应用毡帐、军器、鞍马等物,命甘肃镇守总兵官及陕西行都司给之。十一月,在出使阿台朵儿只伯有功,升行在锦衣卫指挥佥事岳谦为指挥同知,赏白金十五两、纻丝衣一袭。正统十四年(1449)九月,以使瓦剌艰苦,升锦衣卫指挥同知岳谦为都指挥佥事。土木之变后,岳谦为迎回明英宗频繁往来明朝与瓦剌之间。正统十四年冬十月,英宗遣岳谦同虏使纳哈出至彰义门外答话,谦为官军所杀。景泰元年(1450)二月,命锦衣卫带俸都指挥佥事岳谦子宽袭为指挥同知,仍于本卫带俸。天顺元年(1457)二月,锦衣卫已故指挥同知岳谦次子岳宏奏:"臣父自瓦剌地面公干还至彰义门外,被官军混杀。臣兄袭职,亦故。将侄锁住优给,缘臣父殒身报国,乞量升职事。"明英宗命锁住升都指挥佥事,世袭指挥

---

[1]《明太宗实录》卷212,永乐十七年五月丙寅;卷218,永乐十七年十一月己酉;《明仁宗实录》卷6下,洪熙元年正月下庚寅;《明宣宗实录》卷41,宣德三年四月己未;卷41,宣德三年四月庚申;卷49,宣德三年十二月辛丑;卷50,宣德四年正月丙子。

使。[1]

4.3.34 萧銮

宣德二年(1427)丁未科进士,授行人。《殊域周咨录》卷12《哈密》载,宣德间,萧銮出使哈密。宣德十年(1435)十二月,朝廷任命行人萧銮等人为监察御史,添注行在各道,清理天下军政。正统三年(1438)十二月,明英宗命锦衣卫指挥佥事刘勉、监察御史萧銮带领官校,往通州直抵东昌捕盗。正统四年(1439)八月,巡按直隶监察御史萧銮奏:"顺天等六府水涝民饥,今虽赈济,恐官粮不敷。乞遣官设法劝借,以备冬春接济。"英宗命行在户部速移文右少卿李畛,如銮所奏行之。景泰元年(1450)七月,命广西按察司提调学校佥事萧銮理本司事。景泰五年(1454)二月,命广西按察司佥事萧銮复职,先是銮坐奏事不实,运石赎罪,至是运完,故有是命。自天顺三年十一月至天顺七年五月,萧銮两次以亲丧服阕,复除湖广按察司佥事、福建按察司佥事。成化元年(1465)正月,升福建按察司佥事萧銮为山西按察司副使。[2]

4.3.35 贺玉

正统十二年(1447)十二月,明英宗命指挥马政、贺玉、王喜、吴良为正、副使使瓦剌。英宗以马云等连岁远使,故改命贺玉等,其一行人从尝使瓦剌者尽易置之。正统十四年(1449)正月,瓦剌使者完者帖木儿辞归,明朝派遣正使都指挥佥事马政、副使指挥同知贺玉等出使瓦剌,赍书往答厚意。天顺元年(1457)三月,明英宗命都指挥佥事贺玉、指挥使金贵出使哈密,俱升一级。九月,朝廷又遣都指挥贺玉、金贵为正、副使,赍敕命哈密卜列革袭兄忠顺王倒瓦答失里爵,并命贺玉等赍彩段表

〔1〕参见《明宣宗实录》卷13,宣德元年正月丙午;卷39,宣德三年三月上己丑;卷41,宣德三年四月己未;卷41,宣德三年四月庚申;卷79,宣德六年五月辛未;《明英宗实录》卷32,正统二年七月庚寅;卷36,正统二年十一月辛丑;卷182,正统十四年九月辛巳;卷184,正统十四年十月戊午;卷189,景泰元年二月戊戌;卷275,天顺元年二月丁巳。

〔2〕参见《明宣宗实录》卷12,宣德十年十二月甲寅;《明英宗实录》卷49,正统三年十二月乙亥;卷58,正统四年八月戊子;卷194,景泰元年七月戊午;卷238,景泰五年二月丙申;《明宪宗实录》卷13,成化元年正月癸酉。

里赐之。[1]天顺三年(1459)六月,贺玉还曾经负责为朝廷赴迤西买马。英宗敕谕甘肃总兵官宣城伯卫颖、镇守太监蒙泰及陕西行都司官曰:"近有都指挥贺玉等迤西买马回,至甘肃行都司差舍人尹度、张瑄管送赴京,马甚瘦损,不堪骑用,已将各人送锦衣卫问罪。今后尔处但遇买来并进贡马,务差的当指挥管送赴京,沿途加意饲养,若再似前,重罪不宥。"[2]天顺八年(1464)五月,明朝派遣贺玉同哈密使臣苦儿鲁海牙赴西番阿儿察选安定王兄弟一人主哈密国事。行至西宁距安定城仅十日程时,贺玉等称奉诏不行,亦不容苦儿鲁海牙等自往选人。事闻,礼部覆奏:"玉等既受敕往彼公干,又蒙赏赐银、段,所干者乃封国安边之事,非寻常和番之比。却乃畏避艰难,假称诏旨,擅自回京,狡猾不忠,方命误事。合逮玉等付法司问罪,及追原赏银、段还官。"[3]明宪宗命执贺玉等于狱治罪。

4.3.36　金贵

天顺元年(1457)三月,明英宗命指挥使金贵同都指挥佥事贺玉出使哈密,俱升一级。[4]九月,朝廷又遣都指挥贺玉、金贵为正、副使,赍敕命哈密卜列革袭兄忠顺王倒瓦答失里爵,并命贺玉等赍彩段表里赐之。天顺四年(1460)五月,朝廷命都指挥佥事金贵、指挥使马晋使哈密。九月,金贵出使一行受阻,滞留甘肃,英宗命等待道通时再遣之。天顺六年(1462)七月,明英宗命赏锦衣卫都指挥佥事金贵银十两、彩币二表里,指挥佥事冯普银七两、彩币一表里,总小旗、舍人等各银五两、绢五匹,以出使迤西哈密,抚谕番夷有功也。天顺七年(1463)二月,朝廷命都指挥同知古儿赤、都指挥佥事金贵使哈密。

〔1〕参见《明英宗实录》卷161,正统十二年十二月乙酉;卷174,正统十四年正月己酉;卷276,天顺元年三月辛巳;卷282,天顺元年九月癸酉。

〔2〕《明英宗实录》卷304,天顺三年六月甲子。

〔3〕《明宪宗实录》卷5,天顺八年五月丁丑。

〔4〕《明英宗实录》卷276,天顺元年三月辛巳;卷282,天顺元年九月癸酉;卷315,天顺四年五月丙申;卷319,天顺四年九月辛卯;卷342,天顺六年七月辛丑;卷349,天顺七年二月辛未。

4.3.37　马云

马云是明英宗时期的著名使臣。正统十年（1445）正月，马云以指挥同知衔充任明朝正使，同副使指挥金事周洪等出使瓦剌。十一月，升府军卫副千户马云等官军87人各一级，赏赉有差，以使瓦剌还有劳也。接着，又赏赐马云等人白金及金织纻丝袭衣有差。正统十一年（1446）正月，明朝又派马云、马青为正使，周洪、詹昇为副使，出使瓦剌，并与瓦剌使臣皮儿马黑麻等偕行。正统十二年（1447）正月，马云、马青再为明朝正使，周洪为副使，出使迤北瓦剌，并赐太师也先。十二月，明英宗以马云等连岁远使为由，改命贺玉、王喜、吴良等为正副使，出使瓦剌，尝使瓦剌者尽易置之。表面上看马云等仍然受到英宗的宠信，实则朝廷已经发现马云等人历次出使瓦剌的过程中，多有逾矩言行。"土木之变"后，明代宗改变了用人策略，对部分少数民族出身的官员抱有怀疑态度，而朝中部分大臣也要求惩治导致"英宗北狩"的罪臣，马云等人名列其中。景泰元年（1450）五月，兵部言："通事达官千户马云、马青等先是奉使迤北，许也先细乐妓女，又许与中国结亲，又言节减赏赐皆出自指挥吴良，致开边衅，请置诸法。"代宗下诏，将马云等人下锦衣卫鞫之。同时，牵连了一批随同马云等出使瓦剌的通事。

明英宗南宫复辟之后，马云等人重新被委以使职。天顺元年（1457）三月，英宗命指挥使马云、正千户詹昇出使撒马儿罕。但是，这次出使遭到了忠义前卫司吏张昭等人的反对，朝议封存赐物，以俟再遣。九月，朝廷再遣马云等出使西域撒马儿罕等处，使团人数有440人。但是，这次出使仍然不顺利，马云等人被乜加思兰截断去路，驼马骡驴等被掳走。后来，马云等回至肃州，等待时机。至天顺四年（1460）十月，明朝命马云协同西域诸处朝贡使臣200余人回京。回京以后，马云等人被追究奉使失职之责。天顺五年（1461）七月，先前因出使而赏赐之物亦被追回。[1]

---

〔1〕参见《明英宗实录》卷125，正统十年正月己亥；卷135，正统十年十一月丁亥；卷137，正统十一年正月癸巳；卷149，正统十二年正月戊子；卷161，正统十二年十二月乙酉；卷192，景泰元年五月壬子；卷276，天顺元年三月辛巳；卷278，天顺元年五月丁丑；卷282，天顺元年九月戊辰；卷320，天顺四年十月己未；卷330，天顺五年七月壬子。

4.3.38 詹昇

明朝名为"詹昇"且供职亲军指挥使司的武职官员至少有二人。[1]这里的詹昇指回回通事。正统十年(1445)正月,瓦剌使臣辞还,明朝以指挥同知马青为正使,以指挥佥事詹昇为副使出使瓦剌。正统十一年(1446)正月,明英宗命马云、马青为正使,周洪、詹昇为副使,赍敕书彩币等物出使瓦剌,并伴送瓦剌使臣皮儿马黑麻。天顺元年(1457)三月,朝廷命指挥使马云、正千户詹昇使撒马儿罕。该年九月,都督同知马政奏请为张隆、赵荣、詹昇等人俱升一级,因出使撒马儿罕等处故也。[2]由上可知,马青、马云、詹昇等可能都是通事出身,均相伴出使过瓦剌或撒马儿罕。但是,正统十年出使瓦剌时,詹昇为指挥佥事,而天顺元年出使撒马儿罕时,詹昇原职正千户,为何降职呢?这主要是因为他受通事马云等人治罪下狱一事的牵连。[3]

天顺五年(1461)七月,朝廷命指挥佥事詹昇假与都指挥使衔,充正使出使瓦剌,指挥同知窦显充副使陪同。[4]他属于低职高聘,这是出于外交出使的需要。八月己巳,使团赍敕出行。十月,詹昇完成使虏通和的使命,孛来退兵出境,遣使臣纳阿出随同詹昇朝贡,此时詹昇为带俸都指挥使。天顺六年(1462)正月,朝廷嘉奖詹昇等20人使虏营有功,俱升一级,升都指挥同知窦显为都指挥使,正千户詹昇为指挥使。

天顺六年十二月,明英宗命指挥使詹昇等11人送御马监充勇士供应。[5]这次人事调整很有影响,阿羊加、答纳帖木儿、杨广、詹昇、赛因孛罗、季安、桑斌、古儿赤、尤俊、葛春、夏瑄等11人,作为明朝中期的著名使臣,多次活跃在出使西域的丝绸之路上。

---

〔1〕杨按:天顺四年(1460)七月,朝廷命故府军卫指挥佥事詹昇之子詹辉袭职燕山右卫。《明英宗实录》卷317,天顺四年七月丙子。

〔2〕参见《明英宗实录》卷125,正统十年正月己亥;卷137,正统十一年正月癸巳;卷276,天顺元年三月辛巳;卷282,天顺元年九月丁卯。

〔3〕参见陈亮:《明代回回通事詹昇史迹考》,载《回族研究》,2012年第4期,第14—19页。

〔4〕参见《明英宗实录》卷330,天顺五年七月辛酉;卷333,天顺五年十月辛卯;卷336,天顺六年正月丁未。

〔5〕《明英宗实录》卷347,天顺六年十二月辛未。

·欧·亚·历·史·文·化·文·库·

天顺七年(1463)二月,朝廷命指挥使詹昇、葛春出使撒马儿罕。成化三年(1467)二月,朝廷又派通事指挥使詹昇赍敕出使迤北房酋毛里孩。四月,詹昇还朝,明宪宗念其出使之劳,命使团成员俱升一级,此前詹昇仍为锦衣卫带俸指挥使。成化九年(1473)四月,朝廷准备命通事都指挥佥事詹昇出使土鲁番,斡旋哈密之事,后因土鲁番已经侵占哈密,故未成行。成化九年六月,礼部言:"鸿胪寺四夷各国通事额设不过六十人,今滥进者数溢额外,且国子监监生坐班历事听选至十四五年者方得授职。今各项通事自办事至冠带授职,通计止是七年,所以启奔竞之风。是后,通事有缺俱从鸿胪寺查勘。如果于例应补,具呈本部然后行。通事都指挥佥事詹昇等从公访保,必须精晓夷语、籍贯明白、行止端方、身无役占者,具奏送部,审考相同,方奏送鸿胪寺戴头巾办事六年,送部考中;然后支米办事三年,考核身无过犯误事,方送吏部冠带;再办事三年,比与监生出身,年月略等,始令实授序班职事,否则径发原籍为民。"[1]由上可知,詹昇还肩负为朝廷选拔谙习夷语之外交人才的重任。

从成化十年(1474)十一月至成化十六年(1480)十二月,詹昇历任大通事,多次往抚北房和辽东建州三卫夷人,并继续为国家培养通事人才,严格通事所上呈文,革除通事煽情惑外夷、代之饰词等诸积弊。成化十九年(1483)十一月,朝廷命锦衣卫故带俸都指挥佥事詹昇之子詹铭袭父原职指挥佥事。[2]据称,其后人长期定居于北京牛街附近。

4.3.39 乌钦

乌钦,又作"邬钦"。天顺元年九月,乌钦随马云等出使西域,被阻截在哈密。天顺三年正月,乌钦和沃能二人回报,说乩加思兰仍然霸占贡路,不能通行,造成使臣进退两难。朝廷了解到这个真实情况以后,遣使切责哈密忠顺王卜列革通报贼情失察。天顺六年六月,京卫指挥等官邬钦等127名下锦衣卫狱。先前乌钦等各领白金、彩币等物,随使

---

〔1〕参见《明英宗实录》卷349,天顺七年二月辛未;《明宪宗实录》卷39,成化三年二月丁酉;卷41,成化三年四月丁巳;卷115,成化九年四月丙寅;卷117,成化九年六月庚申。

〔2〕《明宪宗实录》卷246,成化十九年十一月癸丑。

臣马云等往西域诸国贸易。至中途,闻哈密王母言前路有贼。乌钦等畏惧逃回,尽费其物。英宗诏锦衣卫执问追陪,候马云回罪之。此后,估计乌钦等戴罪办差。成化十四年八月,《明宪宗实录》载:"铨注锦衣卫带俸都指挥佥事王义、金吾右卫带俸署都指挥佥事邬钦于陕西行都司。"可见,成化时,乌钦的考选登录在陕西行都司。[1]

4.3.40 梁贵

正统七年(1442)十一月,明朝派遣章官保、梁贵为正副使,出使瓦剌。因为自正统元年以来,康能、陈友等凡6次出使瓦剌,明英宗为了表示对陈友等人优劳,遂决定别选章、梁二人出使。正统八年(1443)正月,明朝又遣章官保、梁贵二人出使瓦剌。十一月,朝廷以出使瓦剌有功,升锦衣卫带俸指挥佥事火吉为指挥同知,金吾左卫正千户章官保、鲁珍俱为指挥佥事,锦衣卫试百户梁贵为副千户,其余官军83人俱升一级。正统十四年(1449)八月,明英宗被困土木堡,派锦衣校尉袁彬与千户梁贵携书回京。九月,令升锦衣卫指挥同知岳谦为都指挥佥事、千户梁贵为指挥佥事,每人赐白金二十两、纻丝四表里。明英宗被俘以后,岳谦、梁贵二人往来传递朝廷与虏中消息。天顺元年(1457)二月,英宗复辟,升梁贵为锦衣卫带俸都指挥佥事,世袭指挥使。九月,梁贵、张隆、赵荣、詹昇等人俱升一级,因都督同知马政以张隆等人将要出使撒马儿罕,特奏请是命。天顺二年(1458)十月,朝廷命故锦衣卫带俸都指挥同知梁贵之子梁宏袭为本卫指挥使,仍带俸。[2]

4.3.41 赵荣

天顺元年(1457)九月,因即将出使撒马儿罕,都督同知马政奏请为指挥使赵荣等升一级。天顺六年(1462)十二月,锦衣卫带俸都指挥赵荣使土鲁番,向部属索取贿赂。事发,赵荣被下法司,依律当赎流。正

---

〔1〕参见《明英宗实录》卷299,天顺三年正月丁未;卷341,天顺六年六月丁卯;《明宪宗实录》卷181,成化十四年八月甲午。

〔2〕参见《明英宗实录》卷98,正统七年十一月壬午;卷100,正统八年正月壬午;卷110,正统八年十一月壬申;卷181,正统十四年八月癸亥;卷182,正统十四年九月辛巳;卷275,天顺元年二月甲寅;卷282,天顺元年九月丁卯;卷296,天顺二年十月癸未。

逢大赦,特命降二级,调外卫使用。[1]

4.3.42　马亮

天顺元年(1457)二月,因出使迤北有功,升正千户马亮为指挥同知。三月,明英宗准备派遣正千户于志敬、马亮出使亦力把里,后遭到张昭反对而未成行。天顺四年(1460)五月,朝廷派遣都指挥同知程俊、指挥同知马亮出使乩加思兰。天顺六年(1462)五月,程俊、马亮以使乩加思兰还朝,多次向朝廷奏请迁职。兵部以"出使非军功"为由,拒绝其要求。事闻,明英宗特命俱升二人一级。另外,宣德九年(1434)四月,明宣宗遣锦衣卫百户马亮赍敕出使鞑靼,抚慰和宁王阿鲁台及部属。宣德九年出使鞑靼的马亮,与英宗天顺年间的马亮是否为同一人,因资料所限,不能确论,姑且存疑。[2]

4.3.43　海荣

海荣,原名那海,鞑官出身。天顺元年(1457)十一月,明英宗赐鞑官姓名:金吾左卫带俸指挥使那海曰"海荣",燕山右卫带俸指挥使五十六曰"陆忠",羽林前卫指挥同知丑丑曰"田义",金吾右卫指挥佥事虎三曰"王彪"。天顺三年(1459)十二月,金吾左卫带俸都指挥佥事海荣自首。海荣先为千户时,冒迎驾功升指挥佥事,后以他功累升今官。自乞革其冒升者。英宗嘉其诚,特命勿革。天顺五年(1461)二月,朝廷命都指挥佥事海荣、锦衣卫指挥使马监出使海西等处。十月,金吾左卫带俸都指挥佥事海荣言:"臣奉敕领官旗二十三人往海西公干,直抵松花江等处,事竣回还,乞恩升赏。"英宗命俱升一级。天顺七年(1463)二月,朝廷命都指挥同知海荣、指挥使马全出使哈烈。成化七年(1471)闰九月,命故锦衣卫带俸都指挥使海荣之子海珍,袭父原职指挥同知。[3]

---

〔1〕参见《明英宗实录》卷282,天顺元年九月丁卯;卷347,天顺六年十二月甲戌。

〔2〕参见《明英宗实录》卷275,天顺元年二月庚戌;卷276,天顺元年三月辛巳;卷315,天顺四年五月丙申;卷340,天顺六年五月丙午;《明宣宗实录》卷110,宣德九年壬戌。

〔3〕参见《明英宗实录》卷284,天顺元年十一月戊寅;卷310,天顺三年十二月丙辰;卷325,天顺五年二月己卯;卷333,天顺五年十月戊寅;卷349,天顺七年二月辛未;《明宪宗实录》卷96,成化七年闰九月壬寅。

4.3.44　白全

天顺四年(1460)五月,明英宗命指挥白全与指挥同知郭春出使土鲁番。天顺六年(1462)六月,升留守卫指挥使白全为都指挥佥事、金吾右卫指挥同知葛春为指挥使,白全等出使土鲁番还朝,奏乞迁职,故有是命。七月,英宗命都指挥佥事白全、李铨、李麟俱隶御马监勇士,可见对白全等人非常宠信,看重了他们的外交才能。天顺七年(1463)二月,朝廷派遣都指挥佥事白全、百户白暹出使阿速。[1]

4.3.45　葛春

天顺六年(1462)六月,金吾右卫指挥同知葛春随同留守卫指挥使白全出使土鲁番还朝,奏乞迁职,葛春被升为指挥使。十二月,葛春与锦衣卫带俸都指挥佥事阿羊加等11人,俱被送御马监充勇士供应。从此,葛春成为明英宗天顺年间外交人才梯队中的重要成员。天顺七年(1463)二月,葛春随同詹昇被朝廷派遣出使撒马儿罕。另外,成化十五年(1479)五月,朝廷命锦衣卫带俸都指挥佥事葛春之子葛宏,代父原职本卫指挥使。此锦衣卫葛春不知与金吾右卫葛春是否为同一人,亦或同名,不能确论,姑且存疑。[2]

4.2.46　桑斌

天顺六年(1462)十二月,羽林前卫都指挥同知桑斌随同阿羊加、詹昇等11人,俱被送御马监充勇士供应,成为明英宗倚重的外交人才。天顺七年(1463)二月,桑斌与正千户刘海被明朝派遣出使土鲁番。成化十三年(1477)十一月,朝廷命羽林前卫都指挥使桑斌之子桑荣,代父原职指挥使。[3]

---

〔1〕参见《明英宗实录》卷315,天顺四年五月丙申;卷341,天顺六年六月壬申;卷342,天顺六年七月乙卯;卷349,天顺七年二月辛未。

〔2〕参见《明英宗实录》卷341,天顺六年六月壬申;卷347,天顺六年十二月辛未;卷349,天顺七年二月辛未;《明宪宗实录》卷190,成化十五年五月壬戌。

〔3〕参见《明英宗实录》卷347,天顺六年十二月辛未;卷349,天顺七年二月辛未;《明宪宗实录》卷172,成化十三年十一月甲申。

·欧·亚·历·史·文·化·文·库·

4.2.47　陈友

友,回回人,其先西域人,家全椒。正统初,陈友为骁骑右卫千户,以谙晓夷情见知,出使北虏。正统二年(1437)九月,陈友因出使有功,由骁骑右卫指挥佥事升为指挥同知。频年使瓦剌有劳,寻复进都指挥佥事。正统四年(1439)十二月,给陈友诰命,封其父那那罕为大宁都司都指挥佥事。正统五年(1440)十一月,哈密使臣早丁忿赐宴不备,肆詈诸通事。都指挥佥事陈友等乞擒早丁下法司,以儆效尤。此后,陈友又多次出使瓦剌。正统九年(1444)正月,朝廷命锦衣卫带俸都指挥佥事陈友充宁夏游击将军,与总兵官黄真击兀良哈。多获,进都督佥事。未几,出塞招答哈卜等400人来归。五月,升都指挥佥事陈友为都督佥事。[1]

景帝即位,进都督同知,征湖广、贵州苗。寻充左参将,守备靖州。景泰二年(1451)偕王来等击贼香炉山,自万潮山入,大破之。留镇湖广。论功,进右都督。景泰四年春,奏斩苗500余级,五年(1454)又奏斩苗300余。而都指挥戚安等8人战死,兵部疑首功不实,指挥蔡升亦奏友欺妄。命总督石璞廉之,斩获仅三四十人,陷将士千四百人,宜罪。诏令杀贼自效。

天顺元年(1457),随石瑛征天堂诸苗,大获。命充左副总兵,仍镇湖广。已,又偕瑛破蒙能余党。召封武平伯,予世券。孛来犯边,充游击将军,从安远侯柳溥等往御。率都指挥赵瑛等与战,敌败遁。再犯镇番,复击却之,俘百六十人。寻佩将军印,充总兵官,讨宁夏寇。先是,寇大入甘、凉,溥及总兵卫颖等不能御,惟友稍获。至是巡抚芮钊列诸将失事状,兵部请免友罪。诏并宥溥等。[2]

天顺三年(1459)四月,朝廷进封武平伯陈友为武平侯,加禄米一百石。天顺四年(1460)三月,武平侯陈友卒。陈友在正统初年曾经出使亦力把里和哈密,其事迹载于《明英宗实录》:"武平侯陈友卒。友,其先

---

[1] 参见《明英宗实录》卷34,正统二年九月甲午;卷62,正统四年十二月乙酉;卷73,正统五年十一月丙辰;卷112,正统九年正月己巳;卷116,正统九年五月辛亥。

[2] 参见《明史》卷166《方瑛传附陈友传》,第4489页。

西域人,寓全椒县,由骁骑右卫军以使和宁王、亦力把里、哈密、瓦剌诸处,累功历升都指挥佥事。"[1]

4.2.48 锁住

永乐十一年(1413)七月,明成祖下令升奉使撒马儿罕等处官旗指挥佥事马哈目火者为指挥同知、正千户锁住等为指挥佥事、试百户孙交等实授百户、总旗刘从善等为试百户,亡殁者子孙如例升袭。[2]其中,使者正千户锁住的名字,在帖木儿王朝使臣哈菲兹·阿卜鲁(Hafiz Abru)的著作《历史之精华》(*Zubdat al-Tawarikh*)中保留了下来,即 Su Chu。[3]明朝奉使西域使者能在波斯文文献中留下记载,这是为数不多的例子之一。

---

〔1〕参见《明英宗实录》卷302,天顺三年四月己巳;卷313,天顺四年三月丙午。

〔2〕《明太宗实录》卷141,永乐十一年七月壬寅。

〔3〕参见刘迎胜:《白阿儿忻台及其出使》,载叶奕良编《伊朗学在中国论文集》第2集,北京大学出版社,1998年版,第71—72页。又见刘迎胜:《回族与其他一些西北穆斯林民族文字形成史初探——从回回字到"小经"文字》,载《回族研究》,2002年第1期。

·欧·亚·历·史·文·化·文·库·

5 明代西域丝绸之路上的特殊使者

西域地处中西方交通要冲,自丝绸之路开通以来,就成为古代中国、古代印度、古代西亚、古代北非和古代希腊等五大文明的优秀文化交汇之地。佛教、基督教、伊斯兰教等世界三大宗教都在西域地区留下了灿烂的遗迹,并对中原地区产生了巨大的辐射影响。明代西域丝绸之路上不仅频繁奔走着往来中西的使者和商旅,还活跃着一类特殊群体,那就是宗教人士和学者。他们笃信自己的信仰,心灵纯洁高尚,意志坚定刚强,认真履行着各自宗教的特殊使命,在明代西域史上闪烁着夺目的光芒。

5.1 明代西域丝路上的佛教僧侣

佛教自产生以后不断向外传播,而西域因处于东西方交通枢纽,故而西域地区成为佛教传播和发展的重要地区之一。约在公元前260年,阿育王派遣摩诃勒弃多至古印度西北的奥那国传播佛法,还派遣末阐提在犍陀罗、迦湿弥罗等地传播佛教,使得佛教在西域地区还速流布开来。约在中国两汉之际,佛教开始传入中土,对中国文化产生了深远影响。自此以后,古印度和西域的高僧大德不断东入中原,宣扬佛法,鸠摩罗什就是其中的典型代表。随着佛教在中原地区的广泛传播,中国内地的一些高僧学者也通过西域地区,历经艰难险阻,至天竺寻求佛法,涌现出像法显、玄奘这样的杰出人物。自东汉以降历魏晋南北朝,经隋唐五代迄宋元时期,这种佛教上的相互往来并没有因西域和中原地区的政治变迁而中断,并一直延续到明朝时期。

明代西域佛教虽不如以往繁盛,但是仍然在西域部分地区保持较大影响。蒙古瓦剌控制下的西域地方和明初的哈密、土鲁番的个别地方,佛教的势力比较大,特别是藏传佛教在漠西蒙古地区传播迅速,影响力日渐突出。正是在这样的基础之上,明代西域丝路上的僧侣充当了西域与中原地区佛教和政治交往的使者,留下了不可磨灭的足迹。

5.1.1　明代中原地区派往西域的高僧

从目前汉文史料来看,明代中原地区派往西域的僧侣主要有释克新、慧暠、宗泐、智光四位大师,时间则集中在明朝初期洪武、永乐两朝。这四位高僧被明朝中央政府派遣出使西域的目的,一则访寻释典,求取佛法;一则踏访西域与中原的交通道路,绘制山川地图;但他们肩负的更主要任务是向西域宣谕明朝政治威德,招徕信仰佛教的西域地方归附明朝。

不过,这里需要明确指出,从四位高僧出使及所达地区来看,他们的目的地"西域"与人们通常所称"西域"范围既有关联,又有一定区别。克新出使"西域"招谕吐蕃;慧暠最远抵达省合剌国(今斯里兰卡);宗泐到达了天竺,归途中招徕了俄力思军民元帅府(今西藏阿里地区);智光则出使西天尼八剌国(今尼泊尔)和馆觉(今西藏昌都贡觉)、灵藏(今四川甘孜)、乌思藏(今西藏拉萨)、必力工瓦(今西藏墨竹工卡)、思达藏(今西藏日喀则地区境内)、朵甘思(今四川德格)等地。因此,从明代地域概念来说,明初四位出使西域的高僧除了个别抵达省合剌、天竺和尼八剌以外,主要活动于广义的"西番"地区,也是藏传佛教影响比较大的地域。

由此可以进一步推断,明初使西域四僧主要是通过"西番"道路抵达出使目的地的,但在目前相关史料不完全的条件下,亦不能完全否定,在个别时候,他们中的个别人,通过传统西域道路抵达天竺和省合剌。比如,宗泐"不惮烦疲,冒渡流沙,竟达天竺"[1],显然他就是通过西域丝绸之路故道行赴天竺的,"冒渡流沙"即为明证。不过,亦有记载云宗泐出使西域的起因,是他得罪了胡惟庸,"惟庸以赃钞事,文致大辟,

---

[1] 喻谦:《新续高僧传四集》卷2《明临安净慈寺沙门释宗泐传》,北洋印书局,1923年版。

又因西番之行,绝其车马,欲陷之死地"。[1]似乎他仍走的是西番之路,因史料缺乏,只好暂付阙如,存而不论。

无论明初使西域四僧经行哪条道路,不影响我们概括了解一下他们的出使情况。

克新,字仲铭,本姓余,鄱阳人。生于元英宗至治元年(1321),拜在大龙翔集庆寺广智笑隐大䜣法师门下。明洪武三年(1370)六月,明朝中央政府选派以克新为首的三名僧人出使西域,史载:"命僧克新等三人往西域招谕吐蕃,仍命图其所过山川地形以归。"[2]克新出使时50岁,他何时返还,亦或未返,卒于何年,皆不可考。[3]

慧昙,字觉原,天台人。亦为广智笑隐禅师门徒。慧昙"广颡丰颐,平顶大耳,面作红玉色,耳白如珂雪,目光烂烂射人。学者见之,不威而慑。及即之也,盎然而春温。其遇禅徒,随机而应,未尝务为奇巧,闻者自然有所悟入"。[4]洪武元年(1368)正月,明朝中央政府在南京大龙翔集庆寺设立善世院,改称大天界寺,管辖全国佛教事务,"以僧慧昙领释教事"。[5]洪武二年(1369)冬,慧昙中风,得暗疾,遂罢善世院事。洪武三年庚戌春三月,他身体康复。"夏六月,奉使西域。四年辛亥七月,至省合剌国,布宣天子威德。"[6]省合剌国王对慧昙非常尊敬,"馆于佛山寺,待以师礼"。这年九月庚午,他身患微疾,自知不能回朝复命。乙亥日沐浴更衣,跏趺端坐,丙子日圆寂于斯里兰卡。

宗泐,字季潭,号全室,台州临海人。一般记其族姓周,又有记其本姓陈,因父母早逝,寄养于临海周家。[7]他也是广智笑隐大䜣禅师的弟子。洪武十一年(1378)十二月,朱元璋"遣宗泐等使西域"[8],这次出使

---

〔1〕钱谦益:《牧斋初学集》卷86《跋清教录》,上海古籍出版社,2009年版。

〔2〕《明太祖实录》卷53,洪武三年六月癸亥。

〔3〕参见邓锐龄:《明初使藏僧人克新事迹考》,载《中国藏学》,1992年第1期,第126—133页。

〔4〕释明河:《补续高僧传》卷14《觉原昙禅师传》,《卍新纂续藏经》第77册。

〔5〕《明太祖实录》卷29,洪武元年正月庚子。

〔6〕宋濂:《天界善世禅寺第四代觉原禅师慧昙遗衣塔铭》,载焦竑:《国朝献征录》卷118《释道》。

〔7〕何孝荣:《元末明初名僧宗泐事迹考》,载《江西社会科学》,2012年第12期,第99页。

〔8〕《明太祖实录》卷121,洪武十一年十二月戊辰。

西域的僧团还包括宗泐的30位徒弟。关于宗泐出使的目的,据称是为了访求"佛书遗逸";实际上宗泐因贩卖度牒获罪,似有赎罪之意,而且极可能是因他不慎卷入政治斗争,得罪了左丞相胡惟庸,被其寻衅派往绝域的。宗泐以61岁高龄,"不惮烦疲,冒渡流沙",历尽艰险,终于抵达天竺,取得了佛经。并且于洪武十四年(1381)十二月,招徕了俄力思军民元帅府和巴者万户府,回朝复命。史载:"僧宗泐还自西域,俄力思军民元帅府、巴者万户府遣使随宗泐来朝,表贡方物。"[1]

虽然宗泐在政治上受到打击,备历艰辛,远涉西域,抵达天竺,圆满完成了使命,而且还为明朝政府招徕了西藏阿里地区,做出了巨大贡献,但是明代仍有人诋毁他的功业,怀疑他是否真正到过西域天竺。比如弘治十八年进士徐祯卿《剪胜野闻》载:

> 僧宗泐性颇聪慧,太祖爱之,令其畜发。发既成,乃欲官之,泐固辞,乃止。尝命往西域求释典,泐不敢辞。行至外徼,道逢一老僧,泐遥拜问之曰:"西域此去几何?"老僧曰:"汝头白也行不到也。"泐曰:"明天子命往西域取经,惟老师请教。"僧曰:"毋行,抵自劳尔。为我置书,上中国明主,慎毋发也。"泐受之归。见帝,具道所以,帝发书视之,乃即位时作水陆醮斋以答神贶,上御制手书告祭表文也,纸墨如故。帝允之,乃止。[2]

这则明代笔记记载宗泐刚刚抵达边外,就遇到一位老僧劝阻,既而携带老僧一封上书回朝复命,并没有到过天竺。《明太祖实录》对宗泐使西域还朝,言之凿凿,应当无误。《剪胜野闻》关于宗泐的记载未知所凭何据,只因宗泐在西域及天竺习梵音,译文殊经,皆语焉不详,故而引起他人无端揣测。

克新、慧昙、宗泐三人皆为广智笑隐大䜣法师的弟子,传承的是汉传佛教禅宗杨歧派虎丘系的法统。

智光,字无隐,山东武定州庆云人,本姓王。生于元至正八年(1348)十二月,15岁辞离父母出家,在大都吉祥法云寺拜迦湿弥罗国

---

〔1〕《明太祖实录》卷140,洪武十四年十二月乙卯。

〔2〕徐祯卿:《剪胜野闻》,载邓世龙:《国朝典故》卷3,北京大学出版社,1993年点校版。

（今克什米尔）板的达（班智达）萨诃咱释哩为师，声名渐广。明太祖朱元璋闻其名，召至钟山，"命译其师板的达四众弟子菩萨戒，词简理明，众所推服"。[1]洪武十七年（1384）二月，"遣僧智光等使西天尼八剌国"。[2]伴随智光这次出使的，还有他的弟子惠辩（亦作"慧辩"）。洪武二十年（1387）十二月，"僧智光等自尼八剌国使还，献马八匹"。[3]尼八剌、乌思藏、朵甘等处亦随智光来朝，上表贡方物。随后，智光再使尼八剌等地，于洪武二十三年（1390）十二月"复率其众来朝"。洪武三十五年（1402）八月，明成祖朱棣"遣僧智光赍诏谕馆觉、灵藏、乌思藏、必力工瓦、思达藏、朵思、尼八剌等处，并以白金彩币颁赐灌顶国师等"。因智光三使西域，[4]于朝廷有功，永乐二十二年（1424）九月，明仁宗封其为"圆融妙慧净觉弘济光范衍教灌顶广善大国师"[5]。天顺四年（1460）二月，明英宗又追封智光为"大通法王"，遣官赐祭。[6]"大通法王"之封号，可能是明代汉僧获得的朝廷的最高荣誉和封号了。

5.1.2　明代西域往来中原的僧侣

明代西域各地往来中原的僧侣数量当不在少数，只不过有些在汉文史料中留下了记载，更多的来华西域僧侣则湮没于历史长河之中。

比如，前文提到的智光出使西域时，就曾经在乌思藏接收中天竺国人桑渴巴辣为徒。桑渴巴辣自幼出家，游五天竺，参习秘密最上一乘。遇到智光禅师以后，史载"巴辣倾心服事，不去左右，师怜而挈之与东。太宗推师意，命为番经厂教授。凡遇朝廷法事，师必与巴辣偕，或得掌坛，或辅弘宣，发扬秘乘，饶益弘多。而生性刚直，少巽让，独尽敬于师，自西抵东，始终无间。正统十一年，于定州上生寺坐脱，寿七十"。[7]这

---

[1] 释明河：《补续高僧传》卷1《西天国师传》。

[2]《明太祖实录》卷159，洪武十七年二月己巳。

[3]《明太祖实录》卷187，洪武二十年十二月庚午。

[4] 参见邓锐龄：《明西天佛子大国师智光事迹考》，载《中国藏学》，1994年第3期，第34-43页。

[5]《明仁宗实录》卷2下，永乐二十二年九月丁亥。

[6]《明英宗实录》卷312，天顺四年二月庚申。

[7] 释明河：《补续高僧传》卷1《西天国师传》附《桑渴巴辣》。

位西天大剌麻桑渴巴辣对智光禅师非常尊敬,陪伴智光从乌思藏东入中原。桑渴巴辣对秘乘造诣很高,常常襄助老师完成朝廷的各种佛事活动。他性情刚直,对他人少见谦卑,唯独对恩师智光极尽恭敬,贯之始终。

与桑渴巴辣经由西番道路进入中原不同,元末明初还有一位具生吉祥大师,在弟子底哇答思陪护下,由西域高昌故道进入中原传习佛法,而且这位具生吉祥大师与桑渴巴辣亦有渊源,他是智光禅师的师傅,为桑渴巴辣的师祖。

具生吉祥大师,梵名"板的达撒哈咱失里"。他是中天竺迦维罗国人,出身于"刹帝利"种姓。撒哈咱失里起初研习大小乘佛法,感觉诵读经典仍不足以窥知佛法奥义,遂决定亲身苦修,践证大法。他在雪山历经12年入定,方得奢摩他证。于是,他决定远游东土,弘扬佛法,史载:

> 国初,振锡而东。浮信度,踰高昌,所经诸国,王臣畏敬。凡四越寒暑,始达甘肃。入五台,憩寿安禅林,恒山之人敬事之,如古佛出世。洪武七年,上闻之,诏住蒋山,皈依者风雨骈集。师道德深厚,容止安详,一见使人心化,不待接迦陵之音。虽檀施山积,曾不一顾,曰:"吾无庸是。"悉为悲敬二田。上嘉叹,赐以诗,有"笑谈般若生红莲"之句。[1]

班智达撒哈咱失里渡过印度河,游历西域各地直至高昌,所到之处,受到各地酋长和大臣的尊敬。他历经四载寒暑终于抵达甘肃,进入中土实属不易。实际上,具生吉祥大师于元末已经在大都唱法,受到元宗室敬重。洪武二年(1369),大师选择在山西五台山寿安禅寺弘法修行,亦受到恒山当地信众的敬仰。洪武七年(1374),明太祖朱元璋闻知其名,将他召至南京蒋山(紫金山),慕名而来的皈依者甚众。具生吉祥大师道德深厚,容貌举止安详,不必开口宣讲,即能令人归化向慕。信徒们送来大量布施,大师从不把这些放在心上,认为布施于己无用,全都施惠给穷人和供养三宝。这种高行大德感动了朱元璋,赐诗褒奖。

具生吉祥后来偶患足疾,几经调治,终不能痊愈。"忽一日奏还五

---

〔1〕释明河:《补续高僧传》卷1《具生吉祥大师》。

台,上疑其妄,故许之。师白众曰:'今日五台之行,有能从我者乎?'弟子曰,某从之。师翘患足曰:'汝无这一足,安能从我!'至午,盥沐更衣危坐。弟子知其意,哀号请垂训,师举念珠示之。弟子拭涕曰:'和尚教我念佛耶!'师掷念珠于地,长吁而化。"[1]洪武十四年(1381)具生吉祥大师圆寂以后,荼毗烟所及处,皆成舍利。缀于松枝者,若贯珠焉。僧众建塔将其舍利藏于西林庵。具生吉祥大师留有《示众法语》3卷,他还有翻译的八支戒本留传于世。

具生吉祥大师最有名的弟子当推智光禅师,为明朝与尼泊尔的交往和控制西藏做出了极大贡献。具生吉祥大师还有一位印度籍弟子,伴随其来中土,即底哇答思。底哇答思是东印土人,8岁时拜具生吉祥为师。他耐饥寒劳苦,受到老师喜爱,获准随具生吉祥大师东入中原弘法。后来,他随老师赴南京朝觐,朱元璋御赐度牒,命其随具生吉祥大师演教传法。底哇答思操履不凡,造诣广大。具生吉祥大师圆寂后,他回到北京。宣德年间,底哇答思驻锡北京庆寿寺。又在潭柘寺龙泉之右建庵修行,足迹不入城市。据传,底哇答思坐化之日,居庵现五色光,荼毗得舍利甚众。[2]

至此,不妨梳理一下,元明时期,西域高僧东入中土,在北京弘法演教已经形成法脉,畏兀儿僧人普觉圆明广照三藏法师必兰纳识里肇建大能仁寺即是一例。继之有中印度高僧具生吉祥大师撒哈咱失里(又作"萨曷拶室里""萨诃咱释哩")在北京吉祥法云寺传教,又有弟子智光、底哇答思,及再传弟子桑渴巴辣、道深、释迦哑尔等人传承法统,终于形成一派西天印度佛教团。他们讲法于北京吉祥法云寺、崇国寺(护国寺)、大能仁寺、大觉寺、西竺寺、西域寺(三塔寺)、弘仁寺、广慧寺、广寿寺等禅林,[3]往来南京与北京之间,活跃于明初政坛,对明朝与西域、印度、尼泊尔及西藏事务发挥了积极影响。

---

〔1〕释明河:《补续高僧传》卷1《具生吉祥大师》。

〔2〕释明河:《补续高僧传》卷1《具生吉祥大师》附《底哇答思》。

〔3〕参见包世轩:《北京大觉寺内明代具生吉祥大师萨曷拶室里僧塔考》,载《北京历史文化遗产集论——抱瓮灌园集》,北京燕山出版社,2011年版。

5.1.3 明朝对西域朝贡僧侣的管理

明代西域的部分地区,特别是明初的哈密和土鲁番地区,佛教仍保有一定影响力。这些地区的佛教僧侣通过向明朝中央政府进贡保持与内地联系,明朝中央政府亦对其进行了有效管理。

永乐四年正月,"西域贡佛舍利,礼部尚书郑赐请,因是宽释罪囚"。[1]虽然明成祖朱棣以梁武帝、元顺帝皆溺于佛,导致法度废弛,纲纪大坏,最终败亡为由,没有采纳郑赐的建议,但是这则史料表明,西域佛教僧侣已经开始寻求与明朝中央政府的接触途径了。

明初,佛教在西域土鲁番的势力仍然是比较大的。《沙哈鲁遣使中国记》载:

> 到主马答第二月末(7月11日),他们到了吐鲁番。这个城镇的大部分居民是异教徒,崇拜偶像。他们有极美丽的大偶像寺庙,其中有很多偶像,一些是新塑的,另一些是旧的。坛前有一尊他们称为释迦牟尼佛的大佛像。[2]

沙哈鲁使明使者盖耶速丁于1420年,也就是永乐十八年,抵达土鲁番,这时的土鲁番城中信仰佛教的民众依然居大多数。陈诚在《西域番国志》亦记载道:"城近而广人烟,广有屋舍。信佛法,僧寺居多。"[3]佛教不仅在土鲁番本城影响力大,在土鲁番周边地区也有一定势力。比如,崖儿城在土鲁番西二十里,"广不二里,居民百家,旧多寺宇,有石刻存"。又如火州,"城方十余里,风物萧条,昔日人烟虽多,僧堂佛寺过半,今皆零落"。[4]虽然上述地区的佛教已不如以往兴盛,开始显现颓废之势,但是其对当地社会的影响仍然存在。

明朝初期,正是西域伊斯兰教积极向东扩张的时期,伊斯兰教与佛教在哈密、土鲁番地区发生势力之争,必不可免。可以想见,在这种情况下,西域佛教大力争取明朝中央政府的支持是必然的选择。

---

〔1〕《明太宗实录》卷50,永乐四年正月辛酉。

〔2〕火者·盖耶速丁:《沙哈鲁遣使中国记》,第112页。

〔3〕陈诚:《西域番国志》,第106页。

〔4〕陈诚:《西域番国志》,第108—110页。

永乐六年（1408）五月，"土鲁番城僧清来率其徒法泉等来朝贡方物"。明成祖朱棣"命清来为灌顶慈慧圆智昔应国师，法泉等为土鲁番等城僧纲司官。赐清来白金五百两，钞千贯，采币十二表里。其徒七人各赐白金三十两，钞五百贯，采币三表里"。[1]两个月以后，土鲁番城僧古麻剌失里等亦来贡马及方物，明成祖赐给他白金百两，钞七百贯，彩币七表里，并赏赐其徒弟钞币有差。[2]

继永乐年间土鲁番佛教僧侣来京朝贡以后，明朝中央政府决定加强对西域佛教事务的管理，在土鲁番、哈密地区设立僧纲司僧职，统领佛教事务。宣德四年（1429）五月，明宣宗认命土鲁番城僧桑果大师为本处僧纲司都纲，认命哈密卫僧太仑为本卫僧纲司都纲，时二人俱来朝贡马。[3]僧纲司都纲为明代地方佛教僧职，品级为从九品。宣德五年（1430）五月壬寅，土鲁番城番僧佛先等来朝贡马。戊申，明宣宗朱瞻基"命土鲁番城僧佛先嗣其故父法先之职为都纲，嘉其躬来朝贡也"。[4]为了表彰僧佛先亲身赴京朝贡，明宣宗命佛先袭父职为都纲。这与明朝在西番部分地区的做法极其相似，似乎表明当时藏传佛教在西域东部地区仍然具有一定影响。

但是，到了正统年间（1436—1449），西域土鲁番的形势发生了较大变化，在南疆地区已经站稳脚跟的伊斯兰教不仅日渐兴盛，而且开始大规模向东传播，逐渐蚕食佛教的势力范围，表现在土鲁番城都纲佛先等人放弃世居地，迁赴京师定居。

正统二年（1437）三月，土鲁番城都纲佛先、舍人南忽里等奏，愿居京自效。明英宗仔细考虑了当时当地的实际情况，同意了他们的请求，"命佛先等安插在京寺院，日与饩廪。南忽里等隶锦衣卫，给房屋、什器、月粮"。[5]这一年的七月，土鲁番地区佛教领袖人物国师巴剌麻答

---

〔1〕《明太宗实录》卷79，永乐六年五月辛酉。

〔2〕《明太宗实录》卷80，永乐六年七月乙巳。

〔3〕《明宣宗实录》卷54，宣德四年五月己未。

〔4〕《明宣宗实录》卷66，宣德四年五月戊申。

〔5〕《明英宗实录》卷28，正统二年三月丙申。

失"遣僧人格来贡马及方物"。[1]

成化九年(1473)八月,哈密僧必剌牙失里把的剌上奏明朝:"其种落数遭速檀阿力劫杀,避往甘州者二百人,无以自给,乞拨边方间地耕种,暂为量给口粮。"[2]可见,哈密的佛教僧众也面临被土鲁番劫杀的威胁,不得不内迁至甘州。

至明武宗正德年间,原居于哈密的净修国师必剌牙失里把的剌侄子拜言不剌内迁至肃州,在东关创建了归华寺。《肃镇华夷志》载:"拜言不剌父在哈密居住,成化间被土鲁番王子速瓦亦思、速檀阿力节次抢掠难存。正德初间,率领部落投顺肃州,准其进贡。今都督乩吉卜剌与拜言不剌管束新旧哈剌灰二种并畏吾儿一种夷人,故于关厢建寺,曰归华寺,彼以为奉敕而建。"[3]哈密地区信仰佛教的僧俗势力在土鲁番伊斯兰势力的冲击下,被迫背井离乡迁居肃州。为了延续佛教信仰,他们在拜言不剌率领之下创建归华寺,这不仅是部族的内迁,亦是佛教自西域内迁内地的明证。

嘉靖三十八年(1559)十一月,陕西督抚王梦弼等言:"哈密系我属卫,久为土鲁番所并。近土鲁番王沙速坛之子脱列速坛乃复占据哈密,哈密夷庶虎尔的等被其残虐,田禾悉为蹂践,饥寒迫切,携孥内附,别无意外奸谋,请分发甘肃寄住。哈密国师都督拜言孛剌等各部下随住钤束,仍将精壮选充夷军通事,食粮随操。"[4]都督拜言孛剌仍保有"哈密国师"的封号,说明佛教势力在哈密个别部众中还有一定影响力。

万历十年(1582)五月,哈密卫畏兀儿、哈剌灰署都督印指挥同知站卜剌差夷使也先卜剌等,并袭国师马你阿纳的纳等,袭都督同知舍人米尔马黑麻等各朝贡。明朝依据典章,对上述僧俗贡使"袭职给赏如例"。[5]

---

〔1〕《明英宗实录》卷32,正统二年七月丁巳。

〔2〕《明宪宗实录》卷119,成化九年八月己巳。

〔3〕〔明〕李应魁:《肃镇华夷志》卷2《祠祀》,甘肃人民出版社,2006年高启安、邰惠莉点校本,第150页。

〔4〕《明世宗实录》卷478,嘉靖三十八年十一月己卯。

〔5〕《明神宗实录》卷124,万历十年五月丁卯。

这一史料可能是关于明代西域佛教僧侣朝贡的最后记载了,此后关于西域佛教僧侣朝贡的记载就非常稀见了,此亦是佛教在西域大部分地区衰落的缩影。

由上述史料可见,先是土鲁番地区的佛教僧众赴内地朝贡,乞求明朝庇护;接着是被迫放弃世居地,内徙京师;后来是哈密地区的佛教僧众内迁肃州,佛教在西域的传教基地逐一被吞并,佛教在西域的势力范围渐次东撤。这些鲜明地佐证了15世纪初叶西域宗教势力"佛退伊进"的演进历史。从此以后,伊斯兰教学者的身影在陆路丝绸之路上就越发突显起来。

5.2 明代西域丝路上的伊斯兰教学者

明代时期,特别是15世纪中叶以后,伊斯兰教在西域地区得到广泛传播,对西域的政治、社会、民族、宗教、文化、艺术和语言等方面产生了深远影响。尽管元朝时期,中国内地已经形成了"回回遍天下"的局面,但是直至明朝,"回回"作为一个民族才正式形成。从地域角度看,明代伊斯兰教分布呈现大分散、小集中、遍布三级行政区的格局。[1]在这种社会大背景之下,明代西域与中原地区在伊斯兰宗教方面的联系和交往是必不可少的。

从目前的史料来看,伊斯兰教宗教人士与明朝中央政府的直接接触,最早发生在永乐朝,也就是15世纪初。据《明太宗实录》记载,永乐三年(1405)正月,"火州回回满剌乞牙木丁等来朝贡马及方物",明成祖朱棣"赐钞币、袭衣"。[2]从这则史料来看,这位火州回回满剌乞牙木丁并不是普通的穆斯林商人,"回回满剌"的称号清楚地表明了其伊斯兰教宗教职业者的身份,很明显乞牙木丁是一位伊斯兰教学者。另外,从"火州回回满剌"还能够看出,至迟在15世纪初,伊斯兰教已经在西域

〔1〕参见何孝荣、崔靖:《明代政府对伊斯兰教的基本政策和信仰伊斯兰教的居民分布》,载《黑龙江民族丛刊》,2013年第4期,第94—99页。

〔2〕《明太宗实录》卷38,永乐三年正月壬戌。

较东端地区传播开来,并且取得了较大的社会影响,因此,乞牙木丁才能以宗教职业者的身份赴明朝贡。

一些伊斯兰教学者除了在西域部分地区传教以外,还通过西域进入中原,把伊斯兰教各学派思想传入明朝内地。在这方面,伊斯兰教中亚苏菲学派表现得非常突出。

公元7世纪末至8世纪初,苏菲学派产生于倭马亚(伍麦叶)王朝统治时期的库法和巴士拉等地,是穆斯林虔诚信仰和宗教狂热的产物,主张虔诚、节俭、清贫、苦行和禁欲为特征的个人修行方式。早期苏菲派信徒身着粗羊毛织衣,清心寡欲,不贪图物质享受,沉思冥想,以长期诵经、祈祷、斋戒和坐静来增加个人宗教功修。后来,苏菲学派融入一些神秘主义思想,认主独一,全神贯注想往安拉,达到将个人纯净灵魂与安拉精神之光交融合一的境界。10世纪末,苏菲学派在波斯、中亚等地得到广泛传播。

16世纪中后期,西域叶尔羌、喀什噶尔等地盛行苏菲派乌瓦伊西耶教团,对叶尔羌汗国上层影响较大。到17世纪初,纳格什班迪耶教团取代乌瓦伊西耶教团,在西域各地渐居主导。纳格什班迪耶教团是中亚苏菲学派三大教团之一,由穆罕默德·伊本·白哈丁·布哈里于14世纪在中亚布哈拉创建。纳格什班迪耶教团第五代教长为玛哈图木·阿杂木(又作"麦赫杜姆·阿札姆"),他于明嘉靖二十二年(1543)去世,长子玛木特·额敏袭承教长之位,称依禅卡朗。然而,玛木特·额敏与其弟伊斯哈克·瓦里为争取教权而分立门户,势不两立,矛盾尖锐。

万历八年(1580),伊斯哈克·瓦里离开中亚,东行至其母族世居地喀什噶尔传教,创立了黑山派。伊斯哈克·瓦里的儿子胡什·夏迪(又作"萨迪""沙迪")亦在喀什传播苏菲学派义理,经过父子两代的努力,黑山派势力大增,对叶尔羌汗国后期政局产生了较强影响。17世纪初,纳格什班迪耶教团教长依禅卡朗之子玛木特·玉素甫也越过葱岭,进入叶尔羌汗国传教,在汗国东部哈密地区创立了白山派。玛木特·玉素甫的长子希达叶图拉(又作"伊达耶图拉"),在明末清初袭承了白山派,世称"阿帕克和卓"。他在甘青地区的汉文史料中,又被称为"赫达叶通拉希"。[1]

明末清初,黑山派和白山派在西域南疆地区展开了激烈的争夺,并逐渐形成两支强大的社会力量,苏菲派依禅的学理和教义得到了极大传播,而且不断向中原地区扩展,尤其是影响到陕甘青地区穆斯林的门宦制度。中国穆斯林虎夫耶学派的毕家场门宦、花寺门宦、穆夫提门宦,都与阿帕克和卓有学统渊源,嘎德林耶学派大拱北门宦的祁静一道祖亦曾与赫达叶通拉希面晤。

其实,伊斯兰教苏菲派学理早在宋元时期即已传入中原。明朝政府对西域来华的回回控制很严,导致来华的穆斯林学者人数锐减。但是,个别苏菲学者仍然留下了活动的痕迹。明宪宗成化年间(1465—1487),南京回回寺就曾驻留一位中亚苏菲学者。姚福《青溪暇笔》卷上"番僧"条有这样一则记载:

> 近日一番僧自西域来,貌若四十余,通中国语,自言六十岁矣。不御饮食,日啖枣果数枚而已。所坐一龛,仅容其身,如欲入定,则命人锁其龛门,加纸密糊封之。或经月余,磬欬之声亦绝,人以为化去矣,潜听之,但闻摇念珠历历。济川杨景方,尝馆于其家。有叩其术者,则劝人少思、少睡、少食耳。一切布施皆不受,曰:"吾无用也。"予亲见之雨花台南回回寺中。此与希夷一睡数月何异? 可见异人无世无之。[2]

有观点认为,从这位"番僧"的修行来看,"不御饮食""入定""念珠"等,类似佛教"上座部"的苦修;还有观点认为,此"番僧"可能是"吐蕃的僧人","回回寺"不一定是伊斯兰教清真寺。其实,上述释读都是对史料的误解。"番僧"是明代汉地对外来宗教人士的一种通称,藏传佛教僧侣、伊斯兰教宗教职业者、天主教传教士、犹太教宗教人士等都可以被明人称为"番僧",并非特指佛教僧人。另外,该条所记"回回寺"即南京回回寺,原坐落于中华门外雨花台东南,敕建于洪武七年。回回寺所在

---

[1] 参见王希隆:《玛哈图木·阿杂木后裔在中国的活动与文化变迁》,载《世界宗教研究》,2012年第2期,第136–142页。

[2] 顾起元:《客座赘语》卷6,中华书局,1987年版,第193页。

地"回回营"是明初安置西域入附回回的主要居所,故而建有伊斯兰教宗教活动场所清真寺。[1]

　　那么,上述史料中"不御饮食""入定""念珠"等又如何理解呢?伊斯兰教苏菲学派的学理和修行方法中,就有"少思、少睡、少食""不御饮食""坐龛""入定"等内容;"念珠"亦非佛教徒的专有法器,伊斯兰教穆斯林也持赞珠(太斯比哈)修行参悟。苏菲派虎夫耶穆夫提门宦、哲赫忍耶、嘎德林耶香源堂门宦都明确以太斯比哈为传教信物。嘎德林耶大拱北门宦祁静一道祖在陕西西乡静修时,亦有"不御饮食""啖枣""入定"之修行。[2]由此可见,姚福《青溪暇笔》中所记的"西域番僧",并不是佛教僧侣,而是一位伊斯兰教苏菲学派的学者,他已经把苏菲派的某些学理传入了中原。

　　在《明实录》中亦有关于西域伊斯兰教学者东来朝贡的记载。比如,永乐七年(1409)四月,"撒马儿罕等处回回僧人马黑麻迭里迷失等来朝贡马",明成祖赐马黑麻迭里迷失钞币有差。[3]又有,宣德元年(1426)七月,"土鲁番城回回僧马剌马答失里等来朝贡马"。[4]再如,宣德八年(1433)正月丁丑,"土鲁番城回回僧海失都来归,奏愿居甘州"。明宣宗同意了海失都的请求,并赐给他纻丝、袭衣、钞币有差。为了保障海失都的正常生活,明宣宗还特别命陕西行都司,依照朝廷规章拨给其房屋器物。[5]

　　除了上述那些专门来明朝朝贡和归附的伊斯兰教宗教人士以外,还有一些伊斯兰教学者是跟随西域使团和商队进入中原地区传教的。

　　明末,伊斯兰经学大师胡登洲就曾拜一位天方来的"进贡缠头叟"为师。《经学系传谱》载:

　　　　适值天房来一进贡缠头叟,窥其虬髯拂练,癯颊涵莹,且仪表

〔1〕张建中:《对明代前中期南京回回迁徙的再探讨》,载《南京晓庄学院学报》,2004年第1期,第107页。

〔2〕参见马通:《中国伊斯兰教派与门宦制度史略》,宁夏人民出版社,2004年第3版。

〔3〕《明太宗实录》卷90,永乐七年四月丁亥。

〔4〕《明宣宗实录》卷19,宣德元年七月己未。

〔5〕《明宣宗实录》卷98,宣德八年正月丁丑。

昂藏。知其为伟人也,肃趋面前,以西域音候。叟见甚喜,跃而下骑,如宿晤。先生以经义中蒙而疑者,扣之。叟应答不倦,且能使人言下悟。语久,方联骑抵渭南旅舍,剪烛共语。见其装有锦囊一,中亟有经,希而视之。叟颔以示,乃《母噶麻忒》,兹土未睹之经也。先生玩不释手,愿以金购,眼哂之曰:"汝师我乎?当传此赠之。"[1]

后来,胡登洲与进贡缠头叟相约在京师会面。待缠头叟朝贡结束以后,他又陪伴其出嘉峪关,问教一路。"叟以贡例告竣,果即奉旨遣还。先生追随行幕,叟尽传兹土所无之经,故益增于学。及过渭城,不抵家,而趋送之。于是越皋兰,过允吾,渡黑河,达甘肃。西出嘉峪关,复镳豪谈竟日。"[2]这位进贡缠头叟对胡登洲先生影响甚大,后来先生东返,设馆于家,授徒百数,开创了中国伊斯兰教经堂教育的先河。

明末,另一位伊斯兰经学大师马明龙先生也有过类似胡登洲拜师的经历。马明龙自宁夏同心学经六年以后,归乡湖北江夏参悟伊典,仍感觉有许多疑惑。"适有缠头极料理者,云游至楚,侨宿于寺,而形状非凡,举动辄异。先生奇之,邀请于家,而敬礼焉。先生每读《米尔撒德》,彼指之曰:'此中何说?'曰:'非尔所知也。'曰:'吾固不知,然尔所知,亦乃白纸行中徒认墨字耳!'先生警异,扃户求益。彼亦渐露其机,固乃深通理学入道之秘者,先生遂乃师之。"[3]这位中亚来的伊斯兰学者极料理,对马明龙启发很大。后来马明龙经过刻苦钻研,终于成为精通教义真谛的伊斯兰教经学大师,被称为"东土学者四镇"之一。缠头极料理后来自楚至粤,又北行云游吴越梁鲁,最终抵达山东济宁。缠头极料理遂启发教导胡登洲的四传弟子常志美,并将注释《米尔撒德》的《富而斯》传授于他。

崇祯十一年(1638),印度著名的伊斯兰教经师阿世格来到南京讲

〔1〕赵灿:《经学系传谱》正文《先太师胡老先生传谱》,青海人民出版社,1989年版,第26-27页。

〔2〕赵灿:《经学系传谱》正文《先太师胡老先生传谱》,第28页。

〔3〕赵灿:《经学系传谱》正文《马明龙先生传谱》,第44-45页。

学,著名经师张中先生去向他请教,跟随他学习了三年,并且根据阿世格的口述译写成了《归真总义》的初稿。这里需要指出,阿世格并非通过西域陆路东来中土的,他是"梯山航海,遨游一十三载",由海路来华传教的。

成化南京回回寺"西域番僧""进贡缠头叟"和"缠头极料理"是明代西域来华传播伊斯兰教的学者代表,尽管记载他们言行的史料非常简略,有的甚至没有留下具体名字,但是这并不能抹杀他们在中国伊斯兰教史上的重要地位。可以想见,在明代西域陆路的漫漫长途中,一定还有许多伊斯兰教贤哲,不畏千辛万苦,源源不断地将伊斯兰教各派学理和思想传入中原,促进了伊斯兰教在西域和中原的巩固与发展。

另外,宗教交流不是单向的,在明代不仅有经西域进入中原传教的伊斯兰教宗教人士和学者,也一定有从中原到西域学习,甚至赴天方朝觐的穆斯林。据口述史料,明末伊斯兰教经学大师胡登洲就曾经西域赴麦加朝觐。只不过这方面现存的史料相对稀少,还有待于进一步发掘。

5.3　明代西域丝路上的天主教传教士

众所周知,基督教传入中国的过程较为曲折,大体上经历了四个阶段。基督教一传中国是在唐朝贞观年间,以"景教"名义在中土传播,有著名的唐德宗建中二年《大秦景教流行中国碑》为证,后在唐武宗灭佛毁教时受到牵连。基督教二传中国是在元朝时期,称"也里可温",大都、泉州等地都相继设立教区,信徒三万余人,但是随着元朝在中原的统治覆灭,基督教也逐渐销声匿迹。基督教三传中国是在明末清初时期,以天主教各修会特别是耶稣会的作用和影响为最,基督新教在中国沿海地区开始活动。康熙后期,罗马天主教与清廷发生礼仪之争,导致基督教三传中国亦以失败告终。直至鸦片战争前后,基督教第四次传入中国,终于在中土立足,不断发展壮大,绵延至今。

从基督教传入中国的途径来看,第一阶段和第二阶段都有陆路和

·欧·亚·历·史·文·化·文·库·

海路的踪迹,陆路传播留下的资料多些,而第三阶段和第四阶段则主要以海路来华传播为主,经西域陆路传入中土的方式几乎断绝。特别是明末耶稣会士鄂本笃,他由印度果阿出发,经西域进入中原,受阻于肃州(今甘肃酒泉),客死西北塞上,壮志未酬,为天主教由陆路传入中原画上了句号,可称得上是明代西域陆路丝绸之路上的最后一位天主教使者[1]。

葡萄牙人鄂本笃(Benedict Goës,又 Bento de Goes),1562年出生于葡萄牙大西洋亚速尔群岛的圣米格尔岛之弗兰卡村。鄂本笃26岁时充任水兵,到印度南部驻防,曾经沾染上了赌博的不良风气,消沉颓废。后来,他有一次进入一座圣母堂,睹见圣容,亲见圣泪打湿了祭坛,幡然悔悟,遂决定痛改前非,加入耶稣会,净化灵魂。入会后,鄂本笃勤奋好学,磨砺品质,受到了同道好评,被推荐晋升司铎。但是,他坚辞不受,以自己曾有劣行为由,甘愿充当修士,终身侍奉上帝。

1594年,鄂本笃被耶稣会派往印度莫卧儿王朝传教。他聪明能干,精通印度、波斯语,熟悉中亚的历史、地理和伊斯兰风俗,受到莫卧儿王朝皇帝阿克巴的器重。"尽管他不是一名传教士,但由于他那罕见的持重以及他许多天赋的和学来的可贵品质,他受到人们的爱戴。他成了莫卧儿国王的好友,当这个君主遣使去果阿时,他派鄂本笃随他的私人使节并以同样身份前去。当时国王策划征服葡属印度,都是由于鄂本笃的智慧和持重,才使得与如此强盛的一位君王免于战争。"[2]同时,他也给果阿耶稣会巡视员皮门塔(又作毕孟太)留下了深刻印象,成为该会探索西域丝绸之路的理想人选。

自15世纪地理大发现以来,葡萄牙人率先来到了东方,西方传教士随之蜂拥而至。那时,在西方人的观念中,意大利威尼斯人马可·波罗记载的"契丹"国颇具有神秘色彩,对该国的描述大多模糊不清,甚至

---

〔1〕明末尚有耶稣会士葡萄牙人安特拉德(Antonio de Andrad)、卡布拉尔(Cabral)和卡赛拉(Cacella)进入西藏传教。参见万明:《西方跨越世界屋脊入藏第一人——以安德拉德葡文书信为中心的探析》,载《中国藏学》,2001年第3期。

〔2〕[意]利玛窦、[比]金尼阁:《利玛窦中国札记》,广西师范大学出版社,2001年版,第397页。

有人认为"契丹"只存在于神话传说之中,实际上并不存在。16世纪末,葡萄牙第一批传教士从中亚穆斯林商人那里得到信息,说契丹仍然存在,并且那里还有基督徒。这一消息令西方传教士们非常兴奋,纷纷跃跃欲试要探求契丹之究竟。1596年,利玛窦(Matteo Ricci)以亲身经历带着几分疑惑推测:"支那"就是"契丹","北京"就是"汗八里","契丹"乃是中华帝国的别名。但是,印度的耶稣会士们却主张一定存在另一个"震旦"国,就在中国的附近。于是,围绕着"契丹"与中国是否同指一地,在天主教内部展开了一场激烈争论。西班牙-葡萄牙国王菲利普三世对此也表现出极大关注,因为他得知英国人和荷兰人亦想探求通往契丹之路,以便寻获遍地的黄金、白银和宝石。菲利普三世不甘人后,便异常热情地向果阿耶稣会巡视员皮门塔表示,愿意全力资助派人搞清契丹事实真相,开辟一条通往契丹的便捷陆路交通线路。

有了国王、罗马教廷和耶稣会的支持,精通波斯语和熟知伊斯兰风俗的鄂本笃就成了探求契丹之路的不二人选。1602年10月30日,鄂本笃离开印度阿格拉,踏上了西域陆路丝路的行程。[1]

为了安全起见,鄂本笃做了充分的准备。他把自己打扮成亚美尼亚商人,"长衣缠头,腰挂弯刀,背负弓与箭筒,蓄须发甚长"。这是因为在16—17世纪,亚美尼亚商人可以在亚洲内陆腹地的伊斯兰国家自由通行。莫卧儿国王阿克巴"赞助壮行,给御笔书多通,或致王之友,或致来贡藩王,敕令沿途保护"。[2]鄂本笃此行还有两名助手和四名仆役伴行,两名助手分别是教士李俄格力曼奴斯和商人戴梅忒流斯,四名仆役均曾为穆斯林,后皈依天主教。但是,四名仆役皆不得力,于是在抵达拉合尔后,鄂本笃将他们遣归,另雇佣亚美尼亚人伊撒克为助手同行。鄂本笃一行人还携带了大批各种货物,一则给过往行人留下是普通商队的印象,二则用作沿途进行货物市易,筹措路费盘缠。

鄂本笃经由巴基斯坦、阿富汗和塔里木盆地边缘,进入嘉峪关,抵

〔1〕万明:《试论明代海陆丝绸之路的变迁——从葡萄牙耶稣会修士鄂本笃自陆路来华谈起》,载《三条丝绸之路比较研究学术讨论会论文集》,2001年昆明,第407页。

〔2〕张星烺:《中西交通史料汇编》第1册,第512页。

达肃州的行程线路,大体上可分为三个阶段:第一阶段是从印度经巴基斯坦到阿富汗,第二阶段是从葱岭到嘉峪关,第三阶段是嘉峪关至肃州。鄂本笃行程主要经过的地方是:

阿格拉→拉合尔→阿塔克→配夏哇→喀帕儿斯达姆→贾拉拉巴德→吉代里→可不理(今阿富汗喀布尔)→察拉喀儿→八鲁湾→恩格兰→喀尔奚亚→哲拉拉拔德→塔里寒→哲曼→登吉巴达克山→察儿求那儿→塞儿帕尼儿→撒克力斯玛山→撒里库儿(今新疆塔什库尔干)→哲察力忒→唐盖塔儿→鸭柯尼枢→鸦儿看(今新疆莎车)→于阗(今新疆和田)→约尔齐→韩家里→阿尔赛格忒→哈格拔泰忒→爱格利亚→美色泰雷克→塔雷克→霍尔马→通塔克→明吉打→喀排塔尔可尔齐兰→(今新疆阿瓦提)→萨克桂伯达尔→康拔西→阿康色赛克→察柯儿→阿克苏→傲拖格拉克格梭→喀歇尼→代雷→撒莱格伯达尔→乌干→库车→察里斯(今新疆焉耆)→蒲菖→吐鲁番→阿拉穆忒→哈密→嘉峪关→肃州[1]

经历重重艰险和生死磨难,鄂本笃终在1605年(万历三十三)年底到达肃州。

从鄂本笃三年的经历来看,明末的西域陆路丝绸之路到处充满着危险和不安定因素。在他行程的第一阶段,经常遇到盗匪的警报。比如在吉代里,鄂本笃记载道:"全途行李货物,皆沿山麓而行,持兵器之商人,自山顶眺望,以防盗匪。盖盗匪皆藏山顶,时自顶上飞石,掷击行旅。护卫之士,在山顶前行。若遇盗匪,则以武力驱之。"[2]商人们还要在交通关卡缴付通行税。有一次,盗匪来袭,同行者多受伤,生命财产经大危险,始得平安。鄂本笃与同伴等人奔入密林之中,一直藏到深夜才敢出来,幸免贼手。此后,盗匪抢贼相伴一路,时常骚扰行队,令鄂本笃苦不堪言。

鄂本笃所经之地多为高原大山,或则山路崎岖,气候寒冷,或则荒野空旷,人烟断绝,也给团队带来不小的麻烦。他越过兴都库什山,翻

---

〔1〕参见张星烺:《中西交通史料汇编》第1册,第513–516页。

〔2〕参见张星烺:《中西交通史料汇编》第1册,第514页。

越巴达克山,行进葱岭,抵达叶尔羌的这段路程最为难险。比如,他在到达哲察力忒山脚时,满地冰雪。登山过程中,有多人冻毙,"行于雪中凡六日夜","鄂本笃幸免于死"。[1]

自然环境和路况的一时困难毕竟可以最终克服,最令鄂本笃劳心费智、头痛不已的是沿途各地首领索求无度,关税苛重,治安混乱,小贼不断,加之宗教习俗殊异,他必得时时警惕,以防被人识破出行的真实目的。在叶尔羌时,某夜有贼数人,"穿墙破扉而入宿舍",将鄂本笃得力助手伊撒克捆绑,拔刀加其颈,然后偷掠货物。当鄂本笃去和阗时,逾一个月没有音讯,萨拉森人就借机散播谣言,"谓鄂不肯祈祷摩诃末,已被回教僧人处死"。"国人称僧人曰喀悉施,其国风俗,凡旅客客死无后嗣,或无遗言者,其财产归僧人。彼等散播谣言,欲来分即鄂之财产。"[2]还有一次,鄂本笃在参加萨拉森人宴会时,"忽有狂人持刀奔入室中,以刀指鄂之胸,迫鄂即时呼摩诃末之名而祈祷之。鄂答基督教徒祈祷时,素不呼此名,虽死亦不能从。旁人来救,始将狂人逐出门外"。[3]

经历了这么多自然和人为的困难,鄂本笃仍然能够坚定执着,奔向中原,所凭靠唯两点信念,一是耶稣信仰矢志不渝,一是追求契丹实况永不放弃。1603年11月,叶尔羌人告诉鄂本笃,说听闻过"契丹"国名,这更加坚定了他继续探索的决心。在察理斯(又为"又力失"),鄂本笃遇到了从契丹归来的商队,他便前去打听契丹情况。"其人皆诡称大使,往契丹国都城北京,与耶稣会教士寓于同旅舍内,其人告鄂以神父利玛窦及其同伴诸人详细情形,确实无误。鄂至此时,始恍然大惊,所欲探访之契丹国即支那也。"[4]

此后,鄂本笃报着欣喜的心情,日夜兼程,连续赶路,终于在1605年圣诞节前后抵达肃州。

---

〔1〕参见张星烺:《中西交通史料汇编》第1册,第522页。

〔2〕张星烺:《中西交通史料汇编》第1册,第528页。

〔3〕张星烺:《中西交通史料汇编》第1册,第528页。

〔4〕张星烺:《中西交通史料汇编》第1册,第534页。

身在肃州的鄂本笃度日如年,盼望着能尽快到达北京,与耶稣会同仁利玛窦等人相聚。他在耐心等待朝贡时机的同时,还先后两次给利玛窦写信。第一封信因无人能识西文,未能转达利玛窦手中;第二封信于1606年11月被送到利玛窦住地。利玛窦等人接到鄂本笃来信之后,欣喜万分,立即派新收学生钟鸣礼(John Ferdinand)[1]赶赴肃州,接应鄂本笃。

鄂本笃在肃州等候消息期间,受到穆斯林商人的骚扰凌虐,较之途中更甚。他初抵肃州时有忠实的助手伊撒克,还有从叶尔羌带来的5个仆役以及沿途收留的2个黑奴男童,马13匹,全部财产约值黄金2500达克特(Ducat),并且鄂本笃的身体状况不错,康健如恒。但是肃州物价甚贵,逗留日久,维持整个团队生活会产生巨大消耗。另外,鄂本笃还要与同行的穆斯林商队保持友好关系,招待全队用餐,以便未来赴京途中有所照应,这也是一笔不小花销。不得已,他只能变卖携带的大块玉石,中间又遭奸商压价盘剥,仅得黄金1200达克特。这部分经费很快就消耗光了,鄂本笃一贫如洗,只好靠借债度日,境况越来越差。

当1607年(万历三十五)3月底,钟鸣礼只身抵达肃州时,鄂本笃贫病交加,已经卧床月余。钟鸣礼进前以葡语问安,鄂本笃如久旱逢甘霖,终于等到了北京耶稣会派来的同道中人。他"取诸信函,两手捧而高举之,悲喜交集,涕堕如绠。唱《颂圣歌·大归休息之章》,以志谢感。自知受托之事已成功,旅行目的已达矣。开读诸人之函,全夜谨抱之于怀,不忍释手"。[2]鄂本笃此时体力已经亏耗殆尽,虽经钟鸣礼亲自调制欧洲菜食精心照顾,亦不能阻止病势加重。终在钟鸣礼到来11天之后,凄然病死肃州。

在生命的最后时刻,鄂本笃仍不忘此行使命,他写信给北京的会友们,告诫他们以后旅行,再不要重复他所经道路,危险而无益,否定了西域陆路的便捷之路。在弥留之际,鄂本笃想到多年来他没有机会接受圣礼忏悔仪式,他说道:"我即将得不到这种安慰而死去,然而上帝的恩

---

[1] 一说赴肃州的是钟鸣礼之兄钟鸣仁。

[2] 张星烺:《中西交通史料汇编》第1册,第542页。

德是那样宏大,以至在我过去多年中所经历的任何事件,良心都没使我有丝毫不安。"[1]

鄂本笃去世后,他的遗产被穆斯林商人施展手段瓜分,钟鸣礼和伊撒克上诉到肃州地方官,据理力争,经过 5 个多月的诉讼,终于赢得了官司,夺回了鄂本笃的部分遗产。1607 年 10 月 27 日,钟鸣礼将所搜集到的鄂本笃遗物携返北京,送呈利玛窦,其中就有绘于金色纸上的十字架,乃鄂本笃一路艰难行程之精神信仰也。

1608 年 3 月 8 日,利玛窦正式向罗马天主教耶稣会会长发去信函,确定无疑地指出:支那(China)就是过去人们所说的契丹(Cathay),北京就是马可·波罗讲述的契丹首都汗八里。这场长达一个多世纪的关于中国是 Cathay 还是 China 的争执终于结束。

鄂本笃以自己的生命为代价,证明了西方人印象中的契丹与中国是同一国度,同时他受阻肃州还宣告了基督教从西域陆路传入中原的终结。明代陆路丝绸之路的衰落与海上丝绸之路的兴盛几乎是同步的。探求基督教逐渐放弃从西域陆路传播中土的因素,除了自然环境恶化、沿途治安状况堪忧等因素外,伊斯兰教在西域地区的全面传播更不可忽视。许多穆斯林商人在充当西域陆路丝绸之路主导,促成中原与西域的经济和文化交流的同时,亦对异教宗教人士和商旅进行了排挤和打压,世界史上新的文明格局随之形成。

---

〔1〕〔意〕利玛窦、〔比〕金尼阁:《利玛窦中国札记》,第 397 页。

·欧·亚·历·史·文·化·文·库·

6 多元历史书写视角下的
大明与西域

通过明代陆路丝绸之路串联起来的东亚、中亚、西亚和欧洲各地之间,在政治、经济、社会、文化等各个领域都有了密切的交往,不仅增进了彼此的了解和认识,同时又互相汲取对方之所长,部分实现了多元文化之间的交流和融合。当然,基于不同的文化背景和文化心理,明代东亚、中亚、西亚和欧洲各地之间也有文化上的误解和猜忌,甚至酿成文化对立和冲突,这亦是古代不同文化之间交流的必经阶段。只有通过进一步的文化对话,扩大文化交流范围,加深文化认识,实现文化互信基础上的文化理解,才能真正品尝到多元文化和谐共生、繁荣发展的甘美果实。

大明王朝与中亚、西亚和欧洲各地之间并没有爆发大规模的军事对抗和冲突,双方基本上维持了和平友好往来的局面,这为我们探讨西域商使视角下的大明和明人眼中的西域,进而窥测明代陆路丝绸之路上不同文化之间的交流与碰撞,提供了一个平和的历史背景。

6.1 西域商使视角下的大明

明代西域各地的商旅和使者,有的出于经济利益考虑,有的从政治目的出发,还有的从搜集情报角度用意,虽然他们肩负的使命不同,但是他们都对明朝社会的方方面面抱有好奇心,用心观察,详细记录,留下了许多关于明朝政治、经济、社会和文化情况的记载,展现了异域文化对中华文化的初步印象和认识。由于上述历史书写是全方位的,带有浓郁的耳闻目睹的游记性质,我们不妨从政治、军事、经济、城市、建筑、宗教、服饰、器物、礼仪、风俗等方面,分别叙述,加以了解。

6.1.1　对明朝政治状况的印象

　　明代陆路丝绸之路上的商旅和使者对各地的政治状况非常关心,他们试图通过自己的亲身观察和听到的消息,综合判断各地的政局走势,为自己属国的统治者提供信息和决策参考。西班牙卡斯蒂利亚王国的宫廷大臣、使节、旅行家克拉维约虽然没有到达过明朝,但是他对明朝与中亚帖木儿王朝的关系却是了如指掌。克拉维约在自己的游记中曾经写道:

　　　　7年以来,帖木儿既未向中国纳贡,中国亦未责问。其中原因,则由于中国内部发生事故,未遑及此。初,中国皇帝薨。遗诏命太子3人,分领中国各地。不料大太子欲独据全境,侵夺二弟之土地,以此,兄弟之间,举兵相争,大太子最后兵败,并就大帐中举火自焚。当时殉亡者,尚有多人。及事变平息,新天子即位,方得遣使来帖木儿处责问欠贡。[1]

很显然,克拉维约记载的是“靖难之役”前后明朝中央政局的变迁,只不过他得来的消息与实际情况有较大出入。虽然他把建文帝朱允炆看成了“大太子”,把燕王朱棣当成了“二太子”,连政治斗争双方的基本情况都没搞清楚。但是,他从西域其他商使那里得来的“细节缺憾”的消息,却又把握住了“靖难之役”的大局和明朝与帖木儿王朝关系的基本走向。比如,“中国皇帝薨……不料大太子欲独据全境,侵夺二弟之土地”,这正体现了明太祖朱元璋驾崩以后,建文帝采纳削藩的建议,欲对燕王朱棣和其他叔父藩王施加压力的政治现实。“兄弟之间,举兵相争,大太子最后兵败”,这也如实体现了“靖难之役”最终以建文帝失败而告终,“就大帐中举火自焚”亦与汉文史料“宫中火起,帝不知所终”的记载基本吻合。另外,“当时殉亡者,尚有多人”,也与燕王朱棣篡位成功以后,大肆杀戮建文朝忠臣的记载是一致的。最难能可贵的是,克拉维约提到,7年以来,帖木儿既未向明朝纳贡,明朝也没有追究帖木儿的原因,就是明朝中央政局动荡不安,无暇西顾的现实。而一旦朱棣即位,

---

[1]克拉维约:《克拉维约东使记》,商务印书馆,1957年版,第158-159页。

·欧·亚·历·史·文·化·文·库·

政局逐渐稳定以后,明朝马上派遣使臣到中亚,向帖木儿追究扣留明朝使臣的责任。这些记载,对于我们理解帖木儿在中亚做大做强,蔑视明朝,敢于在洪武末期擅自扣留明朝使节的政治举动,是极其有帮助的。

克拉维约虽然未能亲身到达中国,但是这并不妨碍他能从西域商使那里获得中国明朝的有关信息。比如,他对从撒马尔罕到明朝京师的道路曾经非常留意。克拉维约记载:"自撒马尔罕至中国首都之间,其距离为6个月路程。中国首都名汗别里。中国境内之城市,以此为最大。由撒马尔罕启程至汗别里之途中,须经过荒无人烟之大沙漠,于此浩瀚之沙漠中,只能偶尔遇一二游牧之人。"[1]在克拉维约的笔下,西域陆路丝绸之路是一段充满艰辛的路途,亦可能是这种异常艰难险阻,亦或是各种原因导致的准备不充分,最终打消了克拉维约来明朝的念头。

克拉维约通过在撒马尔罕的长期居留和与中亚杰出统治者帖木儿的亲身接触,他留心观察到帖木儿对明朝觊觎已久,早就派出密探侦察明朝的虚实。克拉维约曾经写道:

> 帖木儿自此,即专心致力于中国风土、人情,以及地理、形势之考察,以及中国人口、财富、特点之研究。为搜集资料起见,特命鞑靼人赴中国首都居住6个月,从事调查。据自华归来之鞑靼人云:"中国首都,距海不远,其广大雄伟,过于塔布里士之20倍云。如此论来,北京可称为世界最大之都会。因塔布里士城市之四周,已有10里;以此推算,北京四周,应不下200里也。"[2]

可见,中亚帖木儿已经在暗中估量着明朝的实力,起码对明朝京师的庞大与塔布里士有了清晰的比较。作为身处明朝与中亚帖木儿王朝竞争双方以外的第三方观察者,克拉维约对明朝的情况亦抱有深厚的兴趣,亦曾到鞑靼商人那里打听一些明朝的信息:

> 又据鞑靼商人所云:"中国天子御驾出征之际,留于后方镇守

---

[1] 克拉维约:《克拉维约东使记》,第159页。

[2] 克拉维约:《克拉维约东使记》,第159页。

之兵卒,为数即有40万之众。中国境内,既无皇族,亦无骑士,各地不得任意乘马践踏。"又云:"中国天子,虽生来即为拜偶像之徒,但其后皈依基督教云。"[1]

出使记中的上述记载,体现出克拉维约对明朝的军事力量非常关心,不难看出,他是想把明朝军事力量与帖木儿王朝的军事力量进行一番对比,从而判断在这场竞争中哪一方占有优势,这对于自己所代表的利益方在明朝与帖木儿纷争中选择立场,无疑是极其有帮助的。另外,克拉维约还曾提到明朝天子皈依基督教,这个信息显然与明初史实不符。不过,在这条看似道听途说的曲笔中,仍能隐约体会到克拉维约对明朝抱有的期望和好感。

作为利益第三方,克拉维约、约翰·细尔脱白格等从观察者的角度,对于帖木儿王朝与明朝的政争还是不吝笔墨的。克拉维约曾追记:"我们行至撒马尔罕之数月前,有自中国境来此之大商队。商队拥有骆驼800匹,载来大宗商货。及帖木儿远征归来,认为商货既系中国天子境内运来之物,遂将人货一并扣留,不放一人归去。"[2]帖木儿扣留明朝使臣和商队,一方面基于自身四处征讨,实力日益强大所致;另一方面基于洪武末期至永乐初年,明朝中央政局动荡,无暇西顾,故而帖木儿敢于多年不赴明朝朝贡,逐渐加剧了明朝与帖木儿王朝关系的紧张。这一危机最终导致了帖木儿兴兵大举东征明朝。对此,德国人约翰·细尔脱白格(Johann Schiltberger)留下了亲身经历的详细记载:

> 契丹国大汗,遣使带马四百匹,至帖木儿之廷,责取贡赋,盖帖木儿不入贡者,已五年矣。帖木儿引使者至其都(撒马儿罕),继乃遣之回国,告以归后须报告契丹大汗帐:帖木儿自此不复称臣纳贡于大汗,不久彼将亲来见大汗,使之称臣纳贡于帖木儿也。使者归,帖木儿下令全国,亲征契丹。征集大军一百八十万人。东行一月余,抵沙漠,须行七十日始得越过。水草缺乏,天气寒冽,马死者

---

[1] 克拉维约:《克拉维约东使记》,第159页。

[2] 克拉维约:《克拉维约东使记》,第159页。

甚众。帖木儿乃归国都,病死。[1]

在约翰·细尔脱白格的《游记》中,我们看到,称雄中亚的帖木儿虽然欲兴重兵东征明朝,但是终因征途自然条件恶劣和国力有限,不仅未能如愿,反而瘗志沙场。

克拉维约、约翰·细尔脱白格等虽然没有亲身到达中国,但是他们或以使者身份行走在丝绸之路的中段和西段,或曾在帖木儿军中服役,都曾经大量接触到往来明朝中原与西域及中亚地区的商旅和使者,故而他们留下的记载尽管是转述的,难免有不确实之处,但总体来看,克拉维约和约翰·细尔脱白格等人的历史书写是比较客观的,贴近当时的史实,具有较高的价值,是后世了解那个时代丝绸之路的重要资料。

6.1.2 对明朝朝贡贸易的记载

明代西域及中亚、西亚甚至欧洲各地与明朝中原地区的交往,主要通过朝贡贸易的方式进行,因此,朝贡贸易的整个过程留给西域商旅和使者深刻的印象,保存下大量翔实而准确的记载。其中,《沙哈鲁遣使中国记》几乎把朝贡贸易的全过程活灵活现地呈现出来。

1419年(明永乐十七),中亚帖木儿王朝的统治者米尔咱·沙哈鲁(1404—1447)派使赴明。使团中除了团长沙的·火者(Shadi Khwaja)之外,还有沙哈鲁5个儿子的代表,即长子兀鲁伯王子、次子阿不勒法特·亦不刺金王子、三子贝孙忽儿王子、四子苏玉尔格特迷失王子、五子穆罕默德·术克王子。画师盖耶速丁·纳哈昔(Ghiyathal-Din Naqqāsh)是三王子贝孙忽儿的使者,按三王子的吩咐,他以宫廷画师的细腻视角,把每件值得记录的事详细记载下来。

沙哈鲁使团从哈烈出发后,经过巴里黑、撒马儿罕、吐鲁番等,奔赴明朝嘉峪关。在沿途,不断有西域各地的使节和商旅加入,到达撒马儿罕时,已有中国使节陪伴东行。可见,撒马儿罕是丝绸之路上重要的人员和物资集散地。这一点,在意大利人觉撒发·巴巴罗的记载中也有体现。意大利人觉撒发·巴巴罗(Josafat Barbaro)于1436年奉使波斯,在

---

[1] 张星烺:《中西交通史料汇编》第1册,第424页。

黑海北岸的塔那港,遇曾出使中国的鞑靼人某君,两人言及中国情况,相谈甚欢。巴巴罗将谈话相关内容记载于《奉使波斯记》(*History of the Embassy to Persia*)中,其中有:"察合台国有大城曰撒马儿罕。秦尼人及马秦尼人(古代西方人之中国人称号)来往经过此城者甚众。契丹国之商贾旅客,在此城者亦甚众。"[1]

经过长途艰辛跋涉,沙哈鲁使团在沙班月12日抵达一个经沙漠到肃州有10日程的地方,这是中国人的第一个城市及他们的军事前哨,许多中国官员奉皇帝的命令前来欢迎使节。无疑,从《沙哈鲁遣使中国记》的记载来看,明朝地方官员的热情好客和严格依法办事,是西域使团进入大明的第一印象。在盖耶速丁眼里,欢迎宴会就是一个欢快的草地。他们在原野上搭起一座有帐篷的高台,上面摆着桌椅。包括鹅、鸡、烧肉、干鲜水果在内的各种食品,盛在中国碟内,摆在席桌和大盘上。餐后备有甜酒、饮料等各种酒类,大家都喝醉了。筵席外按每人的身份供给羊、大麦、旅行的必需品、酒和饮料。所有这些供应都从肃州运来。[2]欢迎宴会过后,在该地准备了一张单子,开列每人扈从的人数。明朝官员坚称,按中国法律的要求,随员的人数必须不得虚夸,每个被看成是骗子的人是得不到尊敬的。于是使团如实登记:爱迷儿·沙的·火者和库克扎,200人;算端·阿合马和火者·盖耶速丁,150人;阿格答克,60人;阿答完,50人;巴答黑商国王的家臣火者·塔术丁,50人。[3]

在嘉峪关以西,沙哈鲁使团还受到了明朝地方军事将领王大人的盛情设宴款待。他是明朝皇帝派守柯模里那一带疆域(哈密以东)的总督,从肃州到他的城市(甘州)共9站。王大人不仅率领一支5000到6000人的骑兵队伍出来迎接他们,还准备了丰盛的食品和精彩的杂戏表演,令使团成员们倍感礼遇与荣幸。

经过合剌瓦勒(嘉峪关)后,他们到达肃州城,被带入城门外的一个

[1] 张星烺:《中西交通史料汇编》第1册,第434页。
[2] 火者·盖耶速丁:《沙哈鲁遣使中国记》,第113页。
[3] 火者·盖耶速丁:《沙哈鲁遣使中国记》,第114页。

大驿馆。无论是使节,还是商旅都被要求在那里下马,进入该驿馆歇足。随即,西域来的商使们被告知:他们的一切需要均由驿馆供给。他们的牲口和行李都运到登记处,从那里再交给可靠的仆人照管。然后使者们所需的诸如马匹、食物、寝具等种种东西,全部从驿馆供应。每晚,只要他们在那里,就供给他们每人一张卧榻,一套绸睡衣,还有一名照应他们需要的仆人。[1]意大利人巴巴罗也留下相同的记载:"入其境则各站所需费用,皆由其国供给,以至汗八里城。国主待遇优渥,有专馆可寓。商人往其国者,亦受同等待遇。"[2]

肃州城是沙哈鲁使团抵达的第一座明朝的城市,从那里到明朝的京师北京共计99站。盖耶速丁描述道:"每站的人口是这样稠密,以致每个驿馆都相当于一个市镇或一个大村子,而在城镇之间又有很多烽火和急递铺。"[3]

经过肃州再向东就抵达了甘州城,盖耶速丁显然对明朝的馆驿管理非常钦佩,并与本国进行了比较。他记载道:

> 他们在每个驿馆为皇帝陛下及诸王的使臣准备了四百五十匹马和快骡,尚有五十到六十辆车。管马的童子叫马夫,管骡的叫骡夫,而那些管车的叫车夫。他们的人数很多,他们把绳子系在车上;同时这些童子把绳搭在肩上,拉着车走。不管是雨天,还是经过山区,那些童子使劲用肩拉车,把车从一个驿馆拉到另一个。每辆车由十二个人拉。童子们都很俊秀,耳上戴着假的中国珠子,把发在头顶上打一个结。他们供给的马匹都备有鞍座、缰绳和鞭子。这些马夫那样快地在前头跑到下一个驿馆,在我们国内哪怕急差都难以做到。[4]

在每个驿馆,明朝驿馆管理者根据使团成员的身份提供规定的数量:牛肉、鹅、鸡、米、面、蜜、米酒、酒、腌在醋里的葱蒜和各种醋泡菜蔬,尚有

---

〔1〕火者·盖耶速丁:《沙哈鲁遣使中国记》,第117页。

〔2〕张星烺:《中西交通史料汇编》第1册,第435页。

〔3〕火者·盖耶速丁:《沙哈鲁遣使中国记》,第118页。

〔4〕火者·盖耶速丁:《沙哈鲁遣使中国记》,第119页。

驿馆中供给的其他必需品。每当他们到达一个城镇,使臣们马上被邀赴宴。

盖耶速丁对明朝地方官员的宴请留下许多笔墨,他提到每当他们抵达一个城市时,"使臣及其随从都被款以宴席,越是接近北京,礼节就越是隆重"。[1]但是,明朝地方官员亦会尊重西域商使的宗教和生活习俗,并不一定强迫他们出席宴会。比如,王大人在甘州宴请使臣的这个特殊日子,刚好是吉祥的拉马赞月12日(9月20日),即穆斯林斋月。他请使者们进餐,说这是很敬重他们的明朝皇帝赏赐的筵席。因为沙的·火者,还有他的那些也是使者首领的同伴,表示说这个请求为他们的伊斯兰教宗教信仰所不容许,王大人就善意地接受了他们的解释,把为使团准备的所有东西送到他们的寓所。[2]

就这样,沙哈鲁使团继续他们的行程,每天骑行4到5法儿珊,最后,在1420年12月4日起了个早,天还没亮时抵达北京城门。

西域使团进入北京城后,就要在规定的时间、依据明朝的礼仪规矩觐见明朝皇帝,并接受明朝皇帝的赏赐,然后在会同馆把携带的商品进行市场交易。对于这一系列活动,不仅盖耶速丁留有详细的记载,意大利人巴巴罗和荷兰人白斯拜克也有相关转述。

根据巴巴罗记载,朝贡使团到京后,安排觐见明朝皇帝,有司"引使者至宫门前,问其奉使目的。使者递呈国书,由舌人转交国王或四大臣。舌人译之,次乃回语欢迎使者,命归馆。并告以回答公文,即将交下也。使者不须再面王,有事可与馆中专使接洽。全事办竣迅速,使人心悦也"。[3]他进一步描述说:"商人至其地者,皆持货交与方太吉(Fonteghi,官名),其职在检查货物,有为国王所喜者则留之,而交换以价值更高之物,其余则交还商人,自由出售。小交易则用纸币。每年可将旧纸币换取新币。新年时,持旧币至铸造厂,复交以百分之二佳银币,即可换得新纸币,而旧钞即投火中焚之。其地之银,皆以重量出

〔1〕火者·盖耶速丁:《沙哈鲁遣使中国记》,第121页。

〔2〕火者·盖耶速丁:《沙哈鲁遣使中国记》,第119页。

〔3〕张星烺:《中西交通史料汇编》第1册,第435页。

售。又有粗质之铜钱,亦流通市面。"[1]

荷兰人白斯拜克(Auger Gislen De Busbeck)在给友人的信中也提到了明朝朝贡贸易的概况:

> 商贾至者,皆须报告运载何物,自何方来,人数若干。……商人或全许入境,或仅半数,或全不许入境也。若许入境,则由关隘起身后,皆有引路人指导前行,每日有站可停。站中衣食之价,皆甚廉平。行多日后,乃抵契丹国都。既至,报告所有,赠送国王以相当之礼物。王皆酬以重价。其余货物,可以自由出售,或换他货。既定若干时日,必须归回故国也。盖契丹国不喜有外国人逗留其境,恐其国风俗习惯,为外国人所混乱也。[2]

他也关注到明朝对朝贡贸易活动的管理颇有章法,同时强调明朝皇帝对贡物"酬以重价"的特点,这些描述与盖耶速丁和巴巴罗的记载基本一致。只不过,白斯拜克对明朝"不喜有外国人逗留其境"非常不解,认为是明朝"恐其国风俗习惯为外国人所混乱"的因由。

6.1.3 对明朝城市和建筑的记载

西域的使者和商旅自踏入明朝的疆土开始,就对明朝的城市和建筑产生了最直观的认识,大多产生了由衷的赞叹,并留下了许多关于城市风貌和各类建筑的记载。

在城市布局和规模方面。比如,沙哈鲁使团抵达肃州时,盖耶速丁在行记中记载:"肃州是一座有坚固城池的极整洁的城市。该城的形状恰如用尺子和一对罗盘画出来的四方形。中心市场宽有五十正规码,整个用水喷洒,打扫得干干净净,以致举个例说,油倒在那里也能再收起来。在他们的住宅里养了很多猪,而且肉铺里羊肉和猪肉竟并排挂着售卖!各类工匠搭有他们的店棚。他们的市场中有很多广场,而在每个广场边上,有用极精美的竹竿搭成的亭子。亭子盖着中国式圆锥形的木尖顶。"[3]波斯商人哈智摩哈美德(Hajji Mahomed)对肃州城的

---

〔1〕张星烺:《中西交通史料汇编》第1册,第435-436页。

〔2〕张星烺:《中西交通史料汇编》第1册,第471页。

〔3〕火者·盖耶速丁:《沙哈鲁遣使中国记》,第117页。

印象也很深刻,他的描述被威尼斯地理学家赖麦锡记录下来:"肃州城甚大,而居民极众。房屋皆以砖建成,与意大利相似。城内寺庙甚多,神像皆雕之石上。城位于平原,细川小河,难以胜数,流贯全城。各种生活必需品皆备。用黑桑树养蚕,制丝极多。无酒,然皆饮蜜酒也。天气寒冽,故仅有梨、苹果、杏、桃、瓜、葡萄等水果。"[1] 从肃州到下一座大城甘州,中间经过9个驿馆。在盖耶速丁眼里,"甘州比肃州大得多,人口更稠密"。抵达兰州时,他赞叹"城内还有三家大旅舍,其中有很多美丽的姑娘。各类精工巧匠都能在该城找到。尽管中国人大多秀美,此城仍以美城而知名"。[2] 及抵达北京时,盖耶速丁又发出感叹:"北京是一座很雄伟的城市,城池四边各长一法儿珊,共长四法儿珊。在城池周围,由于实际上仍在兴建,有用十万根各长五十腕尺的竹竿搭成的架子。"[3] 时值明成祖迁都北京不久,各项建设方兴未艾,故而他看到城池周围布满十余万竿建筑工架。

在城市房屋建筑和防卫建筑方面。哈智摩哈美德注意到,"房屋构造,与吾国相似,亦用砖石,楼房有二三层者。房顶天花板涂漆,彩色互异,极其华丽。漆工甚众。甘州城内某街,悉为漆工之居也"。[4] 他特别提到明朝的城市建筑多用彩绘,因此中国的漆工非常多,甘州城内的某一街道竟然满居漆工。在参观了许多中国城市之后,哈智摩哈美德总结出明代城市城防的建筑特点:"镇市四周,有砖城围之,砖墙之内,皆以土实之。城上宽广,马车四辆可并行其上。城上又有堞楼多所,皆至高大。环城皆置炮,其密亦如君士坦丁堡大突厥之防守也。城外有深隍,平时无水,引水充之,亦极易也。"[5]

城市的交通也常常吸引西域使者和商旅们的关注。盖耶速丁就留下了关于兰州黄河浮桥的详细记载。1420年10月22日,沙哈鲁使团抵达哈剌沐涟(黄河)。"它是一条有点像乌浒水的大河。河上有一座由二

---

〔1〕张星烺:《中西交通史料汇编》第1册,第460页。

〔2〕火者·盖耶速丁:《沙哈鲁遣使中国记》,第122页。

〔3〕火者·盖耶速丁:《沙哈鲁遣使中国记》,第123页。

〔4〕张星烺:《中西交通史料汇编》第1册,第464页。

〔5〕张星烺:《中西交通史料汇编》第1册,第465页。

十三艘船搭成的桥,壮丽坚实,用一条粗如人腿的铁链连接,铁链又两头各拴在一根粗若人腰,在岸上有十腕尺远,并且结实地埋进地里的铁桩上,船是用大钩跟这条链子连接起来。船上铺有大木板,坚固平坦,所有牲口毫无困难地从上面通过。"[1]盖耶速丁所记哈剌沐涟河上之桥即著名的"镇远浮桥"。明宋国公冯胜、卫国公邓愈先后在黄河上督造浮桥,目前,尚存有邓愈监制的河桥铁柱一根,该柱高5.8米,上铸有铭文:"洪武九年岁次丙辰八月吉日总兵官卫国公建斯柱于浮桥之南系铁缆一百二十丈"。至洪武十八年(1385),兰州卫指挥佥事杨廉将浮桥改置在金城关下。盖耶速丁所见之浮桥当即杨廉所造之镇远桥。

由于西域来的贡使和商旅多信奉伊斯兰教,所以他们对沿途各地的宗教情况也非常留意,尤其是对明朝各地的寺庙建筑给予较高重视,留下较多笔墨。盖耶速丁发现仅肃州城内就分布许多佛寺。"在肃州这座城市中,有很多各占地十英亩左右的佛寺。该地区整个铺设干砖。他们的干砖有像石头那样的光泽,并且很结实。他们把他们的佛寺维护得其中一尘不染。俊童站在庙门给游客作向导。"[2]及抵达甘州,他发现甘州的寺庙比肃州的更宏伟。他记载道:"在这座甘州城里,有一个很大的佛寺,以致原庙址的面积,连同它的组成部分达五百平方腕尺。这个庙宇的中央有一座佛殿,内塑一尊长五十步的卧佛。它的足板是九步长,他的头合围是二十一标准腕尺。围绕着这座庙宇,在这尊佛像的后面和头上,有精美的其他佛像,每尊为二十腕尺上下。身材和一个人相当的比丘像,制作栩栩如生,乃至人们把这些异端当成是真正活人。在别的墙上绘有使世上所有画工都惊叹不止的图画。这尊大卧佛一手支头,另一手放在它的腿上。大佛整个涂金,披着五颜六色的彩衣和服装,它的名字叫做释迦牟尼佛。成群的异教徒前来,就在这尊佛像前礼拜。此外,在这座寺院的外面,四周有作为旅舍之用的彼此衔接的其他建筑物,其面积自身足以成为一座佛寺。这些都备有各种锦缎

---

〔1〕火者·盖耶速丁:《沙哈鲁遣使中国记》,第122页。

〔2〕火者·盖耶速丁:《沙哈鲁遣使中国记》,第117-118页。

帘子、涂金椅、椅子、灯架、瓷杯及种种装饰。"[1]从记载来看,盖耶速丁看到的即是张掖著名的大佛寺,令他感到非常震撼的是,"甘州城中有十座这样大的佛寺"。除此以外,盖耶速丁还提到了一座八角形的塔,是类似于"木速萨称之为天球的建筑物",亦非常壮美。另外,他在兰州还看到"一座极其壮丽雄伟的佛寺",沙哈鲁使团众成员"从入境到现在还没有见过像它那样的建筑"。

越深入中原内地,西域使团越发现佛教寺庙越来越精美宏大,特别是参观了真定城中的大佛寺(今河北正定隆兴寺)以后,更令他们大开眼界。1420年12月3日沙哈鲁使团抵达真定府城。它是一座雄伟的城市,人口众多,房屋精美。正是由于真定大佛寺精美绝伦,盖耶速丁使用大量笔墨,详细描述该寺的规制布局、建筑细节、建造工艺和雕塑壁画:

> 其中有一座大佛寺,佛寺中竖立一尊佛像,用铜铸成,全部涂金,看来就像是用实金铸制,高为五十腕尺。它的肢体姿态匀称。在这尊佛像的四肢上有许多只手,每只手的掌心中有一只眼。它叫做千手佛,这在全中国都是驰名的。先是起一座用整齐石头砌成的大而坚固的底台,把这尊佛和整个建筑置于其上。佛像四周有大量的柱廊、望楼和房间、几级顺着一个方向的梯阶,其第一级略高于佛像的脚踝,第二级不到它的膝,第三级超过膝盖,而第四级到它的胸,如此直到头部,整个结构是精工制作。然后,建筑物的顶盖成圆锥形,并且盖得使人们惊异。共计有八层,围着每一层,人们能够在建筑物的里面和外面走动。这尊佛像是站立姿势,它的各长十腕尺的足,站在用金属铸成的台座上。据估计,铸这尊佛至少必须用十万头驴子驮的黄铜。此外,那尊大佛四周有染色的和涂金的泥塑小佛。还有小山、山顶洞穴以及坐在他们的茅庵里作宗教忏悔的和尚、教士及苦行头陀的图像。其余墙上绘的壁画,哪怕名画师看见都要惊叹。四周的建筑物情况相同。这座庙宇中也有类似在甘州所见那样的转塔,但构制更精巧,体积也更

---

[1] 火者·盖耶速丁:《沙哈鲁遣使中国记》,第120—121页。

223

大。[1]

上述文字是一位西域穆斯林眼中的中国佛教建筑,看不出任何贬低和排斥,表明那一时期,处在丝绸之路交通沿线的穆斯林具有世界眼光和开放的胸怀。相比盖耶速丁的直观感受,没有涉足中国的赖麦锡,他笔下的中国寺庙建筑,难免有想当然的色彩。赖麦锡记载说:"寺庙建筑之式,与吾国教堂相仿,皆用梁柱,宏大雄壮,有可容四五千人者。城内有男女二神像,各高四十尺,立于地上。每像皆一石所雕成,全身涂金。此处之石工都是第一流者。其石有运自二三月路程之外者,皆用大车载之。车有高轮四十,轮边皆以铁镶之。每车须以马骡五六百匹牵挽之。小像甚多,有六七首而十只手者。每手各握异物,如蛇、鸟、花草等类。某寺内,有修道人甚众,居寺房,其门扃闭,终身不得出,外人送物以食之。又有僧人甚众,游行街市,与吾国之僧人相似。"[2]赖麦锡文中提到的佛寺中有"男女二神像","每手各握异物,如蛇、鸟、花草等类",颇令人费解,表明他对中国佛教还没有基本的了解。又由于他是转记哈智摩哈美德的谈话,因此只能不断与自己熟悉的天主教进行对比,这样就出现了似是而非的记载。

6.1.4 对明朝风土物产和技术的记载

西域商使除了对明朝的建筑印象深刻以外,对明朝各地的风土物产也多感到新奇。

比如,哈智摩哈美德曾经提到,在河西走廊的祁连山麓,"其地有牛一种,庞大莫比,毛极长,白而微细"。[3]这就是青藏高原及边缘地区常见的牦牛。明朝人也在笔记中对牦牛留有记载:"庄浪属环雪山之地,产毛牛。毛杂黑白二色,长甚,凡军中红黑缨皆用之,红即茜染白毛也。"[4]

中国的中药材历来享誉世界,许多西域商旅对此颇为留心,对各种

---

[1] 火者·盖耶速丁:《沙哈鲁遣使中国记》,第122-123页。

[2] 张星烺:《中西交通史料汇编》第1册,第464-465页。

[3] 张星烺:《中西交通史料汇编》第1册,第465页。

[4] 〔明〕叶盛:《水东日记》卷16《毛牛饕羊》,中华书局,1980年版,第164页。

药材的产地、药效留下了一些记载。哈智摩哈美德曾经告诉赖麦锡,谓大黄则中国各地皆产之,唯最佳者则仅产于肃州附近高峻石山上。"契丹国人罕有用之以充药剂者。唯磨碎后,与香料混合制成香,以供佛而已。契丹国他处产大黄极旺,致有用之以充燃薪,或施之病马,多而不为人所贵。"[1]他又提到:"肃州大黄山上,又产小根一种,名曰万白龙尼秦尼(黄连),至为土人所宝贵。可治各种疾病,治眼尤妙。土人取而混以玫瑰水,以石捣和之,敷之眼上,效果极佳。"[2]

白斯拜克在记述中提到了麝香和人参。土耳其某游客告诉他,中国产麝香,香为一种小兽身体上流出之物,兽类羊羔。白斯拜克问该土耳其游客,自明朝归国时,是否带有奇草根、异花果或民石等物,其人答云:"并未带回他物,仅有此小根一条,藏之身畔。疲倦及受寒时,则取一小块咀嚼之。舌咽后,即觉身体发温,精神振奋。"言时,其人自袋中取出,使白斯拜克尝之,并告诫须谨慎,仅可取小块嚼之。白斯拜克的医官威廉适时在旁,便取而嚼之,性烈之故,竟致口肿痛,谓此必附子。[3]实际上,这就是中国的人参。

中国的茶叶也令西域商使感到非常惊异。据赖麦锡记载:

> 契丹国复有树一种,各地之人皆用其叶。树名"嘉宜契丹"(Chai-Catai)。克强府(西安)产之,选用极广,全国宝之。土人取叶,或干或鲜,和水煮之。饿腹时饮一二杯,可祛热病、头痛、胃痛、腰痛、骨节痛诸病。唯须极热时饮之。哈智云,此叶几可治疗百病。病名一时难记。痛风亦其一也。咽食太多,觉胃不舒畅时,仅将此汁,略饮少许,片时即愈。土人极宝贵之,出门旅行时,皆携带少许,预防疾病。以一袋之大黄换此"嘉宜契丹"一两,其人犹尚乐为也。[4]

由于茶叶在西域并非常见之物,故而哈智摩哈美德将其功效描述得神

---

〔1〕张星烺:《中西交通史料汇编》第1册,第461页。

〔2〕张星烺:《中西交通史料汇编》第1册,第461页。

〔3〕张星烺:《中西交通史料汇编》第1册,第472页。

〔4〕张星烺:《中西交通史料汇编》第1册,第461页。

·欧·亚·历·史·文·化·文·库·

乎其神,几成灵丹妙药。这也从侧面反映了,明代西域商人对中国茶叶非常推崇,经常是趋之若鹜。

在技术工艺方面,中国的建筑技术令西域商使们赞不绝口。在谈到甘州城内的一座塔时,盖耶速丁说:"塔的四围是二十腕尺,高为十二腕尺。它整个用光滑的木材构制,再很好地涂上金,以致人们以为它都是用实金制成。它下面有一个穹窿。一根固定在塔中心的铁杆自下穿到顶,杆的底端插进一块铁板中,上端在构成此塔的屋顶中支撑着坚实的支架。因此一个在穹窿中的人能够不费什么气力使这样大的塔旋转。"他还赞誉道:"世上所有的木工、铁匠和画师都会乐于去参观它,由此为他们的行业学点东西!"[1]

除了中国的建筑技术和工艺令西域商使钦佩以外,他们还经常提到明朝的印刷术亦非常发达。比如,当哈智摩哈美德谈到明朝的印刷术时,赖麦锡就邀请他参观威尼斯的印刷局,以便相互比较二者之异同。赖麦锡写道:"其国亦有印刷术,书籍皆印成者。余因欲详悉其国印刷术,是否与我国相同,故约准某日,偕波斯商人至拖麻索君梯圣久良奴之印刷局参观,俾比较焉。哈智既见锡板、螺旋印刷机等物,乃谓两国之印刷术,实大相同也。"[2]

1560年,荷兰人白斯拜克记载了从土耳其某游客处获知的关于中国情况的描述。其中也提到了明朝的印刷术:"其人有印书术已数百矣。土国游客在其国见活字版印成书籍甚多,可以证明此事也。印书之纸,皆极薄,为蚕丝所制成。仅能一面印字,他面则留空白。"[3]

还应提到一点,西域商旅不仅看到了明朝物资充沛,产品丰饶,他们还以商人独到的眼光,搜寻具有商机的物品和供需差异。白斯拜克就曾从土耳其游客那里了解到,"其国不产狮,赞美狮之雄伟,故愿付重价以购求之也"。[4]他特地把这个信息记载下来,其目的无非是为了提

---

〔1〕火者·盖耶速丁:《沙哈鲁遣使中国记》,第121页。

〔2〕张星烺:《中西交通史料汇编》第1册,第465页。

〔3〕张星烺:《中西交通史料汇编》第1册,第472页。

〔4〕张星烺:《中西交通史料汇编》第1册,第472页。

醒丝绸之路上的商人们,在富饶的中国仍需要细心去发现巨大而潜在的商机。

6.1.5 对明朝礼仪制度的记载

中国古代社会是一种礼制社会,礼的实质就是规范和秩序,通过礼仪定式与礼制规范来塑造人们的行为与思想,因此中国号称"礼仪之邦"。在中国历代统治阶层构建的礼制体系中,"华夷秩序"的目的不仅仅局限于使外藩外夷在政治上臣服中国,更重要的是在文化思想上让外藩外夷向慕来朝,归化中华礼制文明,从而实现天下大同。所以,在朝贡贸易过程中,除了经济利益的厚往薄来,必然不可缺少文明礼仪方面的教化与辐射。这些礼仪制度也会给朝贡的外藩外夷留下深刻的印象。西域朝贡使节和商旅对明朝的礼仪制度就特别关注。

沙哈鲁使团在嘉峪关外接受明朝王大人的欢迎宴请时,盖耶速丁耐心观察每一个细节,用生动的笔触记载下宴会的环境和整个流程:

> 在前场,近御营的样式,用两根中国式的竿子搭一座大帐,它的门帘卷起。那里支起一个有篷布的亭架,使一扎里布的地面完全被它遮住。就在竿子下面,为王大人摆了一张椅子,同时在它的左右设有别的椅子。使臣们坐在左边,中国官员则坐右边,因为在他们看来,左边比右边尊贵。

> 然后在每个使臣和官员面前,他们放上两个盘子,其中一个盛着中国果脯、鹅、鸡、家禽和烧肉,而另一个盛着饼、精制馒头以及用美不胜言的纸和丝制成的花束。在其余人面前仅每人一个盘子。

> 他们旁边有一面大御鼓,鼓旁排列着细嘴瓶、中国酒、大小瓷杯、金银器皿。在它的左右,站着很多手拿风琴、胡琴、中国笛和两种长笛的乐人。其中一些是从顶端吹,另一些则是横吹,尚有中国喇叭、芦笛、放在三脚架上的两面鼓,一齐演奏,而在他们旁边的是铙钹、响板和小鼓。有杂技演员在场,他们是俊美的童子,面孔涂成红白色,谁要是碰巧看见他们,都把他们当成是头上戴着帽子、

耳上戴着珠子的姑娘。他们表演中国特有的杂技,这是世界上独一无二的。

从台前一直到营帐星罗棋布的四门,站着手执长矛的披甲武士,他们不向前后移动一步。将官甚至是不需要的,因为他们的纪律和法令严明到难以形容。在人们就座后,他们给客人送上酒杯,宴请他们,陪同喝酒。负责整个宴会的司礼官员站起身来,举杯敬酒,同时他随身带着一个花篮,每个干上一杯酒的人都得到一枝假花,插在他头巾顶上。他在顷刻间把整个宴会变成了一个玫瑰花坛。

在这之后,演员奉命表演各种无法形容的杂技。其中一个是,他们用纸板制成世上各类野兽的面具,并把面具戴在他们的脸上,从耳边看不到其中有缝隙,有如跟他们扮演的野兽连成一体,然后按中国音乐的拍子起舞,使人眼花缭乱。

还有明亮如东方太阳的童子,手里捧着酒盅和酒杯在侍候,同时还有另一些人传送盘碟,其中盛着榛、枣、桃、去皮栗、柠檬、醋泡葱蒜等美味,以及其他产于中国而不产于本国、没有人见过乃至听说过的菜蔬。有切开的甜瓜和西瓜,全都装在带各样格子的盘中,每块分别放在其中一格内。当一位首领受到敬酒时,那个童子马上向前,把盘子捧给他,让他可以品尝他爱吃的任何甜品。[1]

从盖耶速丁的记载来看,整场宴会既严肃有序,又气氛活泼,每个人都谨守自己的身份和职责。在盖耶速丁的眼中,主人的大度,客人的谦卑,司仪的掌控,武士的威严,侍者的尽职,以及美味的食物、悠扬的音乐、精彩的杂技,构成了一曲和谐的迎宾曲,让每一位出席者深深体会到秩序、礼遇和荣耀。

当盖耶速丁带着一路接受明朝各地官员大小宴请的回味踏入北京时,参加朝会的场景更是令他记忆犹新。他记载道:“当天大亮时,那些在走廊中等候皇帝出来和登位的人,开始摇动大小鼓,吹打喇叭、铙钹、笛子和海螺。三道门打开,百姓涌入。他们的风俗是,百姓为看皇帝而

〔1〕火者·盖耶速丁:《沙哈鲁遣使中国记》,第115—116页。

奔走。穿过第一个院子后,他们到了第二个院子,长约三百步。在院子的另一端,有一座大殿,比头一座殿大得多,而且更开阔。殿内放着一个每边各为四腕尺的御座。这个御座的四周是栏杆,像基督教圣龛的横木,而且铺上中国黄锦缎,整个用金缕绣成龙凤的图像以及其他中国图案。一把金椅放在御座上,其左右分排站着中国官员。首先进来的是万户,其次千户,最后百户,总计约十万人。他们每人手捧一面木牌,长一标准腕尺,宽四分之一腕尺。没有人敢在木牌外看别的地方。在他们后面站着二十多万人的队伍,紧密排列,有的披甲,有的执矛,而有的手拿出鞘的刀剑。整个那支异端的军队肃静地站着,似乎那里寂无一人。"[1]除了盛大的排场和肃穆的仪式,永乐皇帝出了名的长髯、美丽端庄的宫中女官,以及记载皇帝一言一行的起居注制度,都成为盖耶速丁重点关注的书写素材。

明朝的皇帝不仅热情接待西域来朝的使者,还尊重他们的宗教信仰,为穆斯林们建造了一座清真寺,并允许他们在宰牲节去那个清真寺去做节日祈祷。两天后,使臣们再应邀赴宴。他们每次设宴时,明朝中央政府都向使臣显示超过以前的盛大规模,总是来个新花样,而演员们则表演充满奇妙技巧的种种杂技。这些都无疑向西域使团展示明朝统治阶层的包容和开放。

除了对外交礼仪制度留意以外,西域商使还对明朝的军事保障制度和司法制度保有兴趣。

在进入嘉峪关之前,盖耶速丁就注意到明朝军营驻扎的规制。他观察到明朝西北军事将领王大人的部队,"军士按方形扎营,犹如用罗盘和尺子来规划。搭营帐时以帐索相互拧结,不给行人留下进入其中的空隙。该方阵的四面各开四门,在它的当中留下一大块空地,其中筑有一座大小为一扎里布的大台"。[2]

迈入嘉峪关以后,西域使团普遍对明朝的军事信息传递制度表示惊叹,其传递速度之快,效率之高,令人印象深刻。盖耶速丁写道:

---

〔1〕火者·盖耶速丁:《沙哈鲁遣使中国记》,第125页。

〔2〕火者·盖耶速丁:《沙哈鲁遣使中国记》,第114页。

烽火指的是一所高二十码的房子,在这座建筑物上总有十个人在守望。他们实际上把它建筑得高到从那里可以望见另一座烽火。倘若突然发生了意外的事,例如在边境地点出现了外国军队,他们马上点燃烽火。下一个烽火一发现火的信号,就照样行动。这样在一天一夜的时间中得知三个月旅程外发生的事。紧跟这烽火之后,所发生的事被记在一份信件中,由急差一手交到另一手。急递铺指的是很多长期驻守在一个特殊地点的人户。他们的职掌和工作是这样:当接到一份信件时,一个作好准备的人立刻把它火速送往另一急递铺。他又用同样的方法送往下一个,直到把它送达都城。从一个急递铺到另一个,中间有十个固定的站,每十六站相当于一标准法儿册(按:三英里)。屯驻烽火台的人轮番更替。每过十天他们就离开,由另十人代替他们的位子。但住在急递铺里的人永远在那里定居。他们在那里有空,从事耕垦。他们的唯一工作是一得到消息就把它送到下一个急递铺。[1]

这种迅捷的情报传递系统,在白斯拜克的记载中也得到印证:"商贾至者,皆须报告运载何物,自何方来人数若干。报完后,王之卫士,日间举烟,夜间则纵火以为号,传至别一了望塔,以次沿途递传而至王都。传报迅速,不数时即可竣事。若用他法,测或须数日之久也。王亦举烟火以回答。商人或全许入境,或仅半数,或全不许入境也。"[2]

明朝的司法制度在西域商使的笔下也偶有呈现。西域使团在北京觐见皇帝,参加朝会时,就能切身体会到明朝司法审判制度的具体施行情况。当朝会繁缛仪式结束后,盖耶速丁发现,明朝皇帝所做的第一件事就是判决囚犯。永乐皇帝"对囚犯时行裁决,囚犯计约七百人。他们有的在颈上戴着木枷,有的系着链子,而有的一只手穿过一块板;有五六个犯人脖子被一块宽木板连在一起,他们的头是从木板的洞里伸进去,各自按他罪行的轻重而定。每个犯人旁边都有一个看管者,抓住他的头发,等候皇帝的判决。他判处一些人入狱,另一些人死刑。在整个

---

〔1〕火者·盖耶速丁:《沙哈鲁遣使中国记》,第118页。

〔2〕张星烺:《中西交通史料汇编》第1册,第471页。

中国,官吏或司法官均无权把任何人处死。一个人犯罪时,就把他的罪行,按他们异端法律中定下的罪行处分,写在一块木牌上,再用链子或枷把它系于他的脖子。罪人这样给送往北京。哪怕他到那里有一年的旅程,仍然决不让他停留,直到把他送达北京"。[1]

在盖耶速丁的眼中,明朝的司法审判制度无疑是公正严谨的。1420年12月23日,盖耶速丁看到很多罪犯被送往刑场。明朝法律明文规定各种罪行的惩治,有的斩首,有的绞死,而有的凌迟。明朝统治者对罪犯持慎重态度,皇帝下面有十二个法庭。如一个人被控有罪,他必须在十二个法庭上都证实是犯了法,同时他的原告必须跟他把官司打到底。但倘若他在十一个法庭上证明有罪,而在最后一个法庭上被判无罪,他仍有获释之望。如他提出请求,要一个六个月左右方能赶到的人前来,以查清他的案情,那么他不被处死,而仅被囚禁。一个使者被派去把证人找来,然后他们审问他,再了结案子。很多犯人死于狱中。任何死去的人不给安埋,除非皇帝颁发了许葬的敕令。[2]

当然,盖耶速丁也体会到了明朝司法的严酷和统治的残暴。1421年初,西域使团碰巧在那个严寒的日子到皇宫去。盖耶速丁亲眼看到,"住在那里的许多中国以及来自遥远城镇的犯人,冻死在皇宫门前。他们的尸体躺在路口,让经过的马蹄践踏。一个人说,这仅仅是在城内并且有守护,而城外从昨天以来冻死了约一万人。他们像伊斯兰国土中的死狗一样躺在街上,在那些异端脚下更形凄惨。重犯戴着一如连在他手脚上的镣铐死在地上"。[3]这些书写笔法与描写永乐皇帝住进新落成的皇宫的笔法,构成了鲜明的对比,也是那个时代明代社会的真实体现。上述史实甚至在汉文史籍中都难觅踪迹,表明了盖耶速丁心中执守的客观尺度,故而《沙哈鲁遣使中国记》愈发体现出其不朽价值。

西域商使在著述中谈及明朝司法的,并非只有盖耶速丁《沙哈鲁遣使中国记》这样的孤例,阿里·阿克巴尔的《中国纪行》也设专章记载中

〔1〕火者·盖耶速丁:《沙哈鲁遣使中国记》,第125—126页。

〔2〕火者·盖耶速丁:《沙哈鲁遣使中国记》,第131—132页。

〔3〕火者·盖耶速丁:《沙哈鲁遣使中国记》,第132页。

国人的守法精神:"中国人非常守法。如果父亲发现儿子或儿子发现父母有一点不守法之处,就立刻去揭发并得到奖赏。他们看着亲属被斩首也不难过。年轻人和老年人都相互尊重,年轻人绝对顺从老年人。伊斯兰国家要是这样该多好呀! 如果一个案子要审两次,按照法律规定就是有罪行,犯人要无条件地受惩处。"[1]在阿里·阿克巴尔看来,中国人遵纪守法,明朝的司法制度是有保障的,审判体系要比伊斯兰国家完备得多。

6.1.6 对明朝社会风俗的记载

明朝人的服饰、丧葬和节日习俗,在西域商使笔下亦或多或少有所提及。比如,哈智摩哈美德谈到明人的服饰时,赖麦锡记载说:"甘州城……其地人民,皆服黑棉衣。冬时,贫者于棉下复加以狼羊之皮。富者则用黑貂与貂鼠之皮,价值极昂。首戴黑帽,下垂如塔糖状。其人短矮不高。蓄须与吾人相同。"[2]在谈到丧葬习俗时,则有"其地风俗极奇。家族亲戚有死者,人皆服棉制白衣多日。其衣服剪裁之制,与吾国相同,皆长曳及地。袖宽阔,与威尼斯市人之戈梅多(gomedo)相似"。[3]

赖麦锡通过哈智摩哈美德还了解到,从中亚、西域至中国河西走廊广泛流行着乞迷爱学(Chimia)、理迷爱学(Limia)和西迷爱学(Simia)。他甚至还认为,从西域至明朝西北,社会及商贾能行"金银小杠,割成小块,以便行使",皆是盛行乞迷爱学炼金术的结果。这种解释不免牵强,但颇能表明,西域人士欲强调多元文化自西向东对中华文明所产生的影响。比如,赖麦锡还记载道:"甘州城内市场中,每日有幻人集演西迷爱学(幻术学)之术。于丛人广众之中,显其奇术,例如取其同伴一人,以刀从中央分剖之,或割去手足。观者皆望见血流如涌,其实则未伤人也。"[4]这种在中国被划入杂戏范畴的幻术,自唐宋以来就在中国广为传播,并逐渐演变成为中华文明的一部分。

---

[1] 阿里·阿克巴尔:《中国纪行》第20章,生活·读书·新知三联书店,1988年版,第129页。

[2] 张星烺:《中西交通史料汇编》第1册,第464页。

[3] 张星烺:《中西交通史料汇编》第1册,第464页。

[4] 张星烺:《中西交通史料汇编》第1册,第467页。

当然,西域商使们也非常注意观察中国独特的节日习俗。盖耶速丁就在北京经历过中国传统的元宵灯节:

> 那些天中另一件事是,他们有庆祝七天七夜"灯节"的习惯。在皇城的范围内,他们建筑一座木头小山,整个面上覆以松柏枝,看似一座绿玉山。那里挂着十万盏灯,尚有几千用木板制成的俑,其形状、面孔和服装,远看与真人无异。那些灯都用绳连结,绳上穿着火油爆管,当一盏灯点燃后,爆管开始沿着那些绳子滑动,把它接触到的灯都点着,以此在霎那间从山头到山底灯火通明。城内的百姓也在他们屋舍和店铺门上点燃无数的灯。[1]

盖耶速丁还特别强调,在元宵灯节期间,明朝"不惩罚犯罪的人","皇帝大量恩施,欠国家赋税者和牢里的犯人都获得开释"。

西域商使对明朝的人情风貌和社会习俗也有自己的切身感受和认识,普遍认为明朝民众文明开化,知礼守法,社会安定。得出这种认识,首先源于西域丝绸之路艰险异常的经历,甚至有凶狡野蛮部落劫掠商队,两相对比,故而明朝的社会风貌令他们印象极佳。

白斯拜克曾记道:"盖向来往契丹国者,皆须结大队而行,小群不得通过,且途间常有些凶狡部落袭击行旅,常使人生畏,故不得不结大队也。"[2]经过撒马儿罕、布哈拉、塔什干以后,"有大沙漠,有野蛮之部落所居之处,亦有较为文明之人所居之处。然各处食物水草之供应皆极稀少。故旅客皆须自带糇粮,因之所需骆驼极多。大队人畜同行,谓之喀拉凡(Caravans)。旅行多日,蹳蹀甚劳。终乃抵一小隘,契丹国边境之关塞也"。[3]这种路途中屡屡遇险与进入明朝国境后倍受礼遇、畅行无阻的对比差异,极容易令西域商旅们对明朝产生向往感和认同感。

意大利人巴巴罗在转述鞑靼大使谈到明朝时的话说:"其国政事公平,使人惊异。……城内及四乡,石块下寻获之物,或行旅途间遗失之物,无人拾取。道上行路,忽有人问之何往。被问者不悦所问,或疑问

---

〔1〕火者·盖耶速丁:《沙哈鲁遣使中国记》,第134页。

〔2〕张星烺:《中西交通史料汇编》第1册,第470页。

〔3〕张星烺:《中西交通史料汇编》第1册,第471-472页。

者不怀善心,可往法庭诉之。问者若不能给良好及合法理由,必受罚也。其国政治公平,及崇爱自由,可以想知。"[1]白斯拜克在致友人的信中也写道:"契丹人精于各种技艺,开化文明,深知礼让。自有宗教,与基督教犹太教及摩诃末教皆不同,唯礼节则类于犹太教也。"[2]不难看出,西域商使对明朝的社会风貌和中华文明给予了高度评价。

对于明朝人的宗教信仰,除了盖耶速丁记载的大量佛教寺庙、白斯拜克提到的中国人"自有宗教"、阿里·阿克巴尔记到的明朝皇帝和政府为穆斯林建造清真寺等描写以外,西域商使还有一些零星的记载,但是大体不出上述观点范围。需要指出的是,个别西域商使对明朝人的宗教信仰存在误解。比如,阿里·阿克巴尔就把明朝皇帝郊祀祭天的仪式误识为是去清真寺斋戒祈祷,把明朝皇帝在北京郊区为穆斯林敕建礼拜寺误解为是为自己建造祷告的清真寺等。[3]当然,上述记载是可以理解的,因为明朝几代皇帝都对伊斯兰教信仰和穆斯林采取了包容和宽松的宗教政策,这对于身处明朝腹地的西域穆斯林商使来说,肯定会增加他们的宗教文化亲切感和认同感。

但是,毕竟这些西域商使游历诸地,见多识广,他们对明朝严禁国民远离本土与出外贸易是抱有看法的。"契丹国法,禁止人民及信异端者,远离本国与出外贸易也。"[4]这条记载看似平铺直叙,实则隐含了西域商人对明朝闭关自守,严控对外贸易的批评。

6.2 明朝人笔下的西域

对比西域商使相对客观视角下看待明朝,明朝人眼中的西域则更多地体现出"奇"的形象。这种明朝人对西域"奇"的印象,根源于华夏文化本位主义,它是一种以中华之正统为"正"的视角看待周边寰宇的

〔1〕张星烺:《中西交通史料汇编》第1册,第435页。
〔2〕张星烺:《中西交通史料汇编》第1册,第472页。
〔3〕参见阿里·阿克巴尔:《中国纪行》第2章,第40-48页。
〔4〕张星烺:《中西交通史料汇编》第1册,第465-466页。

世界观。在中华礼制体系中,明人自居为"正",则异域为"奇","正"是根本、是文明、是核心,"奇"是虚浮、是野蛮、是附属。这种强烈的文化自大心态,是随着明朝开放程度的强弱而消长的。总体上说来,在明朝初期,统治者和士人阶层的文化心态是相对开放和开明的;越到明朝中后期,统治阶层的文化眼光越发趋于狭隘和保守。另外,明人亲历西域的少之又少,对西域的认识有许多是通过进入明朝内地的西域使者和商旅而得来的,甚至有一些是道听途说,几经转述而来的,不可避免带几分夸张、想象的成分。这些特点,在明朝人的西域观方面都有体现,大量存在于明人的西域历史书写之中。

6.2.1 对西域自然地理状况的了解

对比明代西域商使和明朝出使西域使臣双方所留下来的记载,可以看出,两者有一个比较明显的差异,那就是对明朝内地和西域自然地理状况的关注程度不同。明代西域商使对贡道沿途的自然地理状况描述较少,常常三言两语一带而过,特别是对明朝内地的自然状况更是鲜有提及。相比之下,明朝出使西域使臣则对西域的雪山、河流、沙漠、戈壁、草原、峡谷、平原、湖泊、气候等多有论述,尤其是像陈诚这样多次出使西域,在西域停留时间较长的使者,留下的关于西域自然地理状况的记载更多。

在陈诚的《西域行程记》中,随处可见关于沿途自然条件的描写,并且大多能与陈诚沿路所作诗文相印证。比如,描写嘉峪关"关外沙碛茫茫";"当道尽皆沙砾,四望空旷";"四望空旷,并无水草,惟黑石磷磷"[1]。类似这样的描写在《西域行程记》中比比皆是。

西域的高山峻岭和险道隘口引起了陈诚的关注。比如,在经过阿达打班时,陈诚记道:"山高雪迷,人马迷途,先令人踏雪寻路,至暮方得下山。"[2]通过达坂以后,陈诚赋诗《阴山雪》一首,诗云:"荒原野径空寂寞,千峰万岭高崔嵬。行行早度阿达口,峡险山深雪犹厚。官马迷途去

---

〔1〕以上分别见〔明〕陈诚:《西域行程记·西域番国志》,第33—34页。

〔2〕〔明〕陈诚:《西域行程记》,第39页。

去难，客衣着冷重重透。"[1]又过巷里打班，"山径崎岖，雪深数尺"。又有，"上高山，名塔儿塔石打班，石径崎岖，高百丈，雪深数尺"。面对险峻的达坂，陈诚诗兴再起，吟诵："万丈阴崖一径遥，马行人度不胜劳。峰连剑阁迷云栈，水注银河喷雪涛"，[2]将冰川和雪水的外观描摹得淋漓尽致。

在陈诚笔下，西域不只是荒漠和冰雪，还有美丽的湖泊。比如，"平川地，有一海子，南北约百里，东西一望不尽，名亦息渴儿"。他又作诗云："千崖万壑响流泉，一海中宽纳百川。沙浅浪平清见底，烟消岸阔远无边"，[3]把亦息渴儿海子的清澈和辽阔呈现在世人面前。

西域的气候多变，有时正值炎炎夏日，却突遭飞雪，这令习惯了内地四季气候变迁的陈诚感到非常不解。他曾作《夏日遇雪》诗云："塞远无时叙，云阴即雪飞。纷纷迷去路，点点湿征衣。"还有一首也描绘了同样气候："绿野草铺茵，空山雪积银。四时常觉冷，六月不知春。"但是，西域诸地也并非皆是苦寒之所，有些绿洲的气候与明朝内地非常相似。比如，"有古城名腊竺，多人烟树木，败寺颓垣，此处气候与中原相似"。[4]

陈诚对于西域自然地理状况也并非只是简单记载，更不是风花雪月吟诵的素材，他还曾将亲身经过的地形地貌与明人以往的地理知识相对应，并试图纠正既有地理知识之错误和不足。他曾专作《葱岭》一文进行考证：

> 予于永乐甲子春发酒泉郡，迨夏六月约行五六千里，道经别失八里之西南，即土尔番之边鄙也。度一山峡，积雪初消，人马难行，伐木填道而过。出峡，复登一山，迥无树木，遍地多葱，若栽种者，采之可食，但香味略淡，根本坚硬，料度此山必葱岭矣。岭下地多沮洳，不胜人迹，此处着脚则彼处摇动。但见遍山下雪水喷涌，如

---

[1]〔明〕陈诚：《西行南行诗文·阴山雪》，载《西域行程记》，中华书局，2000年版，第127页。

[2]见〔明〕陈诚：《西域行程记》，第41、42、129页。

[3]〔明〕陈诚：《西域行程记》，第41、128-129页。

[4]见〔明〕陈诚：《西域行程记》，第35、128页。

泉流出,沥沥满山,光映人目,皎如日星,四面空旷,莫知所向。由此观之,葱岭之水为河之源,信无疑矣。[1]

从文中所写的地点和方位来看,陈诚所登之山大概在天山与帕米尔高原的结合部。陈诚称之为"葱岭"基本符合,但葱岭得名是否因遍山皆葱,则另当别论。陈诚看到葱岭雪山冰川融水,就推断葱岭为黄河之源,显然没有经过仔细勘查,是没有依据的。不过,抛开陈诚记载中的荒谬之处不论,他的这种身历绝域,勇于探究的精神还是值得肯定的。

陈诚对于西域各城的周边自然环境、道路里程、城镇规模、地表径流、气候干湿、植被作物等非常留意,一丝不苟地记录下来,归国后还整理出来,上报给朝廷,以备国家需要。在《西域番国志》中,他创立了一种书写范式,将地名、沿革、方位、道路、山川、田地、城池、植被、作物、气候、物产、建筑、宗教、习俗等要素,套用到描述西域各地之中去,使得全书体例整齐,信息完备。以哈烈为例,陈诚记载道:"哈烈,一名黑鲁,在撒马儿罕之西南,去陕西行都司肃州卫之嘉峪关一万二千七百里。其地居一平川,川广百余里,中有河水西流,四面大山,城近东北山下,方十余里。"[2]这里不仅交代了哈烈在历史上的其他名称,还指明其方位在撒马儿罕西南,更明确该地距离明朝嘉峪关之远近,再述其地貌、河流和城池规模大小。再如撒马儿罕,他记道:"撒马儿罕,在哈烈之东北,东去陕西行都司肃州卫嘉峪关九千九百余里,西南去哈烈二千八百余里。地势宽平,山川秀丽,土田地膏腴。有大溪水北流,居城之东,依平原而建立,东西广十余里,南北径五六里。"[3]这种书写方法使人读后一目了然,能够层次清楚地了解西域各地概况。

当然,陈诚并非对西域每一地都全面描述,反而是有详有略,有取有舍,视该地在历史、交通和战略上的地位而下笔有所区别。比如,"鲁陈城,古之柳中县地,在火州之东,去哈密约千余里,其间经大川,砂碛茫茫,无有水草。头匹过此,死者居多。若遇大风,人马相失……城方

---

[1] [明]陈诚:《西域行程记》,第115页。

[2] [明]陈诚:《西域行程记》,第65页。

[3] [明]陈诚:《西域行程记》,第81页。

二三里,四面多田园,流水环绕,树木阴翳。土宜穄麦、麻、豆,广植种蒲萄、桃、杏、花红、胡桃、小枣、甜瓜、胡芦之属。有小蒲萄,甘甜而无核,名曰锁子蒲萄。土产绵花,能为布而纸薄。"[1]相比之下,陈诚对达失干的记载则非常简略:"达失干城在赛蓝之西,去撒马儿罕七百余里,城周回二里,居平原上,四面皆平冈,多园林,广树木,流水长行。土宜五谷,居民稠密,负载则赁车牛。"[2]很显然,陈诚了解鲁陈城比达失干要丰富得多,可能在他看来,鲁陈城对于明朝的重要性要远远高于达失干之于明朝。

顺便提及,明初以陈诚为代表的一批使臣亲历西域各地,他们反馈回来的信息,是明朝了解西域的主要渠道。到了明朝中后期,明朝官员和商人几乎无人涉足西域,导致明代社会对西域的了解非常局限。因此,在许多情况下,明朝对西域的了解仍停留在明初的水平。陈诚的《西域行程记》《西域番国志》对后世产生了较大影响,他对西域自然地理状况的记载,成为《明实录》《明一统志》《明会典》《咸宾录》《殊域周咨录》《明史》等相关内容的史料来源之一。

6.2.2 明人笔下的西域各政治实体

明朝人对西域诸城邦的了解,一般以《明会典》所谓西域38国为代表,实际上,明朝与西域保持往来的远不止38国。

嘉靖十一年(1532),明朝内阁和礼部、兵部曾经围绕"西域称王"的议题展开过讨论。当时,"西域贡称王者七十五人,贡使至二百九十人",这样宏大的规模无疑对明朝政府接待构成了沉重负担,因此许多大臣建议要廓清西域城邦状况。内阁张孚敬言:"西域称王者多,恐彼自封授,或部落相称。先年入贡称王亦有三四十人者,答敕并称王。今尽裁夺,恐夷情绝望。"礼部尚书夏言云:"西域诸国称王者,惟土鲁番、天方、撒马儿罕三国。如日落诸国,名甚多,朝贡绝少,且与土鲁番诸国不相统。弘治、正德间,土鲁番十三入贡,天方正德间四入贡,称王者率一人或二人三人,余称头目、亲属。嘉靖二年、八年,称王者天方至六七

---

〔1〕〔明〕陈诚:《西域行程记》,第111页。

〔2〕〔明〕陈诚:《西域行程记》,第96页。

人,土鲁番至十一二人。此两年间,撒马儿罕至二十七人。内阁言先年亦有称王至三四十人者,并数三国耳。乃今土鲁番十五王,天方二十七王,撒马儿罕至十三王,并数则百五六十王,前此所未有。况所称王号,原非旧文,即有同者,地面又异。弘治时回敕书,国称一王,若循撒马儿罕往年故事,类答王号,人与一敕,恐非所以尊中国而严外夷也。自后各执赐敕,率其部落,贡不如期,使不如数,任意往来,势难阻绝,驿传劳烦,竭我财力,以役远夷,计亦左矣。"[1]夏言说得非常清楚,西域地区原来称王者大概一人或二人、三人,余称头目和亲属。后来见朝贡有利可图,遂竞相称王称号,以致多达一百五六十王。这表明西域各地之间在较长时间内处于一种松散的政治关系,并没有形成一个强大的统一政权。

许多明朝人对西域政治状况的印象是模糊的。除了明初出使西域的一批官员以外,到了明中后期,明代许多士人竟然对西域的状况了无所知,个别明代士人也只是通过历朝文献和明初人士留下的记载来勾勒对西域的印象。比如,明代政治家于慎行竟然望文生义,猜测吐鲁番是不是吐蕃的后代。"汉时设西域都护,统三十六国,以断匈奴右臂。唐初置西北都护府,统龟兹、于阗、疏勒、碎叶四镇,后为吐蕃所陷,武后长寿元年,大破吐蕃,复取四镇,置府于龟兹,发兵戍之,即今甘肃境外地也。国初以封哈密,后为吐鲁蕃所陷。哈密遗种寄居甘州,而北地沦于西域矣。吐鲁蕃与天方、哈马等国相邻,不知即吐蕃遗种否?"[2]

由于大多数人没有游历过西域,因此对一些西域事物名词的理解,只能依靠既有的典籍和猜测,有时仍难于理解。比如,"今西域贡物有'铁力麻',初不省其义,及考敕勒国名,一号铁勒,当是铁勒麻也"。[3]查《明会典》可知,铁力麻为西番乌斯藏进贡之物,与铁勒故地相距甚远。将二者对音关联在一起,实为不可取,但是明人这样的例子却不鲜见。另外,明人对典籍中记载的一些西域文目无法解读。比如,《元史》

---

[1]〔明〕郑晓:《今言》卷4,中华书局,1984年版,第198-199页。

[2]〔明〕于慎行:《穀山笔麈》卷18,中华书局,1984年版,第205页。

[3]〔明〕于慎行:《穀山笔麈》卷18,第205页。

记载钦察部"去中国三万里,夏夜极短,日暂没即出,为蒙古所并,此其地即西海也。但谓日没辄出,殊不可省。既云地在西极,日由地中东出,则其度数相距当亦不减空中,何得没而即出也?"[1]"日暂没即出"实际上是北极圈高纬度地区的一种自然现象,即"极昼",而像于慎行这样生活在中低纬度地区的人,若非亲身经历,永远也无法明了到底是怎样一回事。因此,于慎行发出"殊不可省"的慨叹也就可想而知了。

明永乐朝以后,随着西域朝贡的次数越来越密集,明朝人也逐渐认识到西域是对外交往的一个重要区域。只不过这种认识是建立在东南海上朝贡贸易基础之上的,故而明人形象地提出了"旱西洋"的称呼。"天顺七年二月十二日,兵部奉特旨,遣使臣下旱西洋,曰哈列地面,曰撒马儿罕地面,曰哈失哈儿地面,曰阿速地面,曰土鲁番地面,曰哈密地面,曰乩加思兰处,各正、副使一员,皆外夷人仕中朝者,或大通事、或都督、或都指挥等官,皆有主名矣。"[2]这条史料表明,起码在天顺时期,明朝人对外界的眼光还是开放的。但从此以后,史料中绝少再提及"旱西洋"的说法。

说到底,明人对西域城邦的认识,仍脱离不开华夏文化的窠臼,总是拿华夏文化作为尺度去衡量西域诸文明。仅就这一点论,即便对西域相对客观描述的陈诚也不例外。比如,在谈到西域哈烈的称呼和官制时,陈诚记道:"国主衣窄袖衣及贯头衫,戴小罩刺帽,以白布缠头,髟弁发后髦。服名尚白,与国人同,国人皆称之曰锁鲁檀。锁鲁檀者,犹华言君主之尊号也。国主之妻,皆称之曰阿哈,其子则称为米儿咱,盖米儿咱者,犹华言舍人也。凡上下相呼,皆直比其名,虽称国主亦然。不设大小衙门,亦无官制,但管事之人称刁完官,凡小大之事,皆由刁完官计议处置。"[3]陈诚对哈烈境内上下直呼其名,对国王也是如此,甚感不解,因为在中国绝不可能有这样的放肆之举;对哈烈竟然没有官制,只有管事之人刁完官,陈诚更是不可想象,因为明朝有自中央到地方的

[1]〔明〕于慎行:《穀山笔麈》卷18,第215页。
[2]〔明〕陆容:《菽园杂记》卷5,中华书局,1985年版,第56页。
[3]〔明〕陈诚:《西域番国志》,第65—66页。

完备而复杂的官制体系。

对于西域的官府文书行移，明人也颇有不解。据陈诚《西域番国志》载："官府文书行移，不用印信。国主而次，与凡任事者，有所施行，止用小纸一方，于上直书事体，用各人花押印记，即便奉行。花押之制，以金银为戒指，上镌本主姓名，别无关防，罔有为奸伪者。"[1]这种简便的公文制度也与明朝内地有较大区别。

另外，在明人角度看来，西域诸地司法制度也相对明朝为简洁。以哈烈为例，"国中不用刑法，军民少见词讼，若有致伤人命，亦不过罚钱若干，无偿命者，其余轻罪，略加责罚鞭挞而已"。[2]

在西域除了有城国，还有行国，即游牧部族之政权，别失八里就是其中之一。陈诚记载："别失八里地居沙漠间……不建城郭宫室，居无定向，惟顺天时，逐水草，牧牛马以度岁月，故所居随处设帐房，铺毡罽，不避寒暑，坐卧于地……有松、桧、榆、柳、细叶梧桐，广羊马，多雪霜，气候极寒，平旷之地，夏秋略暖，深山大谷，六月飞雪。风俗犷戾，服食卑污。君臣上下绝无纪律。"[3]虽然陈诚所记基于实际观察，但是行文之中难免流露出价值倾向。"风俗犷戾，服食卑污""君臣上下绝无纪律"这样的用语，很显然带有某种蔑视和歧视色彩。类似这样的描述在明人的西域记述之中也不是个例。

6.2.3 对西域独特物产的记载

在明朝人眼中，西域是充满神秘与怪异的"奇异之邦"。造成明人这种西域印象的原因，不仅是因为西域有许多物产为中原地区所没有或罕见，更有文化的隔膜在发挥影响。在多数情况下，明朝人是站在自己的文化立场下来看待西域事物的，更有甚者，尝试用华夏文明去释读西域文明，因此，在明人笔下就产生了许多有趣的历史书写。

对西域物产的记载，比较详细的仍首推陈诚的《西域番国志》。比如，他提到西域玉石矿产有铜、铁、金、银、宝贝、珊瑚、琥珀、水晶、金刚

---

[1]〔明〕陈诚：《西域番国志》，第67页。

[2]〔明〕陈诚：《西域番国志》，第67-68页。

[3]〔明〕陈诚：《西域番国志》，第102页。

·欧·亚·历·史·文·化·文·库·

钻、朱砂、刺石、珍珠、翡翠,还有烧造的琉璃,上述这些有的为西域所产,也有的"非其所产,悉来自他所,有所不知"。[1]西域的植物有:桑、榆、杨、柳、槐、檀、松、桧、白杨,盛产桃、杏、梨、李、枣、花红、葡萄、胡桃、石榴,作物中麻、豆、菽、麦、谷、粟、米、粱、绵花,"悉皆有之","五谷之种,与中国同"。[2]从陈诚的记载来看,他采用与中原地区对比的视角,明朝中原地区有的物产,他不做过多描述,而对中原地区没有的物产,他亦如实记录,甚少过度解读。

与陈诚的记载相比,明朝人留下的关于西域物产的某些记载,则带有"文化震惊"的成分,即表现出惊奇、疑惑、不解的语气。

明人曾经记有一种西域的"伊兰花"。"伊兰花,金粟,香特馥烈,戴之发髻,香闻十步,经月不散。西域以'伊'字至尊,如中国'天'字也,蒲曰'伊蒲',兰曰'伊兰',皆以尊称,谓其香无比也。大约今之真珠与木兰是也。"[3]张岱在这里,将西域的某一种花卉与西域的宗教文化关联起来,把它解释为一种尊称,这样的看法是比较合理的,在明朝人的西域观中也是难能可贵的。只是他没有点透,为什么西域以"伊"字为至尊,实际上"伊"字至尊源于西域当时信奉的伊斯兰教,而有些明人无法理解"真主",只能找到华夏文化中与之意思接近的"天"来相关联。

西域出产的各种香料和药材也令明人非常着迷。阿魏是一种多年生草本植物,开黄色小花,有臭气,其叶可诱鱼,又可做香料和药材。马思答吉是蒙古语译音,为西域地区黄连木的树脂,香料兼药材。回回豆,一年生草本,味甘,无毒,种子可食用。明人对这三味香料都有记载:

> 俗云:"黄金无假,阿魏无真。"阿魏生西域中,一名合昔泥。其树有汁,沾物即化,人多牵羊、豕之类系树下,遥以物撼其树,汁落则羊、豕皆成阿魏矣。树上之汁终不可得,故云无真也。其味辛平无毒,杀诸虫,破症瘕,下恶除邪,解虫毒,且其气极臭而能止臭。

---

[1] 参见〔明〕陈诚:《西域番国志》,第72页。

[2] 参见〔明〕陈诚:《西域番国志》,第73页。

[3]〔明〕张岱:《夜航船》卷16《植物部·花卉》,浙江古籍出版社,1987年版,第602页。

彼中以腌羊肉甚美,中国止入药物而已。又有马思答吉者,似椒而香酷烈,以当椒用。有回回豆,状如榛子,磨入面中极香,兼去面毒。[1]

由于阿魏只生于西域,中原地区没有,所以明人对阿魏的记载就颇有想象的成分。另外,我们从《明会典》中也可以看出,西域朝贡的物品中,香料占了一定的比重。

西域出产的果品是明人经常谈到的对象。比如,"西域白蒲桃,生者不可见,其干者味殊奇甘,想可亚十八娘红矣。有兔眼蒲桃,无核,即如荔支之焦核也,又有琐琐蒲桃,形如茱萸,小儿食之,能解痘毒。"[2]谢肇淛提到的"白蒲桃""琐琐蒲桃",陈诚也有相关记载:"葡萄有通明若水晶之状者,无核而甚甘","有小蒲萄,甘甜而无核,名曰锁子蒲萄"。[3]但是两相对比,不难发现,陈诚没有提到白蒲桃"生者不可见",也没有提到"小儿食之,能解痘毒"。这究竟是随着人们认知程度的加深而更加全面,还是因为文化传播的过程中产生了变迁,"以讹传讹",值得我们去深入思考。

明朝人对西域的物产有许多奇异的记载。明朝亦有开明开通之人,对西域的物产持赞许的态度,只不过这种赞许是从"为我所用"的角度出发。以火浣布和眼镜为例。明人张宁在《方洲杂言》中记云:

火浣布,予初于苏州张廷义家,及仁和县纯一僧院见者,皆大如折二钱。近于朱孟瑜县丞家见者,狭长如衣带,渍油则可代烛,覆火则可爇香,油尽火熄,则完全如故。梁冀帨巾,魏武时所贡。元别怯赤山石绒所织,信皆不妄。因记向在京时,尝于指挥胡衜寓所,见其父宗伯公,所得宣庙赐物,如钱大者二,其形色绝似云母石,类世之硝子,而质甚薄。以金相轮廓而衍之为柄,组制其末,合则为一,歧则为二,如市肆中等子匣。老人目昏,不辨细字,张此物于双目,字明大加倍。近者又于孙景章参政所,再见一具,试之复

[1][明]谢肇淛:《五杂组》卷10《物部二》,上海书店出版社,2009年版,第209~210页。
[2][明]谢肇淛:《五杂组》卷11《物部三》,第221页。
[3]参见[明]陈诚:《西域番国志》,第72、111页。

然。景章云:以良马易得于西域贾胡满刺,似闻其名为优逮。二物皆世所罕见,若论利用于人,则火浣虽全匹,亦当退处于优逮也。[1]

火浣布为石棉织成,能够阻燃,虽不是明时传入中国,但在当时社会上仍然稀见。明人称眼镜为"优逮",大概是阿拉伯语译音。由于"优逮"与《楚辞》中的"薆逮"(音:àidài)的发音近似,所以明朝人也称眼镜为"薆逮"。这两样物品因其实用性和排他性,华夏本土没有,皆自外来,故而为明代士人所接纳。

但是,还有许多西域物产不为明人所接受。比如,"天顺间。西域有贡猫者,盛以金笼,顿馆驿中。一缙绅过之,曰:'猫有何好,而子贡之?'曰:'是不难知也。能敛数金与我乎?'如数与之。使者结坛于城中高处,置猫其中,翌日视之,鼠以万计,皆伏死坛下。曰:'此猫一作威,则十里内鼠尽死,盖猫王也。'"[2]对于这样的记载,姑且不论其真实与否,我们可以从中分析出明人的两种心态:一是对西域商使嗜利的印象,"能敛数金与我乎",为了搞清楚一个现象或道理,亦要付出金钱;二是对本土物产自满的心态,小觑外来物产。当时,明代社会普遍认为,西域进贡来的物品多是无关痛痒之物,少之无损,多之无益,在内心并没有真正接纳外来文明。

正因如此,明朝上下对西域进贡的狮子等异兽,大多持批评态度。由于明朝人对狮子了解甚少,所以狮子贡入之初,明人感觉到非常稀奇。比如:

> 西回回贡狮子,状如小驴,面似虎,身如狼,尾如猫,爪亦如虎。其色纯黄,毛较诸兽为长,而旋转不若图绘中形。回回啖以羊肉,与之相狎,置肉于面,狮遂扑面取之。以铁索系桩于地,行则携之而去。望见犬羊,即毛竖作威。犬羊远见,即跳跃奔腾,辟易数里。此中国所无,而人所罕见者也。彼自西域入贡,将达京,道出

---

[1]〔明〕张宁:《方洲杂言》不分卷,《四库全书·子部五十三》,台湾影印文渊阁四库全书本。
[2]〔明〕谢肇淛:《五杂俎》卷9《物部一》,第175页。

关中。余时辖关中,故得亲睹云。[1]

大多数明朝人对狮子闻所未闻,见所未见,并不了解狮子的生活习性,难免产生一些误解。他们见狮子非常凶猛,却害怕外形娇小的狨,而狨又惧怕雄鸿,对于其中缘由,明人无法讲说得清楚明白,只能用"一物降一物"来解释。"己酉,西番贡狮子。其性劲险,一番人长与之相守,不暂离,夜则同宿于木笼中,欲其驯率故也。少相离则兽眼异变,始作威矣。一人因近视之,其舌略黏,则面皮已去其半。又畜二小兽,名曰吼,形类兔,两耳尖,长仅尺余。狮作威时,即牵吼视之,狮畏伏不敢动。盖吼作溺著其体,肉即腐烂。吼猖獗,又畏雄鸿。鸿引吭高鸣,吼亦畏伏。物类相制有如此。"[2]

上述狮子畏服的解释,无论如何还基本蕴含某些客观因素,但是下面这则史料,则表露出明人一种文化上的不安状态:

> 物之猛者,不能相下。如龙潜水中,以虎头投之,则必惊怒簸腾,淘出之乃已。西域人献狮子,有系井傍树者,狮子彷徨不安,少顷,风雨晦冥,龙从井中飞出,是交相畏也。[3]

在这里,龙、虎、狮子已经是一种文化符号,特别是龙与狮互相畏惧,恰如其分地表现出明朝人对西域文明的一种隐匿心态。在狮子面前,无所不能的龙也有焦躁不安的时候,在凶猛异常的狮子这一事实面前,明人文化自大的心理逐渐在褪色。

文化之间的交往难免有冲突。一部分明朝人对西域朝贡的狮子持否定和批评态度。比如,"匈奴之西有西域乌孙、土鲁番,皆世为中国患。嘉靖时,西域回回贡狮子,不远千里来投。余时在秦,曾往观之。回回出银盒,以天马葡萄献,其味胜于中国者远甚。询其名,译士传云:'吐吐粉'而已。夫以一异兽之故,使道路萧然繁费,何以风示远夷?谓宜闭关谢之可也。"[4]无独有偶,于慎行也觉得耗费食料巨大来供养狮

---

[1]〔明〕张瀚:《松窗梦语》卷5,中华书局,1985年版,第106页。

[2]〔明〕陈洪谟:《治世余闻》上篇卷1,中华书局,1985年版,第4页。

[3]〔明〕谢肇淛:《五杂俎》卷9《物部一》,第167页。

[4]〔明〕张瀚:《松窗梦语》卷3,第63页。

子是无益之举。"往至西苑,见畜一狻猊,主者故西域胡也,以白布缠头,带金衣绿,支正三品料,其狻猊日食一羊,而笼之槛中,无所用也。以一狻猊计之,主者食正三品料与三百六十羊,一年之费不赀如此,使如宋之艮岳,珍禽异兽动以千百,元时外夷所献狮、豹、鹊鹘,日食肉千斤,终岁之费,可养壮士千人,可不惜哉!"[1]于慎行一方面强调狮子没有什么稀奇的,中国本来就有,故用"狻猊"指称;另一方面,又借元朝供养珍禽异兽而亡国的例子来讽喻当下,劝诫统治阶层不要再宠幸这些"奇异末端",应该回归"正本"。

晚明时期,中国正处于社会转型之中,社会风尚由明初的俭朴粗率蜕变为崇尚奢华精细,铺张浪费成为时尚,西域物产亦成为富有和奢侈的代名词之一。明人曾经评价:

> 龙肝凤髓,豹胎麟脯,世不可得,徒寓言耳。猩唇獾炙,象约驼峰,虽间有之,非常膳之品也。今之富家巨室,穷山之珍,竭水之错,南方之蛎房,北方之熊掌,东海之鲦炙,西域之马奶,真昔人所谓富有小四海者,一筵之费,竭中家之产,不能办也。此以明得意,示豪举则可矣,习以为常,不惟开子孙骄溢之门,亦恐折此生有限之福。《孟子》所谓"饮食之人,则人贱之"者,此之谓也。[2]

在这里,能品尝"西域之马奶"成为明人炫耀财富的标准之一。可见,明代一般社会阶层对西域的印象仍在于物质层面较多。说到底,西域只是备中华之所需,供中华之所无的境地。

6.2.4 对西域宗教和习俗的描述

西域大部分地区信仰伊斯兰教,西域派往明朝的使者和商旅也以穆斯林居多,因此,伊斯兰教在明人笔下有较多记载。

陈诚在《西域番国志》中详细记述了哈烈地区伊斯兰教的传播状况:

> 不祀鬼神,不立庙社,不逢祖宗,不建家堂,惟以坟墓祭祀而已。每月数次,望西礼拜,名纳马思。若人烟辐辏之处,一所筑大

---

[1] [明]于慎行:《穀山笔麈》卷15,第166页。

[2] [明]谢肇淛:《五杂俎》卷11《物部三》,第217页。

土屋,名默息儿,凡礼拜之时,聚土屋下,列成班行,其中一人高叫数声,众人随班跪拜。若在道途,亦随处礼拜。每岁十月并春二月为把斋月,白昼皆不饮食,至日暮方食。周月之后,饮食如初。开斋之际,乃以射胡芦为乐。射胡芦之制,植一长竿,高数丈,竿末悬一胡芦,中藏白鸽一只,善骑射者跃马射之,以破胡芦白鸽飞出者为得采。[1]

这则史料如实反映了穆斯林的信仰、礼拜、清真寺、斋月、封斋、开斋等情况,生动形象地展示了西域民众的宗教生活。另外,陈诚还提到,"有通回回本教经义者,众皆敬之,名曰满剌,坐立列于众人之右。虽国主亦皆尊之。凡有祠祭,惟满剌诵经而已"[2],对伊斯兰教宗教职业者也给予了一定关注。上述这些描写都非常准确到位,表明陈诚对西域伊斯兰教进行了细致观察和调查。

相比亲历西域诸地的陈诚,明朝内地人士对西域伊斯兰教和穆斯林的认识,则附加了某些自己的文化理解:

回回教门异于中国者,不供佛,不祭神,不拜尸,所尊敬者惟一天字。天之外,最敬孔圣人。故其言云:"僧言佛子在西空,道说蓬莱住海东,惟有孔门真实事,眼前无日不春风。"见中国人修斋设醮,笑之。初生小儿,先以郭羊脂纳其口中,使不能吐咽,待消尽而后乳之。则其子有力,且无病。其俗,善保养者,无他法,惟护外肾,使不着寒。见南人着夏布裤者,甚以为非,恐凉伤外肾也。云"夜卧当以手握之令暖"。谓此乃生人性命之本根,不可不保护。此说最有理。[3]

上述记载,一方面反映了伊斯兰教教义与儒家思想文化价值观有某些共通之处;另一方面反映了明朝中后期,伊斯兰文化在中国内地迈开了本土化的进程。至于以羊脂抹小儿口则其子有力无病,护外肾为保养根本等,则显然是明人为了区分"我者"和"他者"而有意识寻找的文化

[1]〔明〕陈诚:《西域番国志》,第68-69页。

[2]〔明〕陈诚:《西域番国志》,第69页。

[3]〔明〕陆容:《菽园杂记》卷2,第17页。

247

欧·亚·历·史·文·化·文·库

差异。

在西域,除了伊斯兰教信仰,还存在其他的宗教信仰,明人也给予了关注。比如信奉苦修的"迭里迷失"。陈诚记载:"有弃家业,去生理,蓬头跣足,衣弊衣,披羊皮,手持拐杖,身挂牛羊骨节,多为异状,不避寒暑,行乞于途,遇人则口语喃喃,似可怜悯,若甚难立身者。或聚处人家坟墓,或居岩穴,名为修行,名曰迭里迷失。"[1]

不同文化之间的差异,在人们日常生活的习俗中最容易显现出来,也是异文化观察者最容易识别的不同。陈诚观察到,西域的见面礼节与明朝内地迥异其趣。"凡相见之际,略无礼仪,惟稍屈躬,道撒力马力一语而已。若久不相见,或初相识,或行大礼,则屈一足,致有三跪。下之见上,则近前一相握手而已。平交而止握手,或相抱以为礼,男女皆然。若致意于人,则云撒蓝。凡聚会之间,君臣上下、男女、长幼,皆环列而坐。"饮食方面的文化差异更显著。"饮食不设匙箸,肉饭以手取食,羹汤则多以小木瓢汲饮。多嗜甜酸油腻之味,虽常用饭食亦和以脂油。器皿多用瓷瓦,少用朱漆,惟酒壶台盏之类则用金银。不置桌凳,皆坐地饮食。"另外,由于信奉伊斯兰教,西域许多地区禁止饮酒。"酒禁最严,犯者以皮鞭决责,故不酿米酒,酝以葡萄。间有私卖者。凡有操履之人,多不饮酒,以其早暮拜天,恐亵渎也。"在服饰方面,西域社会也有明显的特色。"国俗尚侈,衣服喜鲜洁,虽所乘马骡鞍辔,多以金银彩色饰之。遍身前后,覆以毡罽,悬以响铃。家家子弟,俱系翡翠装、绣衣袍,珍宝缀成腰带,刀剑鞘饰以金玉,或头簪珠宝,以示奢华。"[2]上述西域这些习俗皆与明朝内地有所差异,故而能引起陈诚的注意。

对于深居明朝内地的汉人来说,前往西域游历是不可想象的,不仅有国家法律禁止私行,更有思想观念上的阻隔。这就使得明朝内地人了解西域信息只能通过中间媒介转述,出使西域亲历者也好,西域商使也好,宗教职业者也好,都能充当中间媒介。这些信息在传播的过程中,难免出现缺漏和变异,从而产生明人笔下关于西域习俗的一些奇异

〔1〕〔明〕陈诚:《西域番国志》,第69页。
〔2〕以上参见〔明〕陈诚:《西域番国志》,第66、68、70页。

记载。明人关于西域"种羊"的记载就是一个明显例证。

在中国内地,人们对种植五谷杂粮习以为常,但是从未听说过能够"种植牲畜",而恰恰据说西域就有种羊习俗,这种文化震惊不止一次在明代文献中出现。

"西域种羊"这一说法的源头在元朝人吴莱。明人黄瑜在《双槐岁钞》中记载:"草马骨羊。西域人杀羊而食,埋其胫骨,举杵坚筑,久之羔从胫骨而生,脐未断时,马傍踏振之,即跳跃而起。入馔,肥腴最美,其皮宜作书褥。见吴莱《渊颖集》。"[1]至于吴莱的"草马骨羊"之说源于何处,目前不得而知。元代诗人白珽也曾经提到类似之事。从记载来看,估计与草原地区游牧文化的萨满有关,可能是一种巫术,也有可能是西域的一种幻术表演。但是,明朝人对这些都不是非常了解,反而将其当成西域的一种独特习俗来看待,以讹传讹,久而久之就变成了"西域种羊"。

到了明中后期,"西域种羊"在明人的笔下,不仅更加活灵活现,而且言之凿凿,说"中国人入彼土者亦多见其事",更有甚者,试图以中国类似事例解释这一现象,进而证明并不妄言。举一个例子:

> 种羊。古语云:"北人不信击有万石舳舻,南人不信北地有万人穹庐,外国人不信中国有虫丝成茧,缫以作帛。"此语固也。又如西域人种羊一说,每以语人亦多不信。其俗种法,将羊剥皮取肉,独不碎其骸,与五脏埋之土中,次年春雨后,种处生泡累累,乃延僧持咒吹螺伐鼓,地中闻声即跳出小羊无数,但其脐带尚联死羊腹中,僧又以法呗诵割之,羊各迸走。待其大而食之,次年如前法又种,源源不绝。此西域人时时能道之,中国人入彼土者亦多见其事,但未经目则疑之耳。又如,吴中之种鳖,以苋菜和鳖做成小餤,与牝豕食之,久之豕产小鳖以百计,畜之池塘,最肥而不甚大,今所谓马蹄鳖是也。又如鄞人之种蚶,取蚶椎碎置竹杪,其脂血滴入斥卤中,一点成一蚶,其种地多蚶田,值最贵。若以语北人亦未必肯信。《唐书·西域传》:驴分国羊生土中脐属地,俗介马而驰,击喜以

---

〔1〕〔明〕黄瑜:《双槐岁钞》卷8,中华书局,1999年版,第166页。

惊之,羊脐绝则食水草。与所纪略同,但不云种耳。元人白珽诗亦云:漠北种羊角,产羊其大如兔,食之肥美。[1]

通观明人沈德符的记载,西域种羊毫无疑问是某种巫术或幻术,并非人们日常生活的习俗。沈德符为了证明自己虽然并未亲见,但也绝非妄言,于是就引证内地吴中种鳖、鄞人种蚶为旁证,还进一步援引《唐书·西域传》作为注脚。

及待传播至明末张岱那里,西域种羊又发生了一些变异。张岱记云:"西域俗能种羊。初冬,择未日,杀一羊,切肉方寸,埋土中。至春季,择上未日,延僧吹胡笳,作咒语,土中起一泡,如鸭卵。数日,风破其泡,有小羊从土中出。此又胎卵湿化之外,又得一生也。"[2]在张岱的记述中,特别强调西域种羊一定要选择在"未日"种,在"未日"收。为什么一定要选择"未日"呢? 因为在中国五行文化中,"未"属土,种羊既然是在土中进行,那么当然是属性为土的"未日"最佳了。由上可见,沈德符、张岱等为代表的明代士大夫已经将这样一则有关西域的传闻,经过改造加工,深深打上了中国本土文化的烙印。

围绕着"西域种羊"到底有无,还在明末的思想界引起一番不大不小的争论。据方以智《东西均》载:"拘者守所见,不在目前,则戛戛乎不信。子休言大,乾毒之言更大,大者寓也。未尝非寓,而人竟不信天地间之大,则非也。愚不寓言,请以实征。"这是说人不能因自己没有见到,就不相信其存在。如果因为典籍中的寓言,就不相信天地间真有巨大的事物,那就错了。他进一步举例论证道:"语山中之老农鱼六于木,即疑;而且有虾须如橹、蝶翅如帆、鳌背如山长百里者。言衣为野虫所吐,即疑;而且有锁锁、石绒,投之火中愈洁者。西域种羊,桃核如斗,井火,石油,海冰,硇水,占毕者十且八九诧,况其他乎? 变变而化化也,事不必其事,理则其理矣。凡人心之所可及者,皆理所有也;且有不及者。人先不能自见其心,而语及、不及者,妄也。"[3]方以智列举了许多

〔1〕〔明〕沈德符:《万历野获编》卷24《风俗·种羊》(中册),中华书局,1959年版,第623页。

〔2〕〔明〕张岱:《夜航船》卷17《四灵部·走兽》,第617页。

〔3〕〔明〕方以智:《东西均·扩信》,载《东西均注释》,庞朴注释,中华书局,2001年版。

例子,说即便是博览群书的人听闻都会感到诧异,何况其他人呢。退一步说,上述诸事未必都是事实,但是其中的道理却是一贯的。也就是说,人心所能想到的,乃至所想不到的,都包含在"理"之中。因此,人应该首先做到自见其心,要改变自己狭隘的世界观。由此看来,方以智对"西域种羊"既没有肯定,也没有否定,他是站在哲学的高度去思考问题的,其所看重的是类似这样记载背后所蕴含的哲学认识论的意义。

6.2.5　明人对西域胡人的印象

明人对西域胡人的印象是比较复杂的。虽然明朝人对待前来朝贡贸易的西域商使没有表现出过分的歧视,但是在明人的笔记中,西域胡人的嗜利贪婪的形象却被定格。通读有关记载,不难体会出,明代士大夫对西域胡人在字里行间流露出某种挑剔、揶揄和厌恶的情绪。

明人谢肇淛在《五杂俎》中记载了一则唐睿宗时期的事:睿宗施安国寺宝珠,云直亿万。僧不知贵,货之,亦无酬者。月余,有西域胡人见而大喜,以四千万贯市之,云:"此水珠也。行军时掘地埋之,水自涌出。"[1] 这则故事发生的年代距离明代遥远,看似与明人没多大关联,实则是明人的一种书写笔法,内中暗含借古讽今之义。作者不便于直白表达对西域胡人嗜利的看法,就以这种形式在文字上发发牢骚。

他还借另外一则事例,表达了这种牢骚的情绪。"石参政中立,性滑稽,天禧中为员外郎,时西域献狮子畜于御苑,日给羊肉十五斤,尝率同列往观。或曰:'彼兽也,给羊肉乃尔,吾辈忝预曹郎,日不过数斤,人翻不及兽乎?'石曰:'君何不知分也? 彼乃苑中狮子,吾曹园外狼耳,安可并耶?'"[2] 石中立是宋真宗天禧年间的参政,当他看到西域进贡的狮子日间花费不菲时,以自嘲的方式表达了对朝中政策的不满。实际上,明人谢肇淛收录这样的史例,也是要借此表达对明朝耗费巨大供养狮子的不满。现时,还传递出对西域胡人讨巧邀宠,引诱明朝皇帝逸乐的厌恶之情。

因西域贾胡多从事商业贸易,难免给他人留下奸猾的印象,这在明

---

[1] 〔明〕谢肇淛:《五杂俎》卷12《物部四》,第248页。

[2] 〔明〕谢肇淛:《五杂俎》卷16《事部四》,第334页。

·欧·亚·历·史·文·化·文·库·

人的笔下也有体现。陈洪谟《治世余闻》就记载了一则西域回回巧取水宝的事例：

> 弘治中有回回入贡，道山西某地，经行山下，见居民男女，竞汲山下一池。回回往行，谓伴者："吾欲买此泉，可往与居人商评。"伴者漫往语，民言："焉有此！买水何用？且何以携去？"回回言："汝毋计我事，第请言价。"民笑，漫言须千金。回回曰："诺。"即与之。民曰："戏耳，焉有卖理？"回回怒，将相击。民惧，乃闻于县。县令亦绐之曰："是须三千金。"回回曰："诺。"即益之。令又反复言之，以至五千。回回亦益之。令亦惧，以白于府守。守、令语之曰："此直戏耳！"回回大怒，言："此岂戏事！汝官府皆许我，我以此逗留数日。今悉以贡物充价，汝尚拒我。我当与决战。"即挺兵相向，守不得已许之。回回即取斧凿，循泉破山入深冗，得泉源，乃天生一石，池水从中出。即异出将去，守、令问："事既成，无番变。试问此何物耶？"回回言："若等知天下宝有几？"众曰："不知。"回回曰："今具珠玉万宝皆虚，天下惟二宝耳，水火是也。假令无二宝，人能活耶？二宝自有之，火宝犹易，惟水宝不可得，此是也。凡用汲者，竭而复盈，虽三军万众、城邑国都，只用以给，终无竭时。"语毕，欣持以往。[1]

在这则记载中，乍一看来西域回回并无不法之举，反而重信守诺，实则其瞒骗在先，设圈套进行了不等价交易。陈洪谟笔下不仅有西域回回同山西某地居民、县令、太守巧妙周旋的情节，还把西域回回那种眼光独到、投机钻营、威逼利诱的形象刻画得入木三分。

另外，个别明代士人对西域回回的宗教信仰习俗也颇持有非议。比如，明人叶盛在《水东日记》中记载："都督喜信，回回人；两广游击将军、都督同知和勇，达达人，阿鲁台之孙也。两人和不供佛，不礼神，不拜死殡，曰：'吾回回俗皆然。'达达则间有之。佛本夷人，固宜神。则有当事者而吊祭之礼不知，则是其自异于华夏矣。"[2]叶盛批评喜信、和勇

---

〔1〕〔明〕陈洪谟：《治世余闻》下篇卷2，中华书局，1985年版，第50页。

〔2〕〔明〕叶盛：《水东日记》卷6，中华书局，1980年版，第63页。

等人,恃凭回回习俗,不供佛,不礼神,不拜死殡,尤其是在丧事期间不知吊祭之礼,这种行为就是自异于华夏而不知。言外之意,像喜信、和勇这样的人,如何与明朝汉人相处呢?虽然这种批评未免有些苛刻,但是确实反映了当时部分士大夫的内心想法。

当然,也有明代士大夫对西域回回重信仰、讲团结的所作所为持赞赏的态度。陆容《菽园杂记》载:"夷人党护族类,固其习性同然,而回回尤甚。尝闻景泰间,京师隆福寺落成,纵民入观。寺僧方集殿上,一回回忽持斧上殿,杀僧二人,伤者二三人,即时执送法司鞫问,云:'见寺中新作轮藏,其下推转者皆刻我教门人像。悯其经年推运辛苦,仇而杀之,无别故也。'奏上,命斩于市。予谓斯人之冒犯刑辟,固出至愚,然其义气所发,虽死不顾。中国之人一遇利害,至有挤其同类以自全者,较之斯人之激于义而蔽于愚,其可哀怜也哉!"[1]这则材料中的回回虽然看似愚忠,但是他并非顾虑个人利益得失,而是从争取回回生存的整体大环境考虑,为回回同胞的利益着想,虽然有过激之举,但是于民族大义无损。因此,相较某些汉人只顾自己,排挤同类的卑鄙行径,回回党护族类的义举受到明代士大夫的肯定。

6.2.6 对西域朝贡的评价

明朝官方立场和社会舆论对西域朝贡贸易大体持两种截然相反的态度,一种是认为西域朝贡贸易得不偿失,给明朝带来沉重负担,主张限制或闭关封贡;另一种则认为西域朝贡贸易于朝廷之体无损,而于事又有益,主张维持开关通贡。

对西域朝贡贸易持批评态度的,总能在朝贡活动的具体实行中找到依据。比如,西域使臣和商旅奸诈作假,以次充好,冒滥充使。景泰七年(1456)四月,礼部奏:"撒马儿罕地使臣马黑麻舍力班等所贡玉石,选其堪中者仅二十四块,重六十八斤而已。其余不堪者五千九百三十二斤,令其自卖。"明朝恐失怀柔远人之意,最终决定将玉石每五斤回赐绢一匹。[2]又如,成化元年(1465)九月,哈密地面遣使臣哈的马黑麻等

---

〔1〕〔明〕陆容:《菽园杂记》卷6,第76页。
〔2〕《明英宗实录》卷265,景泰七年四月丁巳。

来贡。礼部议:"哈密贡马才二十匹,而使臣来者三百六十余人,皆欲给赏。今岁饥民困,以有限之府库供无益之远夷,请会官议处可以经久长行者。"[1]再如,弘治三年(1490)七月,礼部言:"陕西行都司起送撒马儿罕等处贡使数多,在边则亏耗军储,沿途则骚扰驿道,既到京则会同馆无安歇之所,光禄寺患供应之难。恐因循日久,滥冒愈甚。"[2]以上史实表明,批评西域朝贡贸易靡费无益的论调并不是无中生有,朝贡活动确实存在许多问题。

明代某些士大夫还将西域朝贡贸易中的西北互市与东南海市进行了比较,得出"互市有损而无得、海市有利而无害"的结论,认为两者"不啻天壤易判、黑白易分也"。张瀚在《松窗梦语》中论道:"夫九边互市之初,始以纻币,今以金帛,而虏酋之交易惟马。余以纻币而易疲马,其利犹在中国,刺载而出,无伤也。今但售以金帛,是金入一去不返之虏,而以中国所衣之帛,易无用之驽骀也。不敌明矣。矧虏酋桀骜难制,嗜欲无厌,今国家竭司农帑藏岁百余万,犹不免于苛求;傥一旦背盟,躏我边境,狼心叵测,谁能御之? 欲保百年无事,余未敢以为然也。"[3]张瀚认为,用中原地区的金帛去换西北塞外之驽马是不划算的。

事物都具有两面性,肯定西域朝贡贸易取得成效者也有自己的理由。在支持者看来,"西域诸夷,自称奴婢",与势力强大的北虏有天壤之别,即便"一二小夷梗化方外,在朝廷视之,犹蚊蚋癣疥",对明朝根本不能构成威胁。明人于慎行曾经就此论道:

> 彼远人慕义,从万里献马,复使之持去,以为朝廷惜赏马之费,意必怏怏。不如以诏旨赉之,而赏其道里之费,与所献略相当。不则,受之以付北边为候骑。可以示西域,不贵其马,以折其心;可以示北夷,中国候望有西域宝马也。此与朝廷之体无损,而事又两益。乃徒以汉文却千里马事为比,则迂矣。千里马,乃天方国所献,时仪部唐君鹤征主会同馆,尝邀予辈数人往观,马青骢

---

[1]《明宪宗实录》卷21,成化元年九月丁卯。

[2]《明孝宗实录》卷40,弘治三年七月辛未。

[3]〔明〕张瀚:《松窗梦语》卷5,第85页。

色,耳如竹篦,鹿头鹤颈,不甚肥大,而神骏权奇,意态闲远,步之
丹墀,盘旋如风,恨不见其一骋耳。因忆李、杜诗中所称,殆非虚
语。〔1〕

在于慎行看来,既然西域来献千里马,明朝就应当接受并给予回赐,一
则可以维护怀柔远人之意,二则可以警示北虏,明朝并不会只受制于蒙
古贡马,起码还有西域的途径。这样于朝廷之体无损,而事又两益,为
什么要闭关封贡呢?

从事实来讲,西域进贡的马匹多为优良马种,这是明朝所需要
的。这一点明代士大夫也都认可。张宁《方洲杂言》载:"先朝西域贡
马,高九尺余,颈与身等,昂举若凤。余见今京师人家,多存画本。景
泰末,西域进白马,高如之,颈亦类焉,后足胫节闲,有二距毛,中隐若
鳞甲。段九成所记,松雪斋所图六蹄,盖此类也。天顺中,予复见之御
马监坊沙道上,但不受羁縶,不知其行日几何也。"〔2〕原来只在画卷上
看到的良马,现在通过西域朝贡贸易被进献到了中国,这也未尝不是
一件幸事。

况且,通过西域朝贡,并非只有马匹和玉石的交换,明朝也从西域
借鉴引进了一定的科学技术。西域历书的传入就是一个很好的例子。
"东夷北狄南蛮,皆不闻有历,而西域独有之。盖西域诸国,当昆仑之
阳,于诸夷中为得风气之正,故多异人。……元之季世,其历始东。逮
我高皇帝之造《大统历》也,得西人之精乎历者,于是命钦天监以其历与
中国历相参推步,迄今用之。"〔3〕众所周知,明代与西域的经济、政治和
文化交往的成果,远非一部历法所能涵盖,其灿烂成就彪炳史册,泽被
至今。

综上所述,明朝与西域的交往是多元文化之间的一种对话,既有分
歧,又有共识;既有误解,又有认同;既伴随着对立和冲突,又孕育着共
生与和平。文化之间的交往,其终极指向于理解并共生。若不同文化

〔1〕〔明〕于慎行:《穀山笔麈》卷3,第32页。

〔2〕〔明〕张宁:《方洲杂言》不分卷,四库全书本。

〔3〕〔明〕黄瑜:《双槐岁钞》卷2,第24页。

能够真正实现"各美其美，美人之美"，达到"美美与共"，则必然能实现"天下大同"。[1]

---

[1] 1990年12月，费孝通先生80寿辰主题演讲《人的研究在中国——个人的经历》。

附录1：
明代西域贡使年表

时间	使臣	地域	文献出处
洪武二年十一月庚寅	班的达 古麻辣室哩	西域中印度	《明太祖实录》卷47
洪武三年十二月壬午	班的达 古麻辣室哩	中印度	《明太祖实录》卷59
洪武七年六月壬戌	麻答儿 剌尔嘉	撒里畏兀儿	《明太祖实录》卷90
洪武八年正月癸亥	不颜不花	撒里畏兀儿	《明太祖实录》卷96
洪武十三年四月丁亥	阿老丁	哈密	《明太祖实录》卷137
洪武二十年九月壬辰	满剌哈非思	撒马儿罕	《明太祖实录》卷185
洪武二十一年九月丙戌	答术丁	撒马儿罕	《明太祖实录》卷193
洪武二十二年九月乙未	满剌哈非思	撒马儿罕	《明太祖实录》卷197
洪武二十三年正月乙亥	怯儿阿里义	撒马儿罕	《明太祖实录》卷199
洪武二十三年五月乙未	阿思兰沙马黑木	哈密	《明太祖实录》卷202
洪武二十三年十一月丁亥	（未具名）	阿真畏兀儿	《明太祖实录》卷206
洪武二十四年正月戊申	抹台阿巴赤 苦儿兰	沙州	《明太祖实录》卷207
洪武二十四年七月癸丑	哈马力丁 斡鲁撒	别失八里	《明太祖实录》卷210
洪武二十四年八月己卯	舍哈厘	撒马儿罕	《明太祖实录》卷211
洪武二十四年十一月己亥	伯颜忽都	撒马儿罕	《明太祖实录》卷214
洪武二十五年三月壬午	尼咎卜丁	撒马儿罕	《明太祖实录》卷217
洪武二十五年十二月辛未	哈只阿里	哈密	《明太祖实录》卷223
洪武二十七年九月丙午	迭力必失	撒马儿罕	《明太祖实录》卷234
洪武二十八年七月	迭力必失	撒马儿罕	《明太祖实录》卷239
洪武二十九年正月乙酉	阿剌马丹	撒马儿罕	《明太祖实录》卷244
洪武二十九年四月甲寅	札鲁剌	撒马儿罕	《明太祖实录》卷245
洪武二十九年十月甲午	塔孩虎都鲁	安定卫	《明太祖实录》卷247

·欧·亚·历·史·文·化·文·库·

续表

时间	使臣	地域	文献出处
洪武三十五年九月戊戌	者鲁剌丁	哈剌火州	《明太宗实录》卷12下
洪武三十五年十一月乙巳	苏哈丁陕西丁	西域	《明太宗实录》卷14
永乐元年十一月甲午	马哈木沙浑都思	哈密	《明太宗实录》卷25
永乐二年三月壬寅	三即	安定卫	《明太宗实录》卷29
永乐二年三月丙寅	朵儿只束	安定卫	《明太宗实录》卷29
	锁南吉剌思	罕东卫	
	答力袭		
永乐二年六月甲午	（未具名）	哈密	《明太宗实录》卷32
永乐二年七月甲戌	木写非儿	别失八里	《明太宗实录》卷33
永乐二年十一月己亥	兀鲁思	哈密	《明太宗实录》卷36
永乐三年正月壬戌	乞牙木丁	火州	《明太宗实录》卷38
永乐三年二月丙戌	撒力加藏卜	安定卫	《明太宗实录》卷39
永乐三年三月己亥	可察吉儿	哈密	《明太宗实录》卷40
永乐三年九月辛酉	（头目，未具名）	哈密	《明太宗实录》卷46
永乐四年四月丁亥	（未具名）	哈密	《明太宗实录》卷53
永乐四年五月戊戌	（未具名）	别失八里	《明太宗实录》卷54
永乐四年七月丙申	满剌哈撒木丁	于阗	《明太宗实录》卷56
	伦只巴	阿端卫	
永乐四年八月丁未	亦不剌金	西域（回回）	《明太宗实录》卷58
永乐四年九月戊午	（未具名）	别失八里	《明太宗实录》卷59
永乐四年十月丁未	结牙思		《明太宗实录》卷60
永乐四年十一月壬申	撒力加藏卜	安定卫	《明太宗实录》卷61
	唐兀	曲先卫	
永乐四年十二月壬辰	忽都火者	别失八里	《明太宗实录》卷62
永乐四年十二月甲寅	赤纳	哈密	《明太宗实录》卷62
永乐五年四月丁酉	脱亦不花	别失八里	《明太宗实录》卷66
永乐五年四月丁酉	（未具名）	哈剌火州、土鲁番、柳陈城	《明太宗实录》卷66
永乐五年六月甲午	洗剌从	哈密	《明太宗实录》卷68
永乐五年六月癸卯	虎歹达	撒马儿罕	《明太宗实录》卷68
永乐五年十二月丙戌	马马火者	哈密	《明太宗实录》卷74
	也速	哈剌火州	
永乐五年十二月戊申	那那	哈密	《明太宗实录》卷74

时间	使臣	地域	文献出处
永乐六年正月己巳	阿的车	火州	《明太宗实录》卷75
	忽剌木丁		
永乐六年二月戊子	买住	哈密	《明太宗实录》卷76
	哈剌哈纳		
	火鲁忽赤		
永乐六年四月壬午	沙黑奴儿丁	撒马儿罕	《明太宗实录》卷78
永乐六年五月辛酉	僧清来	土鲁番	《明太宗实录》卷79
永乐六年七月乙巳	僧古麻剌失里	土鲁番	《明太宗实录》卷80
永乐六年七月丁未	满剌哈撒木丁	于阗	《明太宗实录》卷81
永乐六年八月甲辰	鲁帖木儿	曲先卫	《明太宗实录》卷82
永乐六年九月戊申	黑的儿	哈密	《明太宗实录》卷83
	阿力迷力失	哈剌火州	
永乐七年二月庚辰	哈剌哈纳	哈密	《明太宗实录》卷88
永乐七年四月丁亥	马黑麻迷力迷失	撒马儿罕	《明太宗实录》卷90
永乐七年闰四月甲寅	（未具名）	曲先卫	《明太宗实录》卷91
	哈麻满剌	火展的	
永乐七年闰四月戊申	（未具名）	哈密	《明太宗实录》卷91
永乐七年闰四月庚午	者伯里	哈剌火州	《明太宗实录》卷91
	难帖木儿	土鲁番	
永乐七年六月己巳	么赉	哈烈	《明太宗实录》卷93
永乐七年七月甲申	马哈麻	哈实哈儿	《明太宗实录》卷94
永乐七年九月丁亥	沙黑奴儿丁	撒马儿罕	《明太宗实录》卷96
	撒都儿丁		
	亦剌马丹	养斯儿	
永乐七年九月丙申	伯颜朵儿只	哈密	《明太宗实录》卷96
永乐七年十月戊午	黑蛮	撒马儿罕	《明太宗实录》卷97
永乐七年十一月辛卯	你答	哈密	《明太宗实录》卷98
永乐八年二月丙午	迷儿即剌	哈烈	《明太宗实录》卷101
永乐八年六月乙丑	哈只火滩	阿端	《明太宗实录》卷105
永乐八年十二月乙卯	者马儿	撒马儿罕、火州	《明太宗实录》卷111
永乐九年三月丁卯	那速丁儿	哈密	《明太宗实录》卷114
永乐九年五月甲戌	（未具名）	沙州卫、赤斤卫	《明太宗实录》卷115
永乐九年五月丁亥	（未具名）	哈密	《明太宗实录》卷115

·欧·亚·历·史·文·化·文·库·

续表

时间	使臣	地域	文献出处
永乐九年六月乙巳	困都	撒马儿罕	《明太宗实录》卷116
永乐九年七月甲戌	蒙哥帖木儿	哈密	《明太宗实录》卷117
永乐九年十月乙巳	哈剌马牙	哈密	《明太宗实录》卷120
永乐九年十一月壬申	（未具名）	哈密	《明太宗实录》卷121
永乐九年闰十二月壬戌	马黑麻	别失八里	《明太宗实录》卷123
永乐十年三月丁未	阿都儿火者	哈密	《明太宗实录》卷126
永乐十年三月丁未	赛因哈里	哈的兰	《明太宗实录》卷126
永乐十年四月己巳	回回僧人马黑蛮	哈的兰	《明太宗实录》卷127
	阿马丹	哈密	
永乐十年五月辛卯	虎秃帖木儿	哈密	《明太宗实录》卷128
	母撒		
永乐十一年五月戊戌	亦攀丹	撒里畏兀儿	《明太宗实录》卷140
永乐十一年五月壬寅	火者丁答刺罕	撒马儿罕	《明太宗实录》卷140
永乐十一年六月癸酉	马哈麻	哈烈等西域诸地	《明太宗实录》卷140
永乐十一年七月己卯	（其余未具名）		《明太宗实录》卷141
永乐十一年七月丁酉	脱卜儿	别失八里	《明太宗实录》卷141
永乐十一年十一月辛丑	（未具名）	别失八里、火州、土鲁番、柳陈城	《明太宗实录》卷145
永乐十一年十一月辛丑	（未具名）	哈密	《明太宗实录》卷145
永乐十二年十月丙戌	掌吉帖木儿	哈密	《明太宗实录》卷157
永乐十三年三月甲寅	者马力丁打刺罕	撒马儿罕失里湾	《明太宗实录》卷162
永乐十三年十月癸巳	虮不花	哈烈等西域诸国	《明太宗实录》卷169
永乐十三年十一月丁酉	（其余未具名）		《明太宗实录》卷170
永乐十三年十一月己酉	（未具名）	哈密	《明太宗实录》卷170
	火思老	乞儿麻	
永乐十四年三月壬寅	哈只	别失八里	《明太宗实录》卷174
永乐十四年十月丙子	法忽儿丁	撒马儿罕、土鲁番	《明太宗实录》卷181
永乐十四年十月丙戌	脱脱不花	哈密	《明太宗实录》卷181
	马黑麻撒刺只		
永乐十五年三月乙未	哈即哈剌罕	别失八里	《明太宗实录》卷186
永乐十五年七月甲寅	兀马儿沙	哈密	《明太宗实录》卷192
永乐十五年九月戊寅	哈王撒答打丁	马儿哈兰	《明太宗实录》卷192

时间	使臣	地域	文献出处
永乐十五年十一月己卯	阿力迭里	哈密	《明太宗实录》卷 194
永乐十五年十二月丙申 （与陈诚《历官事迹》不符）	（未具名）	哈烈、撒马儿罕	《明太宗实录》卷 195
永乐十六年二月庚子	把失忽里	哈密	《明太宗实录》卷 197
永乐十六年二月庚戌	速哥 克剌满剌	别失八里	《明太宗实录》卷 197
永乐十六年八月丁酉	（未具名）	撒马儿罕	《明太宗实录》卷 203
永乐十六年八月丁酉	阿儿都沙	哈烈、撒马儿罕	《明太宗实录》卷 203
永乐十七年三月丙午	土鲁迷失	哈密、土鲁番	《明太宗实录》卷 210
永乐十七年三月丁未	（一名"马哈木"，余未具名）	失剌思、亦思弗罕	《明太宗实录》卷 210
永乐十七年五月己巳			《明太宗实录》卷 212
永乐十七年五月辛酉	阿力火失阿蛮	哈烈	《明太宗实录》卷 212
永乐十七年九月丁巳	满赖撒丁	哈密	《明太宗实录》卷 216
永乐十七年十月己丑	（虎答亦剌）	可脱乩	《明太宗实录》卷 217
	（牙忽沙）	阿速	
	僧人迭力迷失	撒马儿罕	
永乐十七年十一月丙午	兀儿马火者	哈密	《明太宗实录》卷 218
永乐十八年正月癸卯	满剌马黑麻	八答黑商	《明太宗实录》卷 220
永乐十八年闰正月癸酉	格失	哈密	《明太宗实录》卷 221
永乐十八年六月己酉	迭力迷	撒马儿罕	《明太宗实录》卷 267
永乐二十年正月己卯	（未具名）	哈烈、于阗	《明太宗实录》卷 245
永乐二十年三月甲戌	赤丹不花	哈密	《明太宗实录》卷 247
	阿儿禄	土鲁番	
永乐二十年十二月戊子	舍黑马哈麻	哈密	《明太宗实录》卷 254 上
	尹吉儿察	土鲁番	
	打剌罕者马儿丁	柳城	
	虎都卜丁	哈密	
永乐二十年十二月己亥	（未具名）	瓦剌贤义王	《明太宗实录》卷 254 上
	（未具名）	哈密	
永乐二十一年六月丙子	兀马儿火者	哈密	《明太宗实录》卷 260
永乐二十一年八月壬戌	阿里	失剌思	《明太宗实录》卷 262
永乐二十二年正月丁亥	悟牙思	哈密	《明太宗实录》卷 267
	迭力迷	撒马儿罕	
永乐二十二年正月丁酉	兀马儿火者	哈密	《明太宗实录》卷 267

续表

时间	使臣	地域	文献出处
永乐二十二年二月癸丑	失阿蛮	哈密	《明太宗实录》卷268
永乐二十二年二月己丑	打剌罕马黑麻迭力迷失	哈密	《明太宗实录》卷269
永乐二十二年三月戊戌	速哥	土鲁番	《明太宗实录》卷269
	尹吉儿察		
永乐二十二年八月癸亥	陕西丁	于阗	《明仁宗实录》卷1下
永乐二十二年八月戊辰	秃儿迷失	哈密	《明仁宗实录》卷1下
永乐二十二年九月丙子	剌刀丁	哈密	《明仁宗实录》卷1下
永乐二十二年九月壬午	阿力	哈密	《明仁宗实录》卷2中
永乐二十二年十月乙卯	舍黑马黑麻	哈密	《明仁宗实录》卷3下
永乐年间	暖答石	亦里吉思	《明宣宗实录》卷16
洪熙元年二月乙巳	打剌罕马哈木沙	哈密	《明仁宗实录》卷7上
洪熙元年二月己未	（未具名）	哈密	《明仁宗实录》卷7下
洪熙元年六月戊午	满剌撒丁	哈密	《明宣宗实录》卷2
洪熙元年七月丁亥	脱脱不花	哈密	《明宣宗实录》卷4
洪熙元年七月辛卯	尹吉儿察	土鲁番	《明宣宗实录》卷4
洪熙元年八月上己巳	者马力丁	坤城	《明仁宗实录》卷7
	哈只阿黑麻	肉迷	
	马黑木	乞儿蛮	
洪熙元年八月丙子	失里撒答	撒蓝	《明宣宗实录》卷7
洪熙元年九月甲寅	赛因	哈密	《明宣宗实录》卷9
洪熙元年十二月庚午	夹失	哈密	《明宣宗实录》卷12
宣德元年三月庚子	哈剌苦出	哈密	《明宣宗实录》卷15
宣德元年五月丙午	舍剌夫丁	哈密	《明宣宗实录》卷17
宣德元年六月辛卯	把剌	哈密	《明宣宗实录》卷18
	答木		
	脱脱(完)帖木儿	沙州卫	
宣德元年七月癸卯	小丁	哈密	《明宣宗实录》卷19
宣德元年七月己未	巴剌马答失里	土鲁番	《明宣宗实录》卷19
宣德元年九月丁酉	锁恪子也苦着儿	土鲁番	《明宣宗实录》卷21
宣德元年九月壬寅	尹吉儿察	土鲁番	《明宣宗实录》卷21
宣德元年九月丁未	打剌罕忽都卜丁	哈密	《明宣宗实录》卷21
	锁南	沙州卫	
宣德元年九月壬子	马黑麻	撒马儿罕	《明宣宗实录》卷21

时间	使臣	地域	文献出处
宣德元年十一月戊戌	失纳伯赛	哈密	《明宣宗实录》卷22
宣德元年十二月丙戌	满剌阿力	撒蓝	《明宣宗实录》卷23
宣德元年十二月戊子	锁合者	赤斤蒙古卫	《明宣宗实录》卷23
宣德二年正月壬辰	打剌罕倒兀	哈密	《明宣宗实录》卷24
宣德二年正月乙未	打剌罕马黑麻迭力迷失	撒马儿罕	《明宣宗实录》卷24
宣德二年正月丁未	打剌罕亦不剌忻	哈烈	《明宣宗实录》卷24
	打剌罕马哈木	哈密	
宣德二年正月丙辰	打剌罕火者撒剌	撒马儿罕	《明宣宗实录》卷24
宣德二年四月壬戌			《明宣宗实录》卷27
宣德二年正月戊午	打剌罕马黑麻哈非思	亦力把里	《明宣宗实录》卷25
宣德二年二月庚午	打剌罕沙卜	哈密	《明宣宗实录》卷25
	火者字罗		
宣德二年四月庚午	马黑麻迭力迷失	亦力把里	《明宣宗实录》卷27
	北斗奴	哈密	
	打剌罕合思老	乞力麻	
	打剌罕赛打黑麻	讨烈思	
	阿力	失剌思	
宣德二年五月癸巳	哈三	撒马儿罕	《明宣宗实录》卷28
宣德二年十一月乙未	赛夫丁	赤斤卫	《明宣宗实录》卷33
宣德二年十一月甲辰	满剌法黑儿者罕	亦力把里	《明宣宗实录》卷33
宣德三年正月乙巳	法虎儿丁	亦力把里	《明宣宗实录》卷35
宣德三年三月辛卯	满剌亦蛮	哈密	《明宣宗实录》卷39
	舍黑马黑麻		
宣德三年三月戊戌	他力麻敏阿秃	土鲁番	《明宣宗实录》卷40
宣德三年五月壬子	打剌罕马黑麻	亦力把里	《明宣宗实录》卷43
宣德三年七月癸酉	满哥帖木儿	土鲁番	《明宣宗实录》卷45
宣德三年十二月癸未	打剌罕亦速	撒马儿罕	《明宣宗实录》卷49
宣德三年十二月甲午	猛哥帖木儿	土鲁番	《明宣宗实录》卷49
宣德三年十二月乙巳	打剌罕札罕失	亦力把里	《明宣宗实录》卷49
宣德四年二月甲申	番僧纳尔载	西域	《明宣宗实录》卷51
宣德四年二月己丑	罗哈喇	哈密	《明宣宗实录》卷51

续表

时间	使臣	地域	文献出处
宣德四年三月癸丑	把台	哈密	《明宣宗实录》卷52
	僧桑果大师	土鲁番	
宣德四年五月癸丑	阿力沙	撒马儿罕	《明宣宗实录》卷54
宣德四年五月戊午	也苦著儿	土鲁番	《明宣宗实录》卷54
	打剌罕倒兀	哈密	
宣德四年五月壬戌	打剌罕哈忻	哈密	《明宣宗实录》卷54
宣德四年七月丙午	打剌罕阿都剌	撒马儿罕	《明宣宗实录》卷56
宣德四年七月壬子	打剌罕赛失剌	哈密	《明宣宗实录》卷56
宣德四年八月庚子	国师把剌马剌失里	土鲁番	《明宣宗实录》卷57
	打剌罕马黑麻哈非思	亦力把里	
宣德四年十月戊辰	倒剌火只	亦力把里	《明宣宗实录》卷59
	桑哥失里	沙州卫	
宣德五年二月戊寅	马儿丁	坤城	《明宣宗实录》卷63
宣德五年四月甲戌	者马力丁	坤城	《明宣宗实录》卷65
宣德五年四月庚辰	速来蛮	哈密	《明宣宗实录》卷65
宣德五年四月戊子	阿黑把失	柳城	《明宣宗实录》卷65
宣德五年五月壬寅	番僧佛先	土鲁番	《明宣宗实录》卷66
宣德五年六月丙戌	舍黑马黑麻	哈密	《明宣宗实录》卷67
	打剌罕满剌		
	撒都	土鲁番	
宣德五年七月庚子	卜颜火力	撒马儿罕	《明宣宗实录》卷68
宣德五年十月乙未	阿鲁火者	沙州卫、赤斤卫	《明宣宗实录》卷71
宣德五年十一月己未	脱脱帖木儿	哈密	《明宣宗实录》卷72
	拜拜兀马儿		
宣德五年十二月丁亥	把都麻	赤斤蒙古卫	《明宣宗实录》卷73
	阿黑把失	柳城	
宣德五年十二月庚寅	也先帖木儿	土鲁番	《明宣宗实录》卷73
宣德五年十二月壬辰	迭力迷失	哈密	《明宣宗实录》卷73
	亦思剌麻失	亦力把里	
宣德五年闰十二月乙巳	卜颜札法儿	撒马儿罕	《明宣宗实录》卷74
宣德六年二月丁酉	伯伯	哈密	《明宣宗实录》卷76
	哈剌虎力		

时间	使臣	地域	文献出处
宣德六年二月乙卯	打刺罕马黑麻	失刺思	《明宣宗实录》卷76
宣德六年三月癸巳	阿木力丁	哈密	《明宣宗实录》卷77
	脱哈答者原	瓦刺顺宁王	
宣德六年四月丙辰	坚都	曲先	《明宣宗实录》卷78
宣德六年四月戊午	黑蛮	哈密	《明宣宗实录》卷78
	聂力拜	亦力把里	
宣德六年五月甲申	马麻板吉	哈失哈	《明宣宗实录》卷79
	丹速立占	阿端	
	谷里马		
宣德六年七月壬申	速来蛮	哈密	《明宣宗实录》卷81
宣德六年八月乙卯	满刺阿力	亦力把里	《明宣宗实录》卷82
宣德六年八月戊午	打刺罕舍黑马黑麻闽哈秃	讨来思	《明宣宗实录》卷82
宣德六年九月丁卯	者马里丁	坤城	《明宣宗实录》卷83
宣德六年十一月辛巳	满刺哈只	亦力把里	《明宣宗实录》卷84
宣德六年十一月癸未	迷作阿力	亦思把罕	《明宣宗实录》卷84
	哈三	哈密	
宣德七年正月丙子	马黑麻	哈密	《明宣宗实录》卷86
宣德七年正月丙戌	果脱不花	安定卫	《明宣宗实录》卷86
	真只罕	阿端卫	
宣德七年二月戊申	祖失加卜	赤斤蒙古卫	《明宣宗实录》卷87
宣德七年四月己亥	兀马儿火者	哈密	《明宣宗实录》卷89
	舍伯儿沙		
宣德七年四月癸卯	法虎儿丁	哈烈	《明宣宗实录》卷89
宣德七年五月辛巳	也力迷失土迷秃	亦力把里	《明宣宗实录》卷90
	倒刺火者	哈密	
宣德七年七月庚午	马速	哈烈	《明宣宗实录》卷93
	舍黑马黑麻	哈密	
宣德七年八月癸卯	打刺罕迭力迷失	格失迷	《明宣宗实录》卷94
宣德七年十月壬辰	卜颜帖木儿	沙州卫	《明宣宗实录》卷96
宣德八年三月壬午	古力火者	哈密	《明宣宗实录》卷100
宣德八年六月甲申	苦竹帖木儿	沙州卫	《明宣宗实录》卷103

·欧·亚·历·史·文·化·文·库·

续表

时间	使臣	地域	文献出处
宣德八年八月乙酉	亦麻剌	哈密	《明宣宗实录》卷104
	速来蛮打剌罕		
	沙马力		
宣德八年八月丁亥	阿的加儿哈剌马歹	亦力把里	《明宣宗实录》卷104
宣德八年八月甲午	阿力沙	哈烈	《明宣宗实录》卷104
	火者打竹丁	哈失哈	
	晃咱答儿阿力阿可捌儿	体儿迷	
宣德八年闰八月乙卯	兀马剌	哈密	《明宣宗实录》卷105
	亦撒格来		
宣德八年九月壬辰	舍黑马黑麻	哈密	《明宣宗实录》卷106
宣德八年九月庚午	打剌罕火者阿老丁	哈密	《明宣宗实录》卷106
宣德八年十月己卯	打剌罕兀思答马黑麻忽先	哈密	《明宣宗实录》卷106
	打剌罕亦速	撒马儿罕	
宣德八年十一月壬辰	打剌罕阿力	亦力把里	《明宣宗实录》卷107
宣德九年四月辛酉	撒剌	哈密	《明宣宗实录》卷110
宣德九年四月壬戌	奄克帖木儿	沙州卫	《明宣宗实录》卷110
宣德九年六月丙戌	赛奴	哈密	《明宣宗实录》卷111
	爪秃米昝		
宣德九年十一月壬午	迷儿阿力	亦思弗罕	《明宣宗实录》卷114
宣德十年三月乙酉	哈非思	哈密	《明英宗实录》卷3
宣德十年四月壬戌	（未载名）	撒马儿罕	《明英宗实录》卷4
正统元年二月戊戌	兀马儿沙	阿端	《明英宗实录》卷14
正统元年闰六月乙亥	亦的力思	阿端	《明英宗实录》卷19
	速来蛮	哈密	
正统元年十一月辛酉	（未具名）	瓦剌、哈密、脱火麻	《明英宗实录》卷24
正统二年三月丁未	马黑麻迭力迷失	亦力把里	《明英宗实录》卷28
	（未具名）	瓦剌顺宁王	
	（未具名）	哈密	
	哈只马黑麻	黑娄	《明英宗实录》卷29

时间	使臣	地域	文献出处
正统二年七月壬辰	宰奴丁	哈密	《明英宗实录》卷32
	马黑木秃敏秃	撒马儿罕	
	格来敏哈秃	（兀鲁伯曲列干）	
	锁鲁檀米列	哈失哈力	
	阿速蛮	阿端	
正统二年七月丁巳	把失虎力	哈密	《明英宗实录》卷32
	打剌罕米咱木丁	剌竹	
	僧格来	土鲁番	
正统二年八月壬申	阿蓝火者	迤西蒙古	《明英宗实录》卷33
正统二年八月癸酉	（未具名）	撒马儿罕	《明英宗实录》卷33
	（未具名）	戎	
	苦出打剌罕	别失巴里	
正统二年九月乙卯	把失虎力（忽里）	哈密	《明英宗实录》卷34
正统二年十二月乙丑	兀马儿火者	哈密	《明英宗实录》卷37
正统二年十二月庚午	（未具名）	亦力把里、阿端、曲先	《明英宗实录》卷37
正统四年二月丙辰	主乃	哈密	《明英宗实录》卷51
	他力	察力石	
正统四年六月戊寅	札法儿	撒马儿罕（兀鲁伯苦来干）	《明英宗实录》卷56
	阿力加	哈密	
正统四年八月戊子	阿力乞思（恩）	失剌思	《明英宗实录》卷58
正统五年四月丙子	马黑麻	哈密	《明英宗实录》卷66
	虎皮马黑木		
正统五年五月辛亥	也鲁卜花	沙州卫	《明英宗实录》卷67
正统五年五月丙寅	脱脱不花	哈密	《明英宗实录》卷67
正统五年七月辛酉	脱脱不花	哈密	《明英宗实录》卷69
正统五年八月甲戌	崔敬	哈密	《明英宗实录》卷70
正统五年八月壬午	保童	沙州卫	《明英宗实录》卷70
正统五年八月辛丑	撒蛮赤	哈密	《明英宗实录》卷71
正统五年九月癸卯	米儿咱阿都剌	柳城	《明英宗实录》卷71
正统五年十月丙申	写帖儿	沙州卫	《明英宗实录》卷72
正统五年十一月壬戌	阿者都	赤斤蒙古卫	《明英宗实录》卷73

续表

时间	使臣	地域	文献出处
正统五年十二月丙戌	打剌罕哈斤	哈密	《明英宗实录》卷74
正统六年六月壬申	扯里把失	瓦剌、哈密	《明英宗实录》卷80
正统六年六月癸未	马黑麻	哈密	《明英宗实录》卷80
正统六年七月壬子	火者舍黑马哈麻	八答黑商	《明英宗实录》卷81
正统六年九月庚申	写亦打力	米昔儿	《明英宗实录》卷83
正统六年十月甲子	马速兀把都儿	米昔儿	《明英宗实录》卷84
正统六年十月辛卯	赛亦得阿力	米昔儿	《明英宗实录》卷84
正统六年十二月甲辰	满剌满黑马黑麻	亦力把里	《明英宗实录》卷87
正统七年六月庚子	莽恪(哈)剌	哈密	《明英宗实录》卷93
正统七年十一月甲子	都儿即	赤斤蒙古卫	《明英宗实录》卷98
正统七年十一月癸未	满剌阿黑麻的	哈密、亦力把里、土鲁番	《明英宗实录》卷98
正统七年十一月甲申	困即来	沙州卫	《明英宗实录》卷98
正统八年正月癸亥	满剌阿黑麻的	哈密	《明英宗实录》卷100
正统八年二月甲寅	(未具名)	哈密、瓦剌	《明英宗实录》卷101
正统八年九月丙辰	沙兔力爪秃	哈密	《明英宗实录》卷108
正统九年二月壬寅	阿竹哥	赤斤蒙古卫	《明英宗实录》卷113
正统九年二月戊申	沙力兔力	戎	《明英宗实录》卷113
	舍黑马黑麻	戎	
	陕西丁	阿密	
	满剌火者	察力失	
	赛夫丁	领真	
	孛罗帖木儿	土鲁番	
正统九年三月甲寅	察力把失	瓦剌也先、哈密	《明英宗实录》卷114
正统九年四月丙戌	写令	赤斤蒙古卫	《明英宗实录》卷115
正统九年四月己亥	把丹	赤斤蒙古卫	《明英宗实录》卷115
正统九年五月乙卯	把鲁	哈密	《明英宗实录》卷116
	锁合者	赤斤蒙古卫	
正统九年闰七月丁酉	亦剌马丹	沙州卫	《明英宗实录》卷119
正统九年十一月丙申	颜卜郎	赤斤蒙古卫	《明英宗实录》卷123
正统九年十一月壬寅	沙兔力	哈密	《明英宗实录》卷123
正统九年十二月戊辰	捏伯沙	哈密	《明英宗实录》卷124
正统十年正月辛卯	捏伯沙	赤斤蒙古卫	《明英宗实录》卷125
正统十年二月丙辰	敏阿秃失保丁	阿端	《明英宗实录》卷126

时间	使臣	地域	文献出处
正统十年三月丙戌	哈只马黑麻	哈密	《明英宗实录》卷127
正统十年三月庚子	马黑麻	亦力把里	《明英宗实录》卷127
	速来蛮		
正统十年四月甲寅	阿力沙	哈密	《明英宗实录》卷128
正统十年六月辛亥	阿不都剌	哈密	《明英宗实录》卷130
	秃儿秃伯烟答巴失	撒马儿罕	
	把丹	赤斤蒙古卫	
正统十年七月戊子	伯颜答巴失（伯颜答八失）	撒马儿罕	《明英宗实录》卷131 《明英宗实录》卷134
正统十年九月甲午	捏者舌	亦力把里	《明英宗实录》卷133
	失哈里赛失丁		
	牙忽哈只		
	马哈麻迭里必失哈的	哈密	
正统十年十月庚戌	虎都秃	沙州卫	《明英宗实录》卷134
	锁罕帖木儿		
	阿南拜	赤斤蒙古卫	
正统十年十月壬戌	各洛哥	沙州卫	《明英宗实录》卷134
正统十年十二月甲子	赛夫剌	亦力把里	《明英宗实录》卷136
正统十一年正月辛巳	却儿加	赤斤蒙古卫	《明英宗实录》卷137
正统十一年二月癸卯	赛失剌	亦力把里	《明英宗实录》卷138
正统十一年三月乙酉	却儿甲	赤斤蒙古卫	《明英宗实录》卷139
	奴答儿	罕东卫	
正统十一年五月庚辰	满剌麻	撒马儿罕	《明英宗实录》卷141
正统十一年六月戊戌	马黑麻	亦力把里	《明英宗实录》卷142
正统十一年九月戊子	捏伯沙	哈密	《明英宗实录》卷145
正统十二年三月巳卯	嗬哥	沙州卫	《明英宗实录》卷151
正统十二年闰四月己巳 正统十二年五月戊午	秃敏秃马黑麻（火只马黑麻秃敏秃）	脱忽麻	《明英宗实录》卷153 《明英宗实录》卷154
	答兀		
	者马鲁丁		
正统十二年五月癸卯	桑哥失力	沙州卫	《明英宗实录》卷154

欧·亚·历·史·文·化·文·库·

续表

时间	使臣	地域	文献出处
正统十二年七月丙午	马黑麻的	哈密	《明英宗实录》卷156
	阿力	亦力把里	《明英宗实录》卷159
正统十二年八月壬辰	哈剌别	哈密	《明英宗实录》卷157
正统十二年十一月癸丑	脱脱卜花	哈密	《明英宗实录》卷160
	舍黑马黑麻	撒马儿罕	
正统十二年十二月甲申	脱脱不花	撒马尔罕	《明英宗实录》卷161
正统十二年十二月乙酉	阿卜都剌	哈密	《明英宗实录》卷161
正统十二年(未具月日)	(未具名)	赛玛尔堪(撒马儿罕)	《明会典》卷103 《殊域周咨录》卷15
正统十三年正月壬寅	鬼里赤	哈密	《明英宗实录》卷162
	宰奴丁	亦力把里	
正统十三年二月辛巳	阿儿加	赤斤蒙古卫	《明英宗实录》卷163
正统十三年四月甲申 (正统十三年五月乙巳) (正统十三年六月癸酉)	撒亦剌夫丁、舍黑马黑麻秃买秃、马黑麻、迷儿马哈木、哈只马黑麻、火只阿力、撒的儿(余未具名)	哈密、亦力把里、阿剌木、阿端、兀失、他石哈牙、帖力他鲁城、哈剌火州、白、苦先、领真、鸦儿、察弟儿、散竹、脱辛、剌术、昔儿勤、秃由、他替儿	《明英宗实录》卷165 《明英宗实录》卷166 《明英宗实录》卷167
正统十三年五月戊子	撒因帖木儿	赤斤蒙古卫	《明英宗实录》卷166
正统十三年六月	瓦三奔可旺	赤斤蒙古卫	《明英宗实录》卷167
正统十三年九月甲申	哈三	哈密	《明英宗实录》卷170
正统十三年十一月壬寅	马黑麻	哈密	《明英宗实录》卷172
	拜牙即	失儿湾	
	哈辛灭	剌术	
	火者马黑麻	阿端	
正统十四年四月己未	额鲁赤把失忽里	哈密	《明英宗实录》卷177
正统十四年五月辛丑	阿力乩	哈密	《明英宗实录》卷178
景泰元年十二月庚寅	哈三	撒马儿罕	《明英宗实录》卷199
	察乞儿	土鲁番	
景泰二年正月辛酉	绰失加	赤斤蒙古卫	《明英宗实录》卷200
景泰二年十二月乙酉	阿力乩	哈密	《明英宗实录》卷211
景泰三年五月乙巳	赏巴	赤斤蒙古卫	《明英宗实录》卷216

时间	使臣	地域	文献出处
景泰三年八月甲戌	舍哈三	亦力把里	《明英宗实录》卷219
景泰三年八月己丑	捏列沙	哈密	《明英宗实录》卷219
景泰三年十月丁未	扎力虎赤黑牙思	哈密	《明英宗实录》卷222
景泰三年十一月庚辰	哈马鲁丁	亦力把里	《明英宗实录》卷223
景泰三年十一月壬午	哈的马黑麻迭力迷失	哈密	《明英宗实录》卷223
景泰三年十二月己丑 景泰三年十二月丁巳	哈马里丁、满剌赛夫丁、满剌把巴（余未具名）	哈密、亦力把里、土鲁番、察力失、脱忽麻、赛兰、把丹沙、速鲁坛牙、阿思乩、舍力湾乃丁、阿剌母剌、克失迷儿、哈剌火州、帖力密、扫兰等	《明英宗实录》卷224
景泰三年十二月乙卯	克马鲁丁	亦力把里	《明英宗实录》卷224
	阿老丁	瓦剌也先	
景泰四年四月庚戌	阿力乩克	哈密	《明英宗实录》卷228
	火者碾黑麻	瓦剌	
景泰五年二月丙申	拜烟秃	赤斤蒙古卫	《明英宗实录》卷238
景泰五年十一月丙寅	阿力乩	哈密	《明英宗实录》卷247
景泰六年二月辛卯	法六	哈密	《明英宗实录》卷250
景泰六年五月己酉	可儿陆凯牙	哈密	《明英宗实录》卷253
景泰六年七月丁亥	（未载名）	撒马儿罕	《明英宗实录》卷256
景泰七年正月丙申	可儿加	赤斤蒙古卫	《明英宗实录》卷262
景泰七年三月甲申 景泰七年六月丁卯	马黑麻舍力班（余未具名）	撒马儿罕、哈密、亦力把里、把丹沙	《明英宗实录》卷264 《明英宗实录》卷267
景泰七年九月癸巳	陕西丁	哈密、脱忽麻	《明英宗实录》卷270
天顺元年二月庚子	闵骞	哈密	《明英宗实录》卷275
天顺元年八月乙巳	阿都剌	哈密	《明英宗实录》卷281
天顺二年六月己未	桑哥失里	哈密	《明英宗实录》卷292
天顺二年九月辛卯	察马力丁	哈密	《明英宗实录》卷295

续表

时间	使臣	地域	文献出处
天顺三年二月丙子	舍力失丁（余未具名）	哈密、土鲁番、亦力把里、黑娄、哈失哈儿、吉兰、兀鲁木思、戎	《明英宗实录》卷300
天顺三年二月己卯	哈只	哈密	《明英宗实录》卷300
天顺三年七月辛丑	拜帖木儿	哈密	《明英宗实录》卷305
天顺三年八月辛亥	舍剌罕	哈密	《明英宗实录》卷306
天顺四年二月丙辰	虎迭力迷失	哈密	《明英宗实录》卷312
天顺四年三月丁酉			《明英宗实录》卷313
天顺四年五月庚子	哈的马黑麻 迭力迷失	哈密	《明英宗实录》卷315
天顺四年七月丙戌	阿哈麻 赛剌阿卜丁	哈密、阿速	《明英宗实录》卷317
天顺四年九月庚辰	哈哈	哈密	《明英宗实录》卷319
天顺四年十月壬子	阿力克	哈密	《明英宗实录》卷320
天顺四年十月己未（天顺五年正月戊申）	陕西丁、迷儿土蛮哈只答剌罕（余未具名）	哈密、八答黑商等西域诸地面	《明英宗实录》卷320 《明英宗实录》卷324
天顺五年二月丁酉	满剌咱答	亦力把里	《明英宗实录》卷325
天顺五年三月甲子	绰失加	赤斤蒙古卫	《明英宗实录》卷326
天顺五年四月丁酉	虎歹乱儿的	亦力把里	《明英宗实录》卷327
天顺六年四月癸未	火只乱儿的	哈密	《明英宗实录》卷339
天顺六年五月丙申	米列	土鲁番	《明英宗实录》卷340
天顺六年七月己未	满剌阿黑麻	哈密	《明英宗实录》卷342
天顺六年十月丁卯	（未具名）	（乩加思兰）	《明英宗实录》卷345
天顺六年十月壬午	把帖木儿	哈密	《明英宗实录》卷345
天顺七年二月辛未	捏伯沙	哈密	《明英宗实录》卷349
天顺七年二月戊子	马黑麻舍儿班	黑娄	《明英宗实录》卷349
天顺七年五月庚寅			《明英宗实录》卷352
天顺七年四月辛未	写亦哈三	哈密	《明英宗实录》卷351
天顺七年九月辛酉	阿蛮乜力	哈密	《明英宗实录》卷357
天顺七年九月戊辰	僧兀歹奴	（乩加思兰）	《明英宗实录》卷357
天顺七年十月庚寅	苦儿鲁海牙	哈密	《明英宗实录》卷358

时间	使臣	地域	文献出处
天顺八年四月丙午	阿都剌	哈密	《明宪宗实录》卷4
天顺八年五月丁丑	苦儿鲁海牙	哈密	《明宪宗实录》卷5
天顺八年八月丙午	扎马力丁	哈密	《明宪宗实录》卷8
天顺八年九月辛未	（未具名）	哈密	《明宪宗实录》卷9
成化元年正月戊辰	写亦舍力乜力	哈密	《明宪宗实录》卷13
成化元年三月己巳	哈只	哈密	《明宪宗实录》卷15
	辍思恭巴	安定	
成化元年四月辛巳	苦儿鲁海牙	哈密	《明宪宗实录》卷16
成化元年九月丁卯	哈的马黑麻	哈密	《明宪宗实录》卷21
成化元年十一月辛酉	卜鲁罕虎力	哈密	《明宪宗实录》卷23
成化元年十二月戊寅	哈只	哈密	《明宪宗实录》卷24
成化二年二月庚寅	阿剌卜沙	哈密	《明宪宗实录》卷26
成化三年三月癸酉	斩阿沙	哈密	《明宪宗实录》卷40
成化三年三月戊子	闪思丁	哈密	《明宪宗实录》卷40
成化四年三月辛巳	阿都剌	哈密	《明宪宗实录》卷52
成化五年三月乙未	哈只乩	哈密	《明宪宗实录》卷65
成化五年十月己卯	马黑麻满剌秃力	哈密、土鲁番、瓦剌	《明宪宗实录》卷72
	哈剌忽思		
成化六年十一月己卯	（未具名）	哈密、瓦剌	《明宪宗实录》卷85
成化六年十二月丙午	（未具名）	（迤西锁鲁檀阿力）	《明宪宗实录》卷86
成化七年四月辛未	哈剌忽思	瓦剌	《明宪宗实录》卷90
	马黑麻	哈密	
成化七年七月癸巳	火只哈三	哈密	《明宪宗实录》卷92
成化八年五月戊午	毋撒法儿	哈密	《明宪宗实录》卷104
	哈辛	土鲁番	
成化九年二月壬午	失迭力迷失	哈密	《明宪宗实录》卷113
成化九年五月丁未	皮剌的牙失力	哈密	《明宪宗实录》卷116
成化九年八月己巳	僧必剌牙失里把的剌	哈密	《明宪宗实录》卷119
成化九年十月丙子	写亦马儿黑木	土鲁番	《明宪宗实录》卷121
成化十年二月丁丑	打鲁瓦迭力迷失阿力	土鲁番	《明宪宗实录》卷125
成化十年七月庚午	满剌马黑麻	土鲁番	《明宪宗实录》卷131

续表

时间	使臣	地域	文献出处
成化十年十一月戊寅	满剌马哈麻赤儿米即	土鲁番	《明宪宗实录》卷135 《明宪宗实录》卷136
成化十一年正月己巳	赤儿米即哈只马哈麻	土鲁番	《明宪宗实录》卷137
成化十一年六月丁酉	米列乞	哈密	《明宪宗实录》卷142
	迭儿必失满剌哈	（乩加思兰）	
	答儿月失	亦力把里	
成化十一年十月壬辰	写亦哈六剌	土鲁番	《明宪宗实录》卷146
成化十二年正月甲子	马黑麻拾儿班	撒马儿罕	《明宪宗实录》卷149
	满剌哈三	土鲁番	
成化十二年八月甲午	赤儿米即	土鲁番	《明宪宗实录》卷156
成化十二年八月戊戌	阿儿加	哈密	《明宪宗实录》卷156
成化十四年二月辛丑	写亦马速儿	撒马儿罕	《明宪宗实录》卷175
成化十四年八月丁未	昆都加儿	赤斤、罕东卫	《明宪宗实录》卷181
成化十五年二月辛卯	马黑麻扎罕沙	哈密	《明宪宗实录》卷187
	失哈三		
成化十五年五月丙辰	米列乞	哈密	《明宪宗实录》卷190
成化十六年十一月戊戌	满剌马黑麻母的	土鲁番、兀隆各、撒马儿罕	《明宪宗实录》卷209
成化十六年十一月乙亥	阿黑麻	哈密	《明宪宗实录》卷209
成化十七年九月庚子	都纲约家	哈密	《明宪宗实录》卷219
	赤儿米即	土鲁番	
成化十七年十一月庚寅	撒丁	土鲁番	《明宪宗实录》卷221
成化十七年十二月辛酉	阿黑纳	罕东左卫	《明宪宗实录》卷222
成化十八年正月壬辰	皮剌黑麻	土鲁番	《明宪宗实录》卷223
成化十八年二月辛亥	亦马丁	陕西阿迷	《明宪宗实录》卷224
成化十八年五月丁酉	阿力克	哈密	《明宪宗实录》卷227
成化十九年四月癸酉	（未具名）	撒马儿罕、亦思罕	《明宪宗实录》卷239
成化十九年四月甲戌	（未具名）	撒马儿罕、亦思罕	《明宪宗实录》卷239
成化十九年十月戊寅	怕六湾	撒马儿罕	《明宪宗实录》卷245
成化十九年十二月戊寅	（未具名）	黑娄、失剌思、撒马儿罕、把丹、羽奴思王处	《明宪宗实录》卷247

时间	使臣	地域	文献出处
成化二十年二月癸酉	舍列夫丁	哈密	《明宪宗实录》卷249
成化二十年四月壬戌	（未具名）	火失阿儿等处羽奴思王	《明宪宗实录》卷251
成化二十年四月戊寅	亦撒	土鲁番	《明宪宗实录》卷251
成化二十一年二月庚申	满剌虎儿丁	哈密	《明宪宗实录》卷262
成化二十二年九月己巳	火者阿里麻	哈密	《明宪宗实录》卷282
成化二十二年十月壬辰	伯牙思虎郎	罕东左卫	《明宪宗实录》卷283
弘治元年三月庚午（弘治元年六月庚戌）	阿剌倒剌乩	撒马儿罕等处	《明孝宗实录》卷12
	革干	罕东左卫	《明孝宗实录》卷15
弘治元年五月庚辰	（未具名）	土鲁番、日落国	《明孝宗实录》卷14
弘治元年九月丁卯	把把亦速	哈密	《明孝宗实录》卷18
弘治二年四月壬子	火只哈辛	土鲁番	《明孝宗实录》卷25
弘治二年七月甲子	火只哈辛	土鲁番	《明孝宗实录》卷28
	把牙思虎郎	罕东左卫	
	约加	哈密	
弘治二年十一月壬申	（未具名）	撒马儿罕	《明孝宗实录》卷32
弘治三年二月庚子	马黑麻打力	哈密	《明孝宗实录》卷35
弘治三年三月丙辰	（未具名）	撒马儿罕、天方、土鲁番、哈密、把丹沙	《明孝宗实录》卷36
弘治三年四月丁未	（未具名）	土鲁番	《明孝宗实录》卷37
弘治三年五月庚午	（未具名）	撒马儿罕、土鲁番	《明孝宗实录》卷38
弘治三年七月丙子	阿黑那	罕东左卫	《明孝宗实录》卷40
	巴巴	撒马儿罕	
弘治三年九月乙卯	（未具名）	撒马儿罕	《明孝宗实录》卷42
弘治三年闰九月乙巳	（未具名）	土鲁番	《明孝宗实录》卷43
弘治四年八月癸丑	（未具名）	土鲁番	《明孝宗实录》卷54
弘治四年十一月壬辰	撒力把力	哈喇灰（哈密部）	《明孝宗实录》卷57
弘治四年十一月丙申	阿力克	哈密、哈剌灰、他失卜剌哈孙	《明孝宗实录》卷57
弘治四年十二月	写亦满速儿	土鲁番	《明孝宗实录》卷58

续表

时间	使臣	地域	文献出处
弘治五年八月辛酉	写亦满速儿	土鲁番	《明孝宗实录》卷66
	写亦虎仙	哈密	
	（未具名）	撒马儿罕	
弘治五年九月壬申	怕鲁湾	虎剌撒	《明孝宗实录》卷67
弘治五年十月辛亥	川卜儿札	罕东左卫	《明孝宗实录》卷68
弘治五年十一月癸酉	火者马黑麻	撒剌把失	《明孝宗实录》卷69
弘治五年十一月丁亥	诸母额	罕东左卫	《明孝宗实录》卷69
弘治五年十二月辛酉	写亦满速儿	土鲁番	《明孝宗实录》卷70
弘治六年二月己亥	写亦满速儿	土鲁番	《明孝宗实录》卷72
弘治六年二月戊申	写亦虎仙	哈密	《明孝宗实录》卷72
弘治六年四月己亥	撒剌巴失（追述）	土鲁番	《明孝宗实录》卷74
弘治七年七月庚寅	（未具名，却贡）	土鲁番	《明孝宗实录》卷90
弘治七年七月戊戌	阿黑那	罕东左卫	《明孝宗实录》卷90
弘治七年十二月丁卯	（未具名，却贡）	土鲁番	《明孝宗实录》卷95
弘治八年十二月辛未	失黑纳咱儿	土鲁番	《明孝宗实录》卷107
	火者陕西丁	撒马儿罕	
弘治九年闰三月庚戌	矮剌	罕东左卫	《明孝宗实录》卷111
弘治十年五月乙丑	革失帖木儿	哈密	《明孝宗实录》卷125
弘治十年十月甲戌 （弘治十年十二月丁丑）	满剌阿力克	哈密、土鲁番	《明孝宗实录》卷130
			《明孝宗实录》卷132
弘治十一年四月乙未	阿黑纳	罕东左卫	《明孝宗实录》卷136
弘治十一年十一月丙辰 （弘治十一年十二月乙巳）	火者阿黑麻	土鲁番	《明孝宗实录》卷143
			《明孝宗实录》卷145
弘治十二年六月己丑 （弘治十二年七月丁亥）	哈非思	土鲁番	《明孝宗实录》卷151
			《明孝宗实录》卷152
弘治十二年八月辛卯	宰纳阿必丁	撒马儿罕	《明孝宗实录》卷153
弘治十三年正月辛巳	满剌阿力克	哈密、土鲁番	《明孝宗实录》卷158
弘治十三年三月壬午	满剌阿力克	土鲁番	《明孝宗实录》卷160
弘治十五年七月甲午	火者阿黑麻	土鲁番	《明孝宗实录》卷189
弘治十五年八月乙丑	阿黑纳	罕东左卫	《明孝宗实录》卷190
弘治十五年十一月丙戌	脱云虎力	苦峪哈喇灰	《明孝宗实录》卷193
	阿都乜力	土鲁番	

时间	使臣	地域	文献出处
弘治十六年八月丁酉	马黑麻	哈密	《明孝宗实录》卷202
	马黑木	土鲁番、撒马儿罕	
弘治十七年九月癸卯	火者法黑	撒马儿罕	《明孝宗实录》卷216
	赛答黑麻	哈密	
弘治十七年十月己卯	满剌阿力克	哈密	《明孝宗实录》卷217
弘治十八年四月戊辰	（未具名）	苦峪哈密、哈剌灰	《明孝宗实录》卷223
弘治十八年十一月乙未	歪剌	罕东左卫	《明武宗实录》卷7
正德元年五月壬午	失拜烟答	哈密	《明武宗实录》卷13
正德二年九月庚午	纳麻	撒马儿罕	《明武宗实录》卷30
	伍喇马力		
正德三年四月辛卯	写亦虎仙	哈密	《明武宗实录》卷37
正德三年六月庚寅	（未具名）	土鲁番	《明武宗实录》卷39
正德三年八月乙未	脱云虎力	哈密	《明武宗实录》卷41
正德三年十一月癸卯	马黑麻火者	撒马儿罕	《明武宗实录》卷44
	写亦虎仙	哈密	
正德四年正月辛酉	哈只迭力迷失	哈密、哈剌灰	《明武宗实录》卷46
正德四年三月乙未	忽散木丁、谷勒毋罕默	哈密	《明武宗实录》卷48
正德四年九月壬辰	（未具名）	土鲁番	《明武宗实录》卷54
正德四年十一月丙子	（未具名）	土鲁番、撒马儿罕	《明武宗实录》卷57
正德四年十二月乙未	满剌阿黑麻	哈密	《明武宗实录》卷58
正德五年二月庚寅	阿的纳	哈密	《明武宗实录》卷60
	满剌温都思	撒马儿罕	
	满剌法秃剌	土鲁番	
	火者哈三	也的干	
正德五年十一月丙子	（未具名）	撒马儿罕	《明武宗实录》卷69
正德五年十二月癸卯	哈剌牙的	土鲁番、撒马儿罕	《明武宗实录》卷70
正德六年正月乙亥	火撒	他失干、哈密	《明武宗实录》卷71
正德六年四月戊子	阿都火者	哈密	《明武宗实录》卷74
正德七年正月庚申	失拜烟答	哈密	《明武宗实录》卷83
正德八年十二月庚戌	阿黑麻	哈密、哈剌灰	《明武宗实录》卷107

西风万里交河道——明代西域丝绸之路上的使者和商旅研究

时间	使臣	地域	文献出处
正德九年七月庚辰	添哥乩儿	哈密、撒马儿罕	《明武宗实录》卷114
正德十年正月癸未	火者哈辛	哈密、撒马儿罕	《明武宗实录》卷120
			《明武宗实录》卷121
正德十一年十月丙寅	赛答黑麻	天方国地面	《明武宗实录》卷142
正德十二年正月己亥	火者马黑麻	天方国等处	《明武宗实录》卷145
正德十三年正月甲辰	（未具名）	天方等国	《明武宗实录》卷162
正德十三年七月己亥	（未具名，却贡）	土鲁番、撒马儿罕	《明武宗实录》卷164
正德十三年七月丙午	（未具名）	北山瓦剌	《明武宗实录》卷164
正德十四年十月甲申	把好丁	撒马儿罕	《明武宗实录》卷179
正德十五年正月戊戌	舍黑白虽儿	土鲁番、哈密	《明武宗实录》卷182
正德十五年六月甲子	（未具名，却贡）	土鲁番	《明武宗实录》卷187
正德十六年七月甲寅	日盖剌	罕东左卫	《明世宗实录》卷4
正德十六年七月乙丑	失黑把息儿	土鲁番	《明世宗实录》卷4
	把好丁	撒马儿罕	
嘉靖二年八月丁未	土鲁孙	撒马儿罕等	《明世宗实录》卷30
嘉靖二年九月癸酉			《明世宗实录》卷31
嘉靖二年十一月戊寅	满剌捏慎	撒马儿罕等	《明世宗实录》卷33
嘉靖二年十二月己未	火者马黑麻	撒马儿罕等	《明世宗实录》卷34
	写亦打黑麻		
	速坛虎力	土鲁番、哈密	
嘉靖三年四月己未	（未具名）	鲁迷	《明世宗实录》卷38
嘉靖四年八月乙未	（未具名）	天方	《明世宗实录》卷54
嘉靖四年九月戊午	火者马黑木		《明世宗实录》卷55
嘉靖五年三月庚寅	（未具名）	天方等	《明世宗实录》卷62
嘉靖五年四月己卯	（未具名）	哈密	《明世宗实录》卷63
嘉靖五年九月己亥	白哈兀丁	鲁迷	《明世宗实录》卷68
嘉靖六年正月丁未	火者好把丁阿力	鲁迷	《明世宗实录》卷72
嘉靖八年六月庚午	火者哈只	天方、撒马儿罕	《明世宗实录》卷102
嘉靖八年十月癸亥	马黑麻虎力奶翁	土鲁番	《明世宗实录》卷106
嘉靖十一年二月己丑	（未具名）	鲁番、天方、撒马儿罕、哈密、额即乩哈辛	《明世宗实录》卷135
嘉靖十二年正月丁卯	马黑麻虎力奶翁	土鲁番	《明世宗实录》卷146

时间	使臣	地域	文献出处
嘉靖十二年二月癸未	火者阿克力	天方	《明世宗实录》卷 147
嘉靖十二年十二月壬申	（未具名）	（额即乩哈辛，按：轪粗回夷）	《明世宗实录》卷 157
嘉靖十三年六月丁酉	（未具名，却贡）	土鲁番	《明世宗实录》卷 164
嘉靖十六年正月辛卯	（未具名）	土鲁番	《明世宗实录》卷 196
嘉靖十六年正月丙午	米儿马黑木	哈密	《明世宗实录》卷 196
嘉靖十七年正月庚寅	写亦陕西丁（却贡）	天方	《明世宗实录》卷 208
嘉靖十八年八月乙亥	乩吉满可（丁）	哈密卫畏兀儿	《明世宗实录》卷 228
嘉靖十九年七月丁酉	米列阿都写民（却贡）	土鲁番	《明世宗实录》卷 239
嘉靖二十二年五月庚申	米列阿都写民	土鲁番、撒马儿罕、天方、鲁迷、哈密	《明世宗实录》卷 274
嘉靖二十二年九月丁巳	（未具名）	土鲁番	《明世宗实录》卷 278
嘉靖二十四年十一月癸未	马黑麻速坛（却贡）	哈密	《明世宗实录》卷 305
	火者阿克力	土鲁番	《明世宗实录》卷 321
嘉靖二十五年三月乙亥	卜剌答	罕东左卫	《明世宗实录》卷 309
嘉靖二十五年六月丙戌	脱列	土鲁番回夷	《明世宗实录》卷 312
嘉靖二十七年七月壬辰	（未具名）	土鲁番、撒马儿罕、天方、鲁迷、哈密	《明世宗实录》卷 338
嘉靖三十三年四月甲申	（未具名）	土鲁番、天方、撒马儿罕、鲁迷	《明世宗实录》卷 409
嘉靖三十三年六月丁酉	（未具名）	哈密	《明世宗实录》卷 411
嘉靖三十六年九月丙子	米儿马黑木	哈密卫	《明世宗实录》卷 451
嘉靖三十八年三月丁丑	（未具名）	土鲁番、天方、撒马儿罕、鲁迷、哈密	《明世宗实录》卷 470
嘉靖四十三年五月辛亥	马黑麻沙的	土鲁番	《明世宗实录》卷 534
嘉靖四十三年五月甲寅	米儿阿黑麻	哈密卫	《明世宗实录》卷 534
嘉靖四十三年六月癸酉	（未具名）	鲁迷	《明世宗实录》卷 535
嘉靖四十五年七月癸丑	（未具名）	土鲁番	《明世宗实录》卷 560
隆庆三年五月庚申	（未具名）	土鲁番	《明穆宗实录》卷 32
隆庆四年正月丁丑	阿束把力	罕东左卫	《明穆宗实录》卷 41

续表

时间	使臣	地域	文献出处
隆庆四年九月甲戌	（未具名）	土鲁番	《明穆宗实录》卷49
隆庆五年十月乙卯	卯剌纳阿必卜剌	土鲁番	《明穆宗实录》卷62
万历三年四月辛巳	（未具名）	土鲁番	《明神宗实录》卷37
万历三年八月丁卯	米儿阿黑麻	哈密卫	《明神宗实录》卷41
万历四年二月癸酉（万历四年三月己酉）	阿束把力	罕东左卫	《明神宗实录》卷47
	虎都帖木儿		《明神宗实录》卷48
万历四年三月庚戌	火者马黑木哈辛	土鲁番等五地面	《明神宗实录》卷48
	阿纳的纳	哈密	
万历四年四月己巳	火者马黑木	土鲁番	《明神宗实录》卷49
	火者哈辛	土鲁番、天方、撒马儿罕、鲁迷、哈密	
万历七年十月丙子	卯剌纳	土鲁番	《明神宗实录》卷92
万历九年十月庚子	（未具名）	土鲁番、天方、撒马儿罕、鲁迷、哈密	《明神宗实录》卷117
万历十年五月丁卯	也先卜剌	哈密	《明神宗实录》卷124
	马你阿纳的纳		
	米尔马黑麻		
万历十三年二月甲辰	沙亦	土鲁番	《明神宗实录》卷158
万历十三年三月己卯	马黑麻羽速	土鲁番	《明神宗实录》卷159
万历十四年九月丁巳	火者沙亦黑牙思	土鲁番等五地面	《明神宗实录》卷178
	买得克	哈密	
	阿都呱黑		
万历十四年十月乙丑	（未具名）	土鲁番等五地面	《明神宗实录》卷179
万历十五年三月己亥	米尔马黑麻	哈密	《明神宗实录》卷184
万历十七年五月庚午（万历十七年六月丙戌）	拜把的	罕东左卫	《明神宗实录》卷211《明神宗实录》卷212
万历二十年六月辛丑	阿都沙他儿	土鲁番	《明神宗实录》卷249
万历二十年八月庚寅	哈喇哈失	土鲁番	《明神宗实录》卷251
万历二十二年五月乙酉	（未具名）	土鲁番	《明神宗实录》卷273

时间	使臣	地域	文献出处
万历三十年七月辛未 （万历三十年十二月丙午）	乩右禄孛剌	哈密卫诸部	《明神宗实录》卷374
			《明神宗实录》卷379
万历三十七年六月戊寅	米尔马黑麻	哈密卫	《明神宗实录》卷459
万历四十二年二月戊子	马黑麻	土鲁番	《明神宗实录》卷517
万历四十六年三月丁亥	沙黑	土鲁番、天方	《明神宗实录》卷567
万历四十六年四月戊戌	（未具名）	土鲁番、天方	《明神宗实录》卷568
万历四十六年六月丙戌 （万历四十六年七月癸巳）	沙黑	土鲁番等五地面	《明神宗实录》卷571
			《明神宗实录》卷572
天启元年八月乙酉	（未具名）	土鲁番	《明熹宗实录》卷13
天启七年七月甲申	（未具名）	土鲁番	《明熹宗实录》卷86
崇祯十一年	（未具名）	土鲁番	《明史》卷24《庄烈帝二》
崇祯十六年十二月乙丑	（未具名）	西域	《崇祯实录》卷16
崇祯十六年	（未具名）	哈密	《明史》卷24《庄烈帝二》

附录2：

明朝奉使西域年表

出使时间	使臣	身份	出使地区	文献出处
洪武三年六月戊寅	（未具名）		畏兀儿（永昌、河州）	《明太祖实录》卷53
洪武四年八月癸卯	捏古伦	拂菻国故民	拂菻国（海路）	《明太祖实录》卷67
洪武九年十月丁巳	郑九成	前行省参政	安定、斡端卫并撒里畏吾儿	《明太祖实录》卷110
	罗福	河南卫百户		
洪武十四年五月乙酉	阿老丁	哈密回回	畏吾儿	《明太祖实录》卷137
洪武二十二年十一月甲子	八郎	降太子	哈密	《明太祖实录》卷198
	浑都帖木儿	镇抚		
洪武二十四年七月	刺刺	鞑靼王子	撒马儿罕	《明太祖实录》卷210
洪武二十四年九月乙酉	宽彻	主事	别失八里	《明太祖实录》卷212
	韩敬	监察御史		
	唐钲	大理评事		
洪武二十八年	傅安	兵科给事中	撒马儿罕	《明太宗实录》卷68
	郭骥			
	姚臣	御史		《明史稿》列传23《傅安传》
	刘惟	中官		
洪武二十九年三月壬午	陈诚	行人	撒里畏兀儿	《明太祖实录》卷245
洪武三十年正月丁丑	（未具名）		别失八里	《明太祖实录》卷249
洪武末	陈德文	北平道按察使	撒马儿罕等地	《殊域周咨录》卷15
洪武三十五年九月戊戌	者鲁剌丁	回回	哈剌火州	《明太宗实录》卷12下
洪武三十五年十二月甲寅	（未具名）		哈烈、撒马儿罕等处	《明太宗实录》卷15

出使时间	使臣	身份	出使地区	文献出处
洪武三十五年十二月甲寅	（未具名）		别失八里	《明太宗实录》卷15
永乐元年十一月甲午	亦卜剌金		哈密	《明太宗实录》卷25
永乐元年（未具月）	赵安	临洮百户	西域	《明史》卷155《赵安传》
永乐二年六月甲午	霍阿鲁秃	指挥使	哈密	《明太宗实录》卷32
永乐三年三月己亥	（未具名）		哈密	《明太宗实录》卷40
永乐三年四月庚辰	（未具名）		别失八里	《明太宗实录》卷41
永乐四年五月戊戌	刘帖木儿（刘帖木儿不花）	鸿胪寺丞	别失八里	《明太宗实录》卷54 / 《明太宗实录》卷75
永乐四年五月丁巳	（未具名）		哈密	《明太宗实录》卷54
永乐四年十二月乙未	神忠毋撒	指挥使	于阗诸处	《明太宗实录》卷62
永乐五年四月丁酉	把泰	中官	别失八里	《明太宗实录》卷66
	李达	中官		
	刘帖木儿	鸿胪寺丞		
永乐五年六月癸卯	白阿儿忻台	指挥	撒马儿罕	《明太宗实录》卷68
永乐六年正月甲子	王安	太监	别失八里	《明太宗实录》卷75
永乐六年二月甲午	把泰	中官	别失八里	《明太宗实录》卷76
永乐六年三月辛酉	刘帖木儿不花	鸿胪寺丞	别失八里	《明太宗实录》卷77
永乐六年四月壬午	傅安	礼科给事中	撒马儿罕、哈烈	《明太宗实录》卷78
永乐六年七月丁未	向衡	指挥	于阗	《明太宗实录》卷81
	把泰	内官	八答黑商、葛忒郎、哈实哈儿	
	李达			
永乐七年二月庚辰	李晟	百户	哈密	《明太宗实录》卷88
永乐七年四月丁丑	金塔卜歹	都指挥使	虏中（别失八里）	《明太宗实录》卷90
	郭骥	给事中		
永乐七年六月己巳	傅安	礼科给事中	哈烈等处	《明太宗实录》卷93
永乐八年二月丙午	白阿儿忻台	都指挥	哈烈	《明太宗实录》卷101
永乐八年二月丁未	完者帖木儿	指挥	别失八里	《明太宗实录》卷101

续表

出使时间	使臣	身份	出使地区	文献出处
永乐八年五月丁亥	（未具名）		赤斤蒙古所、沙州卫	《明太宗实录》卷104
永乐八年八月壬戌	（未具名）		沙州卫、赤斤蒙古卫	《明太宗实录》卷107
永乐八年十一月壬午	毋撒	指挥	哈密	《明太宗实录》卷110
永乐九年三月戊辰	张鬼力赤	指挥	哈密	《明太宗实录》卷114
	梁北斗奴			
	徐晟	指挥		
永乐九年十月癸卯	程忠	指挥	哈密	《明太宗实录》卷120
永乐九年闰十二月己卯	傅安	给事中	别失八里	《明太宗实录》卷123
永乐十年正月甲辰	康寿	指挥	罕东	《明太宗实录》卷124
永乐十一年五月壬辰	丁全	千户	赤斤卫	《明太宗实录》卷140
永乐十一年六月癸酉	白阿儿忻台	都指挥	（奉使撒马儿罕等处归）	《明太宗实录》卷140
永乐十一年七月壬寅	马哈目火者	旗指挥金事	（奉使撒马儿罕等处归）	《明太宗实录》卷141
	锁住	正千户		
	孙交	试百户		
	刘从善	总旗		
永乐十一年九月甲午	李达	中官	哈烈等处	《明太宗实录》卷143
	陈诚	吏部员外郎		
	李暹	户部主事		
	蓝金哈蓝(哈蓝伯)	指挥		
	杨忠	中官		陈诚《狮子赋序》
	李贵	中官		
	帖木儿卜花	指挥		
	马哈木火者	指挥使		
	哈三	百户		《西域行程记》
永乐十一年十一月辛丑	（未具名）		别失八里等处	《明太宗实录》卷145
永乐十二年十月壬辰	傅安	给事中	别失八里	《明太宗实录》卷157
永乐间	亦剌思	锦衣卫指挥使	亦里吉思	《明宣宗实录》卷16

出使时间	使臣	身份	出使地区	文献出处
永乐十四年三月壬寅	李达	中官	别失八里	《明太宗实录》卷174
	傅安	给事中		
永乐十四年六月己卯	鲁安	中官	撒马儿罕等处	《明太宗实录》卷177
	陈诚	郎中		
永乐十四年七月癸巳	丁全	锦衣卫千户	撒剌	《明太宗实录》卷178
	喜剌丁			
永乐十五年三月乙未	李信	中官	别失八里	《明太宗实录》卷186
	丁全	指挥		
永乐十五年十一月乙亥	张演	金吾卫正千户	哈烈	《明太宗实录》卷194
永乐十六年五月庚戌	杨忠	中官	亦力把里	《明太宗实录》卷200
永乐十六年九月戊申	李达	中官	哈烈、撒马儿罕	《明太宗实录》卷204
永乐十六年十月初二	陈诚	广东布政司右参议		陈诚《历官事迹》
永乐十七年三月丁未	李信	中官	哈密	《明太宗实录》卷210
	林眷			
永乐十七年五月己巳	鲁安	中官	失剌思、亦思弗罕	《明太宗实录》卷212
	叶先			
永乐十八年六月己酉（与陈诚《历官事迹》不符）	陈诚	广东布政司右参政	哈烈、撒马儿罕、八答黑商、于阗	《明太宗实录》卷226
	郭敬	中官		
永乐十九年六月庚戌	（未具名）		瓦剌	《明太宗实录》卷238
永乐二十二年十一月癸酉	鲁安	中官	哈密	《明仁宗实录》卷4上
永乐时	黄骥	礼科给事中	三使西域	《明史》卷164《弋谦传·黄骥附传》
永乐二十二年十二月丁未			西域诸地	《明仁宗实录》卷5下
洪熙元年闰七月甲子	脱脱不花	都督	哈密	《明宣宗实录》卷6
洪熙元年十二月乙亥	张福	内官	哈密	《明宣宗实录》卷12
	张言	都指挥金事		
宣德元年正月己酉	（未具名）		别失八里	《明宣宗实录》卷13
宣德元年正月庚戌	（未具名）		哈密	《明宣宗实录》卷13
宣德二年三月癸巳	陈通	指挥同知	安定卫	《明宣宗实录》卷26

续表

出使时间	使臣	身份	出使地区	文献出处
宣德二年三月乙未	廉恭	指挥佥事	赤斤卫	《明宣宗实录》卷26
宣德二年九月壬子	喜剌丁等	锦衣卫指挥佥事	亦昔阔	《明宣宗实录》卷31
宣德二年九月癸丑	张福	内官	沙州卫、亦昔阔	《明宣宗实录》卷31
宣德二年九月戊申	也忽等	锦衣卫指挥同知	哈烈等处	《明宣宗实录》卷31
宣德二年十月丙子	李信	内官	哈密	《明宣宗实录》卷32
	林春			
宣德二年十二月己未	喜剌儿丁	锦衣卫指挥佥事	亦力把里	《明宣宗实录》卷34
宣德三年正月庚寅	（未具名）		哈密	《明宣宗实录》卷35
宣德三年正月癸巳	李信	内官	西域诸地	《明宣宗实录》卷35
	林春			
	李贵			
	郭泰			
宣德三年三月癸卯	（未具名）	中官	哈密	《明宣宗实录》卷40
宣德三年四月己未	昌英	羽林前卫指挥佥事	哈密、亦力把里	《明宣宗实录》卷41
宣德三年四月己未	毛哈剌	都指挥	瓦剌	《明宣宗实录》卷41
	孙观	指挥使		
	岳谦	指挥佥事		
宣德三年	李显	锦衣卫指挥同知	西域	《明宪宗实录》卷136
宣德四年六月壬午	喜剌丁	都指挥	哈密	《明宣宗实录》卷55
	牙忽	指挥	亦力把里、剌竹	
宣德五年五月辛丑	速来蛮	指挥佥事	哈密	《明宣宗实录》卷66
宣德五年九月丁卯	马黑麻迭力月失	镇抚	撒马儿罕	《明宣宗实录》卷70
宣德六年四月甲寅	高斌	千户	哈密	《明宣宗实录》卷78
宣德六年五月辛未	岳谦	指挥	哈密	《明宣宗实录》卷79
宣德六年十月庚寅	李信	内官	亦力把里、讨来思	《明宣宗实录》卷84
	喜剌丁	都指挥		
宣德七年正月丁卯	李贵	中官	西域诸地	《明宣宗实录》卷86

出使时间	使臣	身份	出使地区	文献出处
宣德七年三月壬申	鸦忽等	锦衣卫指挥	（迎劳哈烈使臣）	《明宣宗实录》卷88
宣德七年八月壬子	昌英	羽林前卫都指挥佥事	哈密	《明宣宗实录》卷94
	韦文	肃州卫指挥同知	赤斤、曲先、罕东	
宣德七年十月庚子	（未具名）		亦力把里	《明宣宗实录》卷96
宣德八年二月癸丑	哈只阿黑蛮	肉迷副千户	哈烈	《明宣宗实录》卷99
宣德八年三月戊辰	李贵	中官	哈烈	《明宣宗实录》卷100
宣德十年七月庚午	把台	指挥	沙州、哈密、瓦剌顺宁王	《明英宗实录》卷7
宣德间	萧銮	行人	哈密	《殊域周咨录》卷12《哈密》
正统元年十一月丙辰	早丁	所镇抚	哈密	《明英宗实录》卷24
	宰奴丁	百户		
正统二年四月丁卯	马黑麻迭力迷失	（指挥佥事）	亦力把里	《明英宗实录》卷29
正统四年十二月戊寅	张信	金吾左卫都指挥佥事	哈密	《明英宗实录》卷62
	牙鹊（牙忽）	锦衣卫指挥同知		
正统五年六月甲申	（未具名）		哈密	《明英宗实录》卷68
正统五年七月丁巳	（未具名）		哈密	《明英宗实录》卷69
正统五年七月丁卯	脱脱不花	都指挥	哈密	《明英宗实录》卷69
正统五年十一月丙午	哈先	医官	哈密	《明英宗实录》卷73
正统五年十一月辛酉	（未具名）		哈密	《明英宗实录》卷73
正统六年正月甲子	打剌罕哈斤	朝贡正使	哈密	《明英宗实录》卷75
正统六年六月丙寅	（未具名）		哈密	《明英宗实录》卷80
正统六年六月壬申	扯里把失		哈密	《明英宗实录》卷80
正统六年六月己丑	哈先	医官	哈密	《明英宗实录》卷80
正统六年六月己丑	（未具名）		赤斤蒙古卫	《明英宗实录》卷80
正统六年七月癸丑	马黑麻沙马力		哈密	《明英宗实录》卷81
正统六年十月辛卯	赛亦得阿力	朝贡正使	米惜儿	《明英宗实录》卷84
正统七年二月庚戌	（未具名）		哈密	《明英宗实录》卷89

续表

出使时间	使臣	身份	出使地区	文献出处
正统七年七月戊寅	（未具名）		哈密	《明英宗实录》卷 94
正统七年八月丙午	（未具名）		沙州卫	《明英宗实录》卷 95
正统八年二月己亥	满剌阿黑麻	朝贡正使	哈密	《明英宗实录》卷 101
正统八年三月辛未	沙兔力爪秃		哈密	《明英宗实录》卷 102
正统八年七月丁丑	（未具名）		赤斤蒙古卫、沙州卫	《明英宗实录》卷 106
正统八年九月丙辰	周晟	千户	沙州卫	《明英宗实录》卷 108
正统八年十月己亥	（未具名）		哈密	《明英宗实录》卷 109
正统八年十二月丙午	丁全	锦衣卫指挥同知	沙州、赤斤	《明英宗实录》卷 111
正统九年三月壬戌	沙力兔力		戎	《明英宗实录》卷 114
	陕西丁		哈密	
正统九年三月癸亥	（未具名）		沙州等	《明英宗实录》卷 114
正统九年三月己卯 正统九年四月己丑	察力把失 （察剌八失）		瓦剌、哈密	《明英宗实录》卷 114 《明英宗实录》卷 115
正统九年四月己丑	（未具名）		沙州、赤斤	《明英宗实录》卷 115
正统九年十二月癸亥	（未具名）		哈密	《明英宗实录》卷 124
正统十年三月丙戌	马黑麻		哈密	《明英宗实录》卷 127
正统十年三月辛卯	季铎	都指挥金事	赤斤、沙州	《明英宗实录》卷 127
正统十年八月己巳	（未具名）		沙州卫	《明英宗实录》卷 132
正统十年十月庚申	（未具名）		哈密	《明英宗实录》卷 134
正统十一年五月庚辰	（未具名）		哈密	《明英宗实录》卷 141
正统十二年九月丁巳	马青	骁骑右卫副千户	瓦剌	《明英宗实录》卷 158
正统十二年十月丙戌	马黑麻	千户	哈密	《明英宗实录》卷 159
正统十二年十一月壬辰	（未具名）		赤斤、罕东、哈密	《明英宗实录》卷 160
正统十三年二月丁巳	（未具名）		哈密	《明英宗实录》卷 163
正统十三年十月丁巳	哈三	头目	哈密	《明英宗实录》卷 170
正统十三年十二月甲戌	（未具名）		哈密	《明英宗实录》卷 173
正统十四年二月甲寅	（未具名）		赤斤	《明英宗实录》卷 175
正统十四年二月乙亥	（未具名）		赤斤	《明英宗实录》卷 175

出使时间	使臣	身份	出使地区	文献出处
正统十四年三月乙巳	（未具名）		罕东	《明英宗实录》卷176
景泰三年十一月二十九日	（未具名）		失剌思南部剌儿地面	*Francis Woodman Cleaves*《托卡匹皇宫博物馆的1453年汉–蒙文敕谕》
景泰三年十二月癸巳	（未具名）		哈密	《明英宗实录》卷224
景泰三年十二月乙巳	（未具名）		赤斤、罕东	《明英宗实录》卷224
景泰六年五月壬申	（未具名）		哈密	《明英宗实录》卷253
景泰七年二月庚子	（未具名）		赤斤	《明英宗实录》卷263
景泰七年六月丁卯	（未具名）		哈密	《明英宗实录》卷267
天顺元年二月庚子	（未具名）		哈密	《明英宗实录》卷275
天顺元年三月辛巳（遭张昭反对，以俟再遣）	贺玉	指挥佥事	哈密	《明英宗实录》卷276
	金贵	指挥使		
	马云	指挥使	撒马儿罕	
	詹昇	正千户		
	于志敬	正千户	亦力把里	
	马亮	正千户		
天顺元年九月丁卯	张隆	都指挥同知	撒马儿罕	《明英宗实录》卷280
	梁贵	都指挥佥事		
	赵荣	指挥使		
	詹昇	正千户		
天顺元年九月戊辰（天顺三年正月丁未）（天顺六年六月丁卯）	马云	都指挥	撒马儿罕等处	《明英宗实录》卷282
	乌钦（邬钦）	指挥		《明英宗实录》卷299
	沃能	舍人		《明英宗实录》卷341
天顺元年九月癸酉	贺玉	都指挥	哈密	《明英宗实录》卷282
	金贵			
天顺二年九月辛卯	察马力丁		哈密	《明英宗实录》卷295
天顺三年正月丁未	（未具名）		哈密	《明英宗实录》卷299
天顺三年四月丁巳	（未具名）		哈密、亦力把里、帖必力思	《明英宗实录》卷302
天顺三年八月癸亥	脱脱不花	都督	哈密	《明英宗实录》卷306

·欧·亚·历·史·文·化·文·库·

续表

出使时间	使臣	身份	出使地区	文献出处
天顺四年三月丙午（追述正统初出使西域之事）	陈友	武平侯	瓦剌、亦力把里、哈密	《明英宗实录》卷313
天顺四年五月丙申	金贵	都指挥佥事	哈密	《明英宗实录》卷315
	马晋	指挥使		
	白全	指挥使	土鲁番	
	郭春	指挥同知		
	程俊	都指挥同知	（乩加思兰）	
	马亮	指挥同知		
天顺六年六月壬申	白全	留守卫指挥使	土鲁番	《明英宗实录》卷341
	葛春	金吾右卫指挥同知		
天顺六年十二月甲戌	赵荣	锦衣卫带俸都指挥使	土鲁番	《明英宗实录》卷347
天顺七年二月己巳	沙廷玉	光禄寺署丞	哈密	《明英宗实录》卷349
天顺七年二月辛未	海荣	都指挥同知	哈烈	《明英宗实录》卷349
	马全	指挥使		
	詹昇	指挥使	撒马儿罕	
	葛春	指挥使		
	刘福	指挥同知	哈失哈儿	
	普贤	指挥同知		
	白全	都指挥佥事	阿速	
	白暹	百户		
	桑斌	都指挥同知	土鲁番	
	刘海	正千户		
	古儿赤	都指挥同知	哈密	
	金贵	都指挥佥事		
	柏贵	都指挥同知	（乩加思兰）	
	杨贵	副千户		
天顺八年五月丁丑	贺玉	都指挥	安定、哈密	《明宪宗实录》卷5
成化元年四月戊子	李珍	锦衣卫都指挥佥事	赤斤蒙古、沙州、哈密	《明宪宗实录》卷16
成化二年二月庚寅	阿剌卜沙		哈密	《明宪宗实录》卷26

出使时间	使臣	身份	出使地区	文献出处
成化三年四月丁酉	（未具名）		哈密	《明宪宗实录》卷41
成化九年二月壬午	失迭力迷失		哈密	《明宪宗实录》卷113
成化九年四月丙戌	詹昇	通事都指挥	土鲁番	《明宪宗实录》卷115
成化九年五月丁未	皮剌的牙失力		哈密	《明宪宗实录》卷116
成化十年正月壬子	打鲁瓦迭力迷失阿力		土鲁番	《明宪宗实录》卷125
成化十年闰六月乙巳	马俊	锦衣卫正千户	土鲁番	《明宪宗实录》卷130
	王希恭	总旗		
	哈林	回回通事指挥金事		
成化十一年正月丁丑	（未具名）		土鲁番	《明宪宗实录》卷137
成化十一年二月丙申	赤儿米即		土鲁番	《明宪宗实录》卷138
成化十六年十一月戊戌	兀隆		土鲁番	《明宪宗实录》卷209
	满剌马黑麻母的		撒马儿罕	
成化十八年十二月庚午	（未具名）		哈密	《明宪宗实录》卷235
成化二十二年二月己卯	马义	鸿胪寺主簿	哈密	《明宪宗实录》卷275
成化二十二年五月癸酉	韦洛	内官监太监	撒马儿罕（伴送广东）	《明宪宗实录》卷278
	海滨	鸿胪寺署丞		
弘治元年二月丁未	（未具名）		哈密	《明孝宗实录》卷11
弘治元年十一月丙戌	（未具名）	来奔之人	哈密	《明孝宗实录》卷20
弘治三年九月己巳	（未具名）		土鲁番	《明孝宗实录》卷42
弘治三年十月庚申	张芾（未遣）	内官监左监丞	（伴送甘肃）	《明孝宗实录》卷44
弘治五年二月丙寅	（未具名）		哈密	《明孝宗实录》卷60
弘治六年正月辛卯	法虎尔丁	达官指挥	安定卫	《明孝宗实录》卷71
弘治十年十一月庚子	满剌阿力克	指挥使	土鲁番	《明孝宗实录》卷131
弘治十七年十二月丙子	董杰	百户	哈密	《明孝宗实录》卷219
弘治十七年	朱瑄	都指挥	哈密	《皇明九边考》卷4《甘肃夷情》

续表

出使时间	使臣	身份	出使地区	文献出处
弘治十八年十月丙辰	（未具名）		哈密	《明武宗实录》卷6
正德七年冬	奄克孛剌	都督	哈密	《殊域周咨录》卷13《土鲁番》
	写亦虎仙	都督		
	满剌哈三	都督		
正德十年六月庚午	马骥	通事	土鲁番	《明武宗实录》卷126
正德十三年七月丙午	马胜	通事	北山瓦剌	《明武宗实录》卷164
正德十四年六月庚辰	李铎	大理少卿	（挨查贡途）	《明武宗实录》卷175
嘉靖二年九月癸酉	（未具名）		安定卫	《明世宗实录》卷31
嘉靖六年八月之前	写亦马黑麻	贡夷	土鲁番	《明世宗实录》卷99
	普哈力			

参考文献

申时行等.明会典.北京:中华书局,1989.

胡广等.明实录.台北:台湾中央研究院历史语言研究所,1962.

张廷玉等.明史.北京:中华书局,1974.

严嵩.南宫奏议.北京:全国图书馆文献缩微复制中心,2010.

林梅村.蒙古山水地图.北京:文物出版社,2011.

叶奕良.伊朗学在中国论文集.北京:北京大学出版社,2003.

陈诚.西域行程记.北京:中华书局,2004.

冯承钧.西域地名.北京:中华书局,1980.

陆容.菽园杂记.北京:中华书局,1985.

火者·盖耶速丁.沙哈鲁遣使中国记.北京:中华书局,2002.

米尔帕·马黑麻·海达尔.拉失德史:第一编.乌鲁木齐:新疆人民出版社,1983.

沈节甫.纪录汇编.北京:商务印书馆,1938.

罗·哥泽来滋·克拉维约.克拉维约东使记.北京:商务印书馆,1957.

张星烺.中西交通史料汇编:第一册.北京:中华书局,2003.

利玛窦,金尼阁.利玛窦中国札记.何高济,王遵仲,李申,译.南宁:广西师范大学出版社,2001.

李贤.大明一统志.西安:三秦出版社,1990.

陶保廉.辛卯侍行记.刘满,点校.兰州:甘肃人民出版社,2002.

陈诚.西域行程记.周连宽,校注.北京:中华书局,2000.

拉铁摩尔.中国的亚洲内陆边疆.唐晓峰,译.南京:江苏人民出版社,2010.

木官泰彦.日中文化交流史.胡锡年,译.北京:商务印书馆,1980.

阿里·阿克巴尔.中国纪行.上海:生活·读书·新知三联书店,1988.

余太山.西域通史:第九编.郑州:中州古籍出版社,2003。

魏良弢.叶尔羌汗国史纲.哈尔滨:黑龙江教育出版社,1994.

南京大学元史室.韩儒林文集.南京:江苏古籍出版社,1985.

李云泉.朝贡制度史论:中国古代对外关系体制研究.北京:新华出版社,2004.

焦竑.国朝献征录.台北:台湾学生书局,1965.

妥超群,刘铁程.毕力术江考——明代曲先卫地望及相关地名新证.民族研究,2011(6).

王继光.《西域行程记》与别失八里西迁考.西域研究,2007(2).

王继光.陈诚西使及洪永之际明与帖木儿帝国的关系.西域研究,2004(1).

张文德.《明史·西域传》黑娄考.西域研究,2001(1).

张文德.中亚帖木儿王朝的来华使臣.西域研究,2002(2).

万明.从"西域"到"西洋"——郑和远航与人类文明史的重大转折.河北学刊,2005(1).

杨富学.明代陆路丝绸之路及其贸易.中国边疆史地研究,1997(2).

和洪勇.明前期中国与东南亚国家的朝贡贸易.云南社会科学,2003(1).

何芳川."华夷秩序"论.北京大学学报:哲学社会科学版,1998(6).

田澍.明代甘肃镇与西域朝贡贸易.中国边疆史地研究,1999(1).

田澍.明代河西走廊境内的西域贡使.中国边疆史地研究,2001(3).

李文博.试论明代西域商队的贸易风险.新疆教育学院学报,2008(3).

杨富学.明代陆路丝绸之路及其贸易.中国边疆史地研究,1997(2).

索引

297

299

·欧·亚·历·史·文·化·文·库·

后　记

　　煮酒何妨知己醉,著书不为稻粱谋。本书能够最终缀文成篇,完全得益于王希隆、余太山两位先生的鼓励与启发。十五年前,不才负笈兰大,投师王希隆先生门下。甫一面谒,先生即推荐书目,将陈高华先生的《明代哈密、吐鲁番资料汇编》授予研读,并嘱予从中问学选题,遂将鄙人引入明朝经营西域研究领域。2003年春,王先生盛邀中国社科院余太山先生莅兰讲学,命予侍立左右,故得以亲炙余先生教诲。余先生作题为"两汉魏晋南北朝正史《西域传》的认知与阐述系统"之讲座,予闻之如聆韶乐,大受启发,遂以明代西域道路里程撰述系统就教讲席。余先生欣然鼓励,勉予成诸文字。越明年,不才鲁莽投考京师,出场后,希隆师命予去拜谒余先生。先生在建国门办公室对予抚慰关心备至,并将刚刚收到的《两汉魏晋南北朝正史西域传研究》题赠示训,而是书在先生手里尚不及一过,令予感激涕零。

　　自兰大专家楼初见余先生,先生之清俊温雅、奖掖后学即令鄙人眼界洞开,自此乃知大家风范不吾欺也。茶余饭后,先生畅谈读《资治通鉴》之心得,讲叙马雍、孙毓棠二先生之才气和学问,甚至聊到武侠小说和"文革"中"剃阴阳头",皆活灵活现,高屋建瓴,每有卓见,真可谓信手拈来皆学问。在与先生电子飞鸿往来中,先生每一信札皆首尾规整,谨守礼制,不论尊卑,饱含诚意,颇令吾辈汗颜而无地自容。古语云"与善人居,如入芝兰之室,久而不闻其香,即与之化矣",不才虽垂手侍立不几日,竟深感芝兰之化斯之谓先生欤! 故而每每自勉,来日定以粗拙文字,报答余先生知遇之恩!

　　文章千古事,甘苦寸心知。承蒙余太山先生和兰州大学出版社施援平博士不弃,将鄙人选题列入"欧亚历史文化文库"出版计划,予遂追踪学术,考镜源流,搜集资料,落笔为文。怎奈事事难料,2014年春夜,梁上君子光顾寒舍,将两台电脑席卷而去,多年的资料和书稿全付罄然。哀叹之余,尚自寻安慰,因前一晚刚把《领导干部读历史经典》书稿发给广西人民出版社,而《明代西域丝绸之路上的使者和商旅研究》则无法挽回,方知"得失瞬息间,致远亦恐泥"。况且,历览前贤,相同遭遇者历历在目,最容易想到的莫过于谈迁撰《国榷》了。比之"江左遗民",吾辈"陇右小卒",何足挂齿乎! 于是,白手起家,从头再来,又逾年方成稿。期间,李丽编辑多为斡旋宽纵,令予安心爬梳,并对文稿改错纠谬,润色增光,故向施援平和李丽女士致以深深谢意!

学向勤中得,萤窗万卷书。学海泛舟,勤奋为桨,而鄙人慵懒,更得付出加倍努力。幸赖前辈学人披荆斩棘,多所建树,为拙作提供了充足的学养。在此,特别向李之勤、陈高华、刘迎胜、王继光、林梅村、田卫疆、李大龙、田澍、张文德、梁志胜等先生致以崇高敬意和衷心感谢!

读书写作还需要一个宁定的环境,本书两番成文的过程中,内子刘小威里外操持,包揽全部家务,其无言付出,于我心有戚戚焉!

予尝自撰一联,在本书付梓之际,献与读者共勉:
黾勉为学求精进,诚正修身苟日新。

是为记。

杨林坤

2014年岁末于金轮东书房

欧亚历史文化文库

·欧·亚·历·史·文·化·文·库·

成一农著:《空间与形态——三至七世纪中国历史城市地理研究》定价:76.00元

杨铭著:《唐代吐蕃与西北民族关系史研究》 定价:86.00元

殷小平著:《元代也里可温考述》 定价:50.00元

耿世民著:《西域文史论稿》 定价:100.00元

殷晴著:《丝绸之路经济史研究》 定价:135.00元(上、下册)

余大钧译:《北方民族史与蒙古史译文集》 定价:160.00元(上、下册)

韩儒林著:《蒙元史与内陆亚洲史研究》 定价:58.00元

〔美〕查尔斯·林霍尔姆著,张士东、杨军译:

《伊斯兰中东——传统与变迁》 定价:88.00元

〔美〕J.G.马勒著,王欣译:《唐代塑像中的西域人》 定价:58.00元

顾世宝著:《蒙元时代的蒙古族文学家》 定价:42.00元

杨铭编:《国外敦煌学、藏学研究——翻译与评述》 定价:78.00元

牛汝极等著:《新疆文化的现代化转向》 定价:76.00元

周伟洲著:《西域史地论集》 定价:82.00元

周晶著:《纷扰的雪山——20世纪前半叶西藏社会生活研究》定价:75.00元

蓝琪著:《16—19世纪中亚各国与俄国关系论述》 定价:58.00元

许序雅著:《唐朝与中亚九姓胡关系史研究》 定价:65.00元

汪受宽著:《骊靬梦断——古罗马军团东归伪史辨识》 定价:96.00元

刘雪飞著:《上古欧洲斯基泰文化巡礼》 定价:32.00元

〔俄〕Т.Б.巴尔采娃著,张良仁、李明华译:

《斯基泰时期的有色金属加工业——第聂伯河左岸森林草原带》

定价:44.00元

叶德荣著:《汉晋胡汉佛教论稿》 定价:60.00元

王颋著:《内陆亚洲史地求索(续)》 定价:86.00元

尚永琪著:

《胡僧东来——汉唐时期的佛经翻译家和传播人》 定价:52.00元

桂宝丽著:《可萨突厥》 定价:30.00元

篠原典生著:《西天伽蓝记》 定价:48.00元

〔德〕施林洛甫著,刘震、孟瑜译:

《叙事和图画——欧洲和印度艺术中的情节展现》 定价:35.00元

马小鹤著:《光明的使者——摩尼和摩尼教》 定价:120.00元

李鸣飞著:《蒙元时期的宗教变迁》 定价:54.00元

〔苏联〕伊·亚·兹拉特金著,马曼丽译:

《准噶尔汗国史》(修订版) 定价:86.00元

〔苏联〕巴托尔德著,张丽译:《中亚历史——巴托尔德文集

第2卷第1册第1部分》 定价:200.00元(上、下册)

〔俄〕格·尼·波塔宁著,〔苏联〕B.B.奥布鲁切夫编,吴吉康、吴立珺译:

《蒙古纪行》 定价:96.00元

张文德著:《朝贡与入附——明代西域人来华研究》 定价:52.00元

张小贵著:《祆教史考论与述评》 定价:55.00元

〔苏联〕K．A．阿奇舍夫、Γ．A．库沙耶夫著,孙危译:

《伊犁河流域塞人和乌孙的古代文明》 定价:60.00元

陈明著:《文本与语言——出土文献与早期佛经词汇研究》

定价:78.00元

李映洲著:《敦煌壁画艺术论》 定价:148.00元(上、下册)

杜斗城著:《杜撰集》 定价:108.00元

芮传明著:《内陆欧亚风云录》 定价:48.00元

徐文堪著:《欧亚大陆语言及其研究说略》 定价:54.00元

刘迎胜著:《小儿锦研究》(一、二、三) 定价:300.00元

郑炳林著:《敦煌占卜文献叙录》 定价:60.00元

许全胜著:《黑鞑事略校注》 定价:66.00元

段海蓉著:《萨都剌传》 定价:35.00元

马曼丽著:《塞外文论——马曼丽内陆欧亚研究自选集》 定价:98.00元

〔苏联〕И.Я.兹拉特金主编,М.И.戈利曼、Γ.И.斯列萨尔丘克著,

马曼丽、胡尚哲译:《俄蒙关系历史档案文献集》(1607—1654)定价:

180.00元(上、下册)

华喆著:《帝国的背影——公元14世纪以后的蒙古》 定价:55.00元

П．K．柯兹洛夫著,丁淑琴、韩莉、齐哲译:《蒙古和喀木》 定价:75.00元

杨建新著:《边疆民族论集》 定价:98.00元

赵现海著:《明长城时代的开启

——长城社会史视野下榆林长城修筑研究》(上、下册) 定价:122.00元

李鸣飞著:《横跨欧亚——中世纪旅行者眼中的世界》 定价:53.00元

李鸣飞著:《金元散官制度研究》 定价:70.00元

刘迎胜著:《蒙元史考论》 定价:150.00元

王继光著:《中国西部文献题跋》 定价:100.00元

李艳玲著:《田作畜牧

——公元前2世纪至公元7世纪前期西域绿洲农业研究》 定价:54.00元

·欧·亚·历·史·文·化·文·库·

〔英〕马尔克·奥莱尔·斯坦因著,殷晴、张欣怡译:《沙埋和阗废墟记》

定价:100.00元

梅维恒著,徐文堪编:《梅维恒内陆欧亚研究文选》 定价:92元

杨林坤著:《西风万里交河道——时代西域丝路上的使者与商旅》定价:65元

王邦维著:《华梵问学集》 定价:75元(暂定)

芮传明著:《摩尼教敦煌吐鲁番文书释义与研究》 定价:90元(暂定)

陈晓露著:《楼兰考古》 定价:78元(暂定)

石云涛著:《文明的互动

——汉唐间丝绸之路中的中外交流论稿》 定价:108元(暂定)

石云涛著:《丝绸之路的起源》 定价:83元(暂定)

薛宗正著:《西域史汇考》 定价:128元(暂定)

〔英〕尼古拉斯·辛姆斯–威廉姆斯著:

《阿富汗北部的巴克特里亚文献》 定价:163元(暂定)

张小贵编:

《三夷教研究——林悟殊先生古稀纪念论文集》 定价:100元(暂定)

许全盛、刘震编:《内陆欧亚历史语言论集——徐文堪先生古稀纪念》

定价:90元(暂定)

余太山、李锦秀编:《古代内陆欧亚史纲》 定价:122元(暂定)

王永兴著:《唐代土地制度研究——以敦煌吐鲁番田制文书为中心》

定价:70元(暂定)

王永兴著:《敦煌吐鲁番出土唐代军事文书考释》 定价:84元(暂定)

李锦绣编:《20世纪内陆欧亚历史文化论文选粹:第一辑》

定价:104元(暂定)

李锦绣编:《20世纪内陆欧亚历史文化论文选粹:第二辑》

定价:98元(暂定)

李锦绣编:《20世纪内陆欧亚历史文化论文选粹:第三辑》

定价:97元(暂定)

李锦绣编:《20世纪内陆欧亚历史文化论文选粹:第四辑》

定价:100元(暂定)

马小鹤著:《霞浦文书研究》 定价:88元(暂定)

林悟殊著:《摩尼教华化补说》 定价:109元(暂定)

孙昊著:《辽代女真族群与社会研究》 定价:48元(暂定)

尚永琪著:《鸠摩罗什及其时代》 定价:68元(暂定)

淘宝网邮购地址:http://lzup.taobao.com